高等学校金融科技专业主要课程教材

保险科技概论

主编 完颜瑞云 锁凌燕 陈滔

高等教育出版社·北京

内容简介

　　近年来,以互联网、大数据、云计算、人工智能、区块链等为代表的新技术快速发展,日益融入经济社会发展的各领域、全过程,已经成为当前引领保险业变革的关键因素,我们正面临新一轮科技革命和产业变革带来的历史新机遇。保险业是数据密集型行业,从传统上就是数据的生产者,也是数据的使用者,与数字经济融合发展的深度和质量,在很大程度上影响保险经营的技术水平和绩效。当此时,保险学科应紧跟时代和市场需求,大力提升保险科技的教育水平和教育深度。

　　本书从保险基本原理出发,解释保险与科技融合的内在逻辑和现实动力,分别从技术层面介绍了大数据、云计算、人工智能、区块链以及其他科技的原理,并将这些技术和保险结合在一起,介绍科技在保险行业中的应用场景。在此基础上,深入探讨科技赋能背景下保险行业未来的发展前景。最后,本书还探讨了保险科技公司和保险科技监管的问题,全方位介绍了保险科技学科的知识。

图书在版编目（ＣＩＰ）数据

　　保险科技概论 / 完颜瑞云，锁凌燕，陈滔主编. --
北京 ： 高等教育出版社，2022.9
　　ISBN 978-7-04-058752-4

　　Ⅰ. ①保⋯　Ⅱ. ①完⋯ ②锁⋯ ③陈⋯　Ⅲ. ①科学技术-应用-保险业-高等学校-教材　Ⅳ.①F840.3

　　中国版本图书馆CIP数据核字(2022)第098621号

保险科技概论
Baoxian Keji Gailun

策划编辑	赵　鹏	责任编辑　赵　鹏		封面设计　张　楠		版式设计　马　云
责任绘图	邓　超	责任校对　任　纳　马鑫蕊		责任印制　存　怡		

出版发行	高等教育出版社	网　　址	http://www.hep.edu.cn
社　　址	北京市西城区德外大街4号		http://www.hep.com.cn
邮政编码	100120	网上订购	http://www.hepmall.com.cn
印　　刷	北京市艺辉印刷有限公司		http://www.hepmall.com
开　　本	787 mm×1092 mm　1/16		http://www.hepmall.cn
印　　张	21.5		
字　　数	490千字	版　　次	2022 年 9 月第 1 版
购书热线	010-58581118	印　　次	2022 年 9 月第 1 次印刷
咨询电话	400-810-0598	定　　价	53.00 元

序一

以现代信息技术和新科技为代表的第四次科技革命,正如火如荼不断迭代并影响着经济的发展、社会的治理及产业的变革甚至人们的生活。中国必须抢抓这次新的科技革命和数字经济发展的重大机遇,在产业数字化和数字产业化中,实现产业转型升级和重大突破。保险业作为金融业的重要组成部分,在其产生、演化和发展的过程中,总是与时代科技进步和理论创新应用相生相伴。可以说,前三次工业革命都或多或少影响和改变着保险业的发展,其间的每次重大的演进,如概率论与数理统计等数理理论的形成、计算机科学与技术的发展、空间遥感技术的产生等,无不冲击着保险行业发展、推动着保险业的变革与进步。近十余年来,大数据、云计算、区块链、人工智能等新一代信息技术突飞猛进的发展与应用,尤其与保险的结合所产生的"保险科技"及其迅猛的发展与应用,正以前所未有的张力推动保险业的改革与重塑。可以说,保险业始终在发生变化,变化才是保险业真正的"不变"。

作为一名从事保险教育与保险理论研究30余年的教育工作者,我始终关心关注着保险理论发展和行业的演进趋势。保险科技作为现代信息技术与保险结合的产物,是在特定背景下出现并在变化中不断丰富的新生事物,自然也是保险领域我重点了解和关注的对象。随着第四次科技革命浪潮的冲击,保险科技正以不断创新的内容与方式推动和赋能保险业的发展,同时也必然影响和重塑保险学科体系、教材体系与教学体系甚至研究范式等。从这个角度讲,作者以"保险科技概论"为题,就保险科技有关理论与应用等进行总结介绍和分析,让大学生和有兴趣的相关读者,从书中掌握保险科技知识和树立科技赋能保险理念、感悟保险与科技结合带来的新发展等,可以说恰逢其时,这既是对保险教育的贡献,也是对保险业的促进。从推动教材建设的角度,这正是以实际行动落实"新文科""新财经"发展战略,并充分展现了"新文科"之"新"与"新财经"之"新"。

综观《保险科技概论》教材,除去对保险科技的具体认知外,从内容体系和方法论角度看,我认为教材做到了"三个融合",也是教材的三个特点:

基础理论与鲜活案例的融合。这本教材主要介绍了大数据、云计算、人工智能、区块链、物联网、5G、基因诊疗、无人机、遥感技术等新兴科技在保险行业中的应用,分别独立成章。既注重介绍基础理论,又添加了大量科技在保险中应用的现实案例,具有基础前沿的可读性和典型案例分析的趣味性。

经验总结与未来预测的融合。只有熟悉一门技术的渊源,才能更深入地掌握并熟练应用。这本教材对科技的演进历史娓娓道来,又立足各项技术赋能保险业的实际,对保险科技的未来进行了探索与预测。

国际视角与中国特色的融合。保险科技兴起于国际,繁荣在中国。这本教材既立足全球视野深入探讨技术的兴起和发展现状,又深深扎根于中国保险行业发展实际分析和研究中国问题,做到了在国际比较中保持国际视野,坚定中国特色社会主义道路自信、理论自信、制度自信、文化自信。

2018 年 7 月,我在斯坦福大学举办的一个学术会上作题为"保险科技:将带给保险业一场革命?"的演讲,当时提出,保险教育要置于新时代、新科技、新财经等宏大背景下进行再定位再塑造,保险学科发展要朝着"保险 + 科技"方向深耕融合和跨界发展。身处数字经济前沿浪潮的保险科技,其蓬勃发展归根结底取决于保险科技人才的数量和质量,这是保险行业实现数字赋能与高质量发展的关键所在。培养引领保险科技发展的卓越人才,需要高水平的教材。这本教材的出版,是作者对保险科技的思考、总结和研究的心得与成果,是对保险教育尤其是对人才培养和教材建设的贡献,特此为序以致敬意,并乐意将这本教材推荐给有志于保险科技领域学习和研究的老师、同学以及保险界同仁们!

卓　志

西南财经大学校长,教授,博士生导师

2022 年 4 月 10 日

序二

近年来,以大数据、云计算、区块链、人工智能应用为代表的新技术催生了"保险科技"的快速发展,并且悄然改变着保险行业的运行逻辑,推动着业务变革,重塑着行业生态。可以肯定的是,未来国内的保险市场乃至全球保险市场,都将在此轮技术革命中"重新洗牌"。谁能在此轮"保险科技"的发展中率先取得优势,谁就必将在未来的市场竞争中占得先机。

毫无疑问,行业的发展越来越需要兼具保险专业素养和信息化技术知识,并能把握风险规律的交叉型人才,这对我们高校的人才培养与能力建设提出了新的更高的要求。一方面,我们需要大力加强保险科技师资力量的队伍建设;另一方面也需要在教学内容和授课模式上与时俱进,以促进复合型人才的培养和交叉学科的发展。

正是在这样的背景下,当我看到完颜瑞云、锁凌燕、陈韬这三位我非常熟悉的学者合作编写的《保险科技概论》书稿时,非常高兴,感觉正逢其时。这三位学者长期致力于保险市场发展和创新方面的研究,他们对保险行业运行的底层逻辑有着深刻的理解,同时又一直关注着行业发展的新趋势,对新技术的发展有深入的观察。正因为此,他们能够把当下正在蓬勃发展的科技手段与保险经营管理有机地结合起来,合作撰写这部具有开创性意义的教材。

总体来看,这本教材具有以下几个方面的特点:

一是学科的复合性。该教材全面总结和梳理了保险科技的前沿发展,同时,基于经济学的基本原理,从保险经营的视角阐述了保险科技的发展规律,并结合世界保险科技创新研究路径进行思考与展望,这不仅有助于读者理解保险行业的底层逻辑与运行规律,还能了解信息社会、信息科技、信息金融等领域的专业知识,从而深入认识保险行业数字化转型的节奏与路径,敏锐洞察新技术对保险行业技术赋能的系统接口。

二是内容的全面性。从发展概况到发展历史,从技术介绍到实际应用,从行业逻辑到发展趋势,很多问题都能够从该教材中找到答案或解答线索,堪称保险科技的"小百科"。全书兼顾了理论性和实践操作性,也涵盖了对保险业发展新变化和新趋势的思考,便于读者在理解课程基本内容的同时进一步拓展思路、加深对实践问题的理解,非常有利于教学和自学。

三是编排的实用性。该教材每章都有导语、小结、案例、专栏、例证以及大量图表分析,并且都附有即测即评与简答题。这些内容一方面可以供学有余力学生自学相关内容,另一方面也可以作为教师课堂教学的拓展内容。教材既能清楚阐释问题又不失趣味性,很好地体现了"以人为本"的"自主性学习"理念。

当然,保险科技是一门新兴的学科,它的学科内容应随着技术进步和金融市场的繁荣而不断更新。因此,我也特别期待这三位学者能够在未来持续关注保险科技的前沿进展,适时更新再版教材,为保险科技人才的培养做出更多的贡献。

是为序!

孙祁祥

北京大学经济学院原院长,教授,博士生导师

2022 年 4 月 6 日

前　言

近年来,以互联网、大数据、云计算、人工智能、区块链等为代表的新技术快速发展,日益融入经济社会发展各领域全过程,已经成为当前引领保险业变革的关键因素,我们正面临新一轮科技革命和产业变革带来的历史新机遇。正如习近平总书记在中共中央政治局第三十四次集体学习时强调的,"我们要站在统筹中华民族伟大复兴战略全局和世界百年未有之大变局的高度,统筹国内国际两个大局、发展安全两件大事,充分发挥海量数据和丰富应用场景优势,促进数字技术和实体经济深度融合,赋能传统产业转型升级,催生新产业新业态新模式,不断做强做优做大我国数字经济"①。

保险业本身就是数据密集型行业,从传统上就是数据的生产者,也是数据的使用者,与数字经济融合发展的深度和质量,在很大程度上影响保险经营的水平和绩效。保险业作为现代服务业的重要组成部分,承担着服务社会经济发展全局的使命,理应借助高素质的人力资源和高技术水平提供高增值的服务、高水平的消费体验、高层次的精神享受,通过服务功能的升级换代与服务模式的创新,适应现代社会经济发展的新变化、新需求。与此同时,保险业的发展从来都不只是保险业自身的事业,而是与其所管理风险的关联行业息息相关,新技术的发展,也在重塑相关行业、改变相关风险与风险管理条件,各行各业也正在经历向智能敏捷、绿色低碳、安全可控的新发展模式的转变与转型。深刻了解新技术条件对风险发生和传导的机理、对风险链条的关键环节产生的影响,为相关产业提供更为专业的风险管理服务,也是保险业创新发展的题中应有之义。

基于这样的考虑,我们组织编写了这本《保险科技概论》教材。本教材共十章。其中,前两章为基础内容介绍,第三章至第七章为具体技术在保险中的应用,包括大数据、云计算、人工智能、区块链、物联网、5G、基因诊疗等,最后三章为保险科技产业及监管等方面的内容。

第一章为保险学基础,简要介绍了风险与保险基础知识,以及保险市场、保险产品、保险经营管理和保险监管等内容。

第二章为保险科技概述,整体介绍了保险科技,主要包括保险科技的概念、保险科技的推动因素和产业政策、保险科技的起源和发展等,力求让读者形成对保险科技清晰系统的认识。

第三章为大数据及其在保险领域的应用,该技术是目前保险业应用较广的新兴技术,正深刻改变着保险业的全流程。本章从大数据技术的概念和起源开始,深入介绍大数据技术特征及其在保险行业中的应用场景。

第四章为云计算及其在保险中的应用。该技术能够推动保险业改变传统笨重的IT架构,使之更具活力。本章系统全面地介绍了云计算技术以及"保险 + 云计算"的具体应用,从云计算概念开始,介绍了云计算技术、云平台、云部署、云计算应用前景及其在保险行业的应用

---

① 习近平.不断做强做优做大我国数字经济.求是,2022(2)。

场景。

　　第五章是人工智能及其在保险中的应用,该技术使得保险更具针对性、更加智能化。本章共有六节的内容,重点关注人工智能技术的具体实现路径,分别介绍了人工智能概念、人工智能技术、人工智能产业及人工智能在保险行业中的应用维度和应用场景等。

　　第六章是区块链及其在保险中的应用。该技术目前在保险行业的应用尚不普遍,但其关注度与热度非常高。本章首先介绍了区块链的基本概念和技术特征,其次分析了区块链技术、区块链类型和区块链发展状况及未来前景,最后重点讲解区块链技术在保险中的应用维度、应用场景及挑战。

　　第七章是其他科技在保险中的应用,选取其他较为常用的、从应用层面赋能保险行业的技术进行分析。本章主要介绍了物联网、5G、基因诊疗、无人机、遥感五方面技术及其在保险中的应用场景。

　　第八章是保险科技公司,在概述了保险科技公司之后,分别介绍了保险科技公司的全球布局以及商业模式。

　　第九章是保险科技风险,较为全面地解构保险科技应用过程中面临的风险和挑战。

　　第十章是保险科技监管,介绍了在科技全方位赋能保险行业发展的情况下,监管部门的应对方式和具体策略。

　　本教材能够顺利出版,我们要感谢连漪、卢金凤、陈娇娇三位硕士研究生,她们全程参与了教材编写,尽心尽力寻找各种素材并不厌其烦地多次校稿;特别感谢高等教育出版社的赵鹏编辑,从教材立项到全书结构以及文本、图表等均进行了把关,有力提升了教材的整体质量;要感谢成书过程中给过我们帮助的其他同仁、老师、同学,为我们提供的建设性意见和建议,因为篇幅限制,没有一一列出他们的名字。在此一并致以我们诚挚的谢意!

　　需要说明的是,教材的编写是一个系统工程,所需收集和整理的资料非常多,虽然我们尽可能地避免各种意外,但囿于时间、精力和人力,难免出现一些疏漏。在此,我们恳请各位读者不吝指出教材的错误、疏漏、偏颇、过时等问题,并发送至作者邮箱(wanyanruiyun@swufe.edu.cn),我们将在后续的再版中进行更正,也希望通过此方式给保险科技这一"课题"提供更为完善的教材。

作　者

2022 年 4 月

目 录

第一章
保险学基础

主 要 内 容

　　本章首先讨论风险与保险的相关概念以及保险的发展状况,然后介绍诸如保险市场、保险经营过程、保险监管等保险经营基础情况。

学 习 目 标

　　掌握保险的基本概念、产生与发展的具体情况,了解保险合同与保险产品的特征和分类,把握保险经营过程与保险监管。

引 导 案 例

"伦敦大火"与火灾保险的诞生

　　1665 年,英国伦敦遭"黑死病"疫情袭击。1666 年,疫情尚未结束的伦敦又被一场大火吞噬,这场"伦敦大火"是伦敦历史上最严重的一场火灾,却带来了一个意想不到的结果——几乎所有老鼠都被烧死了,从而阻止了疫情的传播,"黑死病"疫情也由此结束。

　　1666 年 9 月 2 日午夜,伦敦老城布丁巷托马斯·法里内的面包店突然起火,一家人慌忙通过墙外的楼梯爬到邻居家里。女仆不敢爬楼梯,成为"伦敦大火"的第一个遇难者。伦敦当时的消防工作主要靠城防民兵。每天晚上,约 1 000 名城防民兵巡夜,发现火情及时发出警报,其他城防民兵便赶来灭火。伦敦的城防民兵已积累了比较完善的消防经验。首先是向燃烧的建筑上浇水,熄灭火焰。如果浇水无法扑灭大火,便拆除起火建筑,防止火灾扩大;当时也有法律规定,在教堂等高大建筑的容易接近的地方必须配备消防水桶和拆除建筑的工具,如消防斧、消防钩等。最后的手段就是开辟防火隔离带,阻断火情向临近街区蔓延。

　　伦敦当时的自来水系统很发达,建在山坡上的水塔可以加大水压,利用水管把水喷洒到着火建筑上。再有,前面说的布丁巷面包店火灾,其起火点就在泰晤士河北岸的伦敦桥桥头附近,汲取河水也非常便利。可火灾发生后,居民没有积极参与灭火,而是选择了逃离,商人们则忙着搬运自己的货物,放任大火燃烧。

当城防民兵赶到法里内的面包店后，认为要拆掉面包店周围的房子开辟防火隔离带，但只有伦敦市长有权决定拆除房屋，于是，便派人把托马斯·布拉德沃思市长叫来。布拉德沃思市长赶到后查看了一番，认为火势不大，没必要拆房子，因为这天是星期天，他丢下一句"撒泡尿就能把火浇灭"后便回家睡觉去了。市长不想拆房子还有一个原因，那就是黑死病疫情让很多房主逃离了伦敦，找不到房主便无法商议财产损失免责等事项。

大火引燃了泰晤士河北岸的几座仓库，并借助强劲的东风迅速向西蔓延。9月3日，大火向北部蔓延到了伦敦中心城区。4日，整个伦敦老城都已起火燃烧，建于1087年的圣保罗大教堂也被大火吞噬。布拉德沃思市长毫无灭火指挥经验，导致局势完全失控，查理二世国王便接过灭火指挥权。他派禁卫军协助开辟防火隔离带，并从军事要塞伦敦塔上发射炮弹炸毁火场周边建筑，加速防火隔离带的开辟。9月6日最终把大火扑灭，保住了政治中心威斯敏斯特。

中世纪设计风格的伦敦老城建筑拥挤，街道弯曲狭窄。伦敦市民大多居住在六七层的木头建筑里。为节省地皮成本，建筑开发商把建筑设计成瘦高型，并有凸出墙体的阳台。一旦起火，这些高挑的建筑便犹如烟囱，有助燃作用，让整栋建筑瞬间烧个通透。查理二世国王在1665年曾经警告"伦敦老城建筑存在巨大火灾风险"，但国王的警告并未引起行政当局的重视。

正是由于伦敦的上述建筑风格，这场由布丁巷面包店引起的"伦敦大火"迅速蔓延，烧毁了伦敦75%的建筑，大约有14 000栋，包括13 500栋住宅、87座教堂、44家商号，还烧毁了皇家交易所、海关等众多市政建筑。大火造成直接经济损失1 000万英镑，其购买力相当于2019年的17亿英镑。"伦敦大火"导致7万居民无家可归，政府只有把他们安置在临时搭建的棚屋里。但伦敦重建工作相当迅速，到1672年，所有灾民都搬回到重建后的新房子里，并基本做到仍在原来的位置。

为纪念这场灾难，伦敦重建时，在起火点西侧62米处建了一座"伦敦大火纪念碑"，由英国皇家学会会长克里斯托弗·雷恩设计。纪念碑高62米，游客可以从纪念碑内部攀登311级旋转楼梯到观光平台。

有多少人在这场大火中遇难至今仍是个谜。按当时的统计，只有6人遇难。从伦敦博物馆收藏的布丁巷大火融化的陶瓷可以判断，大火温度高达1 250 ℃至1 480 ℃，由此可以推断，许多遇难者直接被焚化了，并没有留下明显可辨的遗骸，也就无法统计真实的遇难人数。

英国一直在研究"伦敦大火"的起因，直到320年后的1986年才有了定论，这场大火是面包师托马斯·法里内疏于炉火管理造成的，并不存在什么阴谋。由于法里内当年是巴黎面包师联合会的会员，为此，巴黎面包师联合会正式声明为"伦敦大火"负责，并向公众道歉。

"伦敦大火"发生时，世界上还没有火灾保险，这场大火让许多商人和普通市民财产损失惨重。1667年，英国经济学家、外科医生尼古拉斯·巴蓬在伦敦创建了房屋火灾保险业务，出于对火灾的恐惧，伦敦市民踊跃投保。1681年，巴蓬与另外11个合伙人一起创建了"火灾保险公司"，并组建了自己的消防队，投保的居民在其房屋上钉上"Fire Office"标牌，一旦投保人房屋失火，火灾保险公司便派消防队前去灭火，并赔偿火灾损失。

巴蓬创建的火灾保险公司不但是世界上最早的火灾保险公司，也是世界上最早的面向市民的专业保险公司。虽然说英国1601年颁布的《弗朗西斯·培根法案》拉开了现代保险业的序幕,但这个法案只是调节商人之间的保险与被保险关系,并没有把普通居民的保险业务纳入其中。巴蓬对火灾保险实行差别费率,这也被认为是现代火灾保险差别费率的起源。综上,尼古拉斯·巴蓬被称作是"现代保险之父"。

资料来源:艾菲尔."伦敦大火"与火灾保险的诞生[N].羊城晚报,2020-07-04,有改动。

第一节　风险与保险

风险的存在是保险产生的基础,没有风险也就不可能产生保险。因此,研究保险需要从风险开始。

一、风险与风险管理

(一)风险的含义及特性

风险是保险产生与发展的基础,要探究保险,首先需要认知什么是风险。关于风险,有许多不同的定义,从一般意义上讲,风险是指未来结果的不确定性。但在保险理论中,我们往往将风险定义为损失发生的一种不确定性。风险往往具有以下特征:

第一,风险的客观性。通常认为,风险作为一种状态时,其实际含义是指,不管人们是否意识到,风险都是客观存在的,它不以人的意志为转移。例如,自然界中的洪水、地震、台风,人类社会中的瘟疫、意外事故等风险,都是独立于人的意识之外客观存在的。人们只能在一定时间和空间内借助一定技术手段改变风险存在和发生的条件,降低其发生频率和损害程度,并不能从根本上消除其客观存在的状态。

第二,风险的可变性。风险并非一成不变的,在一定条件下,风险也可能发生变化。科学技术的日益发展与普及,新的风险也随之产生与增加,且原有的一些风险自身性质也发生了变化。随着人们对风险认识程度的加深和风险管理方法的完善,通过运用各类风险管理技术,在较大程度上降低了风险发生的频率和损害的程度,在一定程度控制了风险。并且,还有一些风险甚至能够在特定的时间和空间范围内被消除。总而言之,社会的进步与科技的发展,既会使得新的风险不断产生,也会使得原有风险发生改变。

第三,风险的可测性。个别风险的发生往往具有偶然性,但是通过对大量风险的观测可以发现,风险的变化往往呈现出一定的规律性,这就体现出了风险具备的能够测量的特性。那么,以过去大量的数据资料为基础,运用概率论和数理统计的方法,去处理大量相互独立的偶发风险事故,就可以将风险事故发生的概率及其损失范围测算出来,进而较为准确地预测风险损失的大小,从而能够较为准确地反映风险发生的规律性。由此可见,通过对偶发事件的大量观测分析,风险潜在的规律性得以揭示出来,使风险具有可测性。

第四,风险的社会性。风险往往具有相当程度的社会属性,而不具备自然属性。因为,就自然现象而言,各种自然灾害、意外事故往往是自然界自我平衡的需要,其本身并无所谓风险。但是,当此类自然灾害、意外事故与人类社会相联系,导致人类的财产出现损失甚至生命受到威胁时,对人类而言就成为风险。因此,没有人类社会,就没有风险可言,这就是风险较为突出的社会性。

第五,风险的损害性。风险与人们的利益密切相关。损害往往是风险发生的结果。经济上所遭受的损害往往能够用货币加以衡量。人身损害虽不能直接以货币衡量,但其一般也表现为所得的减少或支出的增加,或两者兼而有之,究其根源,还是遭受了相应的经济损失。"无风险,无保险",在这里也就转化为了"无损失,无保险"。但必须明确的是,保险并非保证风险不发生,而是保证消除风险发生的后果,即对损失进行经济补偿。

(二)风险的构成要素

1. 风险因素

风险因素又称为风险条件,即隐藏在损失事件背后,增加损失可能性和损失严重程度的条件。影响损失产生的可能性和程度的风险因素有两类:有形风险因素和无形风险因素。

(1)有形风险因素。有形风险因素是指导致损失发生的物质方面的因素。例如汽车的刹车系统,财产所在的地域,建筑物的位置、构造和用途等。以房屋为例,在其他条件相同的假定下,与水泥结构的房子相比,木质结构的房子发生火灾的可能性要大;或是当两座房子同是水泥结构时,离消防队或充足的水源位置越接近的那一座,其发生严重火灾损失的可能性会更小。

(2)无形风险因素。无形的风险因素通常包括道德风险因素和行为风险因素两种。

① 道德风险因素。道德风险因素是指人们以不诚实、不良企图、欺诈等行为故意促使风险事故发生,或扩大已发生的风险事故所造成的损失的因素。如欺诈、纵火等恶意行为,都属于道德风险因素。在保险领域内,道德风险往往突出表现为投保人利用保险牟取不正当利益,如对不具有保险利益的标的进行投保,谎称保险事故发生和制造虚假保险事故赔案,等等。

② 行为风险因素。行为风险是指人们行为上的粗心大意和漠不关心,易于引发风险事故发生的机会和扩大损失程度的因素。如外出未锁门的行为,增加了盗窃事故发生的可能性;驾驶车辆不系安全带,增加了车祸后伤亡的可能性;等等。在人们购买了保险后,往往对保险产生一定依赖,更易于产生上述风险。

2. 风险事故

风险事故,又称风险事件,是指造成生命、财产损害的偶发事件,是造成损害的直接的、外在的原因,是损害的媒介物。例如,火灾、地震、洪水、盗窃、爆炸、车祸等都是风险事故。但风险事故与风险因素的区分往往不是绝对的。对于某一事件,在一定条件下,其直接导致了损失的发生,则它是风险事故;而在其他条件下,其间接导致了损失的发生,则它又成为风险因素。例如,暴风雨如果直接毁坏了房屋或者庄稼等,就是风险事故;如果只是造成道路积水、能见度低,引发连环车祸,暴风雨就是风险因素,车祸就成了风险事故。

3. 损害

一般而言,损害包括损失和伤害,是指非故意、非预期、非计划的经济价值的减少或人身的伤害。例如,恶意行为、折旧、面对正在受损失的物资可以抢救而不抢救等造成的后果,因分别属于故意的、计划的和预期的,则不能称之为损失。又如,记忆力减退,虽然满足第一个因素,但并不满足第二个因素,因而也不是损失。在保险实务中,损害又分为直接损害和间接损害,前者是指实质性的、直接引起的损害,后者是指额外费用损失、收入损失等。

风险因素、风险事故与损害之间往往存在着一定的因果关系,即风险因素会增加风险事故的可能性,或是直接引发风险事故,而风险事故则导致相应的损失。

（三）风险管理

1. 风险管理的概念

风险管理是个人、家庭、企业或其他组织在处理他们所面临的风险时,所采用的一种科学方法。通常而言,风险管理包含管理和决策两个方面。从管理的角度上讲,风险管理常常被定义为一门管理科学;从决策的角度来看,风险管理也被定义为一门决策科学。实际上,风险管理的过程就是一个管理和决策相统一的过程。

2. 风险管理的目标

风险管理的总体目标往往是通过风险成本的最小化实现企业价值的最大化。这就是说,通过全面系统的风险管理,企业的风险成本得以减少,进而实现企业的现金流入的增加或是现金流出的减少,使企业的净现金流量稳定在一个范围内,从而实现企业价值的最大化。通过加强损失控制、事先安排损失融资方式及组织内部积极采取措施抑制风险等风险管理的手段,有效地减少风险损失发生的频率及损失程度,减轻经济主体对潜在损失的烦恼和忧虑,从而优化资源配置,这是风险管理的损失前目标;通过实施有效的损失融资安排及其他的风险管理方法,保证企业和组织在遭遇不确定风险时能够及时得到补偿,从而维持生存,或是保持企业的正常经营,实现企业的稳定收益,这是风险管理的损失后目标。

3. 风险管理的基本方法

（1）风险回避。风险回避又称风险避免,是指人们设法排除风险并将损失发生的可能性降到零,即从根本上消除特定的风险单位和中途放弃某些既存的风险单位。在很多情况下,回避风险虽有其可能性,但不一定具有可行性。例如,远离水源是可以避免被淹死的可能性的,但这需要排除一切与水源相关的活动,包括水上运输、游船航行、滑水游泳甚至浴缸洗澡等,从现实层面来讲,这些活动往往都是难以避免的,缺乏相应的可行性。同时,当我们回避某一类风险时,有可能会面临其他新的风险。例如,人们害怕被水淹死,故放弃使用水上交通工具,而改用其他的交通工具,这时飞机坠毁、汽车翻车、火车脱轨等风险又随之产生。实际上,风险回避,是一种十分消极的风险处理手段,它往往需要放弃众多的有利条件和可能获得的利益,并不能从根本上真正地消除风险。

（2）损失控制。损失控制主要包括防损和减损两种方式。防损即损失预防,指在风险损失发生前,通过对风险的分析,采取预防措施,消除或减少可能引发损失的各种因素,以防止风险的发生。例如,对建筑结构的防火设计、房屋建筑的防盗装置和各类职业安全消防教育等。防损的目的在于努力减少发生损失的可能性,降低损失发生频率。减损又称损失抑制,指在损失发生时或发生后为缩小损失程度采取的各种措施。它是处理风险的有效技术,如安装自动喷淋系统和火灾报警器等。减损的目的则是为了减少损失发生范围,以降低损失的程度。

（3）损失融资。损失融资主要包括风险自留和风险转移两种方式。风险自留即由企业或个人自己来承担风险,自留风险的可行程度取决于损失预测的准确性和补偿损失的适当安排。风险自留的最高形式是设立自保公司,即一个企业使用某些科学、合理的方法来自己承担可保风险,一般是由母公司为了保险目的而设立或拥有的保险子公司,其主要向母公司及其子公司提供保险业务,一般不对外经营。风险转移即通过一定的方式,将风险从一个主体转移到另一个主体,这是参与者将自身所面临的风险转移给其他人来承担的一种方式。在当今社会,风险转移主要有保险转移和非保险转移两种。保险转移是指向保险公司投保,以缴纳保费为代价,将风险转移给保险人承担,当发生风险损失时,保险人按照合同约定进行补偿或给付。非保险转移,又具体分为出让转移和合同转移。前者适用于资本市场的投机风险,如预测股票行情下跌时,立即出售股票,将股票跌价带来的损失转移给其他投资者承担;后者适用于企业的日常经营风险,如企业将自身具有风险的生产经营活动承包给对方,并在合同中明确规定由对方承担风险损失的赔偿责任。在实务中,许多建设单位就是通过承包合同,将建筑、安装工程中的一部分风险转嫁给施工单位,由此来转移自身所面临的风险。

二、保险的本质、属性与职能

(一) 保险的本质

1. 保险的定义

对于保险也可从法律和经济学两个角度来定义:从法律的意义上讲,保险是根据法律规定或当事人的双方约定,一方承担支付保险费的义务,换取另一方对其因意外事故或特定事件的出现所导致的损失负责经济保障或给付的权利的法律关系,这是一种合同行为,体现出一种民事法律关系;从经济学角度来看,保险是为了确保经济生活的安定,对特定风险事故或特定事件的发生所导致的损失,运用多数单位的集体力量,根据合理的计算,共同建立基金,进行补偿或给付的经济制度,这是一种经济关系,是分摊意外损害的一种财务安排。

按照《中华人民共和国保险法》(简称《保险法》)第 2 条的规定,保险是指投保人根据合同约定,向保险人支付保险费,保险人对于合同约定的可能发生的事故因其发生所造成的财产损失承担赔偿保险金责任,或者当被保险人死亡、伤残、疾病或达到合同约定的年龄、期限等条件时承担给付保险金责任的商业保险行为。

2. 保险的要素

保险的要素是从事保险活动所应具备的必要因素。保险的要素主要有可保风险、大量同质风险的集合与分散、保险费率的制定、保险基金的建立和保险合同的订立等。

(1) 可保风险。从广义上讲,可保风险是指可以利用风险管理技术来分散、减轻或转移的风险;从狭义上看,则是指可以利用保险方式来处理的风险。总而言之,可保风险是保险人愿意并且能够承保的风险,是符合保险人承保条件的风险。可保风险一般要具有非投机性、偶然性、意外性、普遍性这几个条件。非投机性要求保险人所承保的风险,是只有损失机会而无获利可能的纯粹风险,这类风险往往造成的是社会财富的净损失;偶然性要求保险人所承保的风险既要有发生的可能性,其发生的状况又是不可预知的,因为如果风险不会发生,那么也就没有了保险的必要;意外性要求风险的发生应当是意外的,并非故意行为或心理疏忽所导致的;普遍性要求风险应当是大量标的均有遭受损害的可能性,而并非某些孤立的或是特殊的个体遭受损害的性质,因为只有对大量标的遭受损害的可能性进行统计和观察,保险人才能较为精确地测定损害的概率,制定出较为准确、合理的费率。

(2) 大量同质风险的集合与分散。在保险的整个经营过程中,保险人往往是风险的聚集中心,大量的投保人将自身所面临的风险通过保险的形式转嫁给保险人,保险人将这些具有同种性质的风险集合起来,当发生保险合同中约定的保险事故时,又将少数人所遭遇的风险损失分摊给全体投保人。因此分散风险、分摊损害的功能主要是对大量的具有相同性质风险的经济单位进行集合与分散来实现的,这说明了整个保险的经济补偿和给付过程,既是风险的集合过程,又是风险的分散过程。

(3) 保险费率的制定。保险关系体现了一种交换关系,投保人以交纳保费为条件,换取保险人对于保险事故发生时的一系列保险保障。这一交易行为就要求制定一个较为合理的保险商品价格,即保险费率。保险费率的高低直接影响到保险的供求状况,保险人一般会根据大数定律,合理地制定保险费率,一方面保证自身经营的稳定性,另一方面又要保障保险消费者的合法权益,承担一定的社会责任。

(4) 保险基金的建立。保险在应对风险的分摊及对损害的补偿时,往往是在保险人将投保人缴纳的保险费集中起来形成保险基金的前提下进行。保险实际上是将少数人的经济损害,由所有的投保人平均分摊,形成一种损害平均化的形式。因此,要实现保险对损害分摊的持续性,必须建立起较为坚实的保险基金。保险基金能在较大程度上保证保险人履行自身的赔偿和给付责任,同时,当保险基金处于暂时闲置状态时,保险人可将其重新投入社会再生产过程,一方面可以促进经济发展,另一方面也有利于降低消费者的保险成本。可以说,保险基金既是保险人赔付保险金的基础,又是保险人从事资金运作活动的基础。

(5) 保险合同的订立。在保险过程中,保险关系是通过保险双方当事人以签订保险合同的方式确立的。订立了保险合同,保险关系就由此建立起来,保险双方当事人和关系人各自的权利和义务也就能够明确约定下来。因而,保险合同是保险双方当事人各自享有权利和履行义务的重要法律依据,保险合同的订立是保险的一个基本要素。

(二) 保险的属性

1. 保险的保障属性

风险的发生是不确定的,大量的投保人将其潜在的或面临的风险以参加保险的方式转嫁给保险人,保险人则通过承保形式,将同种性质的、分散性的风险集合起来,当保险合同约定的事故发生时,又将被保险人遭遇的风险损失分摊给全体投保人。

保险是一种有效的风险转移机制,通过大量具有相同性质风险的经济单位的集合与分散来实现保险的分散风险和分摊损害。在风险发生且造成损失后,保险人在约定的责任范围内按保险财产实际损失数额或约定金额给予赔付,保障社会再生产过程的连续或避免被保险人及其家庭陷入生活困境,充分体现了保险的经济补偿或给付的功能。

保险作为一种分散风险并对风险损失做出经济补偿的经济保障制度,目的不只是为了弥补损失,还为了消除人们对未来的忧虑、恐惧心理,保持社会安定。保险参与分担风险,补偿经济损失,以维持社会稳定,充分体现了保险本身所具有的社会保障功能以及保障属性。作为一种风险转移工具和财务稳定器,保险的核心价值在于能够提供风险保障和管理。具体体现在,保险经营的核心是以保障业务为主,并使投资业务与之匹配,倘若匹配发生错误,甚至主次颠倒,则表明保险保障功能较弱。

2. 保险的金融属性

随着保险产品的创新和经营规模的扩大,保险资金的聚集数量日益增大,尤其是长期寿险业务的保费沉淀期限比较长,保险资金的运用成为保险经营中的一个重要问题。同时,第二次世界大战之后,保险市场的经营环境发生变化,出现了前所未有的现象,即保险公司收取的保险费不足以弥补保险标的的损失和保险经营费用。通过保险资金运用的利润收入,弥补保险经营的持续亏损,成为当时稳定保险市场的不二选择。正是这样的变化,使得保险的金融属性开始凸显。

保险的金融属性体现保险的资产性,是不同保险产品作为一项资产形式时所具备的共性和差异性特征的具体体现。一方面,从更广泛的意义而言所有的保险产品都可以看成一项资产,为持有人提供保值、增值和资金融通等功能;另一方面,由于不同保险产品在稀缺性、流动性和可储存性等方面存在差异,从而导致其作为一项资产形式时的优劣条件存在差异,进而表现为一些保险产品的金融属性较强,另一些保险产品的金融属性较弱。引用"通货膨胀是一种货币现象"这一经典名言,从货币的角度可以把保险的金融属性理解为货币现象在不同金融产品间的具体体现。

基于上述保险金融属性的特征,可以认为,保险的金融属性是指众多投保人以保险人为金融中介,以保险单为金融资产,运用金融市场机制,相互融通补偿资金,从而使被保险人的资产得到保障的一种特殊金融方式。

3. 保险的社会属性

保险作为信用交换,与服务对象之间的关系是一种互助关系。保险的本质是互助,功能是造血,这可以从保险历史上得到佐证。无论是财产保险起源的共同海损,还是人身保险起源的共济社团,无一不是基于相互扶助的保险理念而兴起。简而言之,保险的历史就是一部人类相互帮扶的历史。保险的存在和发展,源于保险自身所具有的互助和"造血"的本质特征。保险的互助特性和"造血"功能,不仅决定了过去的保险发展过程,而且影响着未来的保险发展方向。保险之所以能够快速发展,越来越被社会认同,不断渗透到各个社会经济领域,日益成为社会安全的稳定器,都是保险本质使然。

保险的互助本质表明保险产生于社会,同时也应贡献于社会。消费者一旦买了保险,就与购买相同保险的其他消费者甚至通过再保险与全世界的保险消费者结成了风险互助同盟,共同抵御未来的风险,即所谓"人人为我、我为人人"。购买保险后,如果保险消费者在保险期限内未出险,他们实际上是将自己的保费贡献给了某些不幸遭受损失的保险消费者。所以,保险消费不但具有降低个人风险的私人属性,而且具有帮助他人的社会属性,具有较大的受益面。相反地,用经济学的术语来讲,不买保险而遭遇风险的人将会造成负外部性,会将自己的损失部分外部化,转嫁到亲朋好友、同事和政府身上,而政府的救济费用来自全体人民,不买保险者就将自己的部分损失转嫁给了社会负担。由此来看,除私人属性外,保险消费不仅是一种利他行为,还可以降低政府或社会的救济负担,替代部分公共服务。因此,保险确实有一些类似于公共商品的特征,相对于一般商品和服务,保险具有很强的社会属性。

(三)保险的职能

保险的职能是指保险内在的、固有的功能。保险的职能包括基本职能和派生职能。保险的基本职能是保险固有的职能,不会随着时间和外部环境的改变而改变。保险的派生职能则是随着保险业的发展和客观环境的变化,在基本职能的基础上派生出来的职能。

1. 保险的基本职能

(1)经济补偿职能。保险从产生时起,其目的就是对保险标的发生保险事故后导致的经济损失进行补偿,因而,经济补偿是保险的基本职能。当然,这一职能也主要适用于广义的财产保险,即适用于财产损失保险、责任保险和信用保证保险等。

(2) 经济给付职能。对于人身保险而言,保险的基本职能不是经济补偿,而是经济给付。在人身保险中,由于人的价值无法用货币来衡量,人所遭受的伤害也难以用货币形式进行补偿,所以,人身保险的保险金额是由保险双方当事人在订立保险合同时通过协商确定的。根据合同约定,当发生相应的保险事故时,保险人应承担给付保险金的责任。

2. 保险的派生职能

(1) 融资职能。融资职能是指保险人将保险资金中的暂时闲置部分,以有偿返还的方式重新投入社会再生产过程,以扩大社会再生产规模的职能。简言之,融资职能就是保险业进行资金融通的职能。在保险经营过程中,保险公司从收取保险费到赔付保险金之间往往存在着较大的时间差和规模差,这使得保险资金中总有一部分处于暂时闲置的状态,保险公司成为一个较大的资金池,这为其融通资金提供了可能性。

(2) 防灾防损职能。人为因素与风险发生的可能性具有相关性,通过人为的预防措施,可以减少损害的发生,因此,保险又派生出防灾防损的职能。在发达国家的保险经营活动中,该职能尤为受到重视,保险人通过分析潜在的损害风险、评价保险标的的风险管理计划、提出费用合理的替代方案和采取损害管理措施等风险管理服务,来实现保险的防灾防损职能。例如,在承保时,保险人通过对危险因素进行事先调查与识别,提出相应的预防方案;在承保期间,通过对危险因素的监督检查,提出整改和防范措施;在标的出险时,检验核查标的出险原因,总结相应防灾防损经验;运用自身处理各类风险的丰富经验,开展危险管理的咨询服务等。

(3) 社会管理①职能。现代保险的社会管理职能是一个历史演变和实践发展的过程,是指通过保险内在的特性促进经济社会的协调以及社会各领域的正常运转和有序发展。保险的社会管理职能主要体现在社会保障管理、社会风险管理、社会关系管理和社会信用管理四个方面。正确认识现代保险的社会管理职能,关系到保险的性质、地位以及保险业的发展方向。保险业主要从以下三大方向出发,发挥好保险的社会管理职能:第一,为优化经济运行环境服务。充分发挥保险的防灾防损作用。第二,为政府宏观调控和社会公共管理服务。建立健全保险应对公共突发事件应急处理机制,积极与有关部门配合,减少社会公共突发事件造成的损失。第三,为提高人民生活水平服务。大力发展商业养老保险,积极参与企业年金市场,丰富企业年金的产品种类,逐步提高覆盖面,同时积极发展商业健康保险,满足多元化的健康保障需求。

(四) 保险的作用

保险的作用是保险职能发挥的结果,是指保险在实施职能时所产生的客观效应。保险的作用也有积极与消极之分。

1. 保险的积极作用

保险的积极作用体现在微观经济和宏观经济两方面。

(1) 在微观经济中的积极作用。① 保险有助于受灾企业及时恢复生产或经营。自然灾害、意外事故的发生,尤其是重大灾害事故的出现,会破坏企业的资金循环,缩小企业的生产经营规模,甚至中断企业的生产经营过程,导致企业的经济损失。但是,如果企业参加了保险,在遭受了保险责任范围内的损失时,就能够按照保险合同的约定,从保险公司及时获得保

---

① "社会管理"由吴定富在第一届中国保险业发展改革论坛暨现代保险功能研讨会上提出。

险赔款,尽快恢复生产或经营活动。② 有助于企业加强经济核算和自身的风险管理。如果企业参加了保险,就能够将企业面临的不确定的大额损失,变为确定的小额保险费支出,并摊入企业的生产成本或流通费用中,使企业以交纳保险费为代价,将风险损失转嫁给了保险公司。③ 有助于安定人民自身的生活。例如,家庭财产保险可以使受灾的家庭恢复原有的物质生活条件,人身保险可以转嫁被保险人的生、老、病、死、残等风险,对家庭的正常生活起保障作用。

(2) 在宏观经济中的积极作用。① 在宏观经济中,保险有助于推动科学技术转化为现实生产力。现代社会的商品竞争越来越趋向于高新技术的竞争。在商品价值方面,技术附加值的比重越来越大,但是,对于熟悉原有技术工艺的经济活动主体来说,新技术的采用既可能提高劳动生产率,又意味着新的风险。而保险的作用正在于通过对采用新技术风险提供保障,为企业开发新技术、新产品以及使用专利撑腰壮胆,以促进科学技术向现实生产力转化。② 促进对外经济贸易发展和国际收支平衡。在对外贸易及国际经济交往中,保险是不可缺少的重要环节。保险业务的发展,如出口信用保险、投资保险、海洋货物运输保险、远洋船舶保险等险种的发展,既可以促进对外经济贸易,保障国际经济交往,又能带来无形的贸易收入,平衡国际收支。③ 为社会的稳定提供切实有效的保障。社会是由千千万万的家庭和企业构成的,家庭和企业是社会的组成细胞,家庭的安定和企业的稳定都是社会稳定的因素。保险通过对保险责任范围内的损失和伤害的补偿和给付,分散了被保险人的风险,使被保险人能够及时地恢复正常的生产和生活,从而为社会的稳定提供切实有效的保障。

2. 保险的消极作用

(1) 产生道德风险,出现保险欺诈。保险产生后,道德风险也随之产生,出现了形形色色的保险欺诈现象。例如,为了获得巨额保险金而杀害被保险人的事件屡有发生。

(2) 增大费用支出。一方面,伴随着保险的产生,保险公司开设机构、开办业务、雇用工作人员等,使社会支出中新增了一笔保险公司的业务费用支出。另一方面,其他职业的工作者借保险之机漫天要价。例如,有的原告律师在重大责任事故案件中索价高昂,大大超过原告的经济损失,以图在原告多得赔款的同时自己多得诉讼费用。此外,保险欺诈带来的查勘定损乃至侦破费用,事实上也使保险经营成本增大,费用开支增加。

可以说在保险产生之后,其产生较大积极作用的同时,社会也不得不付出相应的代价。但是保险业在合同设计、运行机制中都在做一些特殊安排,以尽可能把保险带来的消极作用降到最低。

三、保险的产生与发展

(一) 保险产生的基础

1. 自然基础

风险的客观存在是保险产生的自然基础。人类社会自产生以来就面临着各种各样的风险,风险具有客观性,其产生不以人的意志为转移。风险一旦发生,往往会对个人、家庭、企业和社会造成一定的不利影响。为了保证个人家庭安定、企业经营稳健和社会生产顺畅运行,客观上需要进行风险管理,做到运用保险方式对风险所导致的损失和伤害进行分摊和补偿。换言之,没有风险的存在,就没有损害的发生,也就没有对经济损失进行补偿或给付的必要,也就不可能产生以经营风险为对象、以经济补偿和经济给付为职能的保险。简言之,"无风险,无保险"。

2. 经济基础

剩余产品的存在是保险产生的物质基础。物质财富的损失只能用物质财富来补偿,这就要求社会生产出来的产品,在满足了社会的基本生活需要之后,还能够有一部分剩余,用来补偿物质财富的损失。如果没有剩余产品,人们即使得到了保险公司支付的货币也买不到东西,这笔保险金便毫无意义,人们也就不会参加保险。因此,剩余产品的存在是保险产生的重要物质基础。

商品经济的发展是保险产生的必要前提。保险体现出的是保险人与投保人、被保险人之间的交换关系。投保人以交付保险费的方式获得保险保障,保险人以收取保险费作为交换,承担被保险人遭受保险事故损害后的经济偿付责任。由此可见,保险双方当事人的交易行为在分散、封闭、自给自足的自然经济中是不可行的,只有在生产社会化、商品经济发展到一定程度,生产者之间在广大的地域上形成了普遍的社会经济联系时,保险才可能产生。因此,商品经济的发展是保险产生的必要前提。

(二) 保险业的发展历程

1. 世界保险业的发展历程

(1) 海上保险。近代保险制度是从海上保险开始的。关于海上保险是如何产生,以及产生于何时、何地,保险界有不同的观点,大体来说,可以分为共同海损说、合伙经营说、家族团体说和海上借贷说四种。其中,大多数学者认为海上借贷是海上保险的前身,而海上借贷最初又起源于中世纪意大利和地中海沿岸的城市中所盛行的商业抵押习惯,即冒险借贷。所谓冒险借贷是指船东或货主在发航之前,向金融业者融通资金。如果船舶航行安全,船主归还贷款,并支付较高的利息;如果船舶中途沉没,则债权即告结束,船主不必偿还本金和利息。这实际上就是一种风险的转嫁。这种契约的风险极大,在当时利息可高达本金的 1/4 或 1/3,所以被罗马教皇格雷戈里九世禁止。但由于航海需要保险做支柱,后来又出现了"无偿借贷"制度。在航海之前,资本所有人以借款人的地位向贸易商借一笔款项,如果船舶和货物安全抵达目的港,资本所有人不再偿还借款。反之,如果船舶和货物中途沉没和损毁,资本所有人有偿债责任。这实际上与现代海上保险更为接近。

(2) 火灾保险。继海上保险之后形成的是火灾保险。近代火灾保险的起源地是英国。1666 年 9 月 2 日,伦敦一家面包店因烘炉过热而起火,火灾持续了 5 天 5 夜,致使 7 万居民无家可归,造成了极为惨重的损失。这场史无前例的大火,使得人们认识到了补偿火灾损失的重要性。1667 年,一位名叫尼古拉斯·巴蓬的牙科医生独资开办了一家专门承保火灾保险的营业所,开创了私营火灾保险的先例。由于业务发展迅速,他于 1681 年与人合伙设立了一个火灾保险公司。保险费根据房屋的租金和结构计算,砖石建筑的费率定为 2.5% 的年房租,木屋的费率为 5%。因为使用了差别费率,巴蓬被称为"现代保险之父"。1710 年,查尔斯·波文创办了太阳保险公司。它不仅承保不动产保险,而且把动产保险也纳入其承保业务范围,同时营业范围也遍布整个英国,是英国迄今仍存在的最古老的保险公司之一。

(3) 人寿保险。人寿保险的历史一般分为三个时期:萌芽时期、初级时期和现代时期。在保险发展史上,现代人寿保险的出现较火灾保险要晚。

萌芽时期的人寿保险主要是指古代一些国家中某些类似人身保险的原始互助形式。大多数组织通过互助的形式来分担人们所遇到的困难，像分摊丧葬费用、救济费用等。例如，在古埃及，当时石匠中盛行一种互助组织，通过收缴会费来支付会员死亡后的丧葬费用；在古希腊，有一种名为"公共柜"的组织，平时人们可以投币，在战时，该组织则用来救济伤亡者；在古罗马，也曾出现过丧葬互助会，还出现了一种缴付会费的士兵团体，在士兵调职或退役时发给旅费，在死亡时发给继承人抚恤金。这些互助形式就具备人身保险的因素。

随着商品经济的发展，应对人身风险的组织形式逐渐由互助形式转化为经营形式。由一个经营者负责组织应对人身风险的后备基金，债权和债务关系往往在参加者与经营者之间直接发生，参加者相互之间则不直接产生此类关系。由此，原来的互助行为就逐步转变为一种商业行为。到了15世纪，随着海上贸易的发展，海上保险也逐步发展起来。在当时，由于奴隶作为一种特殊的商品在海上进行贩运，为了保证所贩运奴隶的价值，出现了以奴隶的生命为保险标的的人身保险，之后又发展到对船长和船员的人身保险。到16世纪，出现了对旅客的人身保险。

现代人寿保险的形成，与死亡率的精确计算密切相关。1662年，英国的格朗脱编制了以100个同时出生的人为基数的世界上第一张死亡表。虽然此表过于简单也不够精确，但让后来的研究受到了很大的启发。1693年，英国天文学家哈雷编制了第一张最完全的死亡表，用科学的方法计算出了各年龄的死亡率和生存率。这些死亡表的编制，为人寿保险的形成奠定了较为科学的基础。1756年，詹姆斯·道德逊根据哈雷的死亡表计算出了各年龄的人投保死亡保险应交的保费，这种保费水平随着年龄的变化而变化，故称之为"自然保费"。由于自然保费使得老年人在晚年时投保负担过重，詹姆斯·道德逊又提出了"均衡保险费"的理论，进一步为人寿保险的发展奠定了基础。

1762年，英国成立了世界上第一家人寿保险公司——伦敦公平保险公司。该公司以生命表为依据，采用均衡保险费的理论来计算保险费，并且对不符合标准的保户另行收费。同时，对于缴纳保险费的宽限期、保单失效后的复效等也作了具体的规定，并详细记载于保单之中。伦敦公平保险公司的成立，标志着现代人寿保险制度的形成。

2. 中国保险业的发展历程

(1) 中国古代保险萌芽。早在保险出现以前，古代的人们就萌生了应对风险的原始保险方法。在农业方面，据《逸周书·周书序》记载："周文王遭大荒，谋救患分灾，作《大匡》。"其中的"分灾"二字即分散风险的意思，具体就是要从全国来考虑分散灾害损失的方法。春秋战国时期，孔子主张"耕三余一"，即每年把三分之一的粮食储存起来，以应对灾荒。隋朝时的灾害赈济制度，即由官府设立义仓，按人头和土地抽取粮食储存起来，专门用于赈灾，后来又发展为自愿缴纳，这和今天的社会保险有点类似。

在商业方面，早在几千年以前，扬子江上的商人们通常会避免把自己的全部货物集中放在一艘船上，这个道理和我们今天的投资理念很相似："不要把鸡蛋放在同一个篮子里"。到了清代，开始出现对损失进行补偿的形式。当时四川盛产井盐，商人们从水路把井盐运送出川进行销售，但是由于川江险滩多，经常发生货船倾覆造成损失的情况。后来，政府从官盐税收中提取一部分费用(相当于今天的保费)，对发生货物损失的商人给予一定的补偿。清朝末年，生活在辽河和鸭绿江流域的船户经常遭遇水上风险、盗匪抢劫，后来人们自发组织"艚船会"，向会员收取一定的费用，对出险船只进行经济补偿。

其实，保险作为一种转移、分散风险的工具，在其出现以前，人们就绞尽脑汁、想尽各种办法来分散风险、补偿损失。

(2) 旧中国的保险业。近代中国保险业是随着帝国主义势力的入侵而传入的。1805 年，英国保险商出于殖民的目的向亚洲扩张，在广州开设了第一家保险公司——广州保险会社。19 世纪中叶，在外国保险企业在中国蓬勃发展的同时，我国民族保险业开始起步。1865 年，义和保险行在上海创立，这是中国人自己创办的第一家保险公司，它打破了外商保险公司独占我国保险市场的局面，为以后民族保险业的兴起开辟了先河。1929 年，当时号称"北四行"之一的金城银行独资创办了太平水火保险公司，三年后成为华南保险业中规模最大的民营公司。1937 年，卢沟桥事变之后，中华民族的抗日战争全面展开，国民党政府被迫迁都重庆，中国保险业中心也随之西移重庆。这促进了内地保险业的发展，大后方的保险机构大量增加。同年，国民政府修正公布了《保险业法》和《保险业法施行法》。1945 年，川、云、老、陕、甘 5 省共有保险总分支机构 134 处。然而，当时大后方的保险市场由国民党官僚资本和政府有关部门兴办的保险公司操纵和控制，凭借自身雄厚的资金和坚实的政治后台，几乎垄断了当时大部分保险业务，形成了官僚资本对保险业的垄断地位。

(3) 新中国的保险业。1949 年 10 月，中华人民共和国成立，翻开了新中国保险事业的篇章。同年，中国人民保险公司在北京成立，宣告了新中国第一家全国性大型综合国有保险公司的诞生。中国人民保险公司在"保护国家财产，保障生产安全，促进物资交流，增进人民福利"的基本方针指导下，配合国家经济建设，先后开办了各种保险业务。在创建和发展人民保险事业的同时，人民政府对旧中国的保险市场进行了整顿和改造。首先，接管了官僚资本保险公司。其次，对民族资本保险公司进行整顿和改造。将民族资本性质的保险公司先行重新登记，并允许其进行社会主义改造，几经合并，又投入了部分国家资金，最终于 1956 年成立了公私合营的专营海外保险业务的太平保险公司。1958 年，全国各地刮起了"共产风"，片面强调"一大二公"，生、老、病、死全部由国家包下来，片面地认为保险已完成了历史使命，没有存在的必要，于是在同年 10 月，全国财政会议正式决定全面停办国内保险业务，只保留少量的涉外保险业务。1979 年，以党的十一届三中全会为契机，中国人民银行召开了全国保险工作会议，根据国家改革开放的精神，决定恢复国内保险业务。1985 年，国务院颁布《保险企业管理暂行条例》，这是新中国成立后第一部保险业的法规。1995 年，《中华人民共和国保险法》正式颁布，这是新中国成立以来的第一部保险大法，它的颁布标志着新中国保险市场监管的法律建设步入一个新的发展阶段。1998 年，中国保险监督管理委员会(简称保监会)正式成立，其为保险市场监管趋向成熟化、专业化提供了组织保证。2001 年，中国加入世界贸易组织，开始正式履行在保险市场方面的承诺。2003 年，中国人保财险在香港上市，成为中国内地第一家在境外上市的国有金融机构。2006 年，国务院颁布了《国务院关于保险业改革发展的若干意见》(简称"国十条")，该文件明确了今后一个时期我国保险业改革发展的指导思想、目标任务和政策措施，是指导我国保险业改革发展的纲领性文件。2014 年，国务院发布了《国务院关于加快发展现代保险服务业的若干意见》(简称新"国十条")，以"顶层设计"的形式明确了保险业在经济社会中的地位。2018 年，中国银行业监督管理委员会与保监会合并组建中国银行保险监督管理委员会，这在一定程度上能够加强监管的协调性，强化功能监管，防范监管空白和监管套利,是保险发展史上一个重大举措。

（三）保险业的发展现状

1. 世界保险业的发展现状

随着经济社会不断进步,世界保险业得到了极大的发展,社会对保险的依赖程度也越来越高。总体而言,经济越发达的国家和地区,保险业也越发达。2020 年,全球保费收入达到 62 870.44 亿美元,同比增速为 -1.3%。其中,寿险保费收入为 27 974.36 亿美元,同比增速为 -4.4%;非寿险保费收入为 34 896.08 亿美元[①],同比增速为 1.5%。受新冠疫情的影响,2020 年全球保险业保费总收入有所下降。在保费收入上,2020 年发达国家总保费为 51 181.18 亿美元,同比下降了 1.8%。相比之下,新兴市场表现更加亮眼,保费收入达到了 11 689.26 亿美元,增长率为 0.8%。发达国家在寿险和非寿险市场的占比分别为 77.9% 和 84.2%,新兴市场在寿险和非寿险市场的占比为 22.1% 和 15.8%。由此可见,发达国家在全球保险业中仍然占有统治地位,但新兴市场保险业发展十分迅速。在保险密度和保险深度上,2020 年发达市场人均保险支出（保险密度）为 4 695 美元,保险深度（保费/GDP）为 9.9%;新兴市场人均保险支出为 174 美元,保险深度为 3.4%。由此看来,新兴市场与发达国家之间仍存有一定差距,在提升保险的受众度和在经济的重要程度上,新兴市场国家仍有待进一步发展。

专栏 1-1

中国保险业发展大事记

---

2. 中国保险业的发展现状

随着中国经济的腾飞,即使在新冠疫情的严重影响之下,中国保险业的发展势头依旧强劲。

（1）中国保费收入仍旧保持正增长。2020 年,在全球保费增长率为 -1.3% 的情况下,我国保险业原保险保费收入总计 4.5 万亿元,同比增长 6.1%;其中,财产险业务保费收入 1.2 万亿元,同比增长 2.4%;人身险业务保费收入 3.3 万亿元,同比增长 7.5%。

（2）外资保险机构资本流入加快。2020 年,外资保险机构实收资本同比增加 102.1 亿元,增速为 9.9%,超过中资保险机构 6.4 个百分点;实际资本同比增加 463 亿元,增速为 13.9%,超过中资保险机构 1.7 个百分点;市场份额为 7.8%,较 2019 年提高 0.6 个百分点。

（3）偿付能力充足率指标保持在合理区间。2020 年年末,纳入偿付能力监管委员会审议的 178 家保险公司的实际资本为 5.1 万亿元,同比增长 12.4%;最低资本为 2.1 万亿元,同比增长 13%;净利润为 3 143 亿元,同比增长 1%;平均综合偿付能力充足率为 246.3%,同比下降 1.4%;平均核心偿付能力充足率为 234.3%,同比下降 2.5%。人身险公司、财产险公司、再

---

① 瑞士再保险.世界保险业:加速复苏［R］.2021（3）.

保险公司的平均综合偿付能力充足率分别为 239.6%、277.9% 和 319.3%。①

（4）风险综合评级结果保持稳定。2020 年保险业风险综合评级结果显示：风险小的 A 类公司为 100 家,风险较小的 B 类公司为 71 家,风险较大的 C 类公司为 3 家,风险严重的 D 类公司为 3 家。

总体而言,中国保险业努力克服疫情的不利影响,深化保险业偿付能力监管改革,积极防范化解重点公司和重点领域风险,沉着有力地应对各种风险挑战,使得保险业全年运行稳健,偿付能力指标保持在合理区间,风险总体可控。

四、保险合同概述

（一）保险合同的概念

保险合同又称保险契约,是投保人与保险人约定保险权利、义务关系的协议。在保险合同下,根据双方当事人的约定,一方支付保险费给对方,另一方收取保险费,并在保险标的发生约定事故时,承担赔偿或给付保险金的责任。按照保险合同的性质,一般可分为两种类型。一类是补偿性保险,即当被保险人因约定保险事故的发生遭受经济损失时,保险人根据合同的约定,对实际的损失给予相应的经济补偿。财产保险合同一般属于补偿性合同。另一类是给付性合同,即只要发生了合同中约定的保险事故,保险人就按照合同中约定的保险金额进行给付,而不考虑实际发生的损失。人身保险合同一般属于给付性合同。

（二）保险合同的特征

1. 保险合同是最大诚信合同

任何合同从订立到履行都应当遵循诚实守信的原则,而保险合同对保险双方当事人的诚信要求比一般合同更为严格。由于保险双方当事人对保险标的信息是不对称的,因此保险合同要求保险双方当事人从合同订立到履行的全过程要最大限度地诚实守信。具体而言,一方面,保险人的承保与理赔在很大程度上是以投保人或被保险人的告知和保证事项为依据,如果投保方不如实告知保险标的的风险情况,不履行保证事项,会影响到保险人的合法权益。另一方面,保险合同是由保险方单方面拟定的,投保方往往对于合同中的专业术语及相关内容不清楚,保险人及其代理人如果在展业过程中存在销售误导的话,势必会损害到投保方的合法权益。因此,就保险当事人而言,只有双方都保持着最大诚信,才能保证对方的合法权益,并最终保障保险业的健康发展,因而,保险合同具有最大诚信的特征。

2. 保险合同是双务合同

合同有双务合同和单务合同之分。单务合同是一方只有权利,而另一方只承担义务的合同,如赠予合同、无偿保管合同、无偿借贷合同等都属于此类合同;双务合同是合同双方相互承担义务、享有权利的合同。在等价交换的经济关系中,绝大多数合同都是双务合同。在保险中,投保人有按照合同约定支付保险费的义务,被保险人在保险事故发生时享有请求保险人赔偿或者给付保险金的权利;保险人有承担保险合同约定的保险事故发生时赔付保险金的责任,同时享有收取保险费的权利。保险双方相互承担义务、享有权利,由此认为,保险合同是双务合同。

---

① 中国银行保险监督管理委员会网站。

3. 保险合同是射幸合同

保险合同具有射幸性特点。射幸就是侥幸、碰运气的意思。保险合同的射幸性源于保险事故发生的不确定性，或者是说因为保险合同履行的结果是建立在保险事故可能发生，也可能不发生的基础之上的。就单个保险合同而言，在订立保险合同时，投保人缴纳保费换取的只是保险人的承诺，而保险人是否履行赔偿或给付保险金的义务，取决于约定的保险事故是否发生。所以，就单个保险合同而言，其具有射幸性。但从全部承保的保险合同总体来看，保险费与赔偿金额的关系以精确的数理计算为基础，原则上收入与支出保持平衡，因此，就某类保险合同总体来看，其不存在射幸性的问题。

4. 保险合同是有偿合同

根据合同当事人取得权利是否偿付代价来划分，可以将合同分为有偿合同和无偿合同。有偿合同是指因享有一定权利而必须偿付一定对价的合同。在保险合同中，保险双方的对价是相互的，投保人的对价是支付保险费，保险人的对价是对保险合同约定风险的承担。但应当注意的是，保险人并不一定或必然要赔偿损失或给付保险金，而是只有在发生了保险合同约定的保险事故时，保险人才承担赔付保险金的责任。换言之，保险合同是有偿合同，体现为投保人以支付保险费为代价换取保险人在保险事故发生时承担赔偿或给付保险金责任的承诺。

5. 保险合同是附合合同

附合合同是指合同的双方当事人不是充分协商合同的重要内容，而是由合同的一方当事人提出合同的主要内容，另一方只能做出取或舍的决定。在保险合同中，保险人按照一定的规定，制定出合同的基本条款，投保人按照该条款，或同意接受，或不同意投保，一般没有修改某项条款的权利。如果有必要修改或变更保单的某项内容，通常也只能采用保险人事先准备的附加条款或附属保单，而不能完全依照投保人的意思来做出改变。也就是说，对于保险人单方面制定的保险合同内容，投保人一般只能做出"取或舍"的决定，因此，保险合同是附合合同。

6. 保险合同是要式合同

根据合同的成立是不是需要采取特定方式来划分，可以将合同分为要式合同和非要式合同。要式合同是指需要履行特定的程序或采取特定的形式合同才能成立，如必须采取书面形式，需要签证、公证或经有关机关批准登记才能生效的合同。非要式合同是指不需要特定方式即可成立的合同。在保险中，保险双方就合同条款达成一致意见时，投保人应当填写投保单，保险人应及时向投保人签发保险单或其他保险凭证，并在保险单或其他保险凭证中载明当事人双方约定的合同内容，因此，保险合同是要式合同。

（三）保险合同的要素

1. 保险合同的主体

保险合同的主体与一般的合同主体不同，它可以包括保险合同的当事人、关系人和辅助人。

（1）保险合同的当事人。保险合同的当事人是指直接订立保险合同的人，是具有权利能力和行为能力的人。保险合同的当事人就是保险人和投保人。保险人是指向投保人收取保费，在保险事故发生时，对被保险人承担赔偿或给付保险金责任的保险公司。各国法律一般要求保险人具有法人资格，但并非任何法人均可从事保险业。只有依法定程序申请批准，取得经营资格才可经营。此外,还必须在规定的经营范围内进行。如果保险人不具备法人资格,其所订立的保险合同无效。如果超越经营范围,合同效力则根据具体情况而定。投保人是指与保险人订立保险合同,并按照合同约定负有支付保险费义务的人。投保人可以是自然人,也可以是法人,但并非任何人都可成为投保人,作为投保人还应具备以下三个条件。第一,投保人应当具有完全的权利能力和行为能力。按照有关法律规定,作为投保人的公民,应具有完全民事行为能力,其与保险人订立的保险合同在法律上才是有效的。第二,投保人应当对保险标的具有保险利益。根据各国保险法的规定,投保人应当对保险标的具有法律上承认的利益,即保险利益;否则,合同无效。这一规定,主要是为了保障保险标的的安全、防范道德风险、限制赔偿额度,以保证保险业健康发展。第三,投保人要具备相应的交费能力。保险合同作为有偿合同,投保人取得保险保障的代价就是支付保险费。不论保险合同是为自己的利益还是为他人的利益而订立,投保人均需承担缴纳保费的义务,保险人一方无权免除投保人这一义务。因此,要按时履行缴付保险费的义务,投保人需具备相应的交费能力。

(2) 保险合同的关系人。保险合同的关系人是指与保险合同的订立间接发生关系的人。保险合同的关系人包括被保险人和受益人。被保险人是指财产、利益或生命、身体和健康等受保险合同保障的人。在以房屋、汽车等财产为保险标的的财产保险中,被保险人是保险财产的权利主体,在被保险财产发生保险事故时,保险人对被保险人的财产损失进行赔偿;在以人的身体、生命和健康为保险标的的人身保险中,被保险人是保险合同中规定对其生命、身体和健康保障的人,同时也是保险事故发生的本体;在以民事损害赔偿责任为保险标的的责任保险中,被保险人是对他人的财产毁损或人身伤亡负有法律责任,因而要求保险人代其进行赔偿,由此对自己利益进行保障的人。《保险法》第18条规定:"受益人是指人身保险合同中由被保险人或者投保人指定的享有保险金请求权的人。"按照《保险法》的规定,人身保险的受益人可由被保险人或者投保人指定。但是为了防范道德风险,保障被保险人的生命安全,投保人指定受益人须经被保险人同意。被保险人一般可以任意指定受益人,但被保险人为无民事行为能力人或者限制民事行为能力人的,可以由其监护人指定受益人。一般有两种形式的受益人:第一种为不可撤销的受益人,即保单所有人只有在受益人同意时才可以更换受益人;第二种为可撤销的受益人,即保单所有人可以中途变换受益人,或撤销受益人的受益权。受益人的撤销或变更不必征得保险人的同意,但必须通知保险人。

(3) 保险合同的辅助人。保险合同的辅助人是指辅佐、帮助保险双方当事人订立及履行保险合同的人。它通常包括保险代理人、保险经纪人和保险公估人。《保险法》第117条规定:"保险代理人是根据保险人的委托,向保险人收取佣金,并在保险人授权的范围内代为办理保险业务的机构或者个人。"为了保障被保险人的合法权益,保险代理人根据保险人的授权代为办理保险的行为,由保险人承担责任。我国的保险代理人有三种形式:专业代理人、兼业代理人和个人代理人。代理人的基本业务范围则是代理推销保险产品、代为收取保险费等。《保险法》第118条规定:"保险经纪人是基于投保人的利益,为投保人与保险人订立保险合同提供中介服务,并依法收取佣金的机构。"因保险经纪人在办理保险业务中的过错,给投保人、被保险人或其他委托人造成损失的,由保险经纪人承担赔偿责任。保险经纪人的一般业务范围是为投保人拟定投保方案、选择保险人、办理投保手续;为委托人提供防灾、防损或风险评估、咨询服务等。根据《保险公估人监管规定》,保险公估人一般是指接受当事人委托,对保险标的或者保险事故进行评估、勘验、鉴定、估损理算以及相关的风险评估业务的机构。保险公估人基于公正、独立的立场,凭借丰富的专业知识和技术,办理保险公估业务。保险公估人既可以接受保险人的委托,又可以接受被保险人的委托,并向其委托人收取公估费用。保险公估人因故意或过失给委托人造成损害的,依法承担赔偿责任。

2. 保险合同的客体

保险合同的客体是指保险双方当事人权利和义务共同指向的对象。保险合同的客体不是保险标的,而是保险利益。保险利益是指投保人或被保险人对保险标的具有的法律上承认的利益。保险标的则是保险合同中载明的投保对象,是保险事故发生的本体,即作为保险对象的财产及其有关利益或者人的生命、身体和健康。保险合同并非保障保险标的在保险有效期内不受损害,而是当被保险人的保险标的发生约定的保险事故时给予经济上的赔偿或给付。保险标的是订立保险合同的必要内容,是保险利益的载体,而保险合同保障的是投保人或被保险人对保险标的所具有的合法利益,没有保险利益,保险合同将失去客体要件而无效。保险利益的成立需满足一定的条件:第一,必须是法律所认可的利益;第二,必须是可以用货币计算和估价的利益;第三,必须是可以确定的利益。

3. 保险合同的内容

保险合同反映了当事人和关系人之间的权利义务关系,因此,对保险关系中任意一方来说,都必须清楚地了解保险合同的主要条款、保险合同的形式、自己的权利与义务、合同生效与无效的条件,以便于充分利用保险的功能,防止法律纠纷。

（1）保险合同的条款。保险合同的条款是规定保险人与被保险人之间的基本权利和义务的条文,它是保险公司对所承保的保险标的履行保险责任的依据。根据合同内容不同,保险条款可以分为基本条款和附加条款。根据合同约束力不同,保险条款可以分为法定条款和任选条款。保险合同的基本条款主要包括当事人的姓名和住所、保险标的、保险金额、保险期限、保险责任和责任免除、保险费及其支付办法和保险金赔偿或者给付办法等内容。

（2）保险合同的形式。依照订立的程序,保险合同大致可以分为四种书面形式:第一,投保单,即投保人向保险人申请订立保险合同的书面要约。第二,暂保单,又称临时保单,是在财产保险中使用的、在正式保单发出前的一个临时合同。订立暂保单不是订立保险合同的必经程序。第三,保险凭证,又称小保单,是一种简化了的保险单,是保险人向投保人签发的证明保险合同已经成立的一种书面凭证,与保险单具有同等的法律效力。第四,保险单,简称保单,是投保人与保险人之间保险合同行为的一种正式书面形式。保险单必须明确、完整地记载有关保险双方的权利和义务,它所记载的内容是双方履约的依据。

第二节　保险经营基础

一、保险市场

（一）保险市场的概念

市场是将买卖双方聚集起来共同决定商品交易价格、交易数量的机制。保险市场的概念有广义和狭义之分。狭义的保险市场是保险商品交换的场所,广义的保险市场是保险商品交换关系的总和。本书主要讨论广义的保险市场。保险市场是保险供给者和保险需求者共同决定保险商品交易价格,实现保险交换关系的总和。

（二）保险市场的要素

1. 保险市场的交易主体

保险市场的交易主体是指保险市场交易活动的参与方,包括保险产品的供给方、保险产品的需求方和保险中介方。

保险产品的供给方是指提供各类保险产品的保险人。保险人收取投保人缴纳的保费,承担在合同约定的条件下对被保险人进行赔付的义务。根据保险人经营性质来划分,目前世界上保险业主要组织形式有国家或政府保险组织、股份保险公司、相互保险公司、相互保险社等,但最主要的形式还是股份保险公司和相互保险公司。

保险产品的需求方是指保险市场上所有现实的和潜在的保险商品购买者,即各类投保人。投保人向保险人缴纳保费,获得保险人在保险事故发生时承担赔偿或者给付保险金责任的承诺。

保险中介方是指帮助保险双方当事人签订和履行保险合同的人,主要包括保险代理人、保险经纪人、保险公估人。

2. 保险市场的交易客体

保险市场的交易客体是保险商品。保险商品是一种无形的、非必需品,一般人们不会主动购买,所以保险商品需要营销。

3. 保险市场的交易价格

保险市场的交易价格就是保险费。保险费包括纯保费和附加保费。纯保费是保险金给付的来源,是以预定风险事故率为基础计算的保费。附加保费分为营运费用和预计利润。其中,营运费用是取得成本和日常经营管理成本的来源,预计利润是提供保险经营者的预计报酬。

（三）保险市场的特征

与大多数商品市场相似,保险市场也是现代市场经济体制的重要组成部分,但由于保险产品的无形性,保险市场表现出以下不同的特征。

1. 直接的风险交易市场

这是保险市场有别于其他商品市场的明显区别。任何市场都会存在风险,但是,普通的商品交易市场,交易的对象是商品或者劳务,交易本身与风险没有联系,而保险市场经营的对象就是“风险”。在保险市场上,投保人通过支付保险费将风险转移给保险公司,保险公司通过对大量同质的风险的集合与分散开展经营活动,对投保人转嫁的风险提供保险经济保障。因此,保险产品的交易过程本身就是一种风险的集合与分散过程,要求保险人有足够的专业知识和风险管理技能。从另外一个角度来看,这种制度安排使得投保人将未来损失的“不确定”变为一种“确定”的保费支出,为投保人的生产生活提供一种损失融资方式和经济保障手段。

2. 具有承诺性的交易

在普通的商品交易市场,交易一旦结束,双方都能知道确切的交易结果,而在保险市场上,由于风险的不确定性和保险的射幸性,交易结束时,交易双方并不能确切地知道交易结果。保险合同订立的结果是投保人获得保险人在约定的保险事故发生时承担赔偿或者给付保险金的承诺,而保险事故的发生具有不确定性。所以,保险产品的交易具有承诺性。

3. 双向的信息不对称

保险市场存在严重的信息不对称。一般的商品市场,信息不对称主要存在于交易一方,往往是单向的,而保险市场的信息不对称却是双向的,即投保方和保险人都存在信息优势。一方面,投保方的信息优势诱发投保时的逆选择和投保后的道德风险。在投保时,由于投保方总是比保险人更了解保险标的的风险状况,保险人无法根据每一个标的的风险状况制定对应的费率,平均化的保险费率实际上驱逐了低风险的保险标的,保险市场上留存的将会是高于平均风险水平的标的。投保后,投保方由于疏忽大意或者做出欺诈行为来获得保险赔款。另一方面,保险人的信息优势可能诱发签约前的销售误导和签约后不履行保险责任。由于保险合同的专业性、技术性较高,以及保险产品的多样化和复杂化,保险人可能会利用这一特性来误导消费者购买,隐瞒或欺骗以至于损害投保方的利益。

4. 严格的政府监管

保险业作为经济社会发展的重要组成部分,不仅具有经济意义,还具有深刻的社会意义。大多数国家都对保险市场进行严格的监管,比如对保险费率、保险市场准入、保险基金和保险资金的运用都有明确的规定。

（四）保险市场的分类

1. 财产保险市场和人身保险市场

按照交易标的不同,可以把保险市场分为人身保险市场和财产保险市场。人身保险市场是专门从事各种人身保险商品交易的市场,比如寿险市场和健康险市场。财产保险市场是从事各种财产保险商品交易的市场,比如企财险市场、责任保险市场、信用保险市场。

2. 原保险市场和再保险市场

按业务承保方式来划分,保险市场可以分为原保险市场和再保险市场。原保险市场,即直接业务市场,是投保人和保险人直接订立保险合同建立保险关系的市场;再保险市场,即分保市场,是原保险人将承担的保险业务通过合同部分转移给其他保险人承担的保险所形成的市场。

二、保险产品与分类

保险产品是保险公司提供的有形产品和无形产品服务的综合体。《统计用产品分类与目录》将保险服务产出分为人身保险服务、财产保险服务、再保险服务、保险中介服务及保险监管、相关保险服务。我国市场上的保险产品主要按照承保标的来划分,分为人身保险产品与财产保险产品,本书主要讨论这两类保险产品。

（一）人身保险

人身保险是以人的寿命和身体为保险标的的保险。人身保险业务包括人寿保险、健康保险、意外伤害保险等保险业务。

1. 人寿保险

人寿保险(简称寿险)是以被保险人的生命为保险标的,以生存和死亡为给付保险金条件的人身保险。随着经济社会的发展,寿险产品功能不断扩宽,分为传统型人寿保险和创新型人寿保险。传统型人寿保险分为死亡保险、生存保险和两全保险,创新型人寿保险分为分红保险、投资连结保险和万能人寿保险。

(1) 传统型人寿保险。

① 死亡保险。死亡保险是以被保险人死亡为给付保险金条件的保险,保险人承担被保险人死亡的风险。按照保险期限可分为定期死亡保险和终身死亡保险。

A. 定期死亡保险(又称定期寿险)。它为被保险人提供特定期间的死亡保障,若期限届满,被保险人仍然生存,保险合同即告终止,保险人不承担保险责任,也不退还所缴纳的保费。

定期寿险是最早出现的人寿保险,可以单独进行购买,也可以作为附加险购买。其特点有:第一,保险期限固定。从行业经营实践看,多为5年期、10年期、20年期定期寿险,其中大多数期限为短期。期限届满时,保险责任即终止。第二,低保费,高保障。由于定期寿险的保险责任比较单一,保险期限较短,保单一般不具有现金价值,所以费率相对低廉,但保险金额较高,客户可以获得较高的保障。

定期寿险只提供了一定期间的死亡保障,在保险合同期满时保险合同效力终止,这给愿意继续投保该类产品的人带来不便。为此,保险公司拟定了两个重要条款:可续保条款与可转换条款。多数1年期、5年期、10年期定期寿险保单都包含续保选择权,该选择权允许保单到期时,不经可保性选择投保人便可续保。为了控制逆选择,续保条款通常会对投保人作出一定的限制。常见的限制有:限制被保险人续保的最高年龄,限制续保的最高次数。可转换条款,即允许被保险人在保单到期时将定期寿险保单转换为终身寿险或两全保险而不用提供可保性证明。

定期寿险因费率低、保障程度高而受到人们的关注,主要适宜于:第一,收入较低但又需要高额保障者。第二,信用的保证。在债权债务关系中,债权人一般会要求债务人购买定期寿险,以免债务人在还债期间死亡给债权人带来经济损失。

B. 终身死亡保险(又称终身寿险)。它为被保险人提供终身死亡保障,只要保单有效,无论被保险人何时死亡,保险人都要向受益人给付保险金。被保险人生存至终极年龄,保险人向被保险人本人给付保险金。因此,终身寿险的保险金给付是必然要发生的,保险期限一般较长,保单具有现金价值。

根据保费缴纳期限,终身寿险分为趸交保费的终身寿险、连续缴费的终身寿险和限期缴费的终身寿险。趸交保费的终身寿险是指在投保时一次性缴清所有保费的终身寿险。趸交保费的终身寿险保单现金价值较高,但缴费数额大,一般人难以承受,保费中储蓄的成分较大。连续缴费的终身寿险又称普通终身寿险,是指在保险保障期间一直缴费。限期缴费的终身寿险是指保费在约定的期限或被保险人年龄达到约定的年龄之前交完所有保费。这种保险在市场上比较常见,在有收入时期缴费,保障至终身。

终身寿险是一种不定期限的死亡保险。由于人固有一死,因此终身寿险的给付是必然要发生的,受益人终会得到一笔保险金。终身寿险属于长期性保单,保单都具有现金价值,带有一定的储蓄成分,因此适宜于需要终身保障和中位储蓄的人投保。

② 生存保险。生存保险是指被保险人在保险期满或达到某一年龄仍然生存为给付保险金条件的人身保险。若被保险人在保险期间内死亡,则得不到保险金给付,也不退还所交的保费。这种设计更类似于储蓄,主要用于分散长寿风险,适用于养老保障安排。

年金保险是一种特殊的生存保险,是在被保险人生存期间,按合同规定,保险金以年金的方式给付被保险人。在年金保险中,领取年金的人为年金受领人,保险人定期给付的金额叫年金收入,投保人缴付的保费叫年金购进额。年金保险的特点主要有:第一,特殊的保险金给付方式和给付条件。保险金的给付采取了年金方式而非一次性给付。就一般寿险而言,被保险人在保险期限内死亡为保险人给付保险金的条件,而年金保险的给付条件是被保险人生存。第二,有缴费期和给付期的规定。缴费期指投保人分次缴纳保费的期间。给付期是指保险人给付年金的期间。年金受领人必须缴清所有的保费,才能开始领取年金,不能边交保费边领年金。

③ 两全保险。两全保险是指被保险人不论在保险期限内死亡还是生存至期满,保险人都给付保险金的一种人寿保险。在两全保险中,规定一个期间或是特定的年龄,人不是生存就是死亡,因此,保险金的给付必然会发生。

两全保险的特点有三方面:一是两全保险是人寿保险业务中承保责任最全面的一个险种。它不仅可以保障被保险人因生存对经济生活产生的需要,还可以解决被保险人死亡而给家庭生活带来的后顾之忧。它是生存保险和死亡保险结合的产物。二是保险费率高。由于两全保险既承担生存风险又承担死亡风险,一旦投保,保险给付必然发生。除了长期两全保险与终身寿险的费率相当,短期的两全保险相比其他寿险保费要高很多,不适宜经济能力负担较差的人投保。三是两全保险的储蓄性。两全保险的保额分为危险保额和储蓄保额。危险保额随保单年度增加而减少至期满消失,储蓄保额则随保单年度增加而增加,即呈现出"保障递减,储蓄递增"的特点。两全保险的高度储蓄性是投保人将其用作教育基金或是年老基金,对子女教育或老年退休生活提前进行规划的首选。

(2) 创新型人寿保险。

① 分红保险。分红保险是带有分红性质的寿险产品,保险公司在每一会计年度结束后,将上一年度经营的盈余按一定的比例分配给保单持有人。分红保险在定价时比较保守,预定利率、预定死亡率、预定费用率,未来的预期红利包含其中。分红保险的红利来源于死差益、利差益、费差益。红利领取方式有两种类型:一是现金红利,领取现金、累计生息、抵交保费以及购买缴清保额等。二是增额红利。增额红利是指在整个保险期限内以增加保额的方式分配红利,年度红利加上保额又成为下一年红利分配的基础,即保额复利累计,自动核保。增加的保额一旦作为红利公布,便不得更改,既保障了红利分配又抵御了通货膨胀。近年来,我国分红险业务快速发展,为进一步规范分红险市场的发展,相关监管部门完善了分红保险利益的演示方法,明确了演示利率上限,并将红利分配比例统一为70%。①

② 投资连结保险。投资连结保险又称变额寿险,是指包含保险保障功能并至少在一个投资账户中拥有资产价值的人寿保险。"连结"是指该保险的投资账户直接同某个投资基金相连接,投保人可以自由选择各种投资基金组合,其现金价值随保户投资收益的变化而变化。可见,投资连结保险不仅具有保障功能还具有投资功能。

投资连结保险的特点有三方面:一是未来的死亡给付额不确定。投资连结保险的死亡给付额在保障最低身故给付的条件下随着投资收益的变动而变动。二是开设分离账户,即保险

---

① 《中国银保监会办公厅关于强化人身保险精算监管有关事项的通知》(银保监办发〔2020〕6号)。

保障账户和投资账户。保险保障账户的资金按照传统寿险的方式运作,用于最低身故保障;投资账户的资金由投保人选择投资组合方式,投资风险完全由客户方承担,保险人承担死亡率风险和费用率风险,投资账户的资产价值由保单持有人享有,保险人收取资金运用和账户管理费用。三是保单的现金价值随投资账户中投资业绩的情况而变动。

③ 万能人寿保险。万能人寿保险简称万能寿险,是一种缴费方式灵活、保额可以灵活调整的寿险。万能寿险的特点有四方面:一是交费方式灵活。投保人在交纳首期保费后可以选择在任何时期交纳任何数量的保费,只要保单的现金价值能够支付保单的相关费用,投保人便可以不用再交保费。万能寿险的这一特点使得保单容易过早失效,实务中为了避免这一情况发生,保险人常规定较高的首期保费。二是保额可以灵活调整。保单持有人可以根据自己的需要调整保额,在具有可保性前提下提高保额,也可以根据需要降低保额。三是透明度高。相较于传统寿险,万能寿险的保单上披露了费用支出情况,显示三大定价因素生命表对应的死亡率、保单现金价值利率和保险人的经营费用率的费用水平。四是现金价值特殊。万能寿险的保单通常会规定一个最低的现金价值累计利率,即最低保证利率。

2. 健康保险

健康保险是指对被保险人在保险期限内因意外或健康原因导致的医疗费用进行补偿,对失能导致收入损失和产生的长期护理服务需要进行给付的保险。常见的健康保险种类有医疗费用保险、疾病保险、长期护理保险和失能收入损失保险。

(1) 医疗费用保险。医疗费用保险简称医疗保险,是为被保险人在保险期限内发生的医疗费用支出进行补偿的保险。医疗费用保险可以补偿的医疗费用一般包括门诊费用、住院费用、药费、护理费用、手术费用和各种检查费用,不同种类的医疗保险费用补偿项目不同。

按照承保范围,医疗保险可以分为普通医疗保险、综合医疗保险和特种医疗保险。

普通医疗保险主要补偿被保险人因疾病或者意外伤害导致的医疗费用支出,一般只对直接的医疗费用如住院费用、手术费用等进行补偿,我国市场有少数对门诊费用进行补偿的医疗保险。

综合医疗保险是保险人为被保险人提供全面的医疗费用保障的保险,包括住院费、手术费、门诊费、药费等一切医疗费用,保险费也比较高。

特种医疗保险是专门为特别的医疗费用提供保障的保险,比如牙科费用保险、生育保险、眼科保健保险等。

因医疗行为的发生涉及第三方医疗机构,为了防止逆选择和道德风险的发生,通常作出以下规定:

① 观察期。从保险合同生效之日起的一定时期(观察期)内,被保险人因疾病所导致的医疗费用,保险人不承担赔偿责任,观察期后,保险人才承担责任,但观察期内被保险人因意外事故导致的医疗费用,保险人应当承担赔偿责任。作出观察期的规定是为了控制带病投保行为。

② 免赔额。当被保险人的实际医疗费用超过一定的额度时,保险人才开始给付。设置该条款的目的是避免小额的经常性的医疗费用赔款的支出,控制成本。医疗保险通常设置绝对免赔额。

③ 给付比例条款。被保险人对医疗费用支出自负一定的比例,如给付比例为70%,意指

被保险人自负 30% 的医疗费用。设置此条款的目的在于促使被保险人在意外事故或生病时,只支出必要的合理的医疗费用,这是保险人控制成本的手段。

(2) 疾病保险。根据银保监会 2018 年审议通过的《健康保险管理办法》规定,疾病保险是指发生保险合同约定的疾病时,为被保险人提供保障的保险。疾病保险合同中列举了疾病的种类及医学上的判定标准,只要被保险人罹患合同上约定的疾病,保险人就要给付保险金。

市场上,疾病保险可以分为重大疾病保险和特种疾病保险。

重大疾病保险,简称重疾险,主要针对合同上规定的重大疾病提供治疗费用保障。按照保险期限可以分为短期重疾险和长期重疾险,短期重疾险一般指保险期间为一年的重疾险;按照保障对象可以分为女性重疾险、男性重疾险和少儿重疾险。

特种疾病保险,主要为特殊种类的疾病提供治疗费用保障,比如癌症保险、艾滋病保险、传染性疾病专门保险等。

(3) 失能收入损失保险。失能收入损失保险是指在保险期间内被保险人因疾病或意外事故导致工作能力丧失,保险人按照合同约定对被保险人的收入减少或中断提供补偿的保险。

失能收入损失保险按照给付方式不同分为定额给付和比例给付,其保险金额一般都低于失能前被保险人的收入水平,目的在于促使被保险人积极恢复健康,重返工作岗位,防止道德风险,即故意拖延时间,享受保险保障。

定额给付指不考虑被保险人丧失工作能力前的收入,只要丧失工作能力,就按合同约定的额度分期给付保险金。

比例给付指按照被保险人丧失工作能力的一定比例给付保险金,其比例的大小视被保险人丧失工作能力的程度而定,分为全部工作能力丧失和部分工作能力丧失。

(4) 长期护理保险。长期护理保险是指按照保险合同约定为被保险人日常生活能力障碍引发的护理需要提供保障的保险。具体来讲,是发生长期护理情形的老年人需要接受住院治疗,或者需要医疗服务机构提供长期帮助,并对提供的帮助和服务支付各项费用的保险种类。伴随商业健康保险的发展和我国老龄化问题日趋严重,长期护理保险在我国市场上发展前景广阔。

与其他健康保险相比,长期护理保险有以下特点:一是保险责任特殊。护理保险对被保险人因为生活能力的丧失而导致的护理费用进行补偿。各个保险公司推出的产品保障内容不一,长期护理服务的内容分为生活照护、医疗照护、预防性照护及精神照护四方面。二是保险期限长。长期护理保险一般有保证续保条款,规定保险期限一般可以续保到某一特定的年龄,长期护理保险保险期间不得低于 5 年。保证续保条款,是指在前一保险期间届满前,投保人提出续保申请,保险公司必须按照原条款和约定费率继续承保的合同约定。

3. 人身意外伤害保险

人身意外伤害保险是指被保险人在合同有效期内遭受意外伤害致使身体残疾或死亡,保险人按照合同约定给付保险金的人身保险。意外是指伤害发生时被保险人事先没有预见到或伤害的发生非被保险人的主观愿望,或伤害的发生对被保险人而言突然出现。意外事件的发生必须具备三要素:非本意、外来、突然。伤害是指被保险人发生外来事故的侵害致使身体的完整性遭到破坏或组织器官生理机能遭受损失的客观事实。

意外伤害保险的特点:一是保险期限较短。意外伤害保险大多为短期保险,短则几个小时,长则3~5年。二是保险费率厘定特殊。人寿保险费率厘定主要考虑被保险人的性别、年龄、死亡率和利率,而意外伤害保险主要考虑意外事故发生的概率,被保险人从事活动的风险程度是其中的重要因素。三是责任期限的规定。自被保险人遭受意外伤害之日起的一定时间为责任期限,一般规定90天、180天等。在意外伤害保险中,规定在意外伤害发生后的一定时间内,被保险人因意外死亡或残疾的,即使死亡或者残疾发生在保险期限结束之后,但只要还在责任期限内,保险人仍然要承担给付责任。

（二）财产保险

财产保险是以财产及其有关利益为保险标的的保险。财产保险业务包括财产损失保险、责任保险、信用保险、保证保险等业务。

1. 财产损失保险

财产损失保险承保因意外事故或者自然灾害对物质财产造成的损失进行赔偿的保险。财产损失保险包括火灾保险、运输工具保险、货物运输保险、工程保险、农业保险。其中火灾保险包括企业财产保险、家庭财产保险和营业中断保险,运输工具保险包括机动车辆保险、船舶保险、飞机保险。本部分主要介绍企业财产保险、家庭财产保险、机动车辆保险、工程保险、农业保险。

企业财产保险是指以团体或者个人所有、占有或负有保管义务的位于指定地点的财产及其有关利益为保险标的,对自然灾害或意外事故造成的标的损失承担赔偿责任的保险。按照承保责任范围的大小,可以分为基本险和综合险。现代团体的许多财产都可以纳入企财险的范围内承保,但并非所有的财产都可以承保,企业财产保险的保险标的可以分为可保财产、特约承保财产和不保财产。企业财产保险还可以承保附加险,比如营业中断保险、橱窗玻璃意外险等。

家庭财产保险是以城乡居民的各种财产为保险标的的保险,分为基本险和附加险。基本险承保家庭火灾保险责任,附加险一般为盗窃险。与企业财产保险不同的是,我国的保险公司对于家庭财产保险业务采取第一危险赔偿方式,即在保险责任范围的损失均可以在保险金额范围内得到赔偿。

机动车辆保险主要承保对象为汽车,是对车辆行驶造成的机动车本身的损失、车上人员伤亡及对第三者的责任进行赔偿的保险,包括机动车辆损失保险、车上人员责任险、第三者责任保险和附加险。附加险一般包括盗抢险、玻璃单独破碎险、不计免赔特约险、自然损失险等。机动车辆保险是我国财产保险业务收入的主要来源。

工程保险是以各种工程项目为主要承保对象,主要承保工程项目在建设过程中因自然灾害或者意外事故造成物质财产损失以及对第三者的财产损失和人身伤亡承担赔偿责任的保险。工程保险承保责任比较广泛,包括物质财产损失和第三者责任赔偿,是一种包括财产损失保险和责任保险在内的综合性保险,分为建筑工程保险、安装工程保险、机器损坏保险、船舶建造保险和科技工程保险等。

农业保险是承保农业生产经营者因保险事故所致种植业、养殖业标的的损失,提供经济补偿的保险。农业保险一般分为种植业保险和养殖业保险,简称两业保险。种植业保险以各种农作物、林木为保险标的,分为农作物保险和林木保险。养殖业保险是指以有生命的陆生生物和水生生物为保险标的的保险,包括畜禽保险、水产养殖保险和特种养殖保险。农业保险因其高风险、高赔付的特征常常被作为政策性保险经营。

2. 责任保险

责任保险是以被保险人对第三者依法承担的赔偿责任为保险标的的保险。民事法律制度的建立和完善是责任保险发展的基础。责任保险中保险人对日常生活或经济活动中个人或单位因疏忽或者过失导致他人的财产损失或人身伤亡承担赔偿责任,有代替致害人向受害人承担赔偿责任的特征。责任保险有两种承保方式,一种是作为财产保险责任的一部分或附加险进行承保,另一种是单独承保,单独承保的责任保险有四大类:公众责任保险、产品责任保险、雇主责任保险和职业责任保险。

3. 信用保险

信用保险是权利人向保险人投保义务人的信用,保证权利人自己的经济损失能够得到补偿的保险。信用保险是保险人对义务人的作为或者不作为致使权利人遭受损失负赔偿责任的保险。它承保的是一种信用风险,在承保之前,保险人需要对义务人进行资信调查。按照保险的不同性质可以将信用保险分为商业信用保险、出口信用保险和投资保险。

4. 保证保险

保证保险是义务人向保险人投保自己的信用,保证权利人的经济损失能够得到赔偿的保险。如果义务人的行为导致权利人遭受经济损失,由保险人代替义务人补偿权利人的经济损失。保证保险一般分为确实保证保险和诚实保证保险。确实保证保险是指被保证人不履行义务而使权利人遭受损失时,由保险人负赔偿责任的保险。诚实保证保险是因被保证人的不诚实行为导致权利人遭受损失时由保险人承担赔偿责任的保险。

三、保险经营过程

(一)保险展业与承保

1. 保险展业

保险展业是保险经营活动的起点,是争取保险客户群体的过程。具体来讲,展业就是推销保险单。展业对保险公司意义重大,只有拥有广大的保险客户购买群体,保险公司的经营才有保障,因此,保险公司应积极探索新方式以获取更多的客户资源,扩大业务量。

2. 保险展业的主要内容

(1)展业宣传。展业宣传,即保险宣传,开展保险宣传的目的是让更多的人了解保险知识,树立保险意识,理解保险的真正含义。营销员主动为客户提供咨询服务,最终促使其向保险公司投保。保险展业的方式有很多种,比如通过广告、开展公关活动,利用电视、网络等途径宣传。

(2)帮助客户分析风险,确定保险需求。处在不同经济社会环境下的人,面临的风险也各不一样,保险营销人员就要主动帮助这些客户分析自己面临哪些风险,哪些风险可以用保险的方式来解决,并提出自己的解决方案。

(3)帮助客户设计具体的保险计划。确定了保险需求,就需要根据客户现实状况,综合考虑客户的财务能力、身体状况和保险需求等因素,选择合适的保险产品,设计出最优的保险计划。

3. 保险展业的方式

保险展业的方式主要有直接展业和间接展业。

直接展业,是指保险公司的业务部门人员直接向客户推销保险产品。此种展业方式的优点是有较高的保险业务质量。在保险业发展早期,我国主要采取的就是这种形式。但它的缺点是保险交易的成本较高,效率低下。

间接展业是指保险公司利用保险业务部门以外的其他个人或单位代为开展产品销售。代保险公司进行展业的是保险中介中的保险代理人和保险经纪人。将产品销售业务交给专门的机构和个人去做,保险公司经营的效率得到提高。

4. 保险承保

保险承保是指保险人和投保人双方对保险合同达成一致意见,并签订保险合同的过程。承保包括保险核保、签发保险单、收取保险费等过程,其中核保是承保过程的关键环节。

保险核保是指保险人对客户购买保险产品的申请进行评定,从而决定是否接受申请或按照怎样的费率进行承保的过程。核保的目的是使实际发生的风险事故维持在保险精算范围内,以保障保险公司经营稳定。

(二)再保险

再保险又称分保,是指保险人将其承担的保险业务部分转移给其他保险人承担的保险关系。再保险的基础是原保险,原保险是指投保人与保险人直接签订保险合同所确定的关系。再保险是保险人将自己承担的风险和责任向其他保险人进行保险的一种方式,分出业务的保险公司叫分保分出人或原保险人,接受再保险业务的一方叫分保接受人或再保险人。在保险经营过程中,保险公司直接承保的业务风险过于集中,就可以采取再保险的方式分散风险,将一部分保险责任转嫁给其他保险人,以稳定公司经营。在再保险业务中,双方责任分配与分担是通过自留额和分保额进行的。自留额是指分出公司根据偿付能力所确定承担的责任限额;经过分保由接受公司承担的责任限额称为分保额。

(三)保险理赔

保险理赔是指保险人在保险标的发生风险事故导致损害后,对被保险人提出的索赔请求进行赔偿处理的过程。保险标的损害的发生有些是由保险风险引起的,有些是由非保险风险引起的,保险人就要对事故发生的原因和损失情况进行调查,做出是否赔付的结果。

保险理赔一般要遵循下列原则:第一,重合同,守信用;第二,遵循近因原则;第三,主动、迅速、准确、合理。保险理赔程序比较复杂。首先,接受损失通知。被保险人在保险标的遭受责任范围内的损失后,应当在规定的时间内通知保险人。其次,审核保险责任。保险人收到损失通知后,应当立刻审核该索赔案件是否属于保险责任范围。再次,进行损失调查,在保险责任被确定后,保险人应及时派人到出险现场实地勘察,分析损害发生的原因,确定损失程度。最后,进行赔偿给付。保险事故发生后,经调查属实属于保险责任并估算赔偿金额后,保险人应立即履行赔偿给付的责任。

(四)保险投资

保险投资是保险公司在业务经营过程中,按照有关法律的规定,运用积累的保险资金使其保值增值的活动。保险公司的业务大致分为两类:一类是承保业务,另一类是投资业务。在现代保险经营中,由于保险公司负债经营的特点,保费的收取与赔偿或给付,在时间上和数量上产生差异,使得保险公司有一部分资金闲置下来,成为保险投资的资金来源。保险投资,一方面可以建立雄厚的保险基金,维系良好的偿付能力;另一方面也是保险公司面对日趋激烈市场竞争的重要手段。

保险投资成为保险公司生存和发展的重要因素。第一,它有利于保障充足的偿付能力。偿付能力的提高,有利于进一步保护被保险人的合法权益,保证保险合同的履行,维护保险市场正常运行。第二,它有利于不断降低保险费率,提高保户参加保险的积极性,增加保险业务量。如果保险资金运用得好,取得较高的保险投资收益,就可以降低保险费率;同时,还可以把投资收益的一部分返还给被保险人,以鼓励其参加保险的积极性。第三,有利于扩大社会积累,进一步发挥保险业在国民经济中的作用。保险资金的运用直接推动了金融市场的形成和繁荣,使保险公司从单纯的补偿或给付机构转变为既有补偿或给付职能,又有金融职能的综合性保险公司,为金融市场增加了活力。同时,保险公司通过资金运用,将分散的资金集中起来,根据社会需求进行投资运作,支持国民经济建设,促进市场经济的发展。

保险资金的资金来源一般有两种途径:一是自有资金,二是外来资金。

自有资金包括资本金、资本公积和留存收益。资本金是指保险公司的所有者作为资本投入企业的各种资产的价值。各国政府都对保险公司的资本金规定了最低限额。资本公积包括资本溢价和股本溢价、法定财产重估增值、接受捐赠等。保险公司的留存收益包括盈余公积、一般风险准备和未分配利润。

外来资金包括准备金负债和其他资金来源。准备金负债为履行其承担的保险责任、备付未来的赔偿或给付支出提存的资金准备,是保险公司投资的主要来源。在保险公司经营过程中,还有可能存在其他可用于投资的资金来源,如保险公司为提升偿付能力发放次级债券所筹集的资金、从同业市场上拆借的资金等,可以作为一种补充性的资金来源。

从国际经验来看,保险投资的工具也日趋多元化,包括国债、基金、股票、贷款、房地产等几大类。根据我国《保险法》的第 106 条的规定,保险公司的资金运用一般有下列形式:银行存款;买卖债券、股票、证券投资基金份额等有价证券;投资不动产;国务院规定的其他资金运用形式。保险资金的运用正日益成为各保险公司普遍关注的重要问题。可以预见,在未来中国的保险市场上,保险资金的运用将日益普遍,规模将日趋扩大,投资收益在保险公司收益中所占比重亦将越来越大。

四、保险监管

(一)保险监管的概念

保险监管是指一国的保险监管机构依照法律的要求对保险市场及其主体的监督管理,以确保保险人的经营安全,维护被保险人的合法权益,促进保险业持续健康发展。

(二)保险监管的必要性

1. 保险产品的特性

保险产品的特性决定了保险监管存在的必要性。首先,保险产品本质上是一种"承诺",具有无形性的特点,是保险公司对保单持有人未来损害承担赔付责任。其次,保险合同专业性较强,投保人对保险条款的理解较困难。再次,保险合同具有附合性。保险合同内容一般是由保险公司单方面拟定,投保人只能做出接受与否的决定,需要特别注意投保人权益的维护。最后,保险合同具有射幸性,对于单个保险合同而言,保险赔付的履行取决于保险事故是否发生,具有不确定性。基于保险商品上述特点,要求保险监管机构监督保险公司按照诚信原则订立保险合同,具有充足的偿付能力,保证保险责任的履行。

2. 保险市场的特性

保险市场存在严重的信息不对称。保险方和投保方都存在信息不对称,投保方对保险标的的信息优势容易诱发逆向选择和道德风险,保险人对合同的信息优势容易出现保险人不履行保险合同责任,双向的信息不对称给双方的交易过程增加了许多困难,导致保险市场调解失灵。保险监管的存在将会增加保险市场的透明度,维护保险市场的公平和效率。

3. 保险行业的特性

保险行业具有外部性,外部性主要是指公司或个人直接向非市场内的人员增加的、未经补偿的成本或收益。外部性有正、负之分。保险正的外部性表现在对社会稳定和经济增长的促进作用,保险成为政府、企业、居民风险管理和财富管理的基本手段,成为政府改进公共服务、加强社会管理的有效工具。[①] 保险负的外部性表现在个人道德风险和保险行业的系统性风险。个人道德风险主要表现为保险欺诈,行业系统性风险主要表现为一家保险公司经营危机蔓延到整个保险行业。保险监管的存在使得保险业承担更多的社会责任,促进经济社会的发展。

(三) 保险监管的主要内容

市场行为监管、偿付能力监管、公司治理监管构成了现代保险监管的体系框架,也称保险监管的"三支柱"。

1. 市场行为监管

保险公司的市场行为监管是指对保险公司的交易行为和竞争行为进行监管。市场行为监管是保险监管的重要内容,主要包括对保险公司和保险中介机构行为的监管、对信息披露和防范保险欺诈的监管,最终实现保护消费者权益、维护社会公众对保险市场信心的监管目标。

2. 偿付能力监管

偿付能力是保险公司承担所有到期债务和未来责任的财务支付能力。保险公司偿付能力监管是对保险公司成立及其经营过程中应该具备的资本金、保证金、责任准备金等与偿付能力密切相关方面的规制和约束。偿付能力是"三支柱"监管的核心。我国偿付能力监管制度不断创新,立足中国国情,解决中国实际问题。经历以规模为导向到以风险为导向的转变,目前采取了国际金融审慎监管普遍认可的三支柱框架,即定量监管要求、定性监管要求和市场约束机制。

3. 公司治理监管

保险公司治理监管是一国政府或授权的监管机构依法对保险公司的治理结构、治理各方的权责等方面实施的监督和管理。保险公司的治理理论并非一般公司治理理论的简单迁移,而是作为金融机构的特殊性与一般理论的结合与统一,保险公司治理的特殊性表现在保险公司经营的信息不对称、保险产品经营中保险合同的或然性、资本结构中高负债下的代理问题。保险公司治理监管旨在促使保险公司建立有效的治理机制和内控制度,实现保护消费者权益、防范重大风险、确保整个保险市场健康发展的监管目标。保险公司治理监管制度的核心

---

① 《国务院关于加快发展现代保险服务业的若干意见》(国发〔2014〕29 号)。

内容,包括保险公司的内部治理结构、保险公司的内部治理机制和基于公司治理信息披露的利益相关者保护。

本 章 小 结

1. 一般意义上讲,风险是指未来结果的不确定性。但在保险理论中,我们往往将风险定义为损失发生的一种不确定性。风险具有客观性、可变性、可测性、社会性和损害性特征。

2. 风险的构成要素包括风险因素、风险事故和损害。风险因素是指隐藏在损失事件背后,增加损失可能性和损失严重程度的条件。影响损失产生的可能性和程度的风险因素有两类:有形风险因素和无形风险因素。风险事故,又称风险事件,是指造成生命、财产损害的偶发事件,是造成损害的直接的、外在的原因,是损害的媒介物。损害包括损失和伤害,是指非故意、非预期、非计划的经济价值的减少或人身的伤害。

3. 风险管理是个人、家庭、企业或其他组织在处理他们所面临的风险时,所采用的一种科学方法。风险管理起源于美国。风险管理的总体目标往往是通过风险成本的最小化实现企业价值的最大化。

4. 保险的要素是从事保险活动所应具备的必要的因素。保险的要素主要有可保风险、大量同质风险的集合与分散、保险费率的制定、保险基金的建立和保险合同的订立等。

5. 按照保险合同的性质,一般可分为两种类型。一类是补偿性保险,即当被保险人因约定保险事故的发生遭受经济损失时,保险人根据合同的约定,对实际的损失给予相应的经济补偿。财产保险合同一般属于补偿性保险合同。另一类给付性合同,即只要发生了合同中约定的保险事故,保险人就按照合同中约定的保险金额进行给付,而不考虑实际发生的损失。人身保险合同一般属于给付性保险合同。

6. 保险合同的射幸性,源于保险事故发生的不确定性,或者说因为保险合同履行的结果是建立在保险事故可能发生也可能不发生的基础之上的。

7. 保险合同的客体是指保险双方当事人权利和义务共同指向的对象。保险合同的客体不是保险标的,而是保险利益。保险利益是指投保人或被保险人对保险标的具有的法律上承认的利益。

8. 保险市场的概念有广义和狭义之分。狭义的保险市场是保险商品交换的场所,广义的保险市场是保险商品交换关系的总和。

9. 人身保险是以人的寿命和身体为保险标的的保险,人身保险业务包括人寿保险、健康保险、意外伤害保险等保险业务。财产保险是以财产及其有关利益为保险标的的保险,财产保险业务包括财产损失保险、责任保险、信用保险、保证保险等业务。

10. 保险展业是保险经营活动的起点,是争取保险客户群体的过程。保险展业的方式主要有直接展业和间接展业。

11. 保险理赔一般要遵循下列原则:第一,重合同,守信用;第二,遵循近因原则;第三,主动、迅速、准确、合理。

12. 市场行为监管、偿付能力监管、公司治理监管构成了现代保险监管的体系框架,也称保险监管的"三支柱"。

关键概念

风险　风险因素　风险事故　纯粹风险　投机风险　风险管理　可保风险　保险合同
保险合同主体　保险合同客体　保险市场　分红保险　投资连结保险　万能人寿保险
再保险　保险监管

即测即评

简答题

1. 什么是风险？风险由哪些要素组成？

2. 什么是风险管理？简述风险管理的目标和基本方法。

3. 保险的要素有哪些？简述保险的职能及作用。

4. 简述世界与中国保险发展历程。

5. 简述保险产生的基础和保险合同的特征。

6. 什么是保险市场？简述保险市场的特征及分类。

7. 什么是保险产品？简述保险产品的分类。

8. 简述保险经营流程。

9. 什么是保险监管？简述保险监管的必要性及主要内容。

参考文献

[1] 孙祁祥.保险学[M].6版.北京:北京大学出版社,2013.

[2] 孙蓉,兰虹.保险学原理[M].4版.成都:西南财经大学出版社,2015.

[3] 王绪瑾.财产保险[M].2版.北京:北京大学出版社,2017.

[4] 刘冬姣.人身保险[M].2版.北京:中国金融出版社,2010.

[5] 瑞士再保险.世界保险业:加速复苏[R],2021.

第二章
保险科技概述

主 要 内 容

    本章首先讨论保险科技的概念、本质属性和主要应用,以及保险科技、科技保险与互联网保险的联系与区别;其次,从供给和需求的视角介绍保险科技产生和发展的推动因素;最后分别讨论全球和中国的保险科技发展概况以及未来的演变趋势。

学 习 目 标

    掌握保险科技的基本概念、保险科技发展历程,了解保险科技发展的推动因素以及产生的经济影响。

引 导 案 例

数据将是保险业最重要资产,科技成为价值创新主动能

    我国互联网保险正在快速发展,保险科技在各个领域的应用也在不断加深,发展势头非常强劲。新一轮科技革命与产业变革为保险行业的转型升级打开了一扇新的窗口,保险业迎来了全新的战略发展机遇期。互联网下一个发展阶段,有四个方面的趋势值得高度关注。

    一是数字资产战略意义的提升。保险行业转型升级,靠的是数字经济。随着全社会数字经济占比的提升,前沿科技在保险业的应用加深,行业的数字资产的理念逐渐地深入人心。作为战略资产的应用,数字资产已经纳入保险机构重要的议事日程。其数字的管理和应用模式在新技术的驱动下将会不断地革新。作为支持新一代信息技术应用的关键要素,数据将是保险业最重要的资产,数据技术将是保险业下一步应用的关键技术。所以保险行业一定要加强与科技机构的合作,在做好保险业数字资产的归集、整理、分析、管理的同时,还要加强数字技术和底层技术的研发,以在应用技术方面能够开发出贴切的保险产品,服务于我国保险业转型升级和现实的保险需求。

    现在是场景需求、客户需求、行为需求,甚至未来发展的需求都需要数字技术发挥作用。数字、数据成为保险业的生命线。数字资产的战略将使保险行业能够突破资本驱动、负债驱动的传统模式,将数据变为驱动行业发展的根本,实现数字化时代的资产重塑,加速推进保险业全面转型升级,动能转换。

二是保险科技成为价值创新的主要动能。互联网信息技术的快速发展,不仅带来了新时代的业态,也催生了以保险行业为核心的科技应用,保险科技突破了互联网技术这样一个范畴,人工智能、区块链等新兴技术在保险行业的各个价值链、各个环节都得到了认可和使用。这些重大影响不但是对现今的保险事务操作的需要,而且是保险业长期发展的取向。将推动行业创新不断深入,为行业的智慧保险的发展带来更多的、真正的、实实在在的价值。

保险科技的价值创新结果不仅来源于渠道的创新、产品的创新,更来源于大量与保险流程相关的创新,形成的结果就是流程再造。比如,保险企业在产业链、供应链当中紧紧地配合产业的发展、实体经济的发展,把数据变为可视的资产进行监控。充分利用企业的 ERP 系统,把传统的企业资源管理变成数据管理,使数字管理能够成为精细管理、精准管理。再比如,人工智能在保险业的创新应用,不仅体现了前端的语言、智能的交互,在后端的核保和理赔环节,也可以实现自动化的智能操作。如果没有数字技术的广泛研发和应用是难以实现这样的发展目标的,所以保险科技每一项技术的应用,都将为行业带来深刻的价值变革。

三是科技提升保障能力,助力实现普惠金融。随着保险科技的快速发展和广泛应用,保险在用户触达、客户服务和体验等方面都取得了巨大的进步,得到了极大的提升。科技的应用降低了保险产品触达客户的门槛,使保险产品的可得性得到了极大的提高,有效地提升了保险的覆盖面,增强了整个社会风险的保障能力,也培养了客户的保险意识。未来,随着通信技术的广泛应用,特别是 5G 技术的广泛应用,保险技术将会帮助保险业实现更广泛的客户群体的连接。同时在科技助力之下,保险业不仅可以提供客户场景的需求、行为的需求和未来一些生活的需求,更主要的是提高这些需求相对应的产品高性价比的保险产品与服务。

科技在帮助实现普惠金融目标时,保险科技是必要的选项,更为保险业提供普惠保险开辟了一个全新的视角,创造了全新的发展空间。

四是新主体推动互联网保险生态圈扩容。互联网保险的发展推动了传统保险产品产业链逐步向保险新生态演变。在传统的保险公司和保险中介之间,互联网保险、互联网科技公司,特别是引领全行业的互联网巨头们,可以通过多元化主体的参与,共筑保险生态,使保险更加活跃,推动保险科技的发展,以带来新的产业格局。

资料来源:原中国保监会副主席、党委副书记周延礼在"2019 清华五道口全球金融论坛保险之夜"的演讲实录,有删改。

第一节 保险科技的概念

最近几年,保险科技这一概念在全球范围内迅速兴起,但尚无统一的定义。实践中,保险科技的具体含义在不同背景下存在差异,与国内的互联网保险这一概念既有联系又有区别。

一、保险科技的内涵与外延

(一)保险科技的内涵

保险科技(InsurTech)从金融科技(FinTech)演化而来。金融科技的不断发展,为传统的保险行业带来了产业升级契机。要理解保险科技的含义,首先需要对金融科技的概念有个初步的认知。根据金融稳定理事会(Financial Stability Board,FSB)定义,金融科技是指技术带来的金融创新,它能带来新的业务模式、应用、流程和产品,从而对金融市场、金融机构和金融服务方式产生重大影响。同时,金融科技基于大数据、云计算、人工智能、区块链等一系列技术创新,全面应用于支付清算、借贷融资、财富管理、零售银行、保险、交易结算六大金融领域。由此可见,保险科技是金融科技的子范畴,是金融科技衍生发展出的细分和专有概念。由于保险科技仍处于发展的初级阶段,涉及的业务模式、业务形态存在不同程度的差异,各方所讨论的保险科技覆盖范围并不完全一致,目前尚无一个清晰的、被广泛认可的定义。

北京大学孙祁祥教授认为,保险科技是保险领域里一切有益的技术进步与创新活动的总和。这一概念所包含的内涵和外延至少应当满足以下三个方面的本质规定:一是在理念层面,保险科技是保险行业顺应现代科技的发展趋势,实现产业创新驱动和高质量发展的重要抓手,是保持市场活力与竞争力的关键路径;二是在技术层面,保险科技是指人工智能、区块链、云计算、大数据等关键技术在保险产品和服务上的技术应用;三是在业务层面,保险科技是对保险行业全产业链条的模式创新与行业重塑。其中,理念层面是保险科技发展的内生动力;技术层面是保险科技的具体表达形式;业务层面是保险科技的综合形态。[1]

复旦大学许闲教授则认为,保险科技是指综合运用人工智能、区块链、大数据、物联网等创新科技,通过产品创新、保险营销、保险企业管理、信息咨询等渠道改良保险生态,克服行业痛点,借助信息验证、风险测评、核保核赔、医疗健康等应用场景提升保险行业相关生态主体的价值。[2]

中国保险学会在《中国保险科技发展白皮书(2017)》中,对保险科技这样定义:"保险科技首先是科技,其次才是保险。它以包括区块链、人工智能、大数据、云计算、物联网等在内的科技为核心,围绕保险的方方面面进行表现,广泛用于产品创新、保险营销和保险公司内部管理等方面,通过创建新的平台,运用新的技术服务保险消费者。"

在行业中,国际保险监督官协会(International Association of Insurance Supervisors,IAIS)认为:"保险科技则是金融科技在保险领域的分支,即有潜力改变保险业务的各类新兴科技和创新商业模式的总和。"[3] 国际著名咨询机构毕马威把保险科技定义为:保险科技是大数据、云计算、人工智能等一系列科学技术与保险业务深度融合,在产品形态、服务方式和运营效率等不同方面,变革着保险的商业模式并打造出新的生态。[4] 瑞银新加坡财富管理认为,如同金融科技一样,保险科技意指保险业运用新创科技来设计新的产品与解决方案、改善流程及运营效率,并提升客户体验和满意度。穿戴设备、联网装置、人工智能、区块链及数据分析即是保险科技运用的数个实例。科技与产业创新服务平台亿欧认为,保险科技是一种新兴现象,传统保险业通过借助诸如大数据、区块链、云计算、人工智能等新科技,服务过去未能覆盖的市场,扩大保险市场的潜在规模,降低传统保险产品成本或者提升理赔效率。[5]

---

① 孙祁祥. 快速适应与应对新技术对保险行业重塑的时代趋势[J]. 保险业风险观察,2020(4).
② 许闲. 保险科技创新运用与商业模式[M]. 北京:中国金融出版社,2018.
③ IAIS. FinTech Developments in the Insurance Industry [R].2017-02-21.
④ 毕马威. 2020 中国保险科技洞察报告[R].2020.
⑤ 转引自:亿欧智库. 2017 保险科技报告[R].2017.

综上可见,目前各界对保险科技并无统一规范定义,但比较一致的共识是,高度强调新兴科技在保险领域的运用和对整个保险业的影响。因此,对保险科技的内涵可以做以下理解:保险科技,是"保险"与"科技"的融合,借助诸如大数据、云计算、物联网、人工智能和区块链等新兴技术,优化保险业务链条,重塑传统保险业态,以精准把握和满足用户需求,帮助传统保险企业拓展其服务市场。

(二)保险科技的外延

根据学术界和保险业界的不同定义,可以认为保险科技既包括前端产业又包括后台技术。当保险科技是指前端产业时,其实质是指大数据、云计算、人工智能、区块链、物联网等新兴信息技术在保险领域的具体应用。当保险科技是指后台技术时,则是指大数据、云计算、人工智能等新兴技术本身,其实质含义是科技,是保险实际业务中所使用的新兴技术。这样,当保险科技进入保险业界,导致保险创新载体产生时,可能包括几类主体:其一,保险科技公司。保险科技公司是指本身不提供保险服务,但能为保险公司、再保险公司和保险中介机构提供技术服务的机构。保险科技的概念在这里表现为后台技术。其二,采用新技术进行保险业务创新的传统持牌保险机构。保险科技在这里是指前端产业。其三,保险科技公司与持牌保险机构的合作联盟,也包括发端于科技企业的利用科技力量进军传统保险市场的新入行竞争者。保险科技在这里表现为前端产业和后台技术的融合。

显然,不同内容的保险科技,分别对应不同的研究对象。鉴于此,我们对保险科技外延的讨论将包括以下几个方面:① 保险科技的前端产业所包含的保险发展模式、保险产品和保险服务;② 保险科技的后台技术所包含的大数据、区块链、人工智能等新兴信息技术;③ 保险科技的行为主体,即从事保险科技与保险创新活动的科技公司与保险机构;④ 基于不同保险科技主体功能的保险科技风险监管。

(三)保险科技与科技保险及互联网保险的联系与区别

为进一步阐明保险科技的概念,还有必要对保险科技与科技保险及互联网保险之间的异同进行辨析。

1. 保险科技和科技保险

保险科技并非科技保险,二者是不同的概念。科技保险是指为了规避科研开发过程中由于诸多不确定的外部影响而导致科研开发项目失败、终止、达不到预期的风险而设置的保险。科技保险的险种是由银保监会和科技部共同分批组织开发并确定的,第一批险种包括高线技术企业产品研发责任保险、关键研发设备保险、营业中断保险、出口信用保险、高管人员和关键研发人员团体健康保险和意外保险 6 个险种。在我国科技强国和各地科创中心建设中,科技保险赋予了保险行业对社会发展的推动使命,也被写入了各类国家文件中。现有越来越多的研究者关注科技保险。科技保险属于保险产品,它与保险科技截然不同,保险科技的内涵和外延远不止于保险产品。

2. 互联网保险和保险科技

保险科技与国内的互联网保险概念既有联系又有很大区别。前者主要是指保险的科技化,后者主要是指保险发展的互联网渠道化。二者之间的关系不宜混淆,也不宜以互联网保险的讨论来替代保险科技。

虽然保险科技和互联网保险都是在保险服务和信息科技大范围下彼此融合的结果,但互联网保险主要是利用互联网把保险业务从线下搬到线上,依靠互联网渠道进行保险产品的销售、投保、核保、理赔等,属于业务渠道创新。通过互联网,可以拓展保险机构接触和服务客户的渠道和方式,为客户提供更及时、更方便的服务。

而保险科技首先是科技,其次才是保险。保险科技是创新科技手段和方法在保险行业的运用,它服务于保险业的方方面面,包括保险产品研发、市场营销、核保理赔、投保人关系维护、保险公司内部管理、保险资金运用等领域。由此,保险科技融合了互联网保险、区块链技术运用、大数据、情景化营销、共享经济等热门话题和发展趋势,利用科技发展颠覆传统保险价值链,以提升保险服务效率,创新保险服务形态,是现有保险生态的改良和拓展。

互联网保险可视为保险科技的早期业态。而保险科技深度融合互联网保险,用科技赋能保险价值链,推动保险产业链重塑再造,为互联网保险打开新的增长空间,使得互联网保险的发展逐步由规模扩张转向科技引领。目前,布局互联网保险的传统保险公司纷纷加大对保险科技的建设力度,深度融合已有互联网渠道,积极寻求转型发展,拓展新的市场领域。专业互联网保险公司持续对保险科技进行投入与研究,目前已有部分技术及应用输出,探索并形成较为稳定、可持续的商业路径,在互联网保险领域的核心竞争力凸显。未来互联网保险将持续在精算、产品创新、营销、客户服务以及风控机制等方面发生变革,通过互联网渠道,利用云计算、大数据、人工智能、区块链、物联网等数字化技术,改变产品设计、核保与承保、营销、理赔与服务等保险核心价值链,从用户的互联网生活切入,满足用户多元化的保障需求,优化创新产品及渠道,不断提升服务水平。持续利用保险科技进行赋能将是未来互联网保险行业发展的主旋律。

二、保险科技的本质属性及主要应用

(一)保险科技的本质属性及与传统保险的关系

1. 保险科技的本质属性

保险科技的本质仍属保险,其含义是:科技本身并非保险,而仅仅是保险活动所赖以实现的一种技术手段,但新兴技术与保险的结合所构成的保险科技,仍然具有保险本身所固有的属性,即保险的保障属性、保险的金融属性和保险的社会属性。[①]

保险科技的发展深刻改变了保险行业的面貌。一是风险保障能力增强,进一步促进保险业回归保障本质。互联网技术的运用,提升了保险公司的风险识别、定价、管理能力,使保障对象从健康人群扩展到高风险人群,使保障形式从事后的经济补偿向事前的风险预防和防灾减损转变,使不可保风险变为可保风险,进一步提升了保险对风险的覆盖,真正体现了保险作为经济社会风险管理手段的功能作用。二是保险覆盖面扩大,进一步支持实体经济提高抵御风险能力。保险业利用互联网技术不断丰富产品供给,发挥实体经济稳定器作用。积极发展新技术条件下的企业财产保险、工程保险、责任保险等险种,为建筑工程、设备制造、农业生产、交通出行等各类型实体经济稳定运行提供风险保障。三是保险服务的可得性提高,进一步促进普惠金融发展。互联网等保险科技消除了物理网点和营业时间的限制,降低了保险服务的门槛和成本。丰富的保险产品,方便、快捷的保险服务,使得小微企业、农民、贫困人群、

---

① 保险的主要属性详见本书第一章第一节。

残疾人、老年人等群体也可以获得合适的风险保障。

综上所述,不难看出,新兴信息技术作为一种信息处理和传输手段,对保险的介入可以极大地改变保险信息采集、处理和传输的效率,但其本身无法构成保险的本质内涵。无论保险科技的形式如何发展,保险的本质永远是一种互助关系,充分表现为风险分散、经济补偿的保障属性,资金融通的金融属性和"我为人人,人人为我"的社会互助属性。

保险科技本质属性具体表现于保险与科技之间的关系。从科技创新的历史进程来看,保险行业先后经历了电话营销、信息化系统改造、互联网营销渠道变革以及保险科技重塑价值链等技术创新触发的渠道革新和经营效能提升。与保险为科技创新"保驾护航"的传统耦合范式不同,当前以大数据、云计算、人工智能、物联网和区块链等主导的保险创新,可被视为社会科技力量不断积累后大规模"反哺"保险业的创新,并成为持续推动保险业整体升级的"核动力"。可以认为,保险科技是保险内涵的延伸,与一般的创新相比,保险科技的目标或前景是实现一种深度创新,表现为保险形态的逐步演变与拓展。首先是保险组织模式的创新,如"区块链+保险"的广泛发展正在实现对实体保险组织的去中心化;其次是保险理念的创新,社交平台的蓬勃发展促进了消费者之间的信息沟通,传统的产品导向经营理念开始向消费者导向转变;最后是保险业务模式的颠覆,单纯的产品业务模式即将让位于实时互动式风险管理服务模式。总体来看,保险科技的核心作用是重构保险价值创造及其分配模式。

理解保险科技,需要突出强调保险科技首先是保险的属性,它改变的仅仅是保险活动实现的技术形式,但其本质内涵并未因此发生改变。由此,保险科技赋能保险业创新发展,最终落脚于保险这一概念。

2. 保险科技与传统保险的关系

保险科技有广义和狭义之分。广义上的保险科技是指所有保险及科技应用创新主体之间所形成的创新成果和生态体系。狭义上的保险科技是指应用于保险创新的新科技手段、产品和模式,侧重在非保险传统机构的科技创新公司和模式。就两者的关系而言,保险科技与传统保险不是相互替代,而是相互补充、相互促进的关系。

保险科技的出现,不仅为保险业指明了未来的发展方向,同时也为保险业未来的发展注入了新的推动力。首先,从保险科技助力传统保险业改变增长方式来看,由过去传统保险业主要依靠资本和人力的投入,逐步发展为依靠创新驱动和技术引领。未来保险业的创新将主要体现在产品和服务创新、商业模式创新、技术创新三个方面,而所有这些创新都和保险科技息息相关。其次,从传统保险业发展的两个痛点来看,第一个痛点是"销售难",第二个痛点是"理赔难"。大量保险科技的落地应用首先来自改进保险的销售,通过保险比价平台、数字化保险经纪(通过比价网站或移动应用程序向消费者销售保单)、保险产品和其他产品的交叉销售等,增加了保险产品的透明度,给予了消费者更灵活的选择,提升了客户体验,降低了保险公司的销售成本。在改善理赔方面,保险科技的作用更为显著,特别是区块链技术的应用,可以很好地提升保险人和投保人之间的信任度,加上智能合约的运用,可以从根本上解决理赔难的问题。而传统保险业发展保险科技则是对保险科技的肯定与吸纳。现代科技的创新和发展不仅为保险业的发展注入了新动力,同时也在改变着人们的生产和生活方式,给保险业带来新的发展空间。我们可以有把握地认为,保险业未来的发展将在很大程度上依赖于技术的推动和引领。

综上所述,我们应当明确:保险科技的本质仍属保险,同样具有保险的保障属性、金融属性和社会属性,但不能否认的是,科技在整个保险科技中具有相当突出的作用与地位。保险科技与传统保险之间不是替代关系,而是相互补充、相互促进的关系。

(二)保险科技的主要应用

传统保险行业有诸多问题,如人员过剩、理赔服务流程复杂、用户体验差、信息不对称等,而保险科技的应用能满足保险业发展和变革的需要,帮助行业提效降本。

1. 保险科技重塑保险价值链

随着人工智能、区块链、云计算、大数据等技术的推进,科技的力量开始重塑保险价值链的产品研发、营销、核保、理赔、再保险和资产管理等环节,使保险变得更便利、更人性化、更贴近生活。

(1)产品研发。在产品设计环节,通过引入外部数据或与第三方机构合作设计产品,针对带病人群开发产品,基于客户的个体数据进行差别定价,开发场景保险。保险公司通过嵌入场景的保险产品,收集、处理、分析各个生态中的用户数据,使得很多风险从不可保变得可保。在产品定价环节,保险公司借助云计算和大数据等技术实现了对全量数据的分析能力,从而可以根据完整的数据表进行更加全面的风险评估,技术赋能的全量数据分析有效提升了保险公司定价的精准度和对风险的把控能力。越来越多的保险公司以及保险科技公司,通过跨平台合作的方式全方位获取用户信息,对用户进行分群并区别需求特征,最终通过不断优化保险行业定价模型实现保险产品精准定价。

(2)保险营销。依托大数据和人工智能技术,通过虚拟机器人和相关算法对用户因生活环境、家庭情况以及财务状况而产生的保险需求进行风险评估,并据此提供相应保险产品及服务的个性化推荐,做到通过大数据精准为用户画像,实现智能营销。保险科技还指向多元化的销售渠道。通过直营平台或外部第三方平台进行产品销售,提高转化率,降低流失率。移动互联技术的快速普及和发展,带动了保险销售与其网络化、线上化和自动化水平,保险公司通过官方网站、电商平台、移动端等均实现了线上投保,个别保险公司开发研制了保险功能自助机,实现保险投保、保全、理赔的全自助化。各家保险公司将挖掘科技赋能保险核心销售队伍作为创新焦点,不断探索用科技的力量来赋能销售队伍,重构营销场景与模式。

(3)保险核保。通过数据挖掘和人工智能技术辅助人工核保,简化核保流程,提升核保效率,丰富风控手段,最终优化核保用户体验。智能核保主要从四方面提升传统人工核保效能。其一是线上化智能交互自助核保。智能核保系统通过简单的人机对话和互动问答,便可以完成对客户身体状况判断,并给出较为精确的核保结论,无须再如以往传统人工核保需要询问多达数页的医学专业问题。其二是理赔客户智能化核保。通过对理赔记录的结构化和疾病类型的归一处理,智能核保系统还可实现有理赔史用户的线上智能核保。有效降低因既往理赔史造成自核无法通过、不可承保的概率。其三是精准风控识别高风险用户,降低逆向选择风险。其四是人工智能赋能精准识别。

(4)保险理赔。利用人工智能中的深度学习和图像识别技术,通过算法高精度识别事故照片,运用深层学习算法,基于上万条风险规则和数百个风控模型等定损,几秒内就能提供受损部件、维修方案以及维修价格等定损结果,实现简单高效的自动定损,由此,保险科技可指向智能化的线上定损。人工智能在保险公司调度理赔查勘方面,可以实现分钟级智能化派工,提高查勘员现场处理效率和速度,甚至可利用无人机到事故现场进行查勘。保险理赔的复杂性、专业性,使得原有理赔程序和专业要求相对烦琐,受移动互联的发展以及以客户为中心的市场行为驱动,客观要求理赔环节实现自动化、线上化、便捷化的客户体验,利用人工智能解决这一问题是保险科技的一个重要方向。

(5)再保险。保险科技指向自动化交易的区块链联盟。利用区块链技术,再保险合同将嵌入数字编码并保存到透明、可共享的数据库中,防止数据被删除和篡改。区块链中的每一方都有权限查看整个数据库及其完整历史,数据和信息不由任何一方掌管,为交易主体提供了以数字编程为基础的信用背书,解决了再保险公司与各参与方之间的信息不对称问题。区块链中的分布式账本,保证了交易方之间数据文件的真实性,实现了去中介化的点对点交易,打破了传统再保险交易高度依赖再保险经纪的局面。智能合约、通信加密、数据存储与共享等技术也将在流程高度中介化中找到应用场景,通过去中心化的技术高效可信地实现再保险下单、协商、审核、索赔、理赔全自动化流程。

(6)资产管理。利用机器学习技术,结合预测算法,依据历史经验和新的市场信息不断演化,准确判断大类资产相关关系,以此创建符合预期风险收益的保险资产投资组合。将投资专家的投资思想或理念通过具体指标、参数的设计体现在模型中,利用机器收集分析大量的数据,对市场进行不带任何主观情绪的跟踪分析,借助计算机强大的数据处理能力筛选投资机会,以保证在控制风险的前提下实现保险投资收益最大化。依托高效的信息处理和数据挖掘能力,人工智能在投资管理领域的应用提高了保险资产管理机构投资与研究的效率,尤其在大数据信息收集处理、量化模型优化等方面具有显著效果。但受底层数据规模与质量、算法准确性与成熟度以及行业主体创新能力等方面的限制,人工智能在保险资产管理、行业投资管理领域的应用仍处于辅助人类智能的阶段,距离独立进行逻辑推理与投资决策的长期目标仍有较大的距离。

2. 保险科技打造保险新业态

在全球范围内,保险科技的发展正在重塑保险行业的形态。无论是传统保险巨头还是新兴的保险科技初创公司都在以多种方式应对数字化发展给保险行业带来的改变。

(1)传统保险公司的数字化转型。大型保险公司将原有的与信息技术相关的部门整合为科技平台,积极主动地拥抱保险科技,构建数据中心。例如,安联集团、慕尼黑再保险集团、安盛集团等传统保险巨头均启动了数字化转型计划,通过重塑内部业务流程、在全球主要城市设置创新中心、投资保险科技初创企业等多种方式推进数字化进程。中国的传统保险公司同样启动线上布局,通过设立在线网站、手机移动端和与第三方平台合作等多种方式通过互联网渠道开展业务。

(2)互联网保险公司兴起。互联网保险公司不仅在销售渠道方面对传统的保险商业模式进行改造,更对产品设计、定价及承销、索赔结算等各个环节进行数字化重塑。自2013年起,原保监会已经陆续核准了四张互联网保险牌照,分别是众安保险、泰康在线、安心保险和易安财险。

(3)互联网保险中介平台创新商业模式。保险业的特点决定了其对中介市场的依赖,互联网时代的保险中介平台面临较多挑战,与此同时也会释放更多的创新空间。除了以申请保险公司牌照形式开展业务之外,许多互联网保险中介平台以保险中介公司的形式开展业务。

这一领域的保险科技初创公司数量更多,涌现出了多种类型的互联网保险中介平台,包括比价平台、按需保险平台等。

尽管传统渠道仍然占据主要地位,但保险行业数字化的趋势发展迅速并正在对传统业态形成冲击。保险科技在保险业的进一步应用和发展,为保险业建立产业生态链奠定了基石。当前已经探索出两种模式:一种是以某一种保险服务为纽带,延伸到为客户提供衣食住行游的大部分基础服务;另一种是对保险上下游的产业链进行延伸,整合衍生产品和相关增值服务,最终形成保险产业生态圈。总的来说,保险科技的发展必将重塑保险行业的业态。

第二节　保险科技的推动因素及其对保险行业的影响

科学技术是第一生产力,是先进生产力的集中体现和重要标志。当前,全球新一轮科技革命孕育兴起,正在深刻影响世界发展格局,深刻改变人类的生产生活方式。近年来,全球保险业的格局正在悄然变革,人工智能、区块链等保险科技逐渐成为保险业创新发展的新引擎。

一、保险科技产生和发展的推动因素

推动保险科技产生和发展的主要因素有三个:供给因素、需求因素和保险体系与政策环境因素。

（一）供给因素

1. 技术因素

近年来,科学技术水平的快速提高对保险行业产生了巨大影响,保险科技的时代已经来临,势不可挡。互联网技术的快速发展、通信技术的进步、金融科技的进步为保险行业各环节价值链的重塑再造带来了机遇。

第一,互联网技术的快速发展。1994 年,美国允许商业资本介入互联网建设与运营,互联网从实验室进入了面向社会的商用阶段,开始向各行各业渗透。次年,美国创立了世界第一家第三方网络保险销售平台 Ins Web[1],开启了互联网保险的探索之路。随着互联网技术不断成熟,众多的互联网保险公司进入我国保险市场。近年来,互联网公司不断扩张,聚集了大量的科技人才,而保险科技的基础就是技术,当科技人才服务于保险业时,转型和融合相对容易。我国第一家拥有牌照的互联网保险公司——众安保险[2] 于 2013 年 11 月 6 日揭牌,2017 年 9 月 28 日众安在线于香港联合交易所主板正式挂牌。

第二,通信技术的进步。"十三五"以来,我国人力发展以 5G 为代表的新一代信息通信技术,并着力推动基础网络设施建设。2019 年 6 月 6 日,中国 5G 商用牌照正式发放;在 2019 年 11 月,中国宣布 5G 商用正式启动。截至 2021 年年底,全国已建设开通 5G 基站超 140 万个,5G 网络加速成型。具备高速率、大容量、低时延等特性的 5G 网络全面商用如期到来,不仅极大地提高了网络的传输速率,也丰富和拓宽了数据传播媒介。

---

[1]　Ins Web 是美国第三方保险平台,是一家完全独立于传统保险机构的网站,致力于为客户提供方便、有效的保险购买方案,曾是世界上最早、最大的第三方网络保险平台之一。

[2]　众安保险由蚂蚁金服、腾讯、中国平安等发起设立,其业务全程在线,不在线下设任何分支机构。

　　第三,金融科技的日益完善。金融科技发展遵循从支付层到货币机制,再到信用机制的路径。在金融科技中,"金融+互联网"的创业机会首先出现在流量获取方式层面,包括网络支付、线上销售等模式,再到与资产生产方式、流动性、资产证券化相关业务,最后到与借贷相关的信用机制。保险科技对保险业态的改变已从渠道变革到中间层再逐步转向基础设施层。首先,保险公司核心在于销售渠道,早期保险科技主要聚焦渠道变革;其次,由渠道变革转向由新技术带来的产品和服务创新以及资产流动性解决方式变革;最后,新技术将作用于基础设施层面的变革,为交易提供支持的环节因新技术的接入得到显著提升。

　　保险是金融行业的一部分,金融科技的技术进步与日益完善会进一步推动保险科技的发展。从19世纪60年代的电报到20世纪的分类账数字化等一系列技术创新,造就了全球金融机构和跨境批发市场所需的现代支付、清算和结算基础设施。随着20世纪60年代的自动柜员机(ATM)的问世、80年代网上银行的出现以及2000年后移动银行的迅速崛起,客户办理金融业务更加开放和便捷。21世纪,移动电话、互联网、高速运算、加密技术的发展不断推动金融行业快速变化。随着金融科技日益完善,保险与科技进一步融合,不断创造出新型保险产品。

专栏 2-1

众乐宝——我国首款网络保证金保险

　　2013年11月25日,众安保险联合阿里巴巴宣布推出"众乐宝-保证金计划"(简称"众乐宝")。这是众安保险成立以来推出的第一个产品,也是国内首款网络保证金保险,它为淘宝集市平台加入消保协议的卖家履约能力提供保险。同年12月5日众安保险正式对淘宝卖家推出该服务。

　　据了解,淘宝集市卖家数量众多,为保障消费者利益,卖家需要交纳一定金额的消费者保障基金。而淘宝卖家加入"众乐宝",自行选择保险额度后,无须交纳消费者保障基金,即可获得消费者保障服务资格及标志,并获得详情页面最高可达20万元保障额度的展示。

　　在理赔和追赔的形式上,"众乐宝"采取"先行垫付、事后追赔"的方式,即一旦买卖双方发生维权纠纷,需要店铺对买家赔付,"众乐宝"会先垫付理赔款,事后再向卖家追款。这样的理赔形式,对于卖家来说,提高了资金的使用效率;对于买家来说,保险的先行赔付可以缩短维权过程,更好地提升买家的购物体验。

　　资料来源:众安保险网站,有改动。

---

　　2. 经济因素

　　任何行业的发展都离不开经济的发展,保险也不例外。随着新时代的到来,我国经济已由高速增长阶段转向高质量发展阶段,保险市场也响应国家政策,不断推进产业转型。

　　第一,保险市场日益扩大。中国目前已经成为全球第二大保险市场,根据银保监会发布的数据,2021年中国保险行业原保费收入达4.5万亿元,显示出强劲的增长潜力。截至2021年12月,我国保险业总资产为24.9万亿元,平均每年以10%左右的增速不断增长。根据相关预测,中国极有可能在21世纪30年代中期超越美国成为全球最大的保险市场。这些数据足以显示,中国这个庞大的保险市场为保险科技提供了巨大的发展空间,庞大的资产规模还为保险公司研究科技提供了充分的经济保障。

第二,保险科技融资规模进一步扩张。科技的盈利效应是长期的,且收益弹性较高。作为金融科技的细分领域之一,保险科技在 2015 年迎来了第一轮融资热潮,不过相较于支付、信贷等金融科技领域,保险科技的发展更加平缓。从一级市场投融资数据来看,2020 年全球保险科技行业融资金额出现井喷,高达 276.2 亿元,同比增长了 274%。可见在金融科技普遍面临强监管的背景下,保险科技依然保持着较高的资本热度。近年来,国际一级市场投资的主要方向为软件、计算机、半导体等高技术产业,诸如人工智能、大数据、区块链等保险科技的底层技术对资本更有吸引力,相比其他产业更容易积聚初始资金。当整个保险科技行业的投资氛围不断优化后,投资的热度与研究的效率会得到提升,最终实现科技发展的良性循环。

(二)需求因素

互联网与移动通信的普及带来了对新保险产品和服务的庞大需求,为保险科技发展和创新奠定了坚实的基础。《中国互联网络发展状况统计报告》的数据显示,截至 2021 年 12 月,我国网民规模达 10.32 亿,互联网普及率达 73.0%,手机网民规模达 10.29 亿。

互联网、智能手机的普及拉近了保险服务供应商与用户之间的关系,并带来了广泛的信息分享,使得用户群特别是年轻化群体的保险消费心理发生了变化,他们希望得到更多便利、更多选择、随时随地接入的金融科技产品与服务。移动互联网用户对保险服务的需求变得更加个性化,体验要求也变得更高了。这就创造出了对新金融产品和服务的需求,推动了"互联网+"具备"保险科技"属性的保险产品的问世。

(三)保险体系与政策环境因素

除上述供求驱动因素外,保险体系与监管政策环境也是保险科技发展的重要推动因素。对于任何一个产业来说,政策环境都是支持产业健康发展的顶层设计。近年来,中国保险业历经诸多变化,监管的深度与广度在不断增加,因此政策引导在保险行业十分重要。

在国家层面,2016 年,国务院印发《"十三五"国家信息化规划》。该文件中强调了需加强区块链等新技术的创新、试验和应用,以实现抢占新一代信息技术主导权。2019 年 10 月,习近平在中共中央政治局集体学习时指出,要把区块链作为核心技术自主创新重要突破口,加快推动区块链技术和产业创新发展。人工智能是我国国家科技战略的主导技术,相关部门出台了一系列发展战略规划,从国家战略层面进行整体推进,建立了相对完整的研究促进机制,协调推进高新技术的发展。

在政策方面,2016 年,保监会印发《中国保险业发展"十三五"规划纲要》。该文件中明确指出,要优化产品和服务供给,将科技与保险深度融合,坚持充分运用物联网、大数据等科技手段,完善风险保障功能,增强全社会抵御风险的能力。2020 年是中国保险业发展"十三五"规划的收官之年,保险科技相关政策和制度的建立也是实现规划目标的重要任务。2020 年的政府工作报告中,"加强新型基础设施建设"首次出现,并成为扩大有效投资的重要举措。保险科技的发展水平是体现保险业"新基建"成果的重要内容。疫情当前,保险的重要性得到进一步体现,外部风险频发催生出许多新式保险需求,消费者对于线上、零接触和高效率的需求对保险服务的手段提出新的要求。在发展新型基础设施建设的背景下,保险业也应拓展科技融合的应用场景,为符合消费者需求作出调整,丰富保险行业的新基建样本,开发新产品、开拓新服务、开创新模式。

在监管层面,目前我国正着力推进"监管沙箱"① 相关政策,完善"监管沙箱"管理体系。2011 年,保监会颁布《互联网保险业务监管规定(征求意见稿)》,标志着我国互联网行业监管正式开启;2015 年,保监会印发《互联网保险业务监管暂行办法》,标志着互联网保险进入规范监管时代;2020 年 9 月,银保监会印发《互联网保险业务监管办法》,进一步完善互联网保险监管制度。2019 年 8 月,中国人民银行发布《金融科技(FinTech)发展规划(2019—2021 年)》,明确了我国金融科技的发展路线图。在实践方面,北京市已率先于 2020 年启动金融科技创新监管试点,在金融、保险、社保、养老等领域研究金融科技前沿技术的最新成果,推动金融科技为实体经济服务。

总之,在技术进步外部驱动和转型发展内生需求的共同作用下,大数据、人工智能、区块链等技术与保险的结合,催生了保险科技的产生和发展。

二、保险科技对保险行业的影响

保险科技将对保险服务的提供方式产生重大影响,颠覆保险行业的发展格局,创造出高效率、覆盖面广、个性化程度高的全新保险模式,实现更加高效的保险服务。保险科技的发展既带来新的发展机遇,又带来了新的挑战。保险科技通过多元化的有效竞争,可以降低信息不对称,提高保险服务的效率,但也带来了隐私保护与信息安全、保险体系的稳定性等问题。

(一)消费者隐私保护与信息安全

随着我国科技的飞速发展,计算机技术得到了普及,这极大地提高了用户的工作效率,满足了人们生活和生产的多方面需求。然而计算机技术带给人的不仅是生活的便利,也存在着诸多信息安全隐患。身份欺诈和账号盗窃是目前发生频率最高的网络犯罪。数据泄露会给企业造成声誉的负面影响,产生经济损失,甚至让企业触犯法律。在保险公司数字化转型之时,必须对重要数据资产如客户数据、供应链信息、员工数据、财务数据和其他知识资产进行严格防护,防范可能发生的泄露和盗窃等风险。

大数据是保险科技与传统保险机构竞争的一大优势,而如何收集、处理和使用消费者的个人数据仍然是极具争议性的话题,也是保险监管机构最关心的问题。保险科技的应用是以数据为前提的,储备足量的相关数据信息才能综合运用大数据、人工智能、区块链等技术进行开拓创新。对于保险科技应用而言,用户关键信息很可能在使用保险科技应用程序的过程中丢失或被盗,移动设备的安全性也可能通过支付程序受到损害。实践中,一些保险公司从业人员道德缺失,利用职务便利非法窃取客户资料,泄露信息谋取非法利益,对保险消费者造成较大损失。互联网平台开放的信息技术也难以保证个人信息的绝对安全,会让一些消费者对信息科技不信任,因担心隐私泄露,不接受个性化服务。尽管许多国家对个人信息保护都有严格的规定,但是由于在线信息的流动性,对信息获取、处理和使用的监管都难以实施。

---

① 监管沙箱是指针对金融创新业务,提供沙箱业务运行的技术隔离环境(安全空间),在风险可控的前提下,开展新机构、新业务、新产品试点。

（二）保险体系的稳定性

1. 传统保险公司被迫退出保险市场

非保险科技公司可能部分或者全部取代传统保险公司的中介职能。例如,以前保险消费者只能通过保险中介人、银行等渠道购买保险,但现在通过保险科技平台或者第三方支付渠道就可以办理。该影响将会威胁关键保险服务的提供,而相关保险服务的终端或提供这些服务的被监管机构遭遇脱媒,可能对实体经济产生严重的潜在负面影响。[①]

2. 保险公司前期费用过高,亏损面过大

由于目前大数据、物联网等技术成本较高,而保险科技公司开展服务要同时投入多个关键技术,其前期费用率远远高于传统保险公司;且部分互联网保险公司急于扩大保险规模,进而会导致其赔付率过高。但就目前的需求来说,保险科技市场不足以满足其盈利的目标,进而会导致保险公司经营困难甚至倒闭,影响保险消费者的投保信心以及造成保险行业的不稳定。

3. 保险业务投诉量大

一方面,大多数保险科技支持下的保险产品,其销售模式仍不够完善。众所周知,保险合同通常为格式化合同,一些保险消费者对保险条款不熟悉,在互联网平台上又没有面对面的保险中介人给其解释这部分条款,这会让消费者产生"骗保"的感觉。另外,保险公司的部分保险业务是通过一些中介平台业务搭载进行捆绑销售的,保险公司甚至在保险消费者不知情的情况下自动续保。另一方面,保险供给公司可能未在保险销售页面上明确说明免责条款,而在赔付过程中以各种理由拒绝赔款或者拖延赔款。这一系列现象会不断降低保险消费者对保险产品的信任,甚至会造成保险行业发展的停滞。

总而言之,保险科技通过多元化的有效竞争,可以降低保险信息不对称,进一步提高保险服务效率。与此同时,也会对消费者信息的保护、保险体系的稳定等方面带来了新的挑战。保险科技的发展不仅仅需要科技公司和保险公司的共同努力,还需要监管机构不断出台相关政策和监管文件助力保险科技行业不断成长为更高效、更兼容的保险市场。

第三节　保险科技发展概况及其演变趋势

一、全球保险科技发展概况

（一）保险科技的发展历程

近年来,随着关注保险公司经营管理和保险业务创新的企业和风险投资的增多,保险科技已经成为市场风口,在全球范围内迅速发展。

1. 从时间的维度可以将保险科技发展分为三个阶段,如图 2-1 所示

（1）快速发展阶段（2014 年以前）。该阶段由技术进步推动科技在保险价值链上的应用。随着互联网、物联网、大数据等技术的成熟和普及,保险科技公司的数量快速增长。根据

---

① 光大证券.资本逐鹿,风口已至——保险行业系列报告一:保险科技［R］,2020.

CB Insights① 提供的数据,全球新成立的保险科技公司数量由 2008 年的 46 家增长至 2014 年的 143 家。

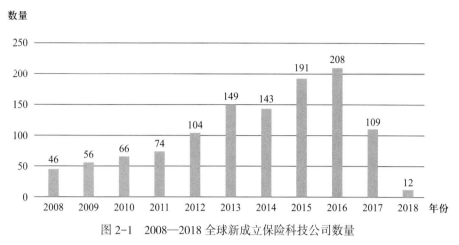

图 2-1　2008—2018 全球新成立保险科技公司数量

资料来源:CB Insights。

　　(2) 加速发展阶段(2015—2016 年)。该阶段资本快速进入保险科技行业,其标志性事件为安盛集团(AXA)② 于 2015 年初建立保险科技孵化器。根据 CB Insights 的数据显示,2015 年全球保险科技融资额由此前的每年 2 亿~4 亿美元的量级跳升至此后的 20 亿~40 亿美元量级。

　　(3) 初步成熟阶段(2017 年至今)。2017 年保险科技的概念正式提出。但从此时起,保险科技公司数量经历前期爆发性增长后,达到一定的饱和状态,新成立的公司数量大幅下降;融资额仍旧快速增长,反映了资本更加青睐较为成熟的公司。在科技创新的推动下,大数据、区块链、人工智能等新科技正逐步走进保险行业的生态,深入渗透到保险业务流程与各类场景中,从底层逻辑上重塑保险生态价值链。

　　2. 从技术变革角度保险科技经历了三个升级过程,如图 2-2 所示

　　第一阶段:渠道变革。渠道销售电商化,保险公司设立互联网渠道,将保险从线下引到线上,开启保险的数字化历程。③

　　第二阶段:运营变革。保险环节数字化,通过文字识别(optical character recognition,OCR)技术,精确识别健康、医疗相关文档,人工智能快捷实现承诺、理赔、保单管理、支付、健康管理服务等相关流程的自动化。

　　第三阶段:服务变革。构建保险＋科技的整体生态体系,实现精准定价和营销,帮助保险公司精确核保和反欺诈,优化保险价值链的各个环节。

---

　　①　CB Insights 是美国的一家风险投资数据公司,定期发布经济发展趋势以及独角兽公司的名单。
　　②　AXA(安盛集团)在 2015 年初建立保险科技孵化器 Kamet,目前已孵化出 Padoa 等 5 个项目,其中 Padoa、Qare 和 Fixter3 个项目已获得 A 轮融资,融资金额分别为 500 万欧元、600 万欧元、600 万欧元。
　　③　中关村互联网金融研究院.中国保险科技发展白皮书[R],2019.

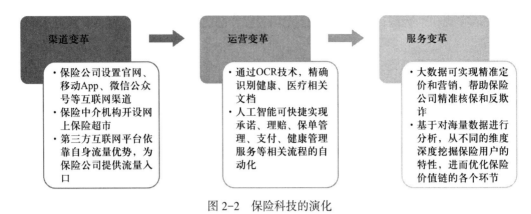

图 2-2　保险科技的演化

资料来源:中关村互联网金融研究院.中国保险科技发展白皮书[R],2019.

（二）保险科技市场与投融资状况

近年来,保险科技在全球范围内快速发展,主要表现为新成立的保险科技公司数量不断增加,交易数量及投资额逐年攀升。北美洲、亚洲和欧洲成为保险科技创新的聚集区域。全球有一半以上的保险科技公司聚集在美国,美国的硅谷、旧金山和纽约成为保险科技的创新枢纽。

保险科技投资发展迅猛,2011 年全球投资额为 1.4 亿美元,2013 年投资额达到 2.7 亿美元,2015 年达到 27 亿美元。同一时期,最成功的保险技术企业已经从种子轮和风险资本轮次转移到高级融资轮次。

2016 年是金融科技元年,保险科技依旧是金融科技投资的重点,全球保险科技公司的融资金额达到 20 亿美元。在全球所有的保险科技投资活动中,发生在美国的保险科技投资占全球的 59%,其次是德国(6%),英国和中国紧随其后,各自拥有 5% 的市场投资份额。美国保险科技公司数量占全球保险科技公司数量的 49.6%,英国和印度均为 2.9%(见图 2-3)。目前,全球保险科技领先的地区为北美地区,而保险科技在其他各个国家都有不同程度的发展,像法国、巴西、日本等国家也都是保险科技实验和发展的前沿战场。

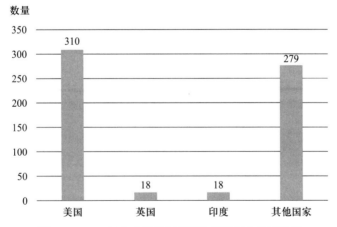

图 2-3　2016 年全球部分国家保险科技创业公司数量

资料来源:Statistics。

根据韦莱韬悦（Willis Towers Watson）报告，2019 年前三季度全球保险科技公司共完成239 笔融资，金额达 43.6 亿美元，比 2018 年全年金额高出 5%。其中，天使轮和早期项目融资金额出现下降，但中后期项目融资金额显著提升，越来越多的保险公司开启保险科技投资布局。大型保险集团建立保险科技孵化机制，聚集保险公司、科技企业和生态圈内各相关方的创新力量，加快保险与科技的融合，强化科技在保险全价值链的赋能和延伸。国际上一些大型保险集团成立了独立的科技投资机构。如安盛集团设立 AXA Venture Partners，重点投资互联网健康、人工智能、用户界面和数据应用等领域早期和成长期项目；英杰华保险（Aviva）设立 Aviva Ventures，重点投资智能家居、按需保险、癌症筛查、家装服务、停车服务等领域的天使期和早期项目；荷兰全球保险集团（Aegon）设立 Aegon Transamerica Ventures，投资了 NICCI.io、EyeOpen、Kroodle 等社区平台类项目；慕尼黑再保险（Munich Re）设立 Munich Re/HSB Ventures，投资了 Relayr、Helium、Slice 等物联网和保险科技类项目。同时，一些国际大型保险集团还设立了科技项目孵化器/加速器，如安盛集团设立了 Kamet 孵化器，慕尼黑再保险与阿尔玛·蒙迪投资公司（Alma Mundi Ventures）合作设立了 MundiLab 加速器，Zurich、Ergo、Admiral、美国国际集团（AIG）、Markel 等也都以合作方式设立了孵化器/加速器。[1]

据国际咨询公司麦肯锡（McKinsey）的报告，通过 Panorama Insurtech 数据库中对公司注册地域的分析表明，尽管美国一直是保险技术的先驱市场，但现在只有 46% 的公司总部位于该地区，另有 40% 的公司位于欧洲、中东和非洲。位于美国之后的是英国、德国，这三个国家是大多数保险科技公司总部的所在地。位于亚太地区的保险科技公司总部仅占 14%，但预计将成为未来几年增长最快的地区。[2]

各种创新科技在保险领域的应用层出不穷，保险科技活跃于所有主要的保险产品和保险价值链环节中。从险种角度看，保险科技主要应用于财产保险[3]；从价值链环节看，保险科技主要应用于保险分销领域。

美国作为保险科技最集中的地区，具有特色保险科技发展模式。美国的保险科技初创公司专注于某个或某一类垂直应用的领域，深度挖掘保险科技在不同细分市场的应用，实现保险＋科技的精准嵌合。英国是全球现代保险业的发源地，在保险科技时代，涌现出大批保险科技初创公司，面对新技术给保险行业带来的巨变，能够率先识别并应对新科技手段带来的冲击。新加坡是亚太地区保险业的中心。它重点打造保险科技的创新环境，以政府为主导，重点推动金融保险科技创新。新加坡政府推出科技创新实验室，为各国的保险科技公司提供成熟的研发环境和有效的政策扶持。[4]

① 陈成.国际保险业科技投资现状及对我国的思考[J].清华金融评论,2020(1):82-84.
② Mckinsey Co.Insurtech-the threat that inspires［EB/OL］,2017-03-01.
③ CB Insights.Unpacking the Insurtech Landscape［R］,2018.
④ 唐金成,刘鲁.保险科技发展模式比较与经验启示[J].金融理论与实践,2020(8):96-102.

专栏 2-2

保险科技应用案例

1. Oscar Health

Oscar Health（奥斯卡健保）公司成立于 2013 年 7 月，它的诞生得益于奥巴马医改法案（Affordable Care Act）。这家公司的目标是运用互联网和远程医疗技术，让健康保险变得更加简单、直观和人性化。在用户定位上，Oscar Health 面向不同人群，且会根据人群细分画像提供对应的医保计划，此外还在线上线下提供一系列增值健康管理服务。其业务特点有四方面：一是线上快速核保，用户仅需在线上提供简单的个人信息就可以获得保险报价；二是设计激励手段引导用户接受更健康的生活方式，如在规定时间内完成锻炼计划的会员将获得经济奖励；三是提供健康管理服务，Oscar Health 用户可享受 24 小时电话医生远程就诊、线上比价等增值服务；四是自建或合作医疗机构为用户提供服务。

2. State Farm

State Farm 成立于 1922 年，是美国最大的财产保险公司之一，同时也是美国最大的互助保险公司、整体排名第二的保险公司。该公司于 2017 年启动车险改革计划，与车联网厂商 Hughes 合作，通过 OBD 设备记录并上传车辆行驶信息（里程、油耗、时速等），通过云计算与人工智能评估车主驾驶行为的风险等级，并基于其风险变化精准定价。公司推出 Steer Clear 项目，用户可参加驾驶技能提升的培训教程，完成后可获得安全驾驶折扣；若行车过程中出现事故或不安全驾驶行为，折扣将减少，倒逼车主提高安全驾驶能力。实行 UBI[①] 车险改革 3 年后，公司赔付率降低了 64%，其间净利润率达 24.5%。

资料来源：北京金融科技研究院. 2020 中国保险科技洞察报告［R］, 2020.

二、中国保险科技发展概况

中国目前作为全球第二大保险市场，经历了行业的结构转型后，展现出强劲的增长潜力。保险业推进供给侧结构性改革，科技创新和应用将发挥越来越重要的作用。

（一）中国保险科技发展历程

第一阶段：保险科技 1.0 阶段（2012—2015 年）。在保险科技 1.0 阶段，主要特征是保险公司利用互联网渠道，把产品的销售搬到线上，从而改造了保险的传统业务模式。2013 年，众安在线保险公司和中国保险信息技术管理有限责任公司成立，前者开启互联网保险专业化运营的全新探索，后者则开始努力打造保险行业的大数据共享平台。根据中国保险行业协会的公开数据显示，互联网保险在此阶段经历了爆发式增长，保费收入增长约 20 倍。

第二阶段：保险科技 2.0 阶段（2015—2019 年）。这一阶段表现为保险科技的创新应用，保险场景化发展，注重产品创新与个性化定制。首先是保险个性化定制与流量平台结合，例如，推出退货运费险、账户安全险、航班延误险等。其次，在这个阶段，大数据、人工智能、区

---

① UBI（Usage-based Insurance）是指基于使用行为而定保费的保险。

块链、物联网等新技术开始在保险业务环节中发挥作用。在技术和资本的支持下,中国互联网保险行业发展呈现出业务规模快速增长、融资金额高、重塑保险行业模式等特点。如中国平安和中国人民保险推出远程信息处理的保险产品,以及提供基于可穿戴设备的健康保险产品。

第三阶段:保险科技3.0阶段(2019年至今)。保险科技3.0阶段是保险科技生态体系的建立阶段。2019年以来,5G进入商用时代,L4级自动驾驶不断成熟,基因检测开始走进消费者视野,越来越多的新兴技术融入保险领域改变着行业业态。近年来,保险科技的迅速发展催生了如UBI车险、房屋保险、网络安全险等全新的发展模式。新模式与传统的商业发展模式不同,它不拘泥于公司属性,科技以"赋能者"的角度重构保险产业链,塑造保险新业态。

(二)中国保险科技市场与融资状况

随着数字化水平不断提升、科技赋能意识日益增强,我国保险科技在市场、融资、监管层面都取得了一定的成绩。

中国巨大的保险市场体量为保险科技发展提供了市场源动力。相比海外,国内保险科技投融资在数量、金额、领域等方面尚处于起步阶段。2015年中国保险科技迎来了第一轮融资热潮,但相较于信贷、第三方支付等金融科技领域,保险科技发展比较缓慢。2016年保险科技融资额达到19.59亿元(见图2-4)。随后,行业开始面临调整。2017年后融资数量不断减少,但融资额仍然呈现出增长态势,且1亿元以上的融资笔数不断增加。高额投资的频繁出现,意味着行业整体成熟度提高。可见,在金融科技普遍面临强监管的背景下,保险科技行业依旧保持着较高的资本热度。

注:数据仅包含创业型保险科技公司,剔除了传统保险公司和大型金融综合科技公司。

图2-4　2013—2019年中国保险科技行业融资情况

资料来源:艾瑞咨询。

在中国保险科技市场上,一个备受关注的区域就是北京。北京作为全球科技创新中心、国家金融科技创新中心以及国家监管部门所在地,拥有发展金融科技的独特优势。2018年10月,中关村管委会发布了《北京市促进金融科技发展规划(2018年—2022年)》,将保险科技聚集发展作为未来北京金融科技发展的重点布局任务之一。截至2019年年末,中国有238家保险科技企业,北京依托中关村国家自主创新示范区的创新优势,吸引了全国36%的保险科技企业聚集发展,数量居全国前列。

中国为应对保险科技发展过程中出现的风险,逐渐构建和完善监管政策,形成逐步趋严的监管环境。首先,中国人民银行成立了金融科技委员会作为金融科技的监管部门。其次,在政府工作报告中提出制定"互联网+"行动计划,通过税收政策优惠鼓励行业创新。2020年9月,银保监会印发《互联网保险业务监管办法》,较为完善地规范了互联网保险业务经营问题。最后,统一了金融科技的行政审批。近年来,随着金融科技的发展,用科技来监管科技成为大势所趋,监管科技的应用逐渐出现在保险科技的发展过程中。监管科技是指通过使用大数据、区块链等技术手段,对金融科技在应用过程中产生的各类风险进行监控和审查,使之符合监管要求。

（三）中国保险科技的特点

《2018全球保险科技报告》将保险科技公司分成四大类,即传统保险公司、互联网保险公司、中介类公司和技术赋能者。我国保险科技在不同主体参与下呈现出不同的特点。

传统保险公司通过成立自己的保险科技创新事业部或者创新实验室,开展对保险科技的研发。如中国人民保险、中国人寿保险、平安保险、泰康保险等大型保险公司先后推出了数字化战略,并在原有的信息技术部门的基础之上,组建新的数字中心和科技平台。

互联网保险公司的业务主要在线上开展,通过官方自营网站、移动端和第三方互联网平台等渠道实现产品销售,对产品设计和定价、核保、理赔、销售等环节进行数字化重塑。利用互联网的流量场景,制定特定场景下的保险产品;赋能保险经营流程,利用各项先进技术给保险公司在理赔方面提供防欺诈、快速理赔、远程核损定价等服务,从而提高客户体验、控制理赔的费用;利用大数据在销售方面实行精准营销。

保险中介平台是中国现阶段最活跃的保险科技企业,具有业务开展方式灵活、对市场反应敏捷等特点。主要业务类型有综合销售、比价销售、管理型总代理、保单管理、智能投保。

技术赋能公司主要表现为利用大数据技术、区块链、物联网和人工智能等为保险产品提供服务的技术公司。我国的专业保险科技公司发展起步较晚,规模还不大,但它们正加速对保险科技的创新和应用。

科技文明的加速到来,将赋予保险行业新的发展方向。科技不仅带来保险业务流程的优化,更是从本质上影响着保险的底层逻辑。首先是风险逻辑的变化。随着大数据的发展,数据的维度越来越多,精准度越来越高,今后风险的厘定将是多维的。其次是管理逻辑的变化。以产品为中心转向以客户为中心,账户管理与客户体验成为至上的因素。

三、保险科技的发展趋势

随着保险科技不断发展与演进,与保险行业的生态融合不断加深,必然推动保险行业不断向新保险演化。保险科技将出现以下发展趋势。

（一）保险科技不断创新

保险科技是由金融科技演变而来的,是底层科技的应用。"互联网+"技术应用带来保险产品和服务的创新,促进保险公司的经营模式转变。金融科技中的消费金融等基于业务场景和客户的资源能够为保险科技做更好的补充。同时,消费信贷、智能风控等已有的场景也为保险服务提供了有效的路径。底层技术比如区块链、大数据、云计算和人工智能等发展将会催生保险科技不断创新。

（二）保险行业生态重塑

随着原有业态的优化、创新业态的升级、保险价值体系重构，保险科技正在重塑行业生态。

保险科技与保险流程的各个环节产生深度融合，原有保险业务流程得到优化。云计算、大数据、区块链等关键技术在保险产品的研发、营销、承保核保、理赔环节应用，更好地应对前端保险消费者的多样化需求，提升效率，节省管控成本。

现有经营模式的升级表现为不仅关注产品本身，更在客户满意度和保留率上下功夫。风险保障范围不断扩宽，保障模式从事后的经济补偿向事前的风险预防转变。

随着传统行业边界的消失，保险业的未来将会受到生态系统的极大影响。生态系统是一组相互关联的服务，涉及人们生活的方方面面，使人们可以在一种集成体验中满足各种需求。保险公司通过重新思考其传统角色并采用生态系统思维方式来迎接保险科技发展。一方面，保险的价值链将更加完善，生态体系更加丰富多元，越来越多的生态主体加入保险行业中来。我国现有的保险科技生态主体包含传统保险公司、保险中介机构、保险消费者、保险科技初创企业、金融投资机构以及其他行业巨头和保险监管机构。另一方面，通过跨行业的深度融合，迎来"行业无边界"的新时代。不同行业之间的合作将会完善保险科技生态的构建。

（三）监管科技不断发展

随着保险科技的广泛应用，保险产业正在发生深刻变革。传统保险经营模式下事后的、手动的、基于传统结构性数据的静态监管范式已经无法满足保险科技新业态的监管要求。监管科技作为新型的监管方式，将应对更加复杂的监管场景以及时掌握行业风险状况，跟随人工智能、大数据等新技术的高速发展迅速迭代。

监管科技这一概念源于英国的"监管沙箱"模式，应用于保险监管领域，将会大幅度降低审查成本，实现对保险科技市场的实时把控。保险科技创新要求保险监管实行科技型监管方法，让监管从控制型转变为适应型，对监管方式、监管目标、监管制度实现动态调整，迅速适应不同的监管情景。相比传统的事后监管，科技型保险监管拥有多元化的监管路径，采用全新的监管手段，融入大数据、区块链、人工智能等技术，让监管更能适应保险市场环境的变化。

本 章 小 结

1. 保险科技的内涵是"保险"与"科技"的融合，借助诸如大数据、云计算、物联网、人工智能和区块链等新兴技术，优化保险业务链条，重塑传统保险业态，以精准把握和满足用户需求，帮助传统保险拓展其服务市场。

2. 保险科技外延包括保险科技的前端产业、保险科技的后台技术、保险科技的行为主体以及基于不同保险科技主体功能的保险科技风险监管。

3. 科技保险属于保险产品，它与保险科技截然不同，保险科技的内涵和外延远不止于保险产品。

4. 互联网保险可视为保险科技的早期业态。将保险科技深度融合互联网保险，用科技赋能保险价值链，推动保险产业链的重塑再造，为互联网保险打开新的增长空间，使得互联网保险的发展逐步由规模扩张转向科技引领。

5. 保险科技的本质属性包括保险的保障属性、保险的金融属性和保险的社会属性。

6. 保险科技的主要应用在于重塑保险价值链、打造保险新业态等。

7. 推动保险科技产生和发展的主要因素有三个:供给因素、需求因素和保险体系与政策环境因素。其中,供给因素包括技术因素、经济因素;需求因素为互联网与移动通信的普及;保险体系与政策环境因素包括政策支持以及监管的深度与广度在不断增加。

8. 保险科技通过多元化的有效竞争,可以降低保险信息不对称,进一步提高保险服务效率。与此同时,也对消费者信息的保护、保险体系的稳定等方面带来新的挑战。保险科技的发展不仅仅需要科技公司和保险公司的共同努力,还需要行业协会不断出台相关政策和监管文件助力保险科技行业不断成长为更高效、更兼容的保险市场。

9. 保险科技行业发展分为三个阶段:快速发展阶段(2014 年以前)、加速发展阶段(2015—2016 年)、初步成熟阶段(2017 年至今)。

10. 从技术变革角度,保险科技的演化经历了渠道变革、运营变革和服务变革三个升级过程。

11. 中国保险科技发展历程:保险科技 1.0 阶段(2012—2015 年),此阶段保险公司利用互联网渠道,把产品的销售转到线上,从而改造了保险的传统业务模式;保险科技 2.0 阶段(2015—2019 年),此阶段保险科技实现创新应用,保险场景化发展,注重产品创新与个性化定制;保险科技 3.0 阶段(2019 年至今),此阶段是保险科技生态体系的建立阶段。

12. 中国为应对保险科技发展过程中出现的风险,逐渐构建和完善监管政策,形成逐步趋严的监管环境。

13. 随着保险科技的不断发展与演进,保险科技将出现以下发展趋势:第一,保险科技技术不断创新;第二,保险行业生态重塑;第三,监管科技不断发展。

关 键 概 念

保险科技　科技保险　互联网保险　保险科技 1.0　保险科技 2.0　保险科技 3.0

即 测 即 评

简 答 题

1. 简述保险科技与科技保险的区别。
2. 简述保险科技与互联网保险的区别。
3. 保险科技有哪些本质属性?
4. 保险科技有哪些推动因素?
5. 保险科技有哪些主要的经济影响?
6. 简述全球保险科技发展状况。
7. 简述中国保险科技发展状况。

8. 简述中国保险科技的特点。

9. 简述保险科技的演变趋势。

参考文献

［1］许闲.保险科技的框架与趋势［J］.中国金融,2017(10):88-90.

［2］众安保险,毕马威.保险科技:构筑"新保险"的基础设施［R/OL］,2018.

［3］陈劲.科技正在塑造保险新生态［J］.清华金融评论,2017(12):47-48.

［4］艾瑞咨询.中国保险科技行业研究报告(2020)［R/OL］,2020.

［5］中关村互联网金融研究院.中国保险科技发展白皮书［R］,2019.

［6］孙祁祥.快速适应与应对新技术对保险行业重塑的时代趋势［J］.保险业风险观察, 2020(4).

［7］许闲.保险科技创新运用与商业模式［M］.北京:中国金融出版社,2018.

［8］毕马威.2020中国保险科技洞察报告［R］,2020.

［9］北京金融科技研究院.2020中国保险科技洞察报告［R］,2020.

第三章
大数据及其在保险领域的应用

主要内容

本章首先讨论大数据的基本概念、缘起、作用、特点、分类、兴起和发展历程、分析价值;其次,讨论大数据技术,包括大数据技术参考模型、大数据通用技术、大数据关键技术;再次,讨论大数据的应用概况以及面临的机遇与挑战;最后,讨论大数据技术在保险领域的应用,包括保险大数据的应用条件与应用价值、保险大数据的技术特征及关键技术、保险大数据的系统构建与应用框架、保险大数据的应用场景和应用发展趋势。

学习目标

掌握大数据的基本概念、特点及分类,了解大数据的基本技术内容、作用、兴起与发展历程,了解大数据的应用概况和发展前景,掌握大数据在保险中的应用条件、应用价值、应用场景,理解保险大数据的发展趋势。

引导案例

大数据改变世界——数字化的你永存于世

未来一切皆为数据,而且数据还会有生命:只要保留了足够多的数据,完全可以模拟出一个数字化的自己,同样的音容笑貌,同样的思维习惯。人类历史上,从来没有一个时代像今天这样与数据紧密相连,各种各样的智能终端设备使得数据生成无处不在。数据又是怎样改变我们的现实与未来的呢?

一、商业——个性化的交易

亚马逊总裁杰夫·贝索斯说过:"如果我的网站上有一百万个顾客,我就应该有一百万个商店。"现在的零售网站在挖掘顾客偏好的时候主要有两种方式:一种是基于用户,来判断顾客之间的相似性,比如当你在网上买了一本最新的小说,网站就会自动提醒你买这本小说的顾客中还有65%的人买了另外一本书。借助"群体的智慧",让顾客的购买行为来帮助完成"人以群分"。另一种方式是基于商品,通过判断商品之间的关联度来完成推荐。如当你购买一款剃须刀时,网站自然就会向你推荐一款对应的须后水,由此形成"物以类聚"。

不单零售业,大数据也已经开始影响很多传统行业,比如金融和保险,它们最大的挑战就是风险控制。例如,百分点公司与一家银行合作,利用大数据的方式来筛选网上登记的信用卡申请资料。

二、医疗——认识自己

大数据在医疗保健领域的应用更加鼓舞人心。认识自己一直是人类不懈的追求,自从1953年詹姆斯·沃森博士和弗朗西斯·克里克博士提出脱氧核糖核酸(DNA)结构之后,基因测序成为人们梦寐以求揭开自身密码的钥匙。但是,基因分析需要超强的计算能力,DNA分子由排列成约30亿个精密序列的化学基础组成,即使是单细胞细菌,大肠杆菌的DNA分子也有足以占据整套《大不列颠百科全书》的信息。乔布斯利用基因测序来治疗癌症的案例已经广为流传,但他花费了十几万美元,最终也只是延长了两年寿命。

现在,随着大数据计算的发展,专门从事基因测序业务的23a.n.dMe公司推出了低至99美元的服务。不管你在世界的哪个角落,只需要吐一口唾沫或拔一根头发,邮寄到23a.n.dMe位于加利福尼亚州山景城的实验室里,两周后你就可以从他们网站上查询你的"身体秘密"。23a.n.dMe公司宣布,通过全基因组上超过100万个位点的基因信息分析,他们可以对259种疾病提出患病率的预测和祖先遗传分析,从而提前干预。仅仅在10年前,这项技术需要耗费惊人的27亿美元,再加上数百名科学家13年的时间。不久的将来,诸如23a.n.dMe这样的基因技术公司会越来越多,由此给制药业带来的影响将显而易见,有望实现真正的个性化诊断。

三、地图——方位魔力

借助大数据的相关技术,不仅静态的地图服务越来越精准,动态的交通管理也开始走向智能化。传统的实时交通监测主要有两种方式:一种是交通管理部门采用的固定监测法,通过架设在路上的摄像头及埋在路面下的传感器监测某一地点不同时段的交通流量。另一种是交通广播电台采用的人海战术。交通台在全市有几千个交通信息播报员,通过他们的人工反馈来实时播报交通状况。高德与北京的一些出租公司合作,选取其中的4万多辆出租车,实时共享他们的行驶轨迹数据,这就意味着在北京布置了4万多个移动的检测器。每隔10秒钟到1分钟,出租车会自动把自己的位置信息发回大数据中心,大数据中心就能自动计算每条道路的实时交通流量。通过基于Hadoop的大数据平台,把实时交通流量信息与交通事件信息、红绿灯延时等信息整合,最后得出一个最优的交通路线,并且预测出每条路线准确的交通到达时间。

资料来源:魏一平.大数据改变世界:数字化的你永存于世[J].三联生活周刊,2012,48。

第一节 大数据的基本概念、缘起和作用

一、大数据的概念、特点和分类

(一)大数据的基本概念

根据英国学者舍恩伯格(2012年)的定义,大数据(big data)即大量的数据,由巨型数据集组成,其规模之大往往超出人类在可接受时间下的收集、存储、管理和处理能力。大数据未

经统计抽样,仅对实际发生的数据进行记录,且既包括大量结构化数据又包括大量非结构化数据。因此,大数据所包含的数据规模与结构复杂程度大大超出传统软件在可接受的时间内处理的能力。[①] 大数据是以容量大、类型多、存取速度快、应用价值高为主要特征的数据集合,它正快速发展为对数量巨大、来源分散、格式多样的数字进行采集、存储和关联分析,从中发展新知识、创造新价值、提升新能力的新一代信息技术和服务业态。

专栏 3-1

数据与信息

数据(data)是通过观测得到的数字性的特征或信息。更专业地说,数据是一组关于一个或多个人或对象的定性或定量变量。它可以是一堆杂志、一叠报纸、开会记录或者病人的病例记录。

虽然“数据”和“信息”这两个术语经常互换使用,但是它们的含义完全不同。在一些流行出版物中,当数据被置于情境之下审视或经过分析之后,“数据”就会变为“信息”。然而在学术课题论述中,数据只是信息的单元。

信息(information)作为知识层次中的中间层,是必然来源于数据且高于数据的。我们知道像2.6秒、50米、300吨,或者大楼、桥梁这些名词之间是独立存在的,它们之间是没有联系的。只有当这些数据被用来描述一个客观事物和另一个客观事物的关系,形成有逻辑关系的数据结构式,它们才能被称为信息。只有具备了属性或价值判断,这些描述性名词才可以被称为信息,否则就只是数据或者没有意义的符号。

信息与数据既有联系,又有区别。数据是信息的表现形式和载体,可以是符号、文字、数字、语音、图像、视频等。而信息是数据的内涵,信息是加载于数据之上,对数据作具有含义的解释。数据和信息是不可分离的,信息依赖数据来表达,数据则生动、具体地表达出信息。数据是符号,是物理性的,信息是对数据进行加工处理之后所得到的并对决策产生影响的数据,是逻辑性和观念性的;数据是信息的表现形式,信息是数据有意义的表示。数据是信息的表达、载体,信息是数据的内涵,它们是形与质的关系。数据本身没有意义,数据只有对实体行为产生影响时才成为信息。

(二) 大数据的特点

大数据具有海量的数据规模(Volume)、多样的数据类型(Variety)、高速的数据流转(Velocity)和价值密度低(Value)四大特征,简称4V。[②]

1. 海量的数据规模

大数据的数据体量巨大,超出了传统应用软件的处理能力甚至存储能力。具体来说,许多企业都拥有海量的数据,其数据量都很容易积累到TB级,甚至跃升至PB级(见专栏3-2)。根据互联网数据中心(Internet Data Center,IDC)所做出的估测,数据一直都在以每年50%的

---

① 中国支付清算协会金融大数据研究组.金融大数据创新应用[M].北京:中国金融出版社,2018.
② 徐晋.大数据经济学[M].上海:上海交通大学出版社,2014.

速度增长,也就是说人类每两年所产生的数据会增长一倍。

专栏 3-2

计算机存储单位——比特、字节与大数据

2. 多样的数据类型

众所周知,我们所拥有的数据来源复杂,数据结构也较为复杂。大数据的数据类型可以分为结构化数据和非结构化数据。结构化数据的特征是逻辑严谨、数据不能破坏、格式一致,可以用传统关系型数据库(见专栏 3-3)进行处理。非结构化数据有文本形式,但更多的是图片、视频、音频、地理位置信息等多类型的数据,个性化数据占绝对多数,其特点是结构不严谨、数据量都很大、允许数据丢失,难以用传统关系型数据库(见专栏 3-3)进行处理。相对于以往便于存储的以文本为主的结构化数据,越来越多的非结构化数据产生,给整个社会带来了挑战,也对数据的处理能力提出了更高的要求。

专栏 3-3

关系型数据库与非关系型数据库

3. 高速的数据流转

一方面,大数据的产生非常迅速,主要通过互联网传输。生活中每个人都离不开互联网,也就是说每个人每天都在向大数据提供大量的资料,并且这些数据是需要及时处理的,因为花费大量资本去存储价值较小的历史数据是非常不划算的。对于一个平台而言,也许保存的数据只有过去几天或者一个月之内的,再久远的数据就要及时清理,不然代价太大。基于这种情况,大数据对处理速度有非常严格的要求,服务器中大量的资源都用于处理和计算数据,很多平台都需要做到实时分析。数据无时无刻不在产生,谁的速度更快,谁就有优势。另一方面,大数据的处理是高速采集数据、循序给出处理结果。这就是大数据区别于传统数据挖掘最显著的特征。现代信息技术的发展,使得数据处理能力呈现几何级数提高,同时使得数据产生速度也呈几何级数提升。

4. 价值密度低

大数据整体价值巨大,但是价值密度的高低与数据总量的大小成反比。大数据是一个

"废品利用""沙里淘金""大海捞针"的过程。以谷歌和百度为例,虽然作为搜索引擎,它们具备信息收集的功能,但是在海量的检索结果中,判断哪些是有用的链接,又是一个耗费计算机算力的再选择的过程;又以监控视频为例,一小时的视频,在不间断的监控过程中,可能有用的数据仅仅只有一两秒。如此稀薄的价值分布,需要海量数据支撑,同时需要强大的算法进行价值挖掘。

（三）数据的分类

大数据可以按照数据产生主体、数据结构、数据处理形式、数据更新方式进行分类。

1. 按数据产生主体划分

按数据产生主体,可以将数据划分为交易数据、交互数据和观测数据。

交易数据是由企业以及个人进行在线商品交易时产生,包括企业内部运营与管理数据,企业与企业之间、企业与个人之间以及个人与个人之间的交易数据,等等。这类大数据一般表现为传统关系型数据库中的数据和数据仓库中的数据。

交互数据是指人产生的大量在线交互数据,主要包括网络用户在线浏览、点击等日志数据,用户生成内容（user generated content, UGC）的数据（如微博、微信产生的数据,用户评论、留言、短信、电子信件或者电话投诉等数据）。此类数据格式包括文本、图片、视频及音频等。

观测数据是指大量机器、遥感卫星、传感器等产生的数据,主要包括应用服务日志数据,科研专业机构产生的数据（如对撞机每秒运行产生的数据高达 40 TB）,传感器数据（天气、水、智能电网等）,图像和视频（摄像头监控数据等）,射频识别（radio frequency identification, RFID）、二维码或条形码扫描数据,导航卫星位置数据和遥感卫星的观测数据,等等。随着物联网和智慧城市的发展,此类数据将呈爆炸式增长,大大超过前两种数据的量级。

对第一类和第二类数据,目前企业特别是互联网企业应用较多,主要应用于挖掘用户消费行为、预测特定需求和整体趋势等。第三类数据的应用将越来越重要,在科学研究、行业管理、物联网应用和智慧城市建设中必不可少,它将作为基础性资源创新商业模式并产生新的商业机会。例如,汽车传感数据用于评价司机行为会推动汽车保险业的变革,农业遥感数据可用于农作物估产,导航卫星位置数据可用于城市交通指挥系统优化,等等。

2. 按数据结构划分

按数据结构,可以将数据划分为结构化数据（structured data）、半结构化数据（semi-structured data）、非结构化数据（unstructured data）。

结构化数据通常是指用关系数据库方式记录的数据,数据按表和字段进行存储,字段之间相互独立。

半结构化数据是指以自描述的文本方式记录的数据,由于自描述数据无须满足关系数据库里那种非常严格的结构和关系,在使用过程中非常方便。很多网站和应用访问日志都采用这种格式,网页本身也是这种格式。

非结构化数据通常是指语音、图片、视频等格式的数据。这类数据一般按照特定应用格式进行编码,数据量非常大,且不能简单地转换成结构化数据。

3. 按数据处理形式划分

按数据处理形式可以将数据划分为原始数据（source data）和衍生数据（derived data）。

原始数据是指来自上游系统的、没有做过任何加工的数据。虽然会从原始数据中产生大量衍生数据,但企业一般还是会保留一份未作任何修改的原始数据,一旦衍生数据发生问题,可以随时从原始数据重新计算。

衍生数据是指对原始数据进行加工处理后产生的数据。衍生数据包括各种数据集市、汇总层、宽表、数据分析和挖掘结果等。从衍生目的上,可以简单分为两种情况:一种是为提高数据交付效率,数据集市、汇总层、宽表都属于这种情况;另一种是为解决业务问题,数据分析和挖掘结果就属于这种。

4. 按数据更新方式划分

按数据更新方式,可以将数据分为批量数据和实时数据。

批量方式,是每隔一段时间,把该时段内所有变化的数据都提供一次。批量方式时效较低,大部分传统系统都采用 T + 1 方式,业务用户最快只能分析到前一天的数据,看前一天的报表。

实时方式,即每当数据发生变化或产生新数据时,就会立刻提供过来。这种方式时效性强,能有效满足时效要求高的业务,比如场景营销。但该方式对技术要求高,必须保证系统足够稳定,一旦出现数据错误,容易对业务造成较严重的影响。

二、大数据的兴起

近年来,摄像头、可穿戴设备、GPS 定位装置等设备收集了大量音频、视频、图像等各类结构化和非结构化数据,随着电子商务、社交、综合信息网站等互联网应用的发展,数据基于网络大量产生并存储,信息量呈爆发式增长。据国际数据公司的研究显示,全球数据总量年复合增长率 50%。这种增长速度意味着未来两年,全球新增的数据量将超过人类有史以来积累的数据总和。根据权威机构 Statista 的数据统计和预测,2020 年全球所产生数据量达到 47ZB,而到 2035 年将达到 2142ZB,全球数据量即将迎来更大规模的爆发。[①]

数据是数字化时代的“石油”,而大数据就是数字化时代的“冶炼工艺”。大数据技术通过数据的收集、存储、分析和可视化技术,解决大数据海量、高速、多变、低密度的问题,使数据从散乱的信息,整理后变成知识和智慧,帮助组织解决发展中遇到的各种实际问题。

麦肯锡公司早在 2011 年就已经预见到大数据时代的到来,并提出:“各个行业和领域都已经被数据渗透了,目前数据已成为非常重要的生产因素。对于大数据的处理和挖掘将意味着新一波的生产率不断增长和消费者盈余浪潮的到来。”[②] 人们已经意识到,通过数据给社会创造价值的能力和用数据盈利的能力将成为所有组织的核心竞争力。

综观金融行业的发展史,每次都是科技创新推动着金融行业的发展与变革。电报技术、互联网技术都对金融机构的服务模式和风控方式产生了重大影响。普华永道调研显示,在所有金融科技中,大数据是金融行业投资和应用的首选。[③]

---

①　SEEL P B.Digital universe: the global telecommunication revolution[M]. John Wiley & Sons, 2012.

②　MANYIKA J, CHUI M, BROWN B, et al.Big data: the next frontier for innovation, competition, and productivity[M]. McKinsey Global Institute, 2011.

③　普华永道. 2017 年全球金融科技调查中国概要[R],2017.

三、大数据发展历程

从本质上讲,大数据是信息化技术的自然延伸,是数据来源、技术和方法的集合。从全球范围看,目前大数据已处于高速发展阶段。大数据的发展大致可以分为以下三个阶段。

大数据 1.0 时代(1998—2008 年)。这一阶段主要是处于大数据的采集、存储、挖掘、分析等相关基础技术孕育形成阶段,非结构数据大量出现。

大数据 2.0 时代(2009—2012 年)。科技界、商业界、经济界等广泛讨论大数据,大数据从早期商业行为上升为国家战略层面。非结构化数据呈指数级增长,大数据时代正式开始。

大数据 3.0 时代(2013 年至今)。大数据进入产业应用发展阶段,开始向各个领域渗透,同时向信息安全、个人隐私等领域渗透,产业将进入新一轮升级发展阶段。

四、大数据的价值

大数据的价值要依靠挖掘和分析才能体现出来。因此,人们常说的大数据价值其实是指大数据分析的价值。下面从宏观、中观(行业)和微观(企业)层面对大数据分析的价值进行探讨。

(一)宏观应用

信息技术与经济社会的交汇融合引发了数据迅猛增长,数据已成为国家的基础性战略资源。大数据正日益对全球生产、流通、分配、消费活动以及经济运行机制、社会生活方式和国家治理能力产生重要影响。

1. 推动经济转型发展的新动力

以数据流引领技术流、物资流、资金流、人才流将深刻影响社会分工协作的组织模式,促进生产组织方式的集约和创新。大数据推动社会生产要素的网络化共享、集约化整合、协作化开发和高效化利用,改变了传统的生产方式和经济运行机制,可显著提升经济运行水平和效率。大数据持续激发商业模式创新,不断催生新业态,已成为互联网等新兴领域促进业务创新增值、提升企业核心价值的重要驱动力。大数据产业正在成为新的经济增长点,将对未来信息产业格局产生重要影响。

2. 大数据成为重塑国家竞争优势的新机遇

在全球信息化快速发展的大背景下,大数据已成为国家重要的基础性战略资源,正引领新一轮科技创新。充分利用我国的数据规模优势,实现数据规模、质量和应用水平同步提升,发掘和释放数据资源的潜在价值,有利于更好地发挥数据资源的战略作用,增强网络空间数据主权保护能力,维护国家安全,有效提升国家竞争力。

3. 大数据成为提升政府治理能力的新途径

大数据应用能够揭示传统技术方式难以展现的关联关系,推动政府数据开放共享,促进社会事业数据融合和资源整合,将极大地提升政府整体数据分析能力,为有效处理复杂的社会问题提供新的手段。建立"用数据说话、用数据决策、用数据管理、用数据创新"的管理机制,实现基于数据的科学决策,将推动政府管理理念和社会治理模式进步,加快建设与社会主义市场经济体制和中国特色社会主义事业发展相适应的法治政府、创新政府、廉洁政府和服务型政府,逐步实现政府治理能力现代化。

（二）行业应用

行业应用不同,大数据分析的价值也有不同体现。

1. 传统行业应用大数据分析的价值

传统行业是以劳动密集型、制造加工为主的行业,而传统行业拥抱互联网已经是大势所趋。目前金融、餐饮、钢铁、农业等传统行业已经趁势而上。尤其值得指出的是,互联网金融异军突起,如具有电商平台性质的阿里巴巴集团依据大数据收集和分析进行用户信用评级,从而防范信用风险,保障交易安全。

传统行业拥抱互联网,需要完成传统管理系统与互联网平台、大数据平台的对接和融合,因而势必产生海量数据。传统行业可利用大数据分析调整产品结构,实现产业结构升级;优化采购渠道,实现销售渠道的多元化;实现产业融合和跨界创新,创新商业模式。例如,地产公司万科利用大数据分析价值洼地,各大券商联合互联网巨头推出大数据基金,等等。

2. 新兴行业应用大数据分析的价值

相对传统行业而言,新兴行业主要涉及节能环保、新一代信息技术、生物、高端装备制造、新能源、新材料及新能源汽车 7 个产业。新兴行业与传统行业不同,其本身具有高信息化、高网络化、高科技特点。从其诞生之日起,就具备了大数据的基因,也为大数据的分析利用提供了良好的土壤。例如,可穿戴智能设备 Apple Watch,从其面世起就是为信息时代而生的,产生的大数据可实现非接触数据传输、基于位置服务等。大数据在新兴行业的应用价值更多地体现在优化服务、提升用户体验、实现个性化推荐及提高竞争能力等方面。

（三）企业应用

企业大数据分析的价值主要体现在采购、制造、物流、销售等供应链各个环节。例如,采购方面,依靠大数据进行供应商分析评价,以此更好地与供应商谈判;制造方面,生产的各个环节可利用大数据来分析进而优化库存和运作能力;物流方面,应用大数据分析来指导交通线路规划和日常设计;销售方面,应用大数据分析消费者偏好、行为,实现精准营销。总而言之,大数据分析对于企业的最大价值在于:实现供应链可视化,优化需求计划,强化风险管理,实现营销精准化和决策科学化。

1. 实现供应链可视化

企业利用大数据分析可提供更具直观性的数据可视化[①]服务,为供应链的全貌提供切实可见的视觉效果。① 供应链可视化的实现便于相关人员更好地理解整个供应链的运作流程,从而便于交流和控制。② 供应链可视化的实现可简化复杂的供应链流程,使整体供应链流程一目了然,增强审视和管理。③ 供应链可视化的实现有利于处理异议。从心理学角度讲,讨论过程之中出现不同观点时,争论的双方若看到自己的观点得以记录并展现于众,情绪会逐渐趋于缓和。据此,供应链可视化的实现对处理异议将起到较好的效果。

2. 优化需求计划

需求计划是企业对所需要的物资、能源或材料等制定的采购进货计划,主要包括物资需求计划、能力需求计划和物流需求计划等大数据分析,对于优化需求计划具有举足轻重的作

---

① 可视化(visualization)是利用计算机图形学和图像处理技术,将数据转换成图形或图像在屏幕上显示出来,并进行交互处理的理论、方法和技术。

用。企业可应用大数据分析销售状况、市场需求程度、产品满意度等,从而为企业的物资需求计划的制定提供决策支持。同时,企业还可利用大数据分析客户的偏好和购买行为,从而为企业与供应商的谈判提供有利信息,优化企业的能力需求计划。大数据分析还可为企业的物流交通线路规划提供优化策略。

3. 强化风险管理

供应链中的风险管理主要包括对供应商风险、监察安全风险的管理。

(1) 供应商风险管理。供应商稳定有序与否,关系到整个供应链的成败。企业在确定供应商之前都会对其日常业绩和风险进行评估,以确保供应商的水平和能力。可利用大数据评估供应商的突发状况处理与风险应对能力,也可以利用大数据来为企业确定供应链高风险领域,据此为企业建立决策模型并确定资源利用的优先级,从而降低风险。

(2) 监察安全风险管理。安全风险是企业供应链中需要面临的最高级别的风险,供应链的安全风险主要包括产品的安全性和数据的安全性。随着信息技术的发展,供应链的管理越来越精细,甚至实现实时监测。产品、物流信息都可借助卫星定位系统进行实时监测,并实时上传到数据管理平台,进行大规模的数据分析,以此确保供应链的安全和效率。

4. 实现营销精准化

营销精准化就是通过消费者行为的挖掘和分析,预测消费者行为,优化营销策略,实现广告精准投放和个性化营销。无论是线上还是线下,大数据营销的核心是基于对用户的了解,把希望推送的产品或服务信息在合适的时间以合适的方式和合适的载体,推送给合适的人。大数据营销依托多平台的数据采集及大数据技术的分析及预测能力,使企业实时洞察用户,提高营销的精准性,为企业带来更高的投资回报率。大数据营销方式使营销工作从海量广告过渡到一对一以用户体验为中心的精准营销。通过对客户特征、产品特征、消费行为特征数据的采集和处理,可进行多维度的客户消费特征分析、产品策略分析和销售策略指导分析,从而实现一对一精准广告投放和效果分析。

5. 实现决策科学化

大数据分析有利于科学决策。管理最重要的便是决策,而正确的决策依赖充足的数据和信息以及准确的判断。在大数据时代,管理者和决策者不缺乏数据和信息,缺乏的是依靠量化作决策的态度和方法。在过去的商业决策中,管理者会凭借自身的经验和对行业的敏感来决定企业发展方向和方式,这种决策有时仅仅参考一些模糊的数据和建议。而大数据和大数据分析工具的出现,让人们找到了一条新的科学决策之路。大数据主义者认为,所有决策都应当逐渐摒弃经验与直觉,加大对数据分析的倚重。相对于全人工决策,科学的决策能给人们提供可预见的事物发展规律,这不仅让结果变得更加科学、客观,在一定程度上也减轻了决策者所承受的巨大精神压力。

第二节 大数据技术

大数据技术是指与数据对象处理相关的技术。大数据超出了传统数据库的处理能力,需要特殊的技术,以有效地处理大量可容忍时间的数据。适用于大数据的技术,包括大规模并行处理数据库、数据挖掘、分布式文件系统、分布式数据库、云计算平台、互联网和可扩展的存储系统。

一、大数据通用技术

大数据作为一项新兴技术,目前尚未形成完善、达成共识的技术标准体系。[①] 大数据技术应用于大数据系统端到端的各个环节,包括数据接入、数据预处理、数据存储、数据处理、数据可视化、数据治理,以及安全和隐私保护等。

（一）数据接入

大数据系统需要从不同应用和数据源(如互联网、物联网等)进行离线或实时的数据采集、传输、分发。为了支持多种应用和数据类型,大数据系统的数据接入需要基于规范化的传输协议和数据格式,提供丰富的数据接口,读入各种类型的数据。

（二）数据预处理

预处理是大数据重点技术之一。由于采集到的数据在来源、格式、数据质量等方面可能存在较大的差异,需要对数据进行整理、清洗、转换等,以便支撑后续数据处理、查询、分析等进一步应用。

（三）数据存储

随着大数据系统数据规模的扩大、数据处理和分析维度的提升,以及大数据应用对数据处理性能要求的不断提高,数据存储技术得到持续的发展与优化。一方面,基于大规模并行数据库(MPPDB)集群实现了海量结构化数据的存储与高质量管理,并能有效支持 SQL 和联机交易处理(OLTP)查询。另一方面,基于 HDFS 分布式文件系统实现了对海量半结构化和非结构化数据的存储,进一步支持内容检索、深度挖掘、综合分析等大数据分析应用。同时,数据规模的快速增长,也使得分布式存储成为主流的存储方式,通过充分利用分布式存储设备的资源,能够显著提升容量和读写性能,具备较高的扩展性。

（四）数据处理

不同大数据应用对数据处理需求各异,导致产生了如离线处理、实时处理、交互查询、实时检索等不同数据的处理方法。离线处理通常是指对海量数据进行批量的处理和分析,对处理时间的实时性要求不高,但数据量巨大、占用计算及存储资源较多。实时处理指对实时数据源(比如流数据)进行快速分析,对分析处理的实时性要求高,单位时间处理的数据量大,对计算机处理器和内存的要求很高。交互查询是指对数据进行交互式的分析和查询,对查询响应时间要求较高,对查询语言支持要求高。实时检索指对实时写入的数据进行动态的查询,对查询响应时间要求较高,并且通常需要支持高并发查询。近年来,为满足不同数据分析场景在性能、数据规模、并发性等方面的要求,流计算、内存计算、图计算等数据处理技术不断发展。同时,人工智能的快速发展使得机器学习算法更多地融入数据处理、分析过程,进一步提升了数据处理结果的精准度、智能化和分析效率。

（五）数据可视化

数据可视化是大数据技术在各行业应用中的关键环节,通过直观反映数据各维度指标的变化趋势,用以支撑用户分析、监控和数据价值挖掘。数据可视化技术的发展使得用户借助

---

① 中国信息通信研究院.大数据白皮书［DB/OL］,2019.

图表、2D/3D 视图等多种方式,通过自定义配置可视化界面,实现对各类数据源进行面向不同应用要求的分析。

（六）数据治理

数据治理涉及数据全生存周期端到端过程,不仅与技术紧密相关,还与政策、法规、标准、流程等密切关联。从技术角度,大数据治理涉及元数据管理、数据标准管理、数据质量管理、数据安全管理等多方面技术。当前,数据资源分散、数据流通困难(模型不统一、接口难对接)、应用系统孤立等问题已经成为企业数字化转型的最大挑战之一。大数据系统需要通过提供集成化的数据治理能力,实现统一数据资产管理及数据资源规划。

（七）安全与隐私保护

大数据系统的安全与系统的各个组件、系统工作的各个环节相关,需要从数据安全(如备份容灾、数据加密)、应用安全(如身份鉴别和认证)、设备安全(如网络安全、主机安全)等方面全面保障系统的运行安全。同时随着数据应用不断深入,数据隐私保护(包括个人隐私保护、企业商业秘密保护、国家机密保护)也已成为大数据技术重点研究方向之一。

二、大数据关键技术

（一）分布式数据库技术

分布式数据库是指将物理上分散的多个数据库单元连接起来组成的逻辑上统一的数据库。随着各行业大数据应用对数据库需求不断提升,数据库技术面临数据的快速增长及系统规模的急剧扩大,不断对系统的可扩展性、可维护性提出更高要求。当前以结构化数据为主,结合空间、文本、时序、图等非结构化数据的融合数据分析成为用户的重要需求方向。同时随着大规模数据分析对算力要求的不断提升,需要充分发挥异构计算单元(如 CPU、GPU、AI 加速芯片)来满足应用对数据分析性能的要求。

分布式数据库主要分为 OLTP 数据库、OLAP 数据库、HTAP 系统。OLTP(联机事务处理)数据库,用于处理数据量较大、吞吐量要求较高、响应时间较短的交易数据分析。OLAP(联机分析处理)数据库,一般通过对数据进行时域分析、空间分析、多维分析,从而迅速、交互、多维度地对数据进行探索,常用于商业智能和系统的实时决策。HTAP(混合交易/分析处理)系统,混合 OLTP 和 OLAP 业务同时处理,用于对动态的交易数据进行实时的复杂分析,使得用户能够做出更快的商业决策,支持流、图、空间、文本、结构化等多种数据类型的混合负载,具备多模引擎的分析能力。

（二）分布式存储技术

随着数据(尤其是非结构化数据)规模的快速增长,以及用户对大数据系统在可靠性、可用性、性能、运营成本等方面需求的提升,分布式架构逐步成为大数据存储的主流架构。

基于产业需求和技术发展,分布式存储主要呈现三方面趋势。一是基于硬件处理的分布式存储技术。目前大多数存储仍是使用 HDD(传统硬盘),少数存储使用 SSD(固态硬盘),或者 SSD + HDD 的模式,如何充分利用硬件来提升性能,推动着分布式存储技术进一步发展。二是基于融合存储的分布式存储技术。该技术针对现有存储系统对块存储、文件存储、对象存储、大数据存储的基本需求,提供一套系统支持多种协议融合,降低存储成本,提升上线速度。三是人工智能技术融合,例如基于人工智能技术实现对性能进行自动调优、对资源使用进行预测、对硬盘故障进行预判等，提升系统可靠性和运维效率，降低运维成本。

（三）流计算技术

流计算是指在数据流入的同时对数据进行处理和分析，常用于处理高速并发且时效性要求较高的大规模计算场景。流计算系统的关键是流计算引擎。目前流计算引擎主要具备以下特征：支持流计算模型，能够对流式数据进行实时的计算；支持增量计算，可以对局部数据进行增量处理；支持事件触发，能够实时对变化进行响应；支持流量控制，避免因流量过高而导致崩溃或者性能降低等。

随着数据量不断增加，流计算系统的使用日益广泛，同时传统的流计算平台和系统开始逐步出现一些不足。状态的一致性保障机制相对较弱、处理延迟相对较大、吞吐量受限等问题的出现，推动着流计算平台和系统向新的发展方向延伸。其发展趋势主要包括：更高的吞吐速率，以应对更加海量的流式数据；更低的延迟，逐步实现亚秒级的延迟；更加完备的流量控制机制，以应对更加复杂的流式数据情况；容错能力的提升，以较小的开销来应对各类问题和错误。

（四）图数据库技术

图数据库是利用图结构进行语义查询的数据库。相比关系模型，图数据模型具有独特的优势。一是借助边的标签，能对具有复杂甚至任意结构的数据集进行建模；而使用关系模型，需要人工将数据集归化为一组表及它们之间的 JOIN 条件，才能保存原始结构的全部信息。二是图模型能够非常有效地执行涉及数据实体之间多跳关系的复杂查询或分析，由于图模型用边来保存这类关系，因此只需要简单地查找操作即可获得结果，具有显著的性能优势。三是相较于关系模型，图模型更加灵活，能够简便地创建及动态转换数据，降低模式迁移成本。四是图数据库擅长处理网状的复杂关系，在金融大数据、社交网络分析、安全防控、物流等领域有着更为广泛的应用。

第三节　大数据应用概况及其面临的机遇与挑战

大数据可以广泛应用到科研、金融、通信等领域。大数据技术的广泛应用为个人数据保护带来了新的挑战，大数据的深度应用需要克服技术与制度瓶颈。

一、大数据应用概况

赛迪顾问统计显示，2020 年中国大数据产业规模达 6 388 亿元，同比增长 18.6%，预计未来三年增速保持 15% 以上，到 2023 年产业规模将超过 10 000 亿元（见图 3-1）。从具体行业应用来看，互联网、政府、金融和电信引领大数据融合产业发展，合计规模占比为 78%（见图 3-2）。互联网、金融和电信三个行业由于信息化水平高，研发力量雄厚，在业务数字化转型方面处于领先地位；政府的大数据应用成为近年来政府信息化建设的关键环节，与政府数据整合与开放共享、民生服务、社会治理、市场监管相关的应用需求持续火热。此外，工业大数据和健康医疗大数据作为新兴领域，数据量大、产业链延展性高，未来市场增长潜力大。

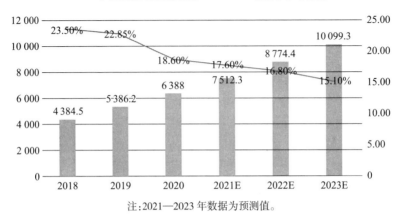

注:2021—2023 年数据为预测值。

图 3-1   2018—2023 年中国大数据产业规模及预测

数据来源:赛迪顾问。

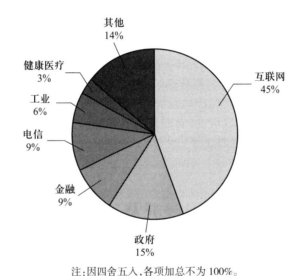

注:因四舍五入,各项加总不为 100%。

图 3-2   2020 年中国大数据产业行业应用结构

资料来源:赛迪顾问。

（一）大数据应用的概念与特征

大数据应用是指大数据技术在自然科学领域与社会经济领域中的应用。大数据应用有着十分不同于传统数据应用的特点。① 传统数据应用主要集中在对业务数据的统计分析,作为系统或企业的辅助支撑,应用范围以系统内部或企业内部为主,如各类统计报表、展示图表等。伴随着各种随身设备、物联网和数据技术的发展,数据内容和数据格式多样化,数据颗粒

————————————

① 中国信息通信研究院.大数据白皮书［DB/OL］,2016.

度① 也越来越细,随之出现了分布式存储、分布式计算、流处理等大数据技术,各行业基于多种甚至跨行业的数据源相互关联探索更多的应用场景,同时更注重面向个体的决策和应用的时效性。因此,大数据的数据形态、处理技术、应用形式构成了区别于传统数据应用的大数据应用。

专栏 3-4

数据产业链

数据服务、基础支撑和融合应用相互交融,协力构建了完整的大数据产业链。基础支撑层是整个大数据产业的核心,它涵盖了网络、存储和计算等硬件基础设施,云计算资源管理平台,以及各类与数据采集、预处理、分析和展示相关的方法和工具。大数据技术的迭代和演进是这一层发展的主旋律。随着人工智能和5G技术的发展,与存储和计算相关的芯片和终端设备成为发展热点;云计算资源管理平台(包括私有云和公有云)持续提升底层硬件的利用效率,日益成为产业不可或缺的重要支撑。而人工智能分析框架、NoSQL和NewSQL数据库,以及Spark和Hadoop等平台的日益成熟,为大数据分析挖掘提供了丰富的工具箱。

数据服务层是大数据市场的未来增长点之一。它立足海量数据资源,围绕各类应用和市场需求,提供前端的数据采集,中端的流处理、批处理、即时查询和数据挖掘,末端的数据可视化,以及贯穿始终的数据安全等辅助性的服务支撑。随着5G商用的全面推广,数据采集和预处理需求将会快速上升;此外,随着数字技术日益复杂,提供第三方数据分析、可视化和安全服务的市场也将持续壮大。然而,数据交易服务由于数据权属不清晰、模式不落地等问题,发展潜力相对较小。

融合应用层是大数据产业的发展重点。这一层不仅包含了通用性的营销大数据,还包含了与互联网、政府、工业、农业、金融、电信等行业紧密相关的各类细分领域整体解决方案。融合应用最能体现大数据的价值和内涵,是大数据技术与实体经济深入结合的生动体现,能够切实地帮助实体经济企业提升业务效率,降低成本,也能够帮助政府提升社会治理水平和民生服务能力。

资料来源:大数据产业生态联盟,赛迪顾问. 2019 中国大数据产业发展白皮书[R],2019.

(二)行业大数据应用状况

在行业与企业层面,大数据在各个领域的应用持续升温。据高德纳公司(Gartner)2015年的调研,全球范围内已经或未来2年计划投资大数据应用的企业比例达到76%,比2014年增长3%。中国信息通信研究院2015年的调查显示,中国的受访企业中有32%的企业已经实现了大数据应用,另有24%的企业正在部署大数据平台。

从行业分布看,大数据融合应用主要集中在外围业务上,而在核心业务方面的渗透程度还

---

① 数据颗粒度就是用于表示某数据集的组成的最小单元。主要针对指标数据的计算范围,如人口这个数据项是以街区为范围还是以一个社区为范围统计的。以数据为中心的文件的特点是结构相当规范,数据颗粒度好。

有待提高。据调查显示 ①，在应用大数据的行业企业中，营销分析、客户分析和内部运营管理是应用最广泛的三个领域。61.7% 的企业将大数据应用于营销分析，50.2% 的企业将大数据应用于客户分析，将近 50% 的企业将大数据应用于内部运营管理。相比之下大数据分析在产品设计、产品生产、企业供应链管理等核心业务的应用比例还有待提升，大规模应用尚未展开。

从地域分布看，大数据融合应用在地区之间发展不均衡，各地大数据应用发展程度差距较大。受经济发达程度、人才聚集程度和技术发展水平影响，大数据应用的产学研力量仍主要分布在北京、上海、广东、浙江等东部发达地区。相关的数据显示，中西部地区的大数据应用虽然市场需求较大，但发展水平仍较低。

在功能目标上，各行业对大数据处理和分析的应用，核心仍在用户需求。对于企业而言，使用大数据可以更全面地了解客户偏好和需求；通过这种深入的了解，各类型企业均可以找到新的方式与现有客户和潜在客户交互。除了实现以客户为中心的目标，其他功能目标也可以通过大数据的尽早应用而实现。

（三）政府大数据发展应用状况

由于大数据作用巨大，应用广泛，面对大数据的迅猛发展，国际经济组织与跨国别地区组织着手构建原则性概念框架；不少国家将大数据产业提升为国家战略，期望通过建立大数据竞争优势，巩固或获得在该领域的领先地位。

1. 国际层面

以英国、美国为首的一些发达国家，以及联合国、世界经济论坛、欧盟等国际组织，都已从政府和组织层面将大数据发展提升到战略高度。开放政府伙伴关系（OGP）成立于 2011 年 9 月 20 日，当时八个创始国（巴西、印度尼西亚、菲律宾、墨西哥、挪威、南非、英国、美国）正式通过了开放政府宣言并宣布了它们的第一个 OGP 国家行动计划，而政府大数据开放便是其中最为重要的行动计划和承诺之一。自 2011 年以来，已有 79 个 OGP 参与国和 20 个地方政府做出了超过 3 100 项承诺。2013 年 G8（八国集团）峰会召开，八国签署《开放数据宪章》，此举成为开放数据的标志性事件。2011 年，欧盟发布《开放数据：创新、增长和透明治理的引擎》后，出台了《数据驱动经济战略》，着力开展对开放数据、云计算、数据价值链等关键领域的研究。2016 年 9 月，G20（二十国集团）发布《G20 数字经济发展与合作倡议》，指明了全球大数据的发展方向，为数据应用开拓出新领域。

2020 年 4 月，世界银行呼吁各国政府、相关企业以及学术界共同合作，通过大数据等技术手段应对新冠肺炎疫情带来的危机。在 2020 年 7 月召开的 G20 数字经济部长会议中，数据流动成为各国部长们重点讨论的议题之一。

在新一轮国际经贸规则中，跨境数据流通成为全球双边、多边贸易合作的重要议题。一方面，基于"共同理念"的全球数据同盟体系加速构建，形成了欧盟《通用数据保护条例》（GDPR）和 APEC《跨境隐私规则体系》（CBPR）两大区域性的数据隐私与保护监管框架，众多国家以二者为蓝本，对本国的数据跨境与数据保护规则进行修订。另一方面，两大框架在国与国、区域与区域之间衍生诸多灵活性的解决方案。2019 年，日韩分别启动与美欧之间的推动跨境数据流动的双边协定，并与欧盟达成充分性保护互认协议。2020 年 3 月，澳大利亚

---

① 中国信息通信研究院.中国大数据发展调查报告［R］,2018,11–14.

信息专员办公室(Australian Information Commissioner,OAIC)与新加坡个人数据保护委员会(Personal Data Protection Commission,PDPC)签订关于跨境数据流动的谅解备忘录,加强数据治理方面的合作,促进两国之间的经济一体化;2020年6月,英国宣布"脱欧"后的未来科技贸易战略,允许英国和某些亚太国家间的数据自由流动,并希望与日本等国达成比其作为欧盟成员国时期更进一步的数据协议。

2. 国家层面

(1)美国。早在2011年,美国国家科技委员会专门成立"大数据高级督导组"(Big Data Senior Steering Group,BDSSG),负责确定联邦政府需要开展的大数据研发任务,做好部门间的工作协调,制定远景目标。随后,自2012年起,美国针对大数据技术革命实施了多轮政策行动。2012年3月,美国白宫科技政策办公室发布《大数据研究和发展计划》,成立"大数据高级指导小组",旨在大力提升美国从海量复杂的数据集合中获取知识和洞见的能力。2016年5月,美国总统科技顾问委员会发布了《联邦大数据研发战略计划》,主要围绕代表大数据研发关键领域的七个战略进行,包括促进人类对科学、医学和安全等方面的认识,确保美国在研发领域继续发挥领导作用,通过研发来提高美国和世界解决紧迫社会和环境问题的能力等。2019年12月23日,美国白宫行政管理和预算办公室(OMB)发布《联邦数据战略与2020年行动计划》,以2020年为起始,描述了美国联邦政府未来十年的数据愿景,确立了政府范围内的数据使用框架原则、40项具体数据管理实践以及20项2020年具体行动方案。

(2)欧盟。2014年,欧盟推动形成《数据价值链战略计划》草案,发布了《数据驱动经济战略》,旨在通过一个以数据为核心的连贯性欧盟生态体系,让数据价值链的不同阶段产生价值,以驱动欧洲经济繁荣。2018年,欧盟委员会发布政策文件《建立一个共同的欧盟数据空间》,聚焦公共部门数据开放共享、科研数据保存和获取、私营部门数据分享等事项。2018年5月,欧盟《通用数据保护条例》(General Data Protection Regulation,GDPR)正式实施。作为全球最严格的个人数据保护法,一方面GDPR强化了自然人的个人数据保护权,在已有自然人权属的基础上,增设了删除权(被遗忘权)、限制处理权、持续控制权(数据可携权)和拒绝权等一系列新的权利给数据主体,并对错误处理个人数据或侵犯数据主体权利的企业提出了高额的处罚条款;另一方面GDPR提出不能以保护处理个人数据中的相关自然人为由,对欧盟内部个人数据的自由流动进行限制或禁止,进一步推动欧盟境内数据交换共享。2020年2月,欧盟发布《欧洲数字战略》,旨在通过增强欧盟企业及公民数字能力建设、善用技术巨头市场力量及挖掘信息通信技术可持续发展潜力,使欧盟成为世界上最具竞争力的数据敏捷型经济体。该战略提出建立统一治理框架,加强数据基础设施投资,提升个体数据权利和技能,打造公共欧洲数据空间等多项具体措施,推动欧盟各领域数据流通及深度挖掘,培育形成面向全球的数据单一市场。

(3)英国。2012年5月,世界上首个开放式数据研究所(The Open Data Institute,ODI)在英国政府的支持下建立,这是英国政府研究和利用开放式数据方面的一次里程碑式发展。英国政府将通过这个组织来利用和挖掘公开数据的商业潜力,并为英国公共部门、学术机构等方面的创新发展提供"孵化环境",同时为国家可持续发展政策提供进一步帮助。2013年1月,英国商业、创新和技能部宣布,将注资6亿英镑发展8类高新技术,大数据独揽其中的1.89亿英镑,将近三成。同年10月,英国商务、创新和技能部牵头发布《英国数据能力发展战略规划》,该战略旨在使英国成为大数据分析的世界领跑者,并使公民和消费者、企业界和学术界、公共部门和私营部门均从中获益。该战略在定义数据能力以及如何提高数据能力方面,进行了系统性的研究分析,并提出了具体建议。

2020年9月9日,英国数字文化媒体和体育部(Department for Digital,Culture,Media and Sport,DCMS)发布《国家数据战略》,支持英国对数据的使用,设定五项"优先任务",以帮助英国经济从疫情中复苏。这五项任务包括:① 释放数据的价值;② 确保促进增长和可信的数据体制;③ 转变政府对数据的使用,以提高效率并改善公共服务;④ 确保数据所依赖的基础架构的安全性和韧性;⑤ 倡导国际数据流动。

(4)中国。我国高度重视现代信息技术,尤其是大数据对社会经济发展的深刻影响。2014年,"大数据"首次写入政府工作报告。报告中明确提出,要设立新兴产业创业创新平台,在移动通信、集成电路、大数据、先进制造、新能源、新材料等方面赶超先进,引领未来产业发展。2015年政府工作报告中首次提出"互联网+"行动计划。2015年7月,国务院办公厅发布《关于运用大数据加强对市场主体服务和监管的若干意见》(国办发〔2015〕51号),肯定了大数据在市场监管服务中的重大作用,并在重点任务分工安排中提出要建立大数据标准体系,研究制定有关大数据的基础标准、技术标准、应用标准和管理标准,加快建立政府信息采集、存储、公开、共享、使用、质量保障和安全管理的技术标准,引导建立企业间信息共享交换的标准规范。同年8月,国务院印发《促进大数据发展行动纲要》(国发〔2015〕50号),全面系统地部署我国大数据发展,并在政策机制部分中着重强调建立标准规范体系,推进数据关键共性标准的制定和实施,开展标准验证和应用试点示范,积极参与相关国际标准制定工作。

2016年4月13日,促进大数据发展部际会议审议通过了《促进大数据发展三年工作方案(2016—2018)》《促进大数据发展2016年工作要点》《政务信息资源共享管理暂行办法》和《政务信息资源目录编制指南》四份文件。会议强调,要深刻领会实施国家大数据战略的重大意义。

在此过程中,国家发展和改革委员会(简称国家发改委)、国家自然科学基金委员会、科学技术部(简称科技部)、工业和信息化部(简称工信部)积极推进大数据的相关工作,通过项目引导、产业促进等相关手段,促进大数据产业的健康有序发展。2014年,科技部"863计划"的多个方向将大数据列入指南;2014年7月,国家自然科学基金委员会与广东省商讨共建大数据科学研究中心;2014年8月,科技部基础司组织召开"大数据科学问题研讨会";2016年,国家发改委部署了一批大数据领域国家工程实验室,旨在提升国家大数据基础技术支撑能力,提高大数据应用技术水平,涉及大数据系统计算技术、大数据系统软件、大数据分析技术、大数据流通与交易技术、大数据协同安全技术以及医疗大数据应用技术、教育大数据应用技术、综合交通大数据应用技术、社会安全风险感知与防控、工业大数据应用技术、空天地海一体化大数据应用技术等;2017年1月,工信部发布了《大数据产业发展规划(2016—2020年)》,进一步明确了促进中国大数据产业发展的主要任务、重大工程和保障措施。

2016年以来,关于电子政务、政务信息、政务系统的相关文件相继出台,循序渐进、有条不紊地指导政府大数据的有序发展。特别是2017年,"加快国务院部门和地方政府信息系统互联互通,形成全国统一政务服务平台""深入推进'互联网+'行动和国家大数据战略"等要求陆续提出,为政府信息化建设提供了新的商业机遇和建设方向。

2020 年 4 月,中共中央、国务院印发《关于构建更加完善的要素市场化配置体制机制的意见》,首次将数据作为一种新型生产要素写入文件,并强调加快培育数据要素市场,推进政府数据开放共享,提升社会数据资源价值,加强数据资源整合和安全保护。数据作为生产要素与土地、劳动力、资本、技术并列,对我国大数据发展提出了更高的要求,将数据要素市场化配置上升为国家战略。

2020 年 4 月,工信部印发《关于工业大数据发展的指导意见》,明确将促进工业数据汇聚共享、深化数据融合创新、提升数据治理能力、加强数据安全管理,着力打造资源富集、应用繁荣、产业进步、治理有序的工业大数据生态体系。并提出加快数据汇聚、推动数据共享、深化数据应用、完善数据治理、强化数据安全、促进产业发展、加强组织保障等七方面 21 条指导意见。

同年 5 月,中共中央、国务院发布《关于新时代加快完善社会主义市场经济体制的意见》,提出加快培育发展数据要素市场。这标志着数据要素市场化配置上升为国家战略,将进一步完善我国现代化治理体系,有望对未来经济社会发展产生深远影响。

2021 年 6 月 10 日,十三届全国人大常委会第二十九次会议通过《中华人民共和国数据安全法》,于 2021 年 9 月 1 日起施行。该法律是国家大数据战略中至关重要的法制基础,成为数据安全保障和数字经济发展领域的重要基石。

二、大数据发展面临的挑战和机遇

(一)大数据发展面临的主要挑战

大数据的观念已深入人心,并在各个领域开始实施,但是大数据在实施和推进过程中面临诸多挑战,可以概括为"四大门槛":数据门槛、技术门槛、资金门槛和人才门槛。

1. 数据门槛

大数据的发展首先面临着高数据门槛。大数据往往分布在大型互联网公司、大型国有垄断型企事业单位,其中一些技术实力雄厚的公司已经通过对大数据的分析利用获得了巨大的收益,但是出于商业利益或受各种现存法规的制约,大量数据资源,特别是一些本身就是公有、国有的数据资源仍无法与更为广泛的社会群体共享。同时,由于缺乏数据资源,大量企业或个人需要通过互联网搜集整理各类公开数据,由于缺乏协调与指导,存在大量的重复工作与劳动,效率不高。大数据中蕴含的巨大经济价值,是推动创新创业的重要动力与源泉之一。因此,亟待通过政策法规、制度体系创新来解决数据门槛问题。

2. 技术门槛

大数据的存储、管理、分析和利用面临较高的技术门槛。一方面,大数据往往规模巨大、膨胀迅速、数据类型多样,如何高效地存储与加工处理这些数据是一个巨大的技术挑战。另一方面,大数据往往价值密度较低,适合采用大规模的廉价存储与分布式计算设备处理,现有的超级计算技术与模式并不适用于大数据处理问题。虽然在软件开源运动的推动下,各种新的大数据技术层出不穷,但是其原创性技术大多来自极具技术实力的高技术企业或科研机构,如开源大数据框架 Hadoop 就是参考了谷歌公司提出的分布式文件系统、MapReduce 和 BigTable 等新技术。此外,大数据技术除了涉及云计算技术与体系架构外,还深度融合了海量数据加工与处理、数据挖掘与机器学习、数据可视化及服务计算等先进信息技术,并形成了大数据的技术门槛。显然,除了少数技术实力雄厚的高技术企业外,大多数应用企业在大数据底层技术方面往往面临各种技术短板,所以大数据的发展受制于这些技术门槛。

3. 资金门槛

发展大数据需要资金与技术的大投入。由于数据规模巨大,不论是直接投资建设大数据系统平台,还是大规模租赁已有系统,都需要大量的资金投入。如 10PB 规模的大数据平台的建设运营投入需数亿元,而租赁 1PB 的存储和计算资源需要每月 30 万~60 万元投入,个人、初创企业或一般的科研团队都难以承担。即使是拥有大量资金投入的国家或地方的重大科研项目与创新工程,也应该提高资金的投入和使用效率,避免重复投资或过度分散等问题。

4. 人才门槛

大数据应用与开发需要数据科学家或大数据技术专家与应用业务专家密切配合。跨学科与学科融合是大数据应用的一个突出特点。全球范围内的大数据专业建设刚刚起步或还在探索中,专业人才普遍缺乏(如麦肯锡报告预计 2018 年仅美国市场就需要约 150 万大数据相关管理人才),特别是在中国,既掌握大数据技术又深入了解应用领域知识的专业人才极度匮乏。每个应用业务部门都组建自己的大数据处理专业团队是不可行的,一方面无法招募到所需的大量专业人员,另一方面也是人才的浪费。因此如何合理安排,提高专业人员的使用效率,避免重复建设与浪费是一个值得高度重视的问题。综上所述,大数据的发展面临着诸多门槛与障碍,也是世界大数据发展面临的挑战。因此,必须动员各方面的力量,集中优势数据、技术、资金与人力资源来解决大数据门槛问题。

(二)大数据发展面临的机遇

当前,国家在精准医疗、人工智能、智慧城市、生物制药、新材料、脑科学、物联网、智能电网等领域,实施一批重大战略项目与科技前沿布局。这些重大工程和科技创新项目开展过程也是大数据发展面临的机遇。因此,在技术、产业和政策方面,必须解决以下问题。

1. 技术方面

基于大数据的创新是未来方向,涉及新模式、新业态、新产业,需要技术方面的支撑。从大数据中获得价值如挖矿,仅拥有"数据矿藏"是不够的,还需要掌握数据资源"勘探、挖掘、选矿、冶炼、加工、生产"等方面的关键技术与相关工具。这给信息技术与软硬件装备的发展提出了新的需求,为信息技术的可持续发展提供了不竭的创新动力,是不断拉动经济增长和加速产业转型升级的核心要素。

例如,精准医疗构建在医疗和基因大数据的基础上,需要将大量病人的基因序列同家族病史、历史病历和病症表现等表型信息结合在一起进行分析。从数据复杂性上讲,所涉及的基因和表型属性数可以达到上千个,同时还包含完整的医学本体知识库。从数据规模上讲,其中的基因组数据每年增长量在 PB 级,特别是随着新一代测序技术日益成熟,相关基因数据的生成速度正在不断增长,而精准医疗涉及的医疗数据未来也将达到 EB 级,因此需要大数据技术和平台进行支撑。

如今,各个行业都在建设自己的大数据中心,这既不可行,也无必要。一方面会造成重复建设、资源浪费现象;另一方面,大数据运用面临高门槛,不仅投入巨大,并且需要拥有一支专业大数据技术队伍。因此,需要建设一个集约化、高效益的公共基础设施,为不同领域的海量数据存储提供服务,研究有效的数据管理方法和试验与领域应用相关的数据分析方法,培养数据专家,减少重复建设,避免技术弯路。

2. 产业方面

大数据不但能够带动信息产业本身的发展,更能在人类生产生活的各个方面引发深刻的技术与商业变革。随着大数据技术应用逐渐成熟,更多行业投入了大数据领域。移动互联网、物联网、社交网络、数字家庭、电子商务等是新一代信息技术的应用形态,这些应用不断产生大数据。云计算为这些海量、多样化的大数据提供存储和运算平台。通过对不同来源数据的管理、处理、分析与优化,将结果反馈到上述应用中,将创造出巨大的经济和社会价值。

面向大数据市场的新技术、新产品、新服务、新业态会不断涌现。在硬件与集成设备领域,大数据将对芯片、存储产业产生重要影响,还将催生一体化数据存储处理服务器、内存计算等市场。在软件与服务领域,大数据将推动数据快速处理分析、数据挖掘技术和软件产品的发展。

各行各业的决策正在从"业务驱动"向"数据驱动"转变。对大数据的分析可以使零售商实时掌握市场动态并迅速做出应对;可以为商家制定更加精准有效的营销策略提供决策支持;可以帮助企业为消费者提供更加及时和个性化的服务;在医疗领域,可提高诊断准确性和药物有效性;在公共事业领域,大数据也开始发挥促进经济发展、维护社会稳定等方面的重要作用。

3. 政策方面

大数据技术的发展推动了产业的创新和进步,并进一步影响了大数据时代下政府管理方式、产业发展模式和人们的行为方式。

面向产业急需、重大工程应用和技术领先的方向,一方面,研究发展大数据产业的新思路,包括如何设置优先发展领域和部署重大项目,如何优化产业结构,如何带动产业链的协调发展和突破核心技术等。另一方面,研究如何对接国家战略,聚焦产业优势,开展大数据行业应用研发和模式创新等,为探索适合国内大数据发展模式和机制提供参考。

目前,数据所有权、隐私权等相关法律法规和信息安全、开放共享等标准规范缺乏,技术安全防范和管理能力不够,尚未建立起兼顾安全与发展的数据开放、有序和信息安全保障体系,制约了大数据发展。

以保障个人隐私、维护数据主权、提升国家核心竞争力为出发点,政府应协同考虑法律、政策、管理和技术手段,从国家安全的高度关注数据资源的安全,剖析中国大数据产业发展的瓶颈,整合大数据(信息资产)生命周期处理法律安全机制,分析数据跨境流动的调整和监管机制,研究数据分等级保护制度,提出大数据时代数据权保障的整体法律框架和标准体系,为企业进行业务创新、服务创新、最佳实践交流等提供安全指引。

第四节 保险大数据的应用条件、技术特征与应用流程

作为典型的数据密集型行业,保险业在数据资源方面拥有相对优势,利用大数据技术既有条件又有必要。大数据能够从根本上改变保险机构传统的数据运作方式,为之带来巨大的商业价值。

一、保险大数据的应用条件和应用价值

保险大数据是指在保险经营、交易过程中所产生、收集、分析、挖掘和使用的数据;保险大数据运用是对大量、动态、可持续的数据,通过运用新系统、新工具、新模型的挖掘,获取数据价值。

（一）保险大数据的应用条件

在数据量不断增大的时代,将数据进行挖掘和分析成为公司的重要资产。在客户信息拥有量巨大的保险行业中,将庞杂的数据进行深度挖掘,成为其未来重要走向。大数据在保险业的应用具有显著优势条件,其中主要包括内在需求、应用基础与技术可行性这三大基本条件。

首先,从内在需求看,保险是经营风险的行业,其业务属性本身就依赖大量数据,过去保险行业遵循大数定律,主要参照企业内部数据以及历史数据进行风险厘定。而伴随信息技术的发展,社会进入大数据时代,可获取的数据在量级和维度上都迎来了极大的扩充,保险业对于数据的精细化运营需求也日益迫切。合规与创新两种力量的交织作用对保险监管部门提出了新挑战:一方面,对于那些试图运用保险满足新增市场需求、创新保险服务模式的机构而言,要探索如何减轻其面临的不断加重的合规负担,避免其因对相关政策理解存有偏差而违规;另一方面,对于那些假借创新之名试图规避监管或进行监管套利的保险机构,要尽快提高甄别和处置此类风险的监管能力,有效遏制各类风险借助网络和移动终端快速传播,维护保险业稳定乃至社会稳定。合规与创新两股力量,使得保险监管部门对于数据管理和监测的要求不断提高,要求保险机构加强数据管理,提高数据信息质量,采用数据挖掘和大数据技术深层利用、提炼数据以提升经营管控效能,这也激发了保险机构的数据化需求。

其次,从应用基础看,保险行业拥有海量数据资源。保险行业为数据行业,经过多年的信息沉淀,各系统内积累了大量高价值的数据,拥有用于数据分析的基础资源。以中国保险业为例,2019 年全年新增保单件数为 495.38 亿件[①],每天约 1.36 亿件,每小时约 5.66 万件,每秒约 15.7 件,所以保单数据时刻都在大量产生。保单中的数据不限于交易数据本身,即办理业务填写的各种单据里的数据,还包括所有用户行为产生的数据,由此,数据的规模巨大,数据成为保险公司的核心资产。在不断增长的海量数据背景下,采用更有弹性的计算、存储扩展能力的分布式计算技术成为必然选择。

最后,从技术可行性看,大数据已进入产业应用发展阶段,开始向各个领域渗透,同时信息安全、个人隐私等与数据流动及价值创造矛盾凸显,产业将进行新一轮转型升级,进一步推动大数据快速发展。目前,大数据已经进入公司及第三方处理分析大量终端用户数据时期,大数据技术越来越成熟,技术供给越来越丰富,部署成本直线下降。此外,大数据在整个大金融体系下的部署和实施先例,为保险业提供了宝贵的应用经验,使得保险大数据解决方案日趋完善。

（二）保险大数据的应用价值

作为保险科技的重要组成部分,大数据技术是人工智能、云计算、区块链等保险科技前沿技术的数据来源和底层支持,也是推动保险行业发展的重要基础设施。数据挖掘等大数据技术可以将生活中海量、复杂、多源的非结构化数据转化为机器可识别的结构化数据,从而为保险科技领域的其他技术提供能够被研究分析的数据信息。

保险大数据的应用价值主要体现在:依托全量数据形成精准化产品与服务。大数据技术革新了人们对数据的认知,使人们直接使用全量数据进行精准化分析成为可能,而不再局限于以抽样数据推测整体规律。通过对全量数据而非抽样数据的分析,大数据技术在保险公司的流程优化、产品设计、精算定价、客户服务和营销推广等诸多方面不仅仅提供了更加精准的

---

① 数据来源:中国银保监会网站。

数据分析结果,更提供了全新的视角和思路。大数据可以从根本上改变保险机构传统数据的运作方式,为之带来巨大的商业价值。数据是独立于劳动和资本的重要生产要素,大数据分析可以为企业提供完整的数据解决方案,使数据产生价值。保险公司通过对更多丰富场景内数据的分析和挖掘,得以开发出更多、更丰富的保险产品。

具体而言,大数据应用可以提升保险公司在传统领域的风险控制能力,优化传统产品;同时,可以将以前无法管理或者无法有效管理的风险纳入保险公司风险保障范畴,推动产品创新。大数据时代,尤其是物联网的发展,赋予保险公司更强大的数据收集、分析和处理能力,通过分析更多的样本数据,甚至是全样本数据,对海量数据进行提炼、总结和判断,从而实现准确预测和精准定价。大数据时代的信息技术和创新应用可以为保险反欺诈开创新局面。保险公司通过建立信息共享机制,开发保险反欺诈分析模型,对大量理赔数据进行整理和分析,从而发现异常数据、锁定关键证据,提高保险反欺诈的质量和工作效率。大数据时代,网络信息传播迅速,信息传播量庞大,很多保险产品通过网络销售,与传统销售模式相比,此方式可以让客户自由选择和搜索需要的险种及相关产品,减少了某些销售误导现象,同时可以通过网络来改善保险公司与客户之间的关系,让客户得到更好的体验。

相比常规的商业分析手段,大数据可以使业务决策具有前瞻性,让企业战略制定过程程序化、理性化,实现资源的最优化配置,让企业依据市场变化迅速调整业务策略,提高用户体验以及资金周转率,从而获取更高的价值和利润。

二、保险大数据的技术特征及其关键技术

(一)保险大数据的技术特征

1. 数据的多样性

在保险机构自身产生的数据中,一部分是结构化数据,比如保险客户的投保、理赔数额,购买保险产品的编号等,这一部分的数据在保险行业中占比相对较少。另一部分是非结构化数据,目前保险行业面临的海量非结构化业务数据主要有以下四种:第一种数据,保险企业在线上或线下渠道投保、承保、理赔等过程中产生的客户交易信息,如身份证照片、保单扫描件、取证文件、现场照片以及数字签名校验等。此类文件数量巨大,单文件体积偏小,而且需要长期保存。第二种数据,保险企业与第三方公司的交易及对账文件,如银行代理交易、中介微投保险销售等。此类非结构化数据不仅数量巨大,并且伴随高并发、高频率、高响应的处理特征。第三种数据,监管单位对保险企业要求长期保留的影像、录音等多种形式的非结构化数据,如根据《保险销售行为可回溯管理暂行办法》规定的双录数据。第四种数据,保险交易系统后台数据逻辑处理产生的海量过程数据,如交易报文、保单合成过程文件、打印投递处理记录等。过程数据往往是问题交易及故障排查的有力依据,拥有一定的数据保留需求。相对结构化业务数据的处理效率,保险企业对海量非结构化数据的挖掘需求更加强烈。

2. 数据的连续性

数据的连续性是指由数据的可关联性、可溯源性、可理解性及其内在联系组成的一整套数据保护措施,其作用是保障数据的可用性、可行性和可控性,降低数据的失用、失信和失控风险。数据汇聚需要在约定的频率下持续不断、全面地进行才能产生集合价值。

3. 数据的连通性

数据的连通性是指各个数据集之间的连通关系。由于很多数据是基于不同渠道、场景和主键进行的汇聚，要把这些碎片化数据进行准确整合，需要有很强的身份映射能力，数据的连通性解决不同数据是否归属同一主体的能力。大数据之大，单一组织是无法满足各种需求的，这就涉及是否要直接接入外部数据，实现各个维度的数据打通。

4. 数据的颗粒度

数据的颗粒度是指数据仓库的数据单位中保存数据的细化或综合程度的级别，通常用于表示某数据集的最小单元。细化程度越高，粒度级就越小；相反，细化程度越低，粒度级就越大。粒度的主要问题是使其处于一个合适的级别，粒度的级别不能太高也不能太低。低的粒度级别能提供详尽的数据，但要占用较多的存储空间和需要较长的查询时间；高的粒度级别能高速方便地进行查询，但不能提供过细的数据。选择合适的颗粒度，要结合业务的特点、分析的类型、依据的总存储空间等因素综合考虑。对于同类数据，数据的颗粒度会体现不一样的价值。

5. 数据的合规性

数据的合规性是指数据的来源、采集、处理和使用等各个环节及数据内容上符合法律政策规范与业界的共同规则。数据的使用与流通，要符合严格的安全要求。具体而言，在数据来源与展示方面，数据的获取方式应当遵循公开、正当的原则，即面向单一网络用户收集时，应当具有明显的提示窗口，表明数据获取用途，遵从用户同意；在数据内容方面，用于向用户展示的数据内容不允许包含赌博、色情、毒品等我国法律法规所禁止的违法信息；在数据传输与存储方面，不同的公司应当依照自身性质满足国家信息安全等级保护的基本要求；在数据的使用方面，公司合法获取并拥有的数据不得随意出售或提交给公司外的第三人使用，只得用于公司自身产品的运营需要或经用户同意基础上的广告推送使用等，应当遵循合法合规的基本原则。

6. 数据的流动性

保险数据一般具有流动性高、处理实时性要求高、可视性需求强等特征。与其他行业相比，保险数据逻辑性强，要求具有更高的实时性、安全性和稳定性。大数据处理系统必须在毫秒级甚至微秒级的时间内返回处理结果。由此，高并发、大数据、高实时的应用需求需要有高效的大数据处理系统相匹配。

(二) 保险大数据的关键技术

1. 数据存储与管理技术

大数据存储是大数据处理与分析的基础。高效、安全地存储与读写数据是提高大数据处理效率的关键。由于大数据的存储量极大，因此其存储设备需要具有高扩展、高可用、自动容错和低成本等特性。常见的存储形式有分布式文件系统和分布式数据库。分布式文件系统采用大规模的分布式存储节点来满足存储大量文件的需求，而分布式的而非关系型数据库则为大规模非结构化数据的处理和分析提供支持。保险业数据规模庞大、类型多样，对数据的有效存储能力要求非常高，需要最大限度地进行数据存储配置。数据管理技术包括关系型和非关系型数据管理技术、数据融合技术和集成技术、数据抽取技术、数据清洗和转换技术等。保险业对数据的实时处理能力要求很高，需要灵活地进行数据转换配置和任务配置。

2. 数据采集与预处理技术

数据采集是大数据价值挖掘重要的一环，其后的数据分析和挖掘都建立在采集的基础上。大数据技术的意义不在于其掌握的规模庞大的数据信息，而在于对这些数据进行智能处理，从中分析和挖掘出有价值的信息。数据的采集有的是基于网络信息的数据采集，比如摄像头的视频图像采集；也有的是基于互联网的数据采集，如对各类网络媒介的各种页面信息和用户访问信息进行采集。在互联网数据采集中，每天会产生大量的日志（一般为流式数据），处理这些日志需要特定的日志系统，目前比较有名的开源日志采集系统有 Flume、Scribe 和 Kafka 等。数据预处理技术就是完成对已接收数据的辨析、抽取、清洗等操作。通过数据预处理工作，可以使残缺的数据完整，并能够将错误的数据纠正、多余的数据清除，进而将所需的数据挑选出来，进行数据集成。数据预处理的常见方法有数据清洗、数据集成与数据变换。数据抽取过程有助于将复杂的数据转化为单一的或者便于处理的构型，以达到快速分析处理的目的；数据清洗则是对数据通过过滤去除噪声从而提取出有效数据。

3. 数据分析与挖掘技术

数量快速增长的数据存放在大型的数据存储库中，若没有强有力的辅助工具，只是理解它就已经远远超出了人的能力，这就导致收集了大量数据的存储库变成了"数据坟墓"，于是数据分析与挖掘技术应运而生。数据分析技术包括数据挖掘、机器学习等人工智能技术，主要应用于用户信用分析、用户聚类分析、用户特征分析、产品关联分析、营销分析等方面。其中数据挖掘属于大数据技术领域的热点研究，其含义就是从海量数据中发现隐含的、不平凡的、具有价值的信息或模式。基于对数据的分析，可以对数据之间的关联进行抽取和整理，构建合理的模型来提供决策支持。在保险业，数据挖掘通过分析保险机构大量的数据，获得其内含的规律，从而将其模型化并应用于实际场景，使保险机构获得更高的利润和关注度。

4. 数据可视化技术

数据处理的结果及以何种方式在终端上显示结果是用户最关心的内容。就目前来看，可视化和人机交互是数据解释的主要技术。数据可视化主要是借助图形化手段，清晰有效地传达与沟通信息。数据可视化技术的基本思想，是将数据库中每一个数据项作为单个图元元素表示，大量的数据集合构成数据图像，同时将数据的各个属性值以多维数据的形式表示，可以从不同的维度观察数据从而对数据进行更加深入的观察和分析。使用可视化技术可以将处理结果通过图形方式直观地呈现给用户，如标签云、历史流、空间信息等；人机交互技术可以引导用户对数据进行逐步分析，参与并理解数据分析结果。在保险中，具体用于保险产品合规度的监视、产品发展趋势监视、客户价值监视、反欺诈预警等方面。

三、保险大数据的系统构建与应用架构

（一）保险大数据的系统构建

当前，保险业正借助信息科技手段加速行业数字化进程，并致力于打造开放共享的产业新生态，重塑保险产品与价值，以切实提升服务大金融保险业的能力与质效。由此，应用保险大数据需要进行定制化的系统构建。

首先，统筹兼顾，明确大数据技术定位，统筹规划保险业务与技术发展路径，加强保险基础设施顶层设计。一方面，以科技支撑自身业务建设，加快推进以信息共享为基础、以大数据为特征的保险基础设施建设。另一方面，用自身建设过程所形成的科技能力，打造品牌科技服务，面向保险业进行价值输出，逐渐从内部建设走向保险新业态赋能。通过一体化大数据

平台,数据的汇聚与共享得以实现,数据价值得以提升。在应对行业关于生产交易与风险防控方面的痛点与难点时,能够融入技术要素,开展好保险业务规划,推动传统业务全面变革,实现保险业务和科技的深入融合与协调发展。

其次,保险企业需要大规模的系统改造。将原来需要存储在分散信息系统的数据进行整合,实现数据的汇聚。通过整合保险行业大数据,引入跨行业数据资源,架通行业内及跨行业信息交互的桥梁,率先构建覆盖全险种、全业务流程的保险业信息共享格局。重新设计并搭建数据采集、存储和传输的架构,实现各信息平台与保险机构核心生产系统全流程实时交互。通过脱敏、碰撞、建模、验证等工作,推进数据价值的挖掘、数据产品的研发和应用场景的适配,建设集中、统一、安全、高效的数据工作平台,面向行业关键业务场景提供承保精准定价、风险识别地图、欺诈高风险预警、智能定损、智能质检、遥感定位、实名认证和汽车金融风控等服务和工具,切实提升行业整体的风险管控能力和作业效率,极大地降低作业成本。

最后,形成良好的数据管理和更加完善的安全保障措施。数据的共享和数据集成的高水平化是良好数据管理体系的标志,数据管控体系实现了标准化,数据的质量、安全得以保证。保险业的智能发展离不开数据的共享流通与管理,其中数据脱敏①成为主要的防护手段,注意把握数据脱敏的"度",既能兼顾安全又不影响业务开展,同时把握对于大数据脱敏的支持能力。数据管理职能应该由专门的部门实施,因此应成立专门的数据管理领导小组和数据管理或处理部门,将数据的监管职能赋予数据管理部门,由数据管理部门集中管理监控数据,各有关职能部门加以配合。

(二) 保险大数据的应用架构

大数据应用是其价值的最终体现。当前大数据应用主要集中在业务创新、决策预测和服务能力提升等方面。从大数据应用的具体过程来看,基于数据的业务系统方案优化、实施执行、运营维护和创新应用是当前的热点和重点。

大数据应用架构描述了主流的大数据应用系统和模式所具备的功能,以及这些功能之间的关系,主要体现在围绕数据共享和交易,基于开放平台的数据应用和基于大数据工具应用,以及为支撑相关应用所必需的数据仓库、数据分析和挖掘、大数据可视化技术等方面。

大数据应用架构以大数据资源存储基础设施、数据仓库、大数据分析与挖掘等为基础,结合大数据可视化技术,实现大数据交易和共享、基于开放平台的大数据应用和基于大数据的工具应用。

大数据交易和共享,让数据资源能够流通和变现,实现大数据的基础价值。大数据交易应用和共享是在大数据采集、存储管理的基础上,通过直接的大数据交易和共享、基于数据仓库的大数据交易和共享、基于数据分析挖掘的大数据交易和共享三种方式和流程实现。

基于开放平台的大数据应用以大数据服务接口为载体,使数据服务的获取更加便捷,主要为应用开发者提供特定数据应用服务,包括应用接入、数据发布、数据定制等。数据开发者在数据源采集的基础上,基于数据仓库和数据分析挖掘,获得各个层次应用的数据结果。

---

① 数据脱敏是指对某些敏感信息通过脱敏规则进行数据的变形,实现敏感隐私数据的可靠保护。在涉及客户安全数据或者一些商业性敏感数据时,在不违反系统规则条件下,对真实数据进行改造并提供测试使用,如身份证号、手机号、卡号、客户号等个人信息都需要进行数据脱敏。

大数据工具应用主要集中在智慧决策、精准营销、业务创新等产品工具方面,是大数据价值的重要方面。结合具体的应用需要,用户可以结合相关产品和工具的研发,对外提供相应的服务。

第五节　大数据在保险领域的应用维度

一、大数据在保险领域的应用维度分布

大数据应用的目的就是发现并利用数据的价值,因此,虽然保险的不同细分业务流程在大数据应用上各有特点,但动因上无不是为着寻求数据价值变现。以此为中心,保险大数据的应用主要包括六个维度:客户画像、营销创新、服务创新、产品创新、风险防控和反欺诈。(见图3-3)

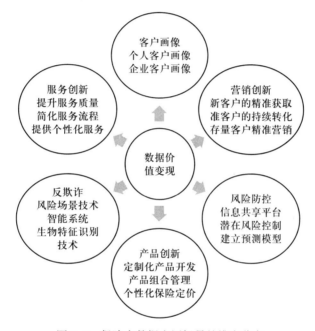

图 3-3　保险大数据应用场景的维度分布

资料来源:中关村互联网金融研究院.中国保险科技发展白皮书[R],2019.

保险大数据应用的六大维度各司其职又相互关联,以价值挖掘为核心,形成了严密的内在逻辑关系,凭借保险大数据分析的先进技术处理手段,共同助推大数据的价值实现,提升保险服务效率。

二、大数据在保险领域的应用维度解释

(一)客户画像

客户画像,又称用户画像,是指用户角色的数字化抽象。它是用来勾画用户背景、用户特征、用户性格、用户行为及场景等数据,并通过这些数据联系用户需求与产品设计的一个用户信息的数字化全貌。作为大数据的根基,客户画像抽象出客户的信息特征,为进一步精确、快速地分析用户行为习惯、消费习惯等重要信息,提供了足够的数据基础,奠定了大数据的基

石。从客户画像的概念提出至今,客户画像至少经历了三个阶段,即经典客户画像阶段、超级视图阶段和分布式智能画像阶段。

通常情况,大数据的客户画像是通过标签体系得以实现的,构建客户体系的核心工作即给客户贴"标签",标签是通过对客户信息分析而来的高度精练的特征标志。数据环境下的客户标签往往是基于企业内部数据、社交媒体数据、外部公共数据等多维度数据,进行深入分析、挖掘后获得潜在的客户知识,并依据业务目标对客户进行分类细化,采用类自然语言方式对客户进行描述,目的是对客户进行识别。客户识别就是了解客户的有效需求,为下一步的产品服务营销提供依据。

客户画像主要分为个人客户画像和企业客户画像。个人客户画像包括消费能力数据、兴趣数据、风险偏好、人口属性等;企业客户画像包括企业的生产、流通、运营、财务、销售和客户数据,相关产业链上下游等数据。客户画像数据分布在客户关系管理、交易系统、渠道和产品系统等不同信息系统中。

(二)营销创新

在客户画像的基础上保险公司可以有效实现营销创新,包括潜在客户挖掘及流失用户预测、客户关联销售、客户精准营销。

1. 潜在客户挖掘及流失用户预测

保险公司通过大数据整合客户线上和线下的相关行为,通过数据挖掘手段对潜在客户进行分类,细化销售重点。通过大数据进行挖掘,综合考虑客户的信息、险种信息、既往出险情况、销售人员信息等,筛选出影响客户退保或续期的关键因素,并通过这些因素和建立的模型,对客户的退保概率或续期概率进行估计,找出高风险流失客户,及时预警,制定挽留策略,提高保单续保率。

2. 客户关联销售

保险公司可以利用关联规则找出最佳险种销售组合、利用时序规则找出顾客生命周期中购买保险的时间顺序,从而把握保户提高保额的时机,建立既有保户再销售清单与规则,促进保单的销售。除了这些做法以外,借助大数据,保险业可以直接锁定客户需求。

3. 客户精准营销

在网络营销领域,保险公司可以通过收集互联网用户的各类数据,如地域分布等属性数据,搜索关键词等即时数据,购物行为、浏览行为等行为数据,以及兴趣爱好、人脉关系等社交数据,在广告推送中实现地域定向、需求定向、偏好定向、关系定向等定向方式,实现精准营销。

(三)服务创新

利用大数据分析客户的特征、习惯以及偏好,分析和预测客户需求,为向客户提供精准服务奠定基础。

通过与多种社会平台合作来获取客户信息,提供有针对性的保险产品和报价,简化承保前后服务流程,提升承保服务效率和满意度。具体表现在:在承保前,利用大数据关注保险营销人员与客户沟通时效性并予以监控,实现与客户的最佳沟通;同时,进行标准化探寻客户是否对销售的服务满意,倾听客户诉求,进行数字化搜集,给予客户最佳销售体验;在承保后,企业内部检验保单信息的正确性,力争无差错,进行数字化提醒;配送保单发票或相关产品时,监控时效性,在预约时间内将产品寄送客户手上,销售前承诺以及相关礼品赠送也是客户体验的关键触点。

利用相关数据建立网络智能退保与核赔平台，并加强与移动互联网终端应用的联系，实现互联网保险业务流程自动化，实现保险退保、理赔服务的便捷。具体表现在：客户进行退保申请，无论设置多少层挽回流程，保险公司都要及时响应执行流程，而非对客户"冷暴力"；在保险理赔环节，积极倾听客户的正常诉求，并积极协调处理，遇到无理诉求时，应耐心解释缘由并做好客户分级归类，为下一次服务做好服务信息储备。

诸如以上各类情况，需要利用好大数据技术，将数字化工具融入各项流程环节之中，形成数字化循环，协助保险公司人员进行规范化工作。保险公司可以充分利用大数据对客户个性化描述的便利，根据客户的购买习惯、服务偏好等信息进行客户细分，更好地开展客户个性服务。

（四）产品创新

大数据在产品环节的应用主要包括险种创新和精细化定价。在险种创新中，保险公司通过利用大数据技术对风险进行精细化预测，从而开发出基于不同业务场景的创新型险种，实现产品的个性化定制与创新，其应用主要以互联网场景化保险为代表。在精细化定价中，保险公司通过利用大数据技术分析全量数据以实现更准确的产品定价。不同于传统定价和设计方法对抽样样本的数据分析，大数据技术的应用使产品开发人员实现了对全量数据样本的数据分析，根据更完整的数据表现进行更全面的风险评估，从而开发出更符合市场需要的保险产品和保险费率。

（五）风险防控

大数据风险防控，是指通过运用大数据构建模型的方法对客户进行风险控制和风险提示。与传统风控多由各机构内设风控团队，以人工方式对企业客户或个人客户进行经验式风控不同，通过采集大量客户的各项指标进行数据建模的大数据风控更为科学、有效。

在投保环节，利用大数据搭建风险评估模型，筛查高风险客户，对其采用拒保或者提高保费的方式区别对待。在承保运营环节，可以利用大数据风控对保险客户的动态跟踪反馈，定期对承保中的客户信息进行维护，更新客户风险指数。在理赔环节，大数据风控首先通过构建模型的方式筛查出疑似欺诈的高风险案件，然后再人工介入进行重点审核和调查，减少人工现场查勘误差，提高查勘效率。

结合保险公司内外部数据信息，对客户进行早期异常值检验，建立风险预测模型，如在健康险领域，利用大数据技术对医疗险数据平台中的海量医疗数据进行数据分析与挖掘，以实现疾病预测。

（六）反欺诈

通过大数据的积累与应用，综合反欺诈规则和智能模型，建立全面反欺诈体系。模型通常包括监督和无监督两种，对应着不同的反欺诈场景。其一是结合社交网络分析和信用评分技术构建的申请反欺诈的量化预测模型，其二是基于机器学习技术构建的渠道行为反欺诈模型。

保险实务中，将保险公司的各个部门、第三方平台、网络和电信运营商等平台整合起来，能够构建一个基于大数据的反欺诈网络。保险公司可以通过反欺诈网络对客户的信用水平进行划分，拒绝承保可能做出欺诈行为的客户；排除重复保险，避免高额投保所导致的故意造成保险标的损失的情形。

利用数据对骗保人员作案的主要手段或是案件表现出的特征进行综合分析，实现运用风险场景技术;利用生物识别技术,更好地解决寿险及社会保险中常常出现的冒名顶替等骗取保险金问题。

第六节 大数据在保险领域的应用场景分析

目前,大数据已在保险的多个场景得到了相应的应用。客户画像是大数据应用的一个基础性工作,此外,在营销创新、服务创新、产品创新、风险防控和反欺诈方面也拥有较大的应用前景。

一、客户画像

互联网时代,保险客户画像已经成为保险公司必要的技术手段。保险公司依据商业分析将客户的个人属性和金融信息,包括业务订单数据、客户属性数据、客户收入数据、客户查询数据、理财产品交易数据、客户行为等,通过客户多账户打通,建立客户标签,从而帮助保险公司更加快速地了解客户真实的、具体的需求。客户画像抽象出用户的信息特征,为进一步准确、快速地分析用户行为习惯、消费习惯等重要信息,提供了足够的数据基础。保险客户数据画像如表 3-1 所示。

保险客户画像可以依照客户画像的步骤进行:首先利用数据仓库进行数据集中,收集的客户数据包括动态数据和静态数据,比如家庭收入、身高、体重、等属于客户的静态数据;资产信息、医疗情况、理赔情况、职业变更情况等属于客户的动态数据。其次筛选出强相关信息,利用分布式大数据平台将用户信息进行分类和标签化。用户标签体系的搭建是客户画像最核心的工作,一个客户有多个账号,就需要把客户的多个身份进行组合,建立统一标准。再次进行客户画像的构建,包括精准识别用户、动态跟踪用户行为,结合静态数据评估用户价值,确定不同群体优先级。最后,将客户管理系统分析数据按需求进行标签重组,按特征筛选标签,从而刻画出客户的行为,实现精准营销和自动化服务,简化理赔流程。

表 3-1 保险客户画像数据表

客户属性信息	客户信用数据	客户兴趣偏好	客户风险信息
人口属性 　姓名 　年龄 　性别 　手机号码 　邮箱 　……	用户资产信息 　汽车 　房产 　保险 　理财 　……	消费偏好 　爱好消费 　家庭生活消费 　个人生活消费 　……	用户风险评价 　违约记录 　征信评分 　负债信息 　……
地理位置 　家庭地址 　公司地址 　常去场所 　……	客户关系图 　家庭关系 　朋友圈 　社会地位 　……	金融产品偏好 　风险偏好 　保险相关偏好 　投资偏好 　……	黑名单 　信用卡逾期 　保险欺诈 　债务逾期 　……

资料来源:根据网络资料整理。

专栏 3-5

用户画像应用——微保

微保是腾讯控股的保险代理平台,让用户可以在微信这个国民级的生活服务平台上进行保险购买、查询以及理赔。微保通过自身的用户画像,推出价格实惠、便于理解的医疗险和意外险等产品,用户转化率相对较高。

微保将用户分为成熟用户、高潜用户和未来用户。再通过家庭月收入、出生年代、对保险人员的依赖程度、条款阅读的精细程度将其用户分为高知新贵、思路清晰的奋斗青年、不爱计划的普通人和耳根软的传统大牌粉 4 类人群。以此为基础,对其进行有针对性的推广。具体如图 3-4 和表 3-2 所示。

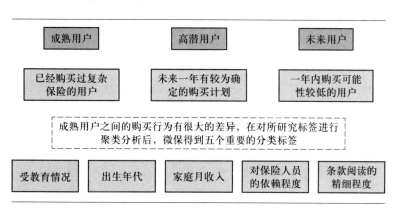

图 3-4　微保的用户划分及主要标签

表 3-2　微保四种人群分类

分类	高知新贵	思路清晰的奋斗青年	不爱计划的普通人	耳根软的传统大牌粉
人群	年龄:80后、70后为主 婚育:已婚已育 资产水平:收入在四类人群中最高	年龄:90后为主 婚育:未婚为主 资产水平:收入偏低	年龄:70后、80后为主 婚育:各种婚育状况均有,以已婚已育为主 资产水平:中低收入人群为主	年龄:70后、80后为主,60后占比在4类人群中最多 婚育:已婚已育 资产水平:收入偏高
需求来源	购买保险最独立的一群人; 保险预算最高; 朋友保险意见输出者	保险规划多,家庭保费低; 高性价比的产品更吸引他们; 急需给父母购买保险	保险规划少;需求产生主要来源于恶性事件	需求产生主要来源于业务员的推销; 完全接受互联网保险的占比在4类人群中占比最小
决策	购买重要的保险产品需要慎重的决策	购买重要的保险产品需要慎重的决策,细致对比; 需要他人肯定其决策,从众,依赖熟人/口碑	需要他人肯定其决策,从众,依赖熟人/口碑; 非常容易被推销打动	非常容易被推销打动,感性

资料来源:小米金融科技研究中心,2018年互联网保险年度报告[R],2018。

二、营销创新

（一）新客户的准确获取

传统保险的营销模式是线上投放广告、线下铺设网店，或者招募数量庞大的代理人团队进行新客获取。大数据技术的应用使得面向新客户的精准营销成为可能。

保险公司通过对内部和外部数据的综合利用，收集客户个人属性、客户线上浏览行为偏好、线下活动轨迹、交易行为等方面的信息，对客户进行多维度、立体化的分析，了解客户的消费行为和消费能力，预测客户的消费需求和消费倾向，实现营销方案与新客户的有效对接。根据客户的消费习惯及各渠道的特点配置相应的销售渠道，精准地选择营销渠道来触达这些客户。

（二）准客户的持续转化

准客户是指既有购买所推销商品或服务的欲望，又有支付能力，并有可能成为本企业顾客的个人或组织。经验表明，准客户的转化成本远低于获新客的成本。利用大数据技术，保险公司可以追踪准客户的行为，基于外部数据建立预测模型，并快速验证做出调整，由此推出个性化的营销手段，把让客户"最可能动心"的产品展现在客户面前。保险公司也可以根据客户健康、财务信用等状况做出更合理的分析，从而提升营销效率。

（三）存量客户的精准营销

大数据技术能够帮助保险公司细分和洞察现有的客户，精准了解其需求，建立预测模型，开展加保和交叉销售①，使客户价值最大化，促进业务协同。

交叉销售分为对内交叉销售和对外交叉销售。保险公司以与其他平台数据共享的合作方式使得对外交叉销售更容易实现。借助数据平台的客户信息，保险公司可以了解存量客户的互联网行为偏好，并由此提供有针对性的营销。例如，若客户资产水平良好，且经常关注财经、理财等方面的媒体信息，就可以向客户推荐理财型保险产品。对内交叉销售能够很好地缓解企业与客户的接触频次，有助于增强客户黏性。例如，通过大数据建模精准洞察存量车险客户的非车险需求，进而由业务员向识别出的健康险高需求客户推荐相关健康险产品。

专栏 3-6

泰康在线大数据精准营销

泰康在线是国内第一家由传统保险集团发起的互联网保险公司，拥有过亿用户，可提供全程互联网保险服务。随着互联网和保险科技的发展，整个互联网保险行业都在积极探索用户需求，抢占市场。对于泰康在线来说，要走"互联网＋"的路线，就要结合自身的优势制定战略。基于泰康人寿的支持，泰康在线将目标定位于"大健康＋互联网"。

---

① 交叉销售（cross-selling），通常是指发现一位现有顾客的多种需求，并通过满足其需求而实现销售多种相关的服务或产品的营销方式。参考：李蕾. 交叉营销理论发展与应用［J］. 财会研究，2008（19）：76-77。

　　泰康在线大数据精准营销的应用有三个方面：一是"泰健康"体系的应用，二是用户的行为挖掘，三是场景式营销。

　　"泰健康"项目成立（2015 年）的主要目的是帮助用户预防各类疾病，降低患病风险。其参考的数据主要来源于理赔核保、健康测试、用户行为和体检数据、智能硬件数据等，基于这些数据，"泰健康"能够更好地为用户提供疾病预防方案和办法，建立完整的用户管理系统。"泰健康"体系主要由资料完整度、健康指数、健康保障、健康活跃度、人际健康度五个方面组成，通过对用户的这五个方面进行测评，能够得出用户的健康评分，从而为他们提供健康管理方案。资料完整度的数据收集维度包括用户的性别、地址、邮件、联系方式、收入等；健康指数包括用户的体检数据、运动健康数据、饮食健康数据等；健康保障包括用户面临的各类风险，以及这些风险对应的保额、会员的等级等；健康活跃度包括用户的行为数据，如微信、App、泰康在线官网、第三方的行为数据等；人际健康度包括用户本人的家族关系、邀请别人购买保险产品以及邀请别人关注下载等。通过对这些维度的调查测评和分析，多维度获取用户数据，从而更清楚地对用户健康等级进行细分，并对细分后的结果有针对性地提供保险产品。"一键闪购"就是依托"泰健康"的大数据支持，整合各种数据形成风控模型，并结合保费定价变化，实现对不同级别客户的精准营销。用户之前看到过或浏览过的保险产品，泰康在线会在活动期间第一时间向其推送相关的保险产品和服务，由于之前已经在"泰健康"体系里填写过个人信息数据，所以如果客户想要一键投保，可以省去填写个人信息的烦琐程序，更加便捷迅速，也提升了用户对"泰健康"的体验好感度。

　　泰康在线的精准营销方式有个性化推荐引擎和电子邮件或短信营销。泰康在线的个性化推荐包括数据的收集、分析、推荐的实现。数据的收集来自各合作平台以及泰康在线自身的点击量，包括美团、淘宝、蚂蚁金服等第三方合作平台。数据分析包括数据清洗和建模。对于一些不真实、不安全的数据，专业技术人员会对这些数据进行清洗处理，剔除不符合要求的数据。对数据的清洗完成之后要按照不同的标准对这些数据建模。泰康在线的数据建模主要是对用户画像进行建模，用户画像的建模数据来源于用户的行为数据和交易数据。用户的行为数据包括浏览量、点击量、注册量、访问的内容和程度以及在网页浏览的时间，用户的交易数据包括用户购买保险产品的价格、续保情况、退保情况等。对用户的画像进行建模之后就能够实现个性化推荐，做到精准营销。为了提高用户续保率，泰康在线对于已经购买保险产品或浏览过泰康在线相关网站的用户会不定期地发送一些建议或保险到期和注意情况，这些建议主要是通过短信、邮箱或广告推送的方式进行推荐。在没有对用户进行画像之前，所有用户接收到的信息内容几乎都是一样的，但是通过大数据分析描绘出用户画像之后，就可以根据画像的标准向不同类群的人推荐不同的保险产品，从而做到精准化营销。

　　资料来源：根据公开资料整理。

三、服务创新

(一)简化服务流程

大数据简化了承保服务流程,为投保人和保险人带来巨大的便捷性。保险公司通过与多种社会平台合作来获取客户信息,然后基于这些数据的分析为客户提供针对性的保险产品和报价,简化承保前营销员面对面了解客户的过程。

大数据还带来理赔服务的便捷。保险公司利用相关数据建立网络智能核赔平台,加强与移动互联网终端应用的联系,实现互联网保险业务流程自动化,使理赔环节减少很多线下不必要的流程,大大缩减理赔处理时间,提高保险服务效率。保险公司通过公共信息实时获得客户的出险信息,并及时、主动联系客户提供理赔等服务。不同的报案手段可以应用不同的大数据方法。例如,保险公司可以对电话报案的号码定位,大致了解事故发生的地点,或通过技术手段获取用户的位置信息,以便确定报案地点。在事故原因确认方面,可以通过远程发送或上传现场图片的方式,通过图片分析挖掘技术进行事故原因分析,确认各方责任,为客户实现更为快捷、方便的赔付,给客户带来更好的赔付体验。

(二)优化经营管理

基于保险公司内外部运营、管理和交互数据分析,借助大数据平台,保险公司可全方位统计和预测企业经营和管理绩效。基于保单和用户交互数据进行建模,借助大数据平台快速分析和预测市场风险、操作风险等。

(三)甄选保险代理人

根据保险代理人的性别、年龄、业绩数据、工作年限、相关工作经验等,借助大数据平台,保险公司找出销售业绩相对最好的销售人员特征,优先选择高潜力保险代理人。

四、产品创新

在过去没有精细化的数据分析和挖掘的情况下,传统的保险产品往往忽视消费者个体行为的信息,把很多人都放在同一风险水平上。通过积累和挖掘保险行业内外的客户数据,保险公司可以开发出创新的、个性化的产品,满足用户的需求,获得更准确以及更高利润的保单模型。

(一)定制化产品开发

定制保险的推出流程与传统产品推出模式正好相反,是"需求引致供给"。保险公司通过个人的公共数据情况、信息体系、社交网络、健康数据、性格等信息,进行保险产品的"私人定制"。

例如,美国安泰保险(Aetna)为患者推出了基于大数据的高度个性化治疗方案。为了帮助改善代谢综合征患者的病况预测,安泰保险做了一个实验,在连续3年内扫描了60万个化验结果和18万件索赔事件,将最后的结果组成一个高度个性化的治疗方案,以评估患者的危险因素和重点治疗方案。

(二)产品组合管理

通过对现有客户进行大数据分析,掌握客户的偏好和保险需求等信息,并根据模型找出满足客户即刻保险需求的最佳险种组合,或者预测出在客户生命周期中所需要的保险产品,对客户进行捆绑销售。

保险公司与其他平台合作,还可以整合供应链,建立基于核心保险业务的生态系统,使保险公司真正成为一揽子风险管理服务的方案供应商,拓展保险公司风险管理的内涵和外延。

（三）个性化保险定价

传统的保险精算是基于大数定律,通过一定的抽样模式和技术,从长期、大量的经营实践中提取一定量的样本,构建数学模型,从而对保险产品合理定价。在实务运用中存在一些问题:一方面,无法真正获取足够量的样本,实际操作中也存在许多偶然性并导致误差;另一方面,因标的的风险状况会随时间推移和社会发展不断变化,但保险费率却在保险期限内固定不变。

在大数据时代,一方面,海量数据的采集和处理成为可能。通过全局数据了解标的背后的风险真相,相对于过去定价中以抽取一定样本为代替全体的统计方法,其统计出来的结果会更加准确,基于此进行的产品定价也更符合真实状况。另一方面,大数据技术极大地丰富了保险风险因子,对个人风险刻画更加全面。将个体的全量数据与群体的样本数据加以结合进行产品定价,将推动传统精算理论与保险定价能力的提高,进而满足客户差异化、个性化的保险需求。如在寿险和健康险定价中,保险公司可以利用可穿戴设备实时监控人体的健康状况,弥补生命表对于洞察细分群体的人体健康及死亡概率的能力不足,通过分析这些数据对投保者按照生活习惯进行分类并进行区别定价和动态定价。又如,车险定价中,保险公司通过数据分析,掌握客户车辆的主要用途、基本行车路线、路途的风险程度、驾驶习惯、事故发生频率,从而测评出该车辆的风险指数,将驾驶者的驾驶习惯、驾驶技术、车辆信息和周围环境等数据综合起来,建立人、车、环境多维度模型进行定价。

专栏 3-7

大数据在产品定价中的应用

在寿险和健康险定价中,保险公司利用可穿戴设备(如 Jawbone 推出的 Up、Apple 推出的 HealthKit)实时监控人体健康情况(运动量、睡眠、心跳等),通过分析这些数据对投保者按照生活习惯进行分类并进行区别定价与动态定价。2015 年 8 月,众安保险推出了国内首款与可穿戴设备及运动大数据结合的健康管理计划——步步保,以用户运动量作为重大疾病保险的定价依据,同时用户的运动步数还可以抵扣保费。在众安保险的合作伙伴小米运动、乐动力 App 中开设入口,用户投保时,系统会根据用户的历史运动情况以及预期目标,推荐不同保额档位的重大疾病保险保障(目前分档为 20 万元、15 万元、10 万元),用户历史平均步数越多,推荐保额就越高,最高可换取 20 万元重疾保障。其中,如果用户利用"步步保",在参加健康计划前 30 天的平均步数达到 5 000 步,则可推荐 10 万元保额重大疾病保险保障;在申请加入健康计划后,申请日的次日会作为每月的固定结算日,只要每天运动步数达到设定目标,下月结算时就可以多免费一天。保单生效后,用户每天运动的步数越多,下个月需要缴纳的保费就越少。

在车险中,UBI 车险,即基于使用行为而定保费的保险,近年来引起了业界的广泛兴趣。不同于传统车险"静态"的精算定价模式,UBI 车险通过收集驾驶者的风险数据——实际驾驶时间、车速、地点和驾驶方式等,计算应该收取的保费,实现保费的实时动态更新。而传统的车险定价虽然将影响费率的因素分为从人因素、从车因素以及环境因素等,但这是一种静态的费率分级机制,对于驾驶人行为的永久性改变,保险人难以及时发现,保险人往往是在被保险人发生事故之后才做出相应调整,因此保险人的反应是被动并且滞后的。借助车联网,保险公司可以实时采集车辆位置及车辆运行情况数据。这些数据是动态而非静态数据,其数据类型与以往的样本数据大不相同,包含了丰富的、与风险相关的信息,可以更好地应用于车险定价,也可以用于防控欺诈、客户管理等风险管理服务。

资料来源:根据公开资料整理。

五、风险防控

(一)潜在风险控制

承保前,利用大数据收集的由移动互联网及移动智能设备技术等终端得到的数据,保险公司可以得到关于被保险对象的综合信息,经过处理后可以获得客户准确而个性的风险信息。

在对客户承保后,可以通过对客户行为的"追踪"来加强客户行为管理,减少被保险人出险的概率,从而降低保险公司的风险。例如,基于可穿戴设备和提供健康咨询来降低被保险人的风险,在 UBI 车险中通过控制费率让消费者养成良好的驾驶习惯。

上述风险控制的实现需要有比较完备的信息共享平台。信息共享平台的建立是解决信息交流、数据沟通问题的长效机制。通过将保险公司、银行、公安、医院等部门或机构的信息对接,建立诸如"高风险客户""高风险从业人员""特殊名单"等数据库,可以及时发现和识别高风险,提高信息的传递效率。

(二)预测模型建立

通过大数据建立预测模型,保险公司结合内部、第三方和社交媒体等数据,对客户进行早期异常值检验,包括用户的健康状况、财产状况、理赔记录等,通过及时发现并采取干预措施,降低索赔率。

六、反欺诈

保险经营的对象是风险,而风险控制是保险公司经营的核心内容之一。大数据为风险判断带来了前所未有的创新。保险公司通过大数据分析可以大幅度改进风险管理。

保险欺诈严重损害了保险公司的利益,传统的保险欺诈专项调查往往耗费大量的人力、物力和财力。而大数据技术能够弱化部分不对称的信息,通过构建一个基于大数据的反欺诈网络,将保险公司的各个部门、第三方平台、网络和通信运营商平台整合起来,让保险欺诈无处遁形。

保险公司通过反欺诈网络实时获得客户之前的购买信息和理赔信息,利用大数据分析技术,对客户的信用水平进行划分,拒绝承保可能做出欺诈的客户;同时,根据客户的购买信息可以确认客户是否购买超额保险或重复保险,避免高额投保所导致的故意造成保险标的损失的情形。在客户出险后,保险公司通过反欺诈网络可以及时获得出险信息。

在反欺诈领域,国外有较完善的管理。比如,在车险中,英国拥有三大保险反欺诈数据库,分别是汽车保险商贩和盗窃数据库(MIAFTA)、汽车保险数据库(MID)以及理赔和承保信息交流数据库(CUE)。美国各州已经筹划在未来建立全民医保的网络销售平台,附加建立用于识别和侦破异常索赔数据的专业软件平台。世界著名的数据库律商联讯（Lexis Nexis），利用理赔、政府数据和犯罪记录检测大量保险欺诈行为。该数据库通过关联大量保险公司理赔数据，按照关系匹配官方数据（如婚姻记录和犯罪记录），自动整合理赔人的犯罪记录及相关人记录，通过算法检测欺诈行为和欺诈网络。

在反欺诈中，可以利用的大数据技术包括风险场景技术、智能系统和生物特征识别技术。

风险场景技术是指利用数据对骗保人员的作案手段或是案件表现出的特征进行综合分析。大数据的出现丰富了风险场景中可被读取的风险因子，极大提高了骗保事件的识别率和准确率。如在车险领域，当记录显示一起事故中同时出现"同一辆车作为'第三者车'曾多次出现""无人受伤"等风险场景特征时，理赔人员就有理由判断该案件可能属于骗保事件，并作进一步调查。

规则分析和模型分析都可以对各类风险场景和风险因子进行分析并生成风险案件。规则分析是将稽查和理赔中业务员积累的漏损场景概括出具体特征，并将上述特征加以量化描述，然后在后台系统中将符合上述特征的案件筛选出来并进一步分析是否存在骗保情况。模型分析则将反映赔案的风险数据进行深度挖掘并处理成可被模型识别的有效数据，然后使用模型进行分析，识别出数据层面表现异常的赔案。比如，美国反欺诈办公署就运用预测技术，建立统计分析模型，来识别索赔人复杂的行为方式。

智能系统（inteligence system）是指能产生人类智能行为的计算机系统。比如在 UBI 车险中，智能 OBU 记录仪一方面可以通过分析驾驶员轨迹来判断是否存在诸如营运车购买非营运车保险的情况，另一方面可以通过碰撞过程的视频判断事故的真实性。

生物特征识别技术是指利用人体生物特征进行身份认证的一种技术。由于具有较好的判别性和持久性，生物特征识别技术很好地解决了寿险及社会保险中经常出现的冒名顶替领取保险金的问题。生物识别结合图像识别技术已经应用于理赔环节，通过系统自动识别理赔凭证、进行生物验证身份，加上理赔报案人的信用记录，快速完成理赔程序。过程不仅省时高效，还可以确保保险金的精准赔付。

专栏 3-8

人身险核保理赔筛查平台的建立

我国于 2016 年 1 月建立了首个"人身险核保理赔筛查平台"，填补了我国保险行业核保理赔风险信息查询的技术空白。该平台由中国保险行业协会发起设立，由慕尼黑再保险公司提供技术支持，其主要功能包括：一是风险信息发布。针对投保和理赔可疑客户，保险公司核保理赔人员可通过"案件发布功能"，发起相关信息排查。二是风险信息回复及查询。其他保险公司进行风险信息回复和标识，并可查询系统记录的疑似欺诈客户信息。三是多维度统计分析。可对欺诈类型、欺诈客户特征进行数据分析，监测欺诈发展趋势，有效识别核保和理赔风险。四是风险防范行业协作。平台设置了各个保险公司相关核保理赔人员的联系方式，方便行业协作开展案件联合调查和防范欺诈。

资料来源：中国保险行业协会网站。

第七节　大数据技术在保险中应用的前景分析

从未来趋势看,数据智能化是保险发展的必由之路。随着大数据技术的完善、大数据与人工智能的融合,大数据技术在保险领域发挥的作用越来越大,在应用广度和应用深度上有很大的发展空间。

一、大数据应用水平显著提高

大数据技术深入应用到保险业务各个流程,推进保险公司的数字化转型,在提升收入、效率、服务,降低成本、风险等方面有较好的效果。在数字经济时代,保险业务流程的创新越来越依赖于大数据应用分析能力;大数据应用水平的高低直接影响保险公司的经营,更有效的数据管理能力将成为保险机构的核心竞争力。

科技赋能保险产业的背景下,保险机构为了应对新的竞争挑战,将会更加充分地利用数字化机遇。众多保险机构已经在发展数字化战略和开发潜在能力方面全面布局,打造数字化保险"生态圈"。

大数据应用按照开发应用深入程度不同,可以分为三个层次。第一层是描述性分析应用,是指从大数据中总结、抽取相关的信息和知识,帮助人们分析发生了什么,并呈现事物的发展历程。第二层,预测性分析应用,是指从大数据中分析事物的关联关系、发展模式等,并据此对事物发展的趋势进行预测。第三层,指导性分析应用,是指在前两个层次的基础上,分析不同决策导致的后果,并对决策进行指导和优化。一般而言,人们做出决策的流程包括认知现状、预测未来和选择策略三个基本步骤。不同类型的应用意味着人类和计算机在决策流程中不同的分工和协作。如今,大数据的应用主要集中在第一层和第二层,人们更多的还是把决策权交给人类专家来完成,未来随着产业生态的成熟、技术的提高、数据共享机制的完善,大数据技术应用广度将不断拓展,应用深度不断提升,具有更大潜在价值的预测性和指导性应用将是其发展的重点。

二、数据融合成必然趋势

数据融合表现为保险公司内外部数据,以及创业公司数据的融合。数据孤岛① 问题一直是大数据技术赋能保险企业发展的关键问题,缺少数据支持,再强大的运算能力和算法也无法发挥正常的功效。今后,保险数据与其他跨领域数据的融合应用将会不断强化。

以前,保险机构主要是基于保险行业自有的一些信息进行分析,在大数据时代下,保险机构不仅仅是利用自有的数据,也会通过图像识别、语音识别、语意理解等技术,实现对外部海量高价值数据的收集和整合,并且把它运用到经营中去,这些数据包括政府公开的数据、企业官网的数据、社交数据、流量平台数据等。未来这样的跨领域数据整合会越来越多。

目前,欧美发达国家和地区的政府在数据共享方面做出了表率,开放大量的公共事业数

---

① 数据孤岛(isolated data island):数据被割据和垄断形成一个个彼此隔绝的孤零零的数据岛屿。参考:周茂君,潘宁.赋权与重构:区块链技术对数据孤岛的破解[J].新闻与传播评论,2018,71(5):58-67。

据。我国政府也在积极推进公共数据的开放。2014 年,我国将大数据写入顶层设计。此后,国家多次强调要开发利用好大数据这一基础性战略资源。2015 年 8 月,国务院发布《促进大数据发展行动纲要》,提出加快政府数据开放共享,推动资源整合,提升治理能力;2017 年 5 月,国务院办公厅发布《政务信息系统整合共享实施方案》,提出加快建设国家电子政务内网数据共享交换平台,完善国家电子政务外网数据共享交换平台,开展政务信息共享试点示范,研究构建多级互联的数据共享平台交换体系。公共部门数据开放对保险大数据整合应用起到积极的促进作用。近年来,我国大数据政策体系日益完善,相关政策内容已经从宏观的总体规划方案向微观细化领域深入,大数据产业发展将迎来新一轮的爆发,这就为保险大数据的发展营造了良好的发展空间。

三、数据应用技术瓶颈获得新突破

一是数据资产管理水平不断提升。大数据在保险行业应用过程中最基础的环节就是数据的采集与分析。然而,在数据收集过程中存在获取渠道单一、数据系统分散问题,在数据分析过程中存在数据质量不高,繁多冗杂,缺乏优化问题。这些问题都会在技术的不断进步中得到解决。

二是行业标准与安全规范将进一步完善。要实现数据的互联互通,包含两个条件:一方面,实现互联要求系统使用标准化接口;另一方面,实现互通需要围绕产业链建立跨行业的数据标准结构。目前,保险大数据的相关标准仍处于探索期,不论是保险行业内部还是外部企业都缺乏统一的存储管理标准和互通共享平台。因保险大数据涉及更多的用户个人隐私,其安全规范还存在较多监管空白。随着大数据在行业细分领域的价值应用,行业标准与安全规范将会显著提速。

三是数据应用技术提高。通过数据对分析模型的改进,加强新技术应用的探索和实践,提升保险行业大数据的利用效率和客户体验感。

四、数据生态构建更完善

大数据生态环境的建设,其主要举措是搭建数据平台,与外部数据源在一定范围内形成联通,合力构建大数据生态环境。现阶段,保险业把数字资产作为最重要的资产、数据技术作为信息管理最重要的工具、数据库作为行业基础性战略资源储备。保险数据资源价值凸显并不断释放,保险行业正在持续夯实统一、安全的数据基础,用新技术创造新的商业价值。未来,保险业务的数据生态构建将贯穿产品设计、销售及售后全业务流程,一方面,技术的成熟完备成为关键因素,另一方面,通过与其他领域数据共享,以构建和维持良好的生态合作,实现多方场景数据最大化相融。

五、数据安全问题更受重视

安全与隐私保护是大数据应用的一个关键问题。隐私、安全与共享利用之间是一个矛盾问题。从长远来看,要寻求不同价值目标的平衡。

同其他金融业相比,保险业大数据牵涉更多保险消费者的身体状况、健康或疾病、行为习惯、生存环境等私密信息。随着大数据技术的快速发展,数据挖掘的深度与广度不断增加,新技术与用户隐私保护的需求之间出现的紧张关系越发严重,获取个人隐私数据的方式更多、成本更低、利益更大。因此,数据隐私的伦理和法律问题必须受到高度关注。大数据的应用不能以牺牲公众个人隐私为代价。保险公司需要高度重视信息安全的防范问题。

保险业数据安全问题对监管提出了新的要求。监管机构应关注用户数据使用所涉及的隐私问题、数据所有权问题以及可能引发的风险。在使用非保险业务渠道获取的数据时,可能因缺乏各方对用户数据共享的共识而导致冲突,此种情形,监管机构应该考虑保险公司在征求用户同意、获取和使用其数据时的必要步骤,保护用户数据的合法利用。数据安全保护不仅需要技术手段的支持,还需要相关法律法规的完善和保险企业自身的自律。

我国在个人信息保护方面开展了较长时间的工作,针对互联网环境下的个人信息保护,制定了相关法律文件。2021 年 6 月 10 日,全国人大常委会通过了《中华人民共和国数据安全法》(简称《数据安全法》),自 2021 年 9 月 1 日起施行。《数据安全法》的出台表明,国家充分认识到数据已成为重要的基础性战略资源,数据安全也成为当今时代迫切需要解决的问题。同时可以看到,这些法律法规将会在客观上不可避免地增加数据流通的成本,降低数据综合利用的效率。如何兼顾发展和安全,平衡效率和风险,在保障安全的前提下,不对大数据价值的挖掘和利用造成过重的影响,是当前世界在数据治理中面临的共同课题。①

本 章 小 结

1. 大数据(big data)指的是在传统数据处理应用软件不足以处理的大或复杂的数据集。

2. 大数据具有海量的数据规模、多样的数据类型、高速的数据流转和价值密度低四大特征。

3. 数据的类别,可以按照数据产生主体、数据结构、数据处理形式、数据更新方式划分。

4. 大数据的发展历程包括大数据 1.0 时代、大数据 2.0 时代、大数据 3.0 时代。

5. 大数据分析的价值可以从宏观应用、行业应用和企业应用三个角度进行挖掘。

6. 大数据技术应用于大数据系统端到端的各个环节,包括数据接入、数据预处理、数据存储、数据处理、数据可视化、数据治理,以及安全与隐私保护。

7. 大数据关键技术包括分布式数据库技术、分布式存储技术、流计算技术、图数据库技术。

8. 大数据可以广泛应用于自然、社会、金融、通信等领域。

9. 大数据技术的广泛应用为个人数据保护带来了新的挑战,大数据的深度应用需要克服技术与制度瓶颈。

10. 大数据在保险业的应用具有显著优势条件,主要包括内在需求、应用基础与技术可行性三大基本条件。

11. 应用保险大数据需要进行定制化的系统构建。大数据应用架构主要体现在围绕数据共享和交易,基于开放平台的数据应用和基于大数据工具应用,以及为支撑相关应用所必需的数据仓库、数据分析和挖掘、大数据可视化技术等方面。

12. 保险大数据的应用维度包括:客户画像、营销创新、服务创新、产品创新、风险防控和

---

① 闫树. 大数据:发展现状与未来趋势[J]. 中国经济报告,2020(1):38-52.

反欺诈。

13. 数据智能化是保险发展的必由之路。大数据技术在保险领域发挥的作用越来越大，在应用广度和应用深度上有很大的发展空间。

关 键 概 念

大数据　大数据技术　数据规模　数据类型　价值密度　数据流转　交互数据交易数据　结构化数据　非结构化数据　半结构化数据　原始数据　衍生数据　批量数据实时数据　大数据 1.0　大数据 2.0　大数据 3.0　供应链可视化　数据接入　数据预处理数据存储　数据可视化　数据治理　分布式数据库　分布式存储　流计算　图数据库客户画像　精准营销　风险防控

即 测 即 评

简 答 题

1. 什么是大数据？
2. 简述大数据的基本特征。
3. 简述大数据的兴起与发展历程。
4. 数据可以分为哪些类型？
5. 大数据的价值有哪些？
6. 大数据的通用技术有哪些？
7. 简述大数据的关键技术。
8. 简述大数据应用的条件与价值。
9. 大数据在保险领域有哪些应用？简述每个应用场景的主要内容。
10. 试述保险大数据应用维度之间的关系。
11. 保险大数据的应用发展趋势是怎样的？

参 考 文 献

［1］中关村互联网金融研究院.中国保险科技发展白皮书 (2019)［R］,2019.

［2］徐晋.大数据经济学［M］.上海:上海交通大学出版社,2014

［3］ZWOLENSKI M, WEATHERILL L.The digital universe: Rich data and the increasing value of the internet of things[J]. Journal of Telecommunications and the Digital Economy, 2014, 2(3): 47.1-47.9.

［4］陈晓静,张闰文,李港鑫,等.大数据对保险行业的挑战和应对策略［J］.上海保险, 2020（9）:48-53.

［5］众安保险,艾瑞咨询. 2020 保险科技行业研究［R］,2020.

［6］马向东.大数据时代的保险营销［J］.中国保险,2018(4):40-42.

［7］GANTZ J, REINSEL D.The digital universe in 2020: Big data, bigger digital shadows, and biggest growth in the far east[J]. IDC iView: IDC Analyze the future, 2012:1-16.

［8］丁华明.大数据应用现状与发展趋势［J］.金融电子化,2018(7):31-33.

［9］杜宁,沈筱彦,王一鹤.监管科技概念及作用［J］.中国金融,2017(16):53-55.

［10］胡沛,韩璞.大数据技术及应用探究［M］.成都:电子科技大学出版社,2018.

［11］娄岩.大数据技术应用导论［M］.沈阳:辽宁科学技术出版社,2017.

［12］王哲.顶层设计 双轮驱动:助力行业高质量创新发展［J］.金融电子化,2020(3):20-22.

［13］张绍华,潘蓉,宗宇伟.大数据治理与服务［M］.上海:上海科学技术出版社,2016.

［14］田江.大数据与智能反欺诈应用建议［J］.新金融世界,2017(9):14-15.

［15］闫树.大数据:发展现状与未来趋势［J］.中国经济报告,2020(1):38-52.

第四章
云计算及其在保险中的应用

主 要 内 容

本章首先讨论云计算的由来、概念、工作原理、特点及应用;其次,讨论云计算平台、云计算服务模式与云计算部署类型、云计算技术、云计算发展概况及应用场景;再次,讨论云计算在保险领域的应用价值、平台架构及类型;最后,讨论云计算在保险领域的应用维度、具体应用场景和保险云计算应用的主要问题与发展趋势。

学 习 目 标

掌握云计算的基本概念,明确云计算作用、云计算平台、云计算服务模式与云计算部署类型,理解云计算关键技术和内容,了解云计算发展的基本状况和前景;充分认知云计算在保险中的应用价值及主要应用场景,掌握各应用场景的基本内容,明确云计算在保险中应用的问题及未来发展趋势。

引 导 案 例

云计算——巨头们的背水一战

一、"云",业界的迫切需求

一年一度的春节假期,红包大战无疑是互联网巨头积极演出的一场压轴大戏,2016年至2019年支付宝集五福的活动参与人次分别是2亿、3亿、3.6亿、4.5亿。也许你会发现,作为货币流通枢纽的传统银行在此类营销活动中往往都是缺位的。究其原因,肯定不是因为银行业务部门不想做,而是在技术层面传统银行业的信息系统无法匹配金融云计算,红包的背后其实是云实力的体现。

为提高系统的可伸缩及扩展性,目前IT系统使用分布式集群的架构,集群内各节点承担的工作分量平均,这样系统调度起来成本最低,但是考虑硬件设备的型号和算力均会有差异,如果让软件系统直接面对不同型号的设备,根据其处理能力分配任务,那么系统开销将大幅提高。

以团队管理为例,如果成员的能力整齐划一,那么按照工作量分派任务即可,这种情况几

95

乎没有什么成本损耗；但是如果团队水平参差不齐，那么协调成本就会急剧增加，而云计算就是这样一种针对分布式系统的技术，云能屏蔽底层设备的能力细节，向客户交付标准化资源，也正是这一特点使云服务相比传统 IT 架构具备更加快速、敏捷的优势，而这恰恰也是互联网时代对于 IT 系统的基本要求。

二、上云虽好，落地不易

随着应用场景越来越复杂，传统 IOE 式的集中架构已经难以满足在超大规模计算场景下的效率与诉求。同时随着"云"价值不断挖掘，快速上线、高效运行、业务的秒级启动等优势也不断被发现，这些都是企业未来快速占领市场，取得领先的关键所在，尽快拥抱"云"才能拥有未来。不过上云虽好，真正做起来却不简单，因为传统 IT 行业的 IOE 架构都是典型的中心化模型。

上云的过程就是开放的过程，我们看到各行各业的发展其实都是不断开放的历史，比如银行就从银行卡支付、到快捷支付再到目前的开放银行，可以说每一步开放都造就一家联网机构，比如银联、网联，开放银行的联网公司将是银行的集大成者，它会拥有银行全部的能力，但是无论是哪家银行单独打造这样的联网公司都几乎是一个不可能完成的任务。

业务普遍的共识是上云后 IT 硬件及运行支付将下降 60%，不过私有云只能为单一企业提供服务，其不具备规模效应，也就无法发挥出云的低成本优势。不过经济学的基本原理告诉我们，有人为制造的门槛就会有套利行为的存在，尤其对于金融科技的初创公司，就完全可以使用行业云甚至公有云来和银行竞争，这是金融科技公司利用了公有云的成本优势，来为自身赢得的发展空间。

云计算市场最大的特点是边际成本很低，比如增加一个节点的边际成本就比较低，而一个数据中心所需的土地、电力等成本才是大头，这也使得云计算是一个典型的胜者通吃型的规模产业。由此，未来云计算的发展格局较大可能呈现出寡头竞争的局面。

资料来源：马超.云计算，巨头们的背水一战.CSDN 云计算，2020-6-3，有改动。

第一节　云计算的概念、工作原理、特点及应用

云计算是当今计算机领域的讨论热门，其独特之处在于它几乎可以提供无限廉价存储和计算能力，且发展极为迅速。它包括的技术种类丰富，大到云计算数据中心架构设计，小到虚拟机网络模式设置。并且云计算开源社区发展十分活跃，它不断融合新的技术，创造出新的应用。

一、云计算的概念

1961 年，麦卡锡 [1] 公开提出"云"中计算的概念——把计算能力作为一种像水和电一样的公用资源提供给用户，这成为云计算思想的起源。

对于云计算，有以下几种不同的解释：

(1) 云计算是一种商业计算模型，是分布式计算（distributed computing）、并行计算（parallel computing）、效用计算（utility computing）、网络存储（network storage technologies）、虚拟化（virtualization）、负载均衡（load balance）、热备份冗余（high available）等传统计算机和网络技术

---

[1]　麦卡锡（John McCarthy），计算机科学家与认知学家，1971 年图灵奖得主。

发展融合的产物。它将计算任务分布在大量计算机构成的资源池上,使用户能够按需获取计算力、存储空间和信息服务。它可以将按需提供自助服务汇聚成高效池,以服务形式交付使用。就像我们平时使用的自动售货机,顾客输入需求,就能够得到想要的商品,而不需要通过其他任何部门及个人去协调处理,这将极大地提高工作效率。

(2) 狭义的云计算是指 IT 基础设施的交付和使用模式,指通过网络以按需、易扩展的方式获得所需的资源(如硬件、平台、软件)。提供资源的网络被称为"云","云"中的资源在使用者看来是可以无限扩展的,并且可以随时获取、按需使用,随时扩展、按使用付费。也有人将这种模式比喻为从单台发电机供电模式转向电厂集中供电模式。它意味着计算能力也可以作为一种商品进行流通,就像煤气、水和电一样使用 IT 基础设施,取用方便,费用低廉。最大的不同在于,它是通过互联网进行传输的。

(3) 广义的云计算是指服务的交付和使用模式,指通过网络以按需、易扩展的方式获得所需的服务。这种服务可以是和软件、互联网相关的,也可以是任意其他的服务。

云计算(cloud computing)的解释有很多种,但业内基本认可美国国家标准与技术研究院(NIST)对云计算的概念定义:所谓云计算,就是一种允许用户通过无所不在的、便捷的、按需获得的网络接入到一个可动态配置的共享计算资源池(其中包括了网络设备、服务器、存储、应用以及业务),并且以最小的管理成本,或者是最低的业务服务提供者交互复杂度,以实现这些可配置计算资源的快速提供与发布的模式。

云计算定义中的"云"是一种比喻,实际上是一个庞大的网络系统,其间可以包含成千上万台服务器。对于用户(云计算服务需求方)而言,云服务商(云计算服务供应方)提供的服务所代表的网络元素(服务器、存储空间、数据库、网络、软件和分析)都是看不见的,仿佛被云掩盖。因此云计算所依托的数据中心软硬件设施即所谓的云。

NIST 云计算架构参考模式定义了五种角色,分别是云服务消费者、云服务提供商、云服务代理商、云服务审计员和云服务承运商。每个角色可以是个人,也可以是单位组织,如图 4-1 所示。表 4-1 列举了每个角色的具体定义。

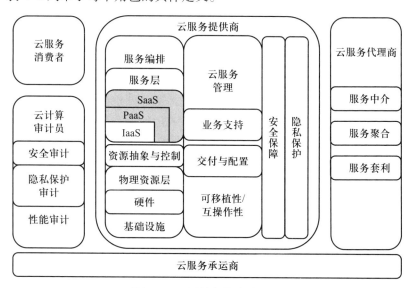

图 4-1　云计算架构参考模型

资料来源:NIST 官网。

表 4-1　角 色 定 义

角色	定义
云服务消费者	租赁云服务产品的个人或单位组织
云服务提供商	租赁云服务产品的个人或单位组织
云服务代理商	代理云服务提供商向消费者销售云计算服务并获取一定佣金的个人或者单位组织,如世纪互联是微软 Azure 的中国代理商
云服务审计员	能对云计算安全性、云计算性能、云服务及信息系统的操作开展独立评估的第三方个人或单位组织
云服务承运商	在云服务提供商和云服务消费者之间提供连接媒介,以便把云计算服务产品从云服务提供商那里转移到云服务消费者手中,如中国电信。但是广域网商和因特网商不属于云服务承运商

　　云计算中各个角色之间的交互如图 4-2 所示。云服务消费者可以从云服务代理商或者云服务提供商那里租赁云服务产品,而云计算审计员必须能从云服务消费者、云服务提供商和云服务代理商那里获取信息,以便独立开展审计工作。

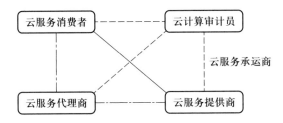

　　——— 云服务提供商到云服务代理商再到云服务消费者的通信路径
　　——— 云服务提供商与云服务消费者之间的通信路径
　　---- 云计算审计员收集审计信息的通信路径

图 4-2　云计算中各个角色之间的交互

　　在具体的实施过程中,并不是每个云计算都包含这五种角色,但是云服务提供商和云服务消费者都是必需的两个角色,而是否包含其他三种角色,与具体的业务要求相关。

专栏 4-1

基础云服务厂商示例

二、云计算的工作原理及特征

（一）云计算的工作原理

云计算系统基本原理是，使计算力分布在大量的分布式计算机上，而非本地计算机或远程服务器。即用户所需的应用程序并不需要运行在用户的个人计算机、手机等终端设备上，而是运行在互联网的大规模服务器集群中，用户所处理的数据也并不存储于本地，而是保存在互联网的数据中心里面。这些数据中心正常运转的管理和维护则由提供云计算服务的企业负责，并由他们来保证足够强的计算能力和足够大的存储空间来供用户使用。

云计算借用了量子物理中的"电子云"（electron cloud）思想，强调说明计算的弥漫性、无所不在的分布性和社会特性。"云"是指计算机群，每一群包括了几十万台甚至上百万台计算机，是数据存储和应用服务的中心，用来完成存储和计算的工作。云计算是分布式计算（distributed computing）、并行计算（parallel computing）和网格计算（grid computing）的发展，或者说是这些计算机科学概念的商业实现。

在云计算的基本结构中，核心部分是由多台计算机组成的服务器"云"，它将资源聚集起来，形成一个大的数据存储和处理中心，同时由服务器中的各种配置工具来支持"云"端的软件管理、数据收集和处理。服务器根据用户客户端提交的数据请求，来处理数据、返回检索结果。按照服务的分类，来实现监控和测量，保证服务的质量，合理地分配资源，达到资源效益的最大化。

在任何时间和任何地点，用户都可以任意连接至互联网的终端设备。因此，无论是企业还是个人，都能在云上实现随需随用。同时，用户终端的功能将会被大大简化，而诸多复杂的功能都将转移到终端背后的网络上去完成。作为一种利用互联网实现资源实时申请、快速释放的新型计算机方式，云计算的目的是帮助用户高效地访问共享资源。其核心理念就是通过不断提高云的处理能力，减少用户终端的处理负担，最终使用户终端简化成一个单纯的输入输出设备，并能按需享受云的强大计算处理能力。

（二）云计算的突出优势

传统的大数据平台计算和数据一般都在一起，到云上之后计算有可能是虚拟机，也有可能是容器，存储和计算是分离的。任何计算节点访问存储时都是通过高速互联网络把数据迁移到本地来。与传统的 IT 部署架构相比，云计算的突出优势是能够充分发挥集成作用，使分散的信息技术能力实现"集团作战"，大幅提升数据处理能力和资源利用效率。由此实现的优势也就是大数据的服务化、灵活配置。借助强大的计算性能，结合云计算平台的突出优势，传统架构的大数据平台向云上数据架构的转变，将给用户提供更高的灵活性和管理性，并能够为用户节省大量的成本。

传统的 IT 业务部署架构是"烟囱式"的，或者叫做"专机专用"系统，如图 4-3 所示。在这种架构中，新的应用系统上线的时候需要分析该应用系统的资源需求，确定基础架构所需的计算、存储、网络等设备规格和数量。

这种部署模式主要存在的问题有以下两点：

（1）硬件高配低用。考虑到应用系统未来 3~5 年的业务发展，以及业务突发的需求，为满足应用系统的性能、容量承载需求，用户往往在选择计算、存储和网络等硬件设备的配置时

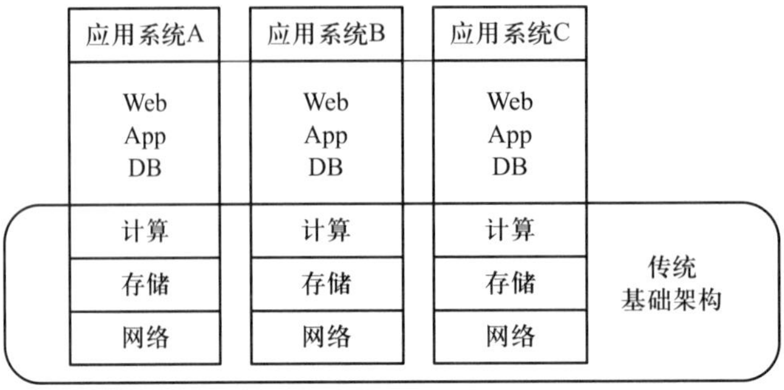

```
┌─────────┬─────────┬─────────┐
│ 应用系统A │ 应用系统B │ 应用系统C │
├─────────┼─────────┼─────────┤
│   Web   │   Web   │   Web   │
│   App   │   App   │   App   │
│   DB    │   DB    │   DB    │
├─────────┼─────────┼─────────┤
│   计算   │   计算   │   计算   │
├─────────┼─────────┼─────────┤      传统
│   存储   │   存储   │   存储   │    基础架构
├─────────┼─────────┼─────────┤
│   网络   │   网络   │   网络   │
└─────────┴─────────┴─────────┘
```

图 4-3　传统 IT 业务部署架构

资料来源:陆平.云计算基础架构及关键应用[M].北京:机械工业出版社,2016:42-43.

会留有一定比例的余量。但硬件资源上线后,应用系统在一定时间内的负载并不会太高,这就使得较高配置的硬件设备利用率不高。

(2) 整合困难。用户在实际使用中也注意到了资源利用率不高的情形,当需要上线新的应用系统时,会优先考虑部署在既有的基础架构上。但因为不同的应用系统所需的运行环境、对资源的抢占会有很大的差异,更重要的是考虑到可靠性、稳定性、运维管理问题,将新、旧应用系统整合在一套基础架构上的难度非常大。所以,更多的用户往往选择新增与应用系统配套的计算、存储和网络等硬件设备。

这种部署模式造成了每套硬件与所承载应用系统的"专机专用"的情况,多套硬件和应用系统构成了"烟囱式"部署架构,使得整体资源利用率不高,占用了过多的机房空间和能源。随着应用系统的增多,IT 资源的效率、扩展性、可管理性都面临很大的挑战。

如图 4-4 所示,云基础架构的引入有效地解决了传统基础架构的问题。云基础架构在传统基础架构计算、存储、网络硬件层的基础上,增加了虚拟化层、云管理层。

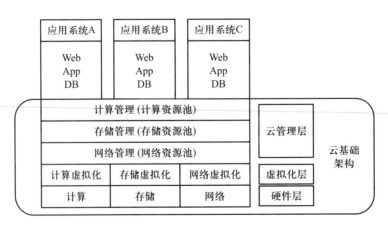

图 4-4　云基础业务部署架构

资料来源:陆平.云计算基础架构及关键应用[M].北京:机械工业出版社,2016:44-45.

（1）虚拟化层。大多数云基础架构广泛采用虚拟化技术，包括计算虚拟化、存储虚拟化、网络虚拟化等。通过虚拟化层，屏蔽了硬件层自身的差异和复杂度，向上呈现为标准化、可灵活扩展和收缩、弹性的虚拟化资源池。

（2）云管理层。对资源池进行调配、组合，根据应用系统的需要自动生成、扩展所需的硬件资源，将更多的应用系统通过流程化、自动化部署和管理，提升 IT 运行效率。

相对于传统基础架构，云基础架构通过虚拟化整合与自动化，应用系统共享基础架构资源池，实现高利用率、高可用性、低成本、低能耗，并且通过云平台层的自动化管理，实现快速部署、易于扩展、智能管理，帮助用户构建 IaaS 云业务模式。

（三）云计算的基本特征

云计算是分布式计算、网格计算、并行计算、效用计算、虚拟化、网络存储、负载均衡等传统计算机和网络技术发展融合的产物，是一种利用大规模、低成本运算单元通过网络连接，来提供各种计算和存储服务的技术，也是需求推动、技术进步和商业模式转变共同促进的结果。

云计算的基本特征主要体现在以下几个方面：

（1）超大规模。"云"具有相当的规模，谷歌云计算已经拥有 100 多万台服务器，亚马逊、IBM、微软和雅虎等公司的"云"均拥有几十万台服务器。"云"能赋予用户每秒超过万亿次的运算能力。

（2）虚拟化。虚拟化，是指通过虚拟化技术将一台计算机虚拟为多台逻辑计算机。在一台计算机上同时运行多个逻辑计算机，每个逻辑计算机可运行不同的操作系统，并且应用程序都可以在相互独立的空间内运行而互不影响，可以实现 IT 资源的动态分配、灵活调度、跨域共享，提高 IT 资源利用率，使资源能够真正成为社会基础设施，服务于各行各业中灵活多变的应用需求。

（3）高可靠性、通用性和高可扩展性。"云"使用了数据多副本容错、计算节点同构可互换等措施来保障服务的高可靠性，使用云计算比使用本地计算机更加可靠。同时，云计算不针对特定的应用，在"云"的支撑下可以构造出千变万化的应用，同一片"云"可以同时支撑不同的应用运行。"云"的规模可以动态伸缩，用户可以利用应用软件的快速部署条件，更为简单快捷地将自身所需的已有业务以及新业务进行扩展，满足应用和用户自身规模增长的需要。

（4）按需自助服务。计算机包含了许多应用、程序软件等，不同的应用对应的数据资源库不同，所以用户运行不同的应用需要较强的计算能力对资源进行部署，而"云"是一个庞大的资源池，用户按需购买，像自来水、电和煤气那样计费，云计算平台能够根据用户的需求快速配备计算能力及资源。云计算支持用户在任意位置、使用各种终端获取应用服务。所请求的资源来自云，而不是固定的有形实体。应用在云端运行，但实际上用户无须了解也不用担心应用运行的具体位置。只需要一台笔记本电脑或者一部手机，就可以通过网络服务来实现我们需要的一切，甚至包括超级计算这样的任务。

（5）极其廉价。"云"的特殊容错措施使得可以采用极其廉价的节点来构成云；"云"的自动化管理使数据中心管理成本大幅降低；"云"的公用性和通用性使资源的利用率大幅提升；"云"设施可以建在电力资源丰富的地区，从而大幅降低能源成本。因此"云"具有前所未有的性能价格比。谷歌每年投入约 16 亿美元构建云计算数据中心，所获得的能力相当于使用传统技术投入 640 亿美元，大约节省了 97.5% 的成本。因此，用户可以充分享受"云"的低成本优势,需要时,花费几百美元、一天时间就能完成以前需要数万美元、数月时间才能完成的数据处理任务。

三、云计算的主要应用

随着云计算技术不断发展,基于云计算的各种应用也如雨后春笋般涌现,现在这些云应用已经遍布人们生活的方方面面,如云办公、云存储等都是云计算技术在生活中的应用。

(一)云办公

在这个世界上,已经有超过 1/5 的人实现了远程办公,他们或使用移动设备查看编辑文档,或在家中与同事协同办公,或是直接在交通工具上制作幻灯片,办公并不一定要受限于工作地点、时间或者设备。现在,在中国,超过 5 亿人在使用智能手机,同时越来越多的人拥有多款设备。面对用户使用习惯与设备的变化,云服务的普及帮助人们快速实现了随时随地办公,为人们带来了前所未有的生产力。

形象地说,云办公就是可以使办公室"移动"起来的一种全新的办公方式,这种方式可以实现办公人员在任何时间、任何地点处理与业务相关的任何事情。也就是说,办公人员即使不在办公室,也能够随时随地对办公材料进行查阅、回复、分发、展示、修改或宣读,实现将办公室放在云端,随身携带进行办公的办公方式。

云办公是通过把传统的办公软件以瘦客户端或智能客户端的形式运行在网络浏览器中,从而使得员工在脱离固定的办公地点时同样可以完成公司的日常工作。实际上,云办公可以看作原来人们经常提及的在线办公的升级版。云办公是指个人和组织所使用的办公类应用的计算和储存两个部分功能,不通过安装在客户端本地的软件提供,而是由位于网络上的应用服务予以交付,用户只需使用本地设备即可实现与应用的交互功能。云办公的实现方式是标准的云计算模式,隶属于软件即服务范畴。

与传统的在线办公相比,云办公具有以下几点优势:

(1)随时随地协作。人们在使用传统的办公软件实现信息共享时,需要借助于电子邮件或移动存储设备等辅助工具。在云办公时代,与原来基于电子邮件的写作方式相比,省去了邮件发送、审阅、沟通的流程,人们可以直接看到他人的编辑结果,无须等待。云办公使人们能够围绕文档进行直观的沟通讨论,也可以进行多人协同编辑,从而提高团队的工作效率。

(2)跨平台能力。云办公应用可以使用户不受任何终端设备和办公软件的限制,在任何时候、任何地方都可以使用相同的办公环境,访问相同的数据,极大地提高了使用设备的方便性。

(3)使用更便捷。用户使用云办公应用省去了安装客户端软件的步骤,只需要打开网络浏览器即可实现随时随地办公。同时,利用 SaaS 模式,用户可以采取按需付费的方式,从而降低办公成本。目前常用的云办公用品主要有 Google Docs、Office365 云办公等。

(二)云存储

现在,计算机依然是人们在日常生活中常常会使用到的核心工具,大部分人依然习惯使用计算机来处理文档、存储资料,通过电子邮件或者移动存储设备来与他人交换信息。同时,人们需要不断对安装在本地计算机上的系统软件和应用软件的漏洞进行修补,并对存储数据的安全进行保障,以免遭受黑客或者病毒的袭击而导致数据丢失。目前,随着云计算的出现,用户可以将不需要处理的数据信息存储在云计算的数据中心,用户所需的应用程序并不运行在用户的个人计算机、手机等终端设备上,而是运行在云计算数据处理中心大规模的服务器集群中。提供云计算服务企业的专业人员负责云计算上资源的分配、负载的均衡、软件的部署、安全的控制等,维护用户数据的正常运作,为用户提供足够强大的存储空间和计算能力。用户只需接入互联网,就可以通过计算机、手机等终端设备,在任何地点都能方便快捷地处理数据和享受服务。云计算能使跨设备、跨平台的数据同步,并解决了数据共享的问题。

因此,云存储是在云计算概念上延伸和发展出来的一个新的概念,是指通过集群应用、网格技术或分布式文件系统等功能,将网络中大量各种不同类型的存储设备通过应用软件集合起来,协同工作,共同对外提供数据存储和业务访问功能的一个系统。当云计算系统运算和处理的核心是大量数据的存储和管理时,云计算系统中就需要配置大量的存储设备,那么云计算系统就转变为一个云存储系统,所以云存储是一个以数据存储和管理为核心的云计算系统。

云存储对使用者来讲,不是指某一个具体的设备,而是指一个由许许多多个存储设备和服务器所构成的集合体。使用者使用云存储,并不是使用某一个存储设备,而是使用整个云存储系统带来的一种数据访问服务。所以严格来讲,云存储不是存储,而是一种服务。云存储的核心是应用软件与存储设备相结合,通过应用软件来实现存储设备向存储服务的转变。

目前,各大网站都推出了各自的云盘,用户比较熟悉的国外厂商有微软、亚马逊、苹果、谷歌等,国内的厂商有新浪、阿里、华为、百度、中国电信、腾讯等。

（三）云教育

教育是国家的头等大事,它与每一个人都息息相关,同时也是保持国家可持续发展与创新的基础,是整个社会关注的焦点。随着计算机技术的发展,教育科研领域的信息化建设也发生着日新月异的变化,云计算在教育科研领域信息化建设中的优势日益明显。

传统的课堂授课,采取的是教师口述并通过板书配合讲解的方式。这种方式比较枯燥,学生不能对教学内容形成直观的感受。近年来,为了改善教学效果,利用多媒体授课已经成为比较普遍的授课方式,这样可以增强教学的互动性,激发学生的兴趣和想象力。多媒体教学内容的共享需要高效、普遍的信息化基础设施,但是,教育资源分布不均衡的现状不能保证大范围共享多媒体教育内容,因此,教育行业可以采取集中式的信息化基础设施,通过网络远程访问,实现优质教学资源的共享和新型教学方式的推广。云平台能够为教育的信息化建设提供技术支撑。通过云计算搭建教育云平台,是教育信息化建设的重要方向。

教育云可以将整个教育行业的信息都包含进云端,实现信息的共享。从基础教育到高等教育,从政府的教育管理部门到企业的职业培训,从各个图书馆的资源到学生,各个参与教育的个人或团体都可以通过云终端获取或共享自己所需要的信息。

目前,在世界高等教育信息化实践中,已经有一些机构和个人有选择地使用云服务,其中使用最多的是 E-mail 云端化和利用云端平台服务、计算服务等辅助科学研究。在澳大利亚和新西兰大约 75% 的高校已将学生 E-mail 服务移至云端。出于对数据安全、隐私保护、业务连贯性等潜在风险的考虑,新西兰大部分高校暂未考虑将其他服务云端化。

（四）云医疗

在我国,医疗资源不均衡一直是老百姓看病难、看病贵的主要原因之一。随着云计算技术的发展,现在这些医疗上的问题其实可以通过医疗健康云来解决,把政府医疗监管、政府卫生管理部门、各大医院、社区医院、药品供应商、药品物流配送公司、医疗保险公司以及患者统一到医疗健康云平台上,就可以解决医疗系统中长期存在的问题。

在医疗健康云平台上,患者可以通过手机或个人计算机登录云医疗终端进行看病预约、网上挂号,无须再去医院排队就医,医疗费用的报销也可以在云终端上自动进行。医生可以通过云平台共享患者的就医信息,同时能够实时上传或查询患者的病史和治疗史,从而快速准确地为患者诊断病情。药品供应商则根据医生在云平台上开具的电子病历,把患者所需要的药品配送至医院或患者手中,可以避免药品中间商的层层盘剥,解决了药品贵的问题。政府医药监管部门或卫生部门,只需要在云端完成相应的监管工作。由于云端的数据是共享的,政府部门所看到的监管信息是从药品生产厂商到流通企业,再到医院和患者手中的药品流通全过程,这些都是监管可控的。另外,医疗保险公司在云端可以对患者进行保险服务,患者可以及时报销费用。

为了促使这样的云医疗服务平台尽快出现,很多国家的政府都在考虑基于云计算的医疗行业的解决方案。美国的医疗计划中就有这样一个方案,通过云计算改造美国现有的医疗信息系统,让每个人都能在学校、图书馆等公共场所连接到全美国的医院,查询最新的医疗信息。在我国,政府目前正在全力推广以电子病历为先导的智能医疗系统,要对医疗行业中的海量数据进行存储、整合和管理,满足远程医疗的实施要求。云计算是建立智能医疗系统的理想解决方案,通过将电子健康档案和云计算平台融合在一起,每个人的健康状况和病历都能够被完整地记录和保存下来,在合适的时候为医疗机构、保险公司和科研单位等所使用。

四、大数据与云计算的联系和区别

大数据与云计算是两个不同的概念,二者既互相区别又相互联系。云计算是硬件资源的虚拟化,而大数据是海量数据的高效处理。

(一)大数据与云计算的联系

首先,云计算与大数据之间是相辅相成、相得益彰的关系。大数据挖掘处理需要云计算作为平台,而大数据涵盖的价值和规律则能够使云计算更好地与行业应用结合并发挥更大的作用。云计算将计算资源作为服务支撑大数据的挖掘,而大数据的发展趋势对实时交互的海量数据查询、分析提供了各自需要的价值信息。

其次,云计算与大数据的结合将可能成为人类认识事物的新工具。实践证明,人类对客观世界的认识是随着技术的进步以及认识世界的工具更新而逐步深入的。过去人类首先认识的是事物的表面,通过因果关系由表及里,由对个体认识进而找到共性规律。现在将云计算和大数据结合,人们就可以利用高效、低成本的计算资源分析海量数据的相关性,快速找到共性规律,加速人们对于客观世界有关规律的认识。

再次,大数据的信息隐私保护是云计算大数据快速发展和运用的重要前提。没有信息安全也就没有云服务的安全。产业及服务要健康、快速地发展就需要得到用户的信赖,就需要科技界和产业界更加重视云计算的安全问题,更加注意大数据挖掘中的隐私保护问题。从技术层面进行深度研发,严防和打击病毒和黑客的攻击。同时加快立法的进度,维护良好的信息服务的环境。

最后,从技术上看,大数据与云计算的关系就像一枚硬币的正反面一样密不可分。大数据必然无法用单台计算机处理,必须采用分布式计算架构。它的特色在于对海量数据的挖掘,但它必须依托云计算的分布式处理、分布式数据库、云存储和虚拟化技术。

（二）大数据与云计算的区别

大数据，指的是需要新处理模式才能具有更强的决策力、洞察力和流程优化能力的海量、高增长率和多样化的信息资产；从各种类型的数据中快速获得有价值的信息的能力，就是大数据技术。

大数据是信息产业持续高速增长的新引擎。在硬件与集成设备领域，大数据将对芯片、存储产业产生重要影响，还将催生一体化数据存储处理服务器、内存计算等市场。在软件与服务领域，大数据将促进数据快速处理分析、数据挖掘技术和软件产品的发展。

云计算是基于互联网相关服务的增加、使用和交付模式，这种模式提供可用的、便捷的、按需的网络访问，进入可配置的计算资源共享池（资源包括网络、服务器、存储、应用软件、服务），这些资源能够被快速提供，只需投入很少的管理工作，或与服务供应商进行很少的交互。

云计算是硬件资源的虚拟化，通常涉及通过互联网来提供动态易扩展且经常是虚拟化的资源。硬件资源的虚拟化是通过基础设施即服务（IaaS）平台实现的，再加上应用层平台即服务（PaaS）与软件即服务（SaaS）构成提供弹性计算服务的云计算平台。其功能就是为大数据运用提供所需的弹性计算服务。云计算主要应用在云物联、云安全、云存储等领域。

云计算作为计算资源的底层，支撑着上层的大数据处理，而大数据的发展趋势是实时交互式的查询效率和分析能力。

我们可将大数据与云计算的区别归纳成以下几点：① 产生背景不同。大数据产生的背景是，现有的数据处理技术不能有效处理海量数据，但这些海量数据存在很大价值；云计算产生的背景是，基于互联网的相关服务日益丰富和频繁，通过互联网来提供动态、易扩展、廉价、高性能的虚拟化资源给企业和个人，已经变成了行业痛点。② 目的不同。大数据的目的是充分挖掘海量数据中的信息；云计算的目的是通过互联网更好地调用、扩展、管理计算及存储方面的资源和能力。③ 对象不同。大数据的处理对象是数据；云计算的处理对象是 IT 资源、能力和应用。④ 推动力量不同。大数据技术的推动力量是从事大数据存储和处理的软件厂商，以及拥有海量数据的企业；云计算技术的推动力量是生产计算和存储设备的厂商，以及拥有计算和存储资源的企业。⑤ 带来的价值不同。大数据能挖掘出海量数据中的价值，云计算则能节省 IT 部署成本。

第二节 云计算平台、服务模式与云部署类型

作为一种新型计算服务模式，云计算包括云计算平台、云计算服务模式和云部署类型等内容。

一、云计算平台

云计算平台也称云平台，是指基于硬件的服务，提供计算、网络和存储能力。云计算平台一般可划分为三类：以数据存储为主的存储型云平台、以数据处理为主的计算型云平台以及计算和数据存储处理兼顾的综合云计算平台。

云计算的体系结构由五部分组成，分别为应用层、平台层、资源层、用户访问层和管理层，如图 4-5 所示。云计算的本质是通过网络提供服务，所以其体系结构以服务为核心。

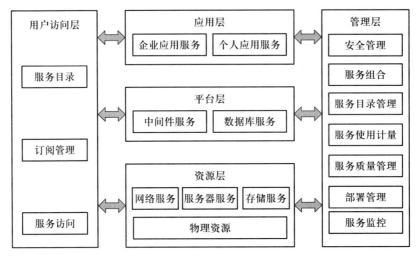

图 4-5　云平台体系架构

（一）资源层

资源层是指基础架构层面的云计算服务,这些服务可以提供虚拟化的资源,从而隐藏物理资源的复杂性。物理资源指的是物理设备,如服务器等。服务器服务指的是操作系统的环境,如 Linux 集群等。网络服务指的是提供的网络处理能力,如防火墙、VLAN、负载等。存储服务为用户提供存储能力。

（二）平台层

平台层为用户提供对资源层服务的封装,使用户可以构建自己的应用。数据库服务提供可扩展的数据库处理的能力。中间件服务为用户提供可扩展的消息中间件或事务处理中间件等服务。

（三）应用层

应用层提供软件服务。企业应用是指面向企业的用户,如财务管理、客户关系管理、商业智能等。个人应用指面向个人用户的服务,如电子邮件、文本处理、个人信息存储等。

（四）用户访问层

用户访问层是方便用户使用云计算服务所需的各种支撑服务,针对每个层次的云计算服务都需要提供相应的访问接口。服务目录是一个服务列表,用户可以从中选择需要使用的云计算服务。订阅管理是提供给用户的管理功能,用户可以查阅自己订阅的服务,或者终止订阅的服务。服务访问是针对每种层次的云计算服务提供的访问接口,针对资源层的访问可能是远程桌面或者 X Window,针对应用层的访问,提供的接口可能是 Web。

（五）管理层

管理层是提供对所有层次云计算服务的管理功能。安全管理提供对服务的授权控制、用户认证、审计、一致性检查等功能;服务组合提供对已有云计算服务进行组合的功能,使得新的服务可以基于已有服务创建;服务目录管理服务提供服务目录和服务本身的管理功能,管理员可以增加新的服务,或者从服务目录中除去服务;服务使用计量对用户的使用情况进行统计,并以此为依据对用户进行计费;服务质量管理提供对服务的性能、可靠性、可扩展性进行管理的功能;部署管理提供对服务实例的自动化部署和配置,当用户通过订阅管理增加新的服务订阅后,部署管理模块自动为用户准备服务实例;服务监控提供对服务的健康状态的记录。

二、云计算服务模式

云平台的功能是提供云计算服务。如图 4-6 所示,云计算按照服务类型大致可以分为三类:基础设施即服务(IaaS)、平台即服务(PaaS)和软件即服务(SaaS)。下面对这三种服务模式分别做进一步介绍。

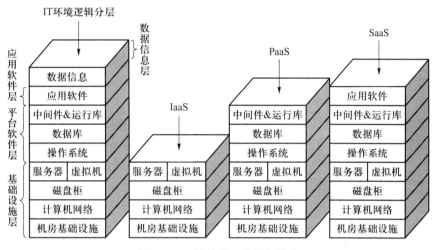

图 4-6　云计算的三种服务模式

资料来源:王良明.云计算通俗讲义[M].3 版.北京:电子工业出版社.2019:126-127.

(一)基础设施即服务

IaaS 是 Infrastructure as a Service 的首字母缩写,意思是基础设施即服务,即把 IT 系统的基础设施层作为服务出租出去,如图 4-7 所示。由云服务提供商把 IT 系统的基础设施建设好,并对计算设备进行池化,然后直接对外出租硬件服务器、虚拟主机、存储或网络设施(负载均衡器、防火墙、公网 IP 地址及诸如 DNS 等基础服务)等。云服务提供商负责管理机房基础设施、计算机网络、磁盘柜、服务器和虚拟机,租户自己安装和管理操作系统、数据库、中间件和运行库、应用软件和数据信息,所以 IaaS 云服务的消费者一般是掌握一定技术的系统管理员。

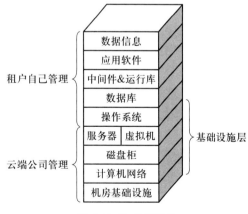

图 4-7　IaaS 云服务

资料来源:王良明.云计算通俗讲义[M].3 版.北京:电子工业出版社,2019:128-129.

IaaS 云服务提供商计算租赁费用的因素包括 CPU、内存和存储的数量,一定时间内消耗的网络带宽,公网 IP 地址数量及一些其他需要的增值服务(如监控、自动伸缩等)。

IaaS 云端的基本架构模型逻辑上分为三层:第一层管理全局,第二层管理计算机集群(一个集群内的机器地理位置上可能相距很远),第三层负责运行虚拟机。第一层的云管理器与第二层的集群管理器之间一般通过高速网络连接,当增加数据中心为云端扩容时,就能体现网速的重要性。而集群内的计算机之间倾向于采用本地局域网(如 10Gbit/s 以太网)或者超高速广域网。如果采用局域网,则灾难容错差;如果跨广域网,则网络带宽会成为瓶颈。

具体而言,第一层(云管理器):云管理器是云端对外的总入口,在这里验证用户身份,管理用户权限,向合法用户发放票据(然后用户持此票据使用计算资源)、分配资源并管理用户租赁的资源。

第二层(集群管理器):每一个集群负责管理本集群内部的高速互联在一起的计算机,一个集群内的计算机可能有成百上千台。集群管理器接收上层的资源查询请求,然后向下层的计算机管理器发送查询请求,最后汇总并判断是部分满足还是全部满足上层请求的资源,再反馈给上层。如果接下来收到上层分配资源的命令,那么集群管理器指导下层的计算机管理器进行资源分配并配置虚拟网络,以便能让用户后续访问。另外,本层 PLS 中存储了本集群内的全部虚拟机镜像文件,这样一台虚拟机就能在集群内任意一台计算机上运行,并轻松实现虚拟机热迁移。

第三层(计算机管理器):每台计算机上都有一个计算机管理器,它一方面与上层的集群管理器打交道,另一方面与本机上的虚拟机软件打交道。它把本机的状态(如正在运行的虚拟机数、可用的资源数等)反馈给上层,当收到上层的命令时,计算机管理器就指导本机的虚拟机软件执行相应的命令。这些命令包括启动、关闭、重启、挂起、迁移和重配置虚拟机,以及设置虚拟网络等。

(二) 平台即服务

PaaS 是 Platform as a Service 的首字母缩写,意为平台即服务,即把 IT 系统的平台软件层作为服务出租,如图 4-8 所示。

相比于 IaaS 云服务提供商,PaaS 云服务提供商要做的事情增加了,它们需要准备机房、布好网络、购买设备,还要安装操作系统、数据库和中间件,即把基础设施层和平台软件层都搭建好,然后在平台软件层上划分"小块"(习惯称之为容器)并对外出租。PaaS 云服务提供商也可以从其他 IaaS 云服务提供商那里租赁计算资源,然后自己部署平台软件层。另外,为了让消费者能直接在云端开发调试程序,PaaS 云服务提供商还得安装各种开发调试工具。相反,租户要做的事情相比 IaaS 要少很多,租户只要开发和调试软件或者安装、配置和使用应用软件即可。

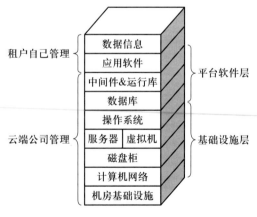

图 4-8　PaaS 云服务

资料来源:王良明.云计算通俗讲义[M]. 3 版.北京:电子工业出版社,2019 :138-139.

根据平台软件层中安装的软件种类多少,PaaS 又分为两种类型:

(1) 半平台 PaaS。平台软件层中只安装了操作系统,其他的留给租户自己解决。最为流行的半平台 PaaS 应用是开启操作系统的多用户模式,为每个租户创建一个系统账号,并对他们做权限控制和计算资源配额管制。半平台 PaaS 更关注租户的类型,如研发型、文秘型等,针对不同类型的租户做不同的权限和资源配置。Linux 操作系统的多用户模式和 Windows 操作系统的终端服务都属于半平台 PaaS,私有办公云多采用半平台 PaaS。

(2) 全平台 PaaS。全平台 PaaS 安装了应用软件依赖的全部平台软件(操作系统、数据库、中间件、运行库)。不同于半平台 PaaS,全平台 PaaS 是针对应用软件来做资源配额和权限控制的,尽管最终还需要通过账号实现。公有云多采用全平台 PaaS。

相对于 IaaS 云服务,PaaS 云服务消费者的灵活性降低了,租户不能自己安装平台软件,只能在有限的范围内选择。但优点也很明显,租户从高深、烦琐的技术中解放出来,专注于应用自己的核心业务。

(三) 软件即服务

SaaS 是 Software as a Service 的首字母缩写,意为软件即服务。简言之,就是软件部署在云端,让用户通过网络来使用它,即云服务提供商把 IT 系统的应用软件层作为服务出租,而消费者可以使用任何云终端设备接入计算机网络,然后通过网页浏览器或者编程接口使用云端的软件,如图 4-9 所示。这进一步降低了租户的技术门槛,应用软件也无须自己安装,而是直接使用软件。

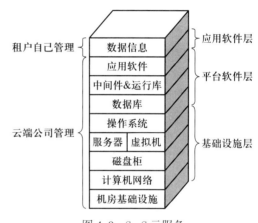

图 4-9 SaaS 云服务

资料来源:王良明.云计算通俗讲义[M].3 版.北京:电子工业出版社,2019:148-149.

这时,SaaS 云服务提供商有三种选择:第一,租用别人的 IaaS 云服务,自己再搭建和管理平台软件层和应用软件层;第二,租用别人的 PaaS 云服务,自己再部署和管理应用软件层;第三,自己搭建和管理基础设施层、平台软件层和应用软件层。

总之,从云服务消费者的角度来看,SaaS 云服务提供商负责 IT 系统的底三层(基础设施层、平台软件层和应用软件层),也就是整个 T 层,最后直接把应用软件出租。

云服务提供商选择若干种使用面广且有利可图的应用软件,如 ERP(企业资源计划)、CRM(客户关系管理)、BI(商业智能)等,并精心安装和运维,让租户用得放心、安心。适合做 SaaS 的应用软件有以下几个特点:

(1) 复杂。软件庞大、安装复杂、使用复杂、运维复杂,单独购买价格昂贵,如 ERP、CRM 系统及可靠性工程软件等。

(2) 主要面向企业用户。

(3) 模块化结构。按功能划分成模块,租户需要什么功能就租赁什么模块,也便于按模块计费,如 ERP 系统划分为订单、采购、库存、生产、财物等模块。

(4) 多租户。能适合多个企业中的多个用户同时操作,也就是说,使用同一个软件的租户之间互不干扰。租户一般指单位组织,一个租户包含多个用户。

(5) 多币种、多语言、多时区支持。这一点对于公有云尤其明显,因为其消费者来自五湖四海。

(6) 非强交互性软件。如果网络延时过大,那么强交互性软件作为 SaaS 对外出租就不太合适,会大大降低用户的体验度,除非改造成弱交互性软件或者批量输入 / 输出软件,如微软的 Office365 和谷歌的在线办公等。通过浏览器运行远程 SaaS 办公软件,本质上就是 I/O 本地化,而浏览器与云端之间批量化传输(单击"保存"按钮或者浏览器定时保存)。

软件的云化就是对传统应用软件进行改造,使之满足(3)(4)(5)三个特点。

三、云部署类型

云部署是指云计算资源的部署办法,可分为三种类型:私有云、公有云和混合云。这是根据云计算服务的消费者来源划分的,即:如果一个云端的所有消费者只来自一个特定的单位组织,那么就是私有云;如果一个云端的所有消费者来自社会公众,那么就是公有云;如果一个云端的资源来自两个或两个以上的云,那么就是混合云。目前绝大多数混合云由企事业单位主导,以私有云为主体,并融合部分公有云资源,也就是说,混合云的消费者主要来自一个或几个特定的单位组织。

(一) 私有云

私有云的核心特征是云端资源只供一个企事业单位内的员工使用,其他的人和机构都无权租赁并使用云端计算资源。至于云端部署何处、所有权归谁、由谁负责日常管理,并没有严格的规定。

云端部署的位置有两种可能:一是部署在单位内部(如机房),称为本地私有云;二是托管在别处(如阿里云端),称为托管私有云。

由于本地私有云的云端部署在企业内部,私有云的安全及网络安全边界定义都由企业自己实现并管理,一切由企业掌控,所以本地私有云适合运行企业中关键的应用。托管私有云是把云端托管在第三方机房或者其他云端,计算设备可以自己购买,也可以租用第三方云端的计算资源,消费者所在的企业一般通过专线与托管的云端建立连接,或者利用叠加网络技术在互联网上建立虚拟专用网(VPN),以便降低专线费用。托管私有云由于云端托管在公司之外,企业自身不能完全控制其安全性,所以要与信誉好、资金雄厚的托管方合作,这样的托管方抵御天灾人祸的能力更强。

云端所有权的归属存在两种可能:一种是归企业自身所有;另一种是归他人所有,企业租用。绝大多数本地私有云属于第一种情况,而对于托管私有云来说,租赁计算设备更具成本优势,云端规模伸缩也更自如。

云端的日常管理包括:管理、运维和操作。管理是指制定规章制度、合规性监督、定期安全检查、灾难演练、数据恢复演练、SLA 制定与落地检查等,侧重于制度和人员层面。运维指日常运行维护,具体包括机器性能监控、应用监控、性能调优、故障发现与处理、建立问题库、问题热线坐席、定期输出运维报告、产能扩容与收缩、应用转产与退出等,侧重于设备层面。云端的操作不是指云服务消费者的操作,而是指云端的例行日常工作,包括数据备份、服务热线坐席、日常卫生、与消费者的操作互动等。云端的日常管理可以完全由企业自己承担,也可以完全外包出去或者部分外包出去。

私有云的规模可大可小,小的可能只有几个或者十几个用户,大的会有数万个甚至十几万个用户,但是过小的私有云不具备成本优势且计算资源配置的灵活性体现不出来,比如家庭和小微型企业,直接采用虚拟化即可,技术简单、管理方便。

（二）公有云

公有云是由第三方提供商提供的云服务。公有云由云提供商完全承载和管理,用户无须购买硬件、软件或支持基础架构,只需为其使用的资源付费即可,云提供商为用户提供价格合理的计算资源(如服务器和存储空间)和快速访问等云服务。在公共云中,所有硬件、软件和其他支持性基础结构均为云提供商所拥有和管理,用户使用网页浏览器访问这些服务和管理自己的账户。公有云并不表示用户数据可以供任何人查看,云服务提供商通常会对用户实施使用访问控制机制。

公有云的核心特征是云端资源面向社会大众开放,符合条件的任何个人或者单位组织都可以租赁并使用云端资源。公有云的管理比私有云的管理要复杂得多,尤其是安全防范,要求更高。深圳超算中心、亚马逊、微软的 Azure、阿里云等是常用的公有云。

（三）混合云

混合云是由两个或两个以上不同类型的云(私有云、公有云)组成的,它其实不是一种特定类型的单云,其对外呈现出来的计算资源来自两个或两个以上的云,只不过增加了一个混合云管理层。云服务消费者通过混合云管理层租赁和使用资源,感觉就像在使用同一个云端的资源,其实内部被混合云管理层路由到真实的云端了。

假如用户在混合云上租赁了一台虚拟机(IaaS 型资源)及开发工具(PaaS 型资源),那么用户每次都是连接混合云端,并使用其中的资源。用户并不知道自己的虚拟机实际上位于另一个 IaaS 私有云端,而开发工具又在另一个公有云上。

混合云属于多云这个大类,是多云大类中最主要的形式,而公／私混合云又是混合云中最主要的形式,因为它同时具备了公有云的资源规模和私有云的安全特征。

四、云计算终端

用户对云计算的使用是借助云计算终端(简称云终端)进行的。云终端的概念有广义和狭义之分。从广义上讲,能使用云计算应用的终端都可以叫云终端。而狭义的云终端则指的是专用的云终端设备,它仅具有浏览器功能,用户进行数据处理、存储和程序操作应用都在网络或服务器上完成,不需要进行大量的本地操作。

云终端是用户操作的主要设备,也是用户接入云端的入口。追求完美的用户体验是终端厂商和云服务提供商唯一的选择,也是云计算成败的关键因素。

（一）终端分类

1. 按功能分类

（1）人／机交互终端。使用者通过键盘、鼠标、触摸屏、声控等方式输入信息,通过显示器、打印机、音箱、发光灯等设备输出计算结果,人机协同完成各种任务,如各种台式云终端、智能手机、平板电脑等。

（2）机／机交互终端。生活中的各种智能家电、工厂里的智能流水线、工业机器人等,这些机器本身与嵌入的云终端直接互动,完成控制和信息收集任务。

(3) 输入终端。持续采集数据并源源不断地传输到云端,这些数据将在云端存储、计算,如检测仪、数据采集卡、摄像头、人体监护器等。

(4) 输出终端。云端把计算结果通过这些终端输出,如打印机、机械手臂、导航仪、显示屏等。

2. 按移动性分类

(1) 移动终端。靠离线能源续航,且相对轻便、便于移动,常被人拿在手里、穿在身上、戴在头上、放在移动的设备上。

(2) 固定终端。相对而言,体积大而且比较重,常会在办公桌上、智能设备中、墙壁上见到它们的身影。

(3) 固定 / 移动两用终端。终端由几部分组成,这几部分可以轻易拆卸和组装,组装在一起时充当固定终端,用于办公、软件开发和图形处理等,拆卸之后又便于携带和移动。

(二) 质量控制

云终端是用户直接携带和操作的设备,使用环境千变万化,所以质量非常重要。云终端要做成纯硬件设备,终端上用到的软件要全固化或者半固化。全固化是指软件根本无法修改和删除;半固化是指不允许用户自己更改和删除软件,但是允许在线升级、打补丁,并提供出厂配置一键恢复功能。这样就可以大大降低产品的故障率,延长折旧期。

另外,终端中尽量少用软件,甚至只固化一个下载程序(BootLoader),启动时由这个下载程序临时从云端下载经过定制和裁剪的操作系统及会话软件,然后执行这个操作系统,最后运行会话软件,完成登录云端的操作。不过,这种技术要求网络速度足够快。

终极方法是连下载程序都不要,直接采用网卡的网络启动技术,开机时由终端上的网卡直接获取需要的软件并启动终端。

总而言之,一台终端启动后都是要在终端上运行一个客户端程序,这个客户端程序把用户的输入发送到云端,然后把云端计算的结果显示在终端屏幕上。

第三节　云计算技术

各行业、各领域的云计算解决方案的具体实现需要相应的关键技术支持,同时,随着云计算的快速发展,现阶段也出现了几项备受关注的新技术。

一、云计算关键技术

云计算关键技术是抽象、调配和对物理资源与虚拟资源的管理。虚拟资源管理包括资源虚拟化和对虚拟资源的管理;物理资源主要指不适合或不能虚拟化的资源,包括人们能够看到的机架、机框、板卡、插槽、端口等。

(一) 虚拟化技术

虚拟化技术(virtualization)是伴随着计算机技术的产生而出现的,在计算技术的发展历程中一直扮演着重要的角色。从 20 世纪 50 年代虚拟化概念的提出,到 20 世纪 60 年代 IBM 公司在大型机上实现了虚拟化的商用,从操作系统的虚拟内存到 Java 语言虚拟机,再到目前基于 x86 体系结构的服务器虚拟化技术的蓬勃发展,这些都为虚拟化这一看似抽象的概念添加了极其丰富的内涵。近年来随着服务器虚拟化技术的普及,出现了全新的数据中心部署和管理方式,为数据中心管理员带来了高效和便捷的管理体验。该技术还可以提高数据中心的资源利用率,减少能源消耗。这一切使得虚拟化技术成为整个信息产业中最受瞩目的焦点。

1. 虚拟化的定义与目标

虚拟化是一个广泛而变化的概念,因此想要给出一个清晰而准确的虚拟化定义并不是一件容易的事情。以下是有关虚拟化的一些定义。

维基百科对虚拟化的定义是:虚拟化是表示计算机资源的逻辑组(或子集)的过程,这样就可以用从原始配置中获益的方式访问它们。这种资源的新虚拟视图并不受实现、地理位置或底层资源的物理配置的限制。

IBM 对虚拟化的定义:虚拟化是资源的逻辑表示,它不受物理限制的约束。在这个定义中,资源涵盖的范围很广。资源可以是各种硬件资源,如 CPU、内存、存储、网络;也可以是各种软件环境,如操作系统、文件系统、应用程序等。

虚拟化的主要目标是对包括基础设施、系统和软件等 IT 资源的表示、访问和管理进行简化,并为这些资源提供标准的接口来接受输入和提供输出。虚拟化的使用者可以是最终用户、应用程序或者服务。通过标准接口,虚拟化可以在 IT 基础设施发生变化时将对使用者的影响降到最低。最终用户可以重用原有的接口,因为他们与虚拟资源进行交互的方式并没有发生变化,即使底层资源的实现方式已经发生了改变,他们也不会受到影响。

虚拟化技术降低了资源使用者具体实现之间的耦合程度,让使用者不再依赖于资源的某种特定实现。利用这种松耦合关系,系统管理员在对 IT 资源进行维护与升级时,可以降低对使用者的影响。

2. 虚拟化的常见类型

从被虚拟的资源类型来看,一般可以将虚拟化技术分成软件虚拟化、系统虚拟化和基础设施虚拟化三类。

(1) 软件虚拟化。软件虚拟化很显然是针对软件环境的虚拟化技术,应用虚拟化就是其中的一种。应用虚拟化分离了应用程序的计算逻辑和显示逻辑,即界面抽象化,而不是在用户端安装软件。当用户要访问被虚拟化的应用程序时,用户端只需要把用户端人机交互的数据传送到服务器,由服务器来为用户开设独立的会话去运行被访问的应用程序的计算逻辑,服务器再把处理后的显示逻辑传回给用户端,从而使用户获取像在本地运行应用程序的使用感受。

(2) 系统虚拟化。系统虚拟化是指使用虚拟化软件在一台物理主机上虚拟出一台或多台相互独立的虚拟机。服务器虚拟化就属于系统虚拟化,它是指在一台物理机上面运行多个虚拟机(virtual machine,VM),各个虚拟机之间相互隔离,并能同时运行相互独立的操作系统。这些客户操作系统(guest OS)通过虚拟机管理器(virtual machine monitor,VMM)访问实际的物理资源,并进行管理。服务器虚拟化技术具有诸多优点,基于服务器虚拟化搭建的云计算平台有很多良好特性。

(3) 基础设施虚拟化。一般包含存储虚拟化和网络虚拟化等。存储虚拟化是指为物理存储设备提供抽象的逻辑视图,而用户能通过这个视图中的统一逻辑接口去访问被整合在一起的存储资源。网络虚拟化是指将软件资源和网络的硬件整合起来,为用户提供虚拟的网络连接服务。网络虚拟化的典型代表有虚拟专用网(VPN)和虚拟局域网(VLAN)。

3. 云计算与虚拟化

在搭建云计算平台的时候,使用了虚拟化和没有使用虚拟化的基础设施层有着非常大的差别,前者的资源部署更多的是对虚拟机的部署和配置的过程,而后者的资源部署的主要过程则涉及从操作系统至上层应用程序整个软件堆栈的部署以及配置。因此,相较于传统的方式,基于虚拟化技术搭建的云平台有着相当大的优势,体现在以下几个方面:

(1)易伸缩。可伸缩性是指系统通过对资源的合理调整去应对负载变化的特性,以此来保持性能的一致性。对基于虚拟化技术的云计算平台来说,能够通过对虚拟机资源的适度调整来实现系统的可伸缩性。相较于传统的方式,新的调整虚拟机映像资源的方式远比调整物理主机资源的方式要快速得多、灵活得多,从而易于实现软件系统的可伸缩性。

(2)高可用性。可用性是指系统在一段时间内正常工作的时间与总时间之比。在云计算环境里,节点的失效是一种比较常见的情况,所以就需要有一定的保障机制去保证系统在发生故障之后还能够迅速恢复过来,从而可以继续提供服务。传统方式实现高可用性需要引入灾难和冗余备份系统,但是这样却带来了冗余备份数据一致性等相关问题,而且管理和采购所需的开销很大。相对而言,基于虚拟化技术的云计算平台可以借助于虚拟机的快速部署和实时迁移等优点,方便和快捷地提高系统的高可用性。

(3)负载均衡。在云计算平台之中,可能在某个时刻有的节点负载特别高,而其他节点负载过低。当某一节点的负载很高,将会影响到该节点上层应用的性能。若采用了虚拟化技术,则能够将高负载节点上的部分虚拟机实时迁移到低负载节点上面去,从而使整个系统的负载达到均衡,也保证了上层应用的使用性能。同时,因为虚拟机也包括了上层应用的执行环境,所以进行实时迁移操作的时候,对上层应用并无影响。

(4)提高资源使用率。对于云计算这样的大规模集群式环境来说,任何时刻每一个节点的负载都将是不均匀的。过多的节点负载很低,会造成资源的浪费。基于虚拟化技术的云计算平台,能够将多个低负载的虚拟机合并至同一个物理节点上去,并且关闭掉其他空闲的物理节点,从而大大提高资源的利用率,同时还能够达到减少系统能耗的目的。

(二)数据存储技术

为保证高可用、高可靠和经济性,云计算采用分布式存储的方式来存储数据,采用冗余存储的方式来保证存储数据的可靠性,即为同一份数据存储多个副本。

云计算的数据存储技术主要有谷歌的非开源的 GFS(Google File System)和 Hadoop 开发团队开发的 GFS 的开源实现 HDFS(Hadoop Distributed File System)。大部分 IT 厂商,包括雅虎、英特尔的"云"计划采用的都是 HDFS 的数据存储技术。

云计算的数据存储技术未来的发展将集中在超大规模的数据存储、数据加密和安全性保证以及继续提高 I/O 速率等方面。下面以 Google 文件系统(GFS)和 Hadoop 分布式文件系统(HDFS)为例来具体阐述。

1. GFS

GFS 是一个管理大型分布式数据密集型计算的可扩展的分布式文件系统。它使用廉价的商用硬件搭建系统并向大量用户提供容错的高性能服务。云计算的数据存储技术未来的发展将集中在超大规模的数据存储、数据加密和安全性保证以及继续提高 I/O 速率等方面。

GFS 由一个 Master 和大量块服务器构成(见图 4-10)。Master 存放文件系统的所有元数据，包括名字空间、存取控制、文件分块信息、文件块的位置信息等。GFS 中的文件切分为 64MB 的块进行存储。

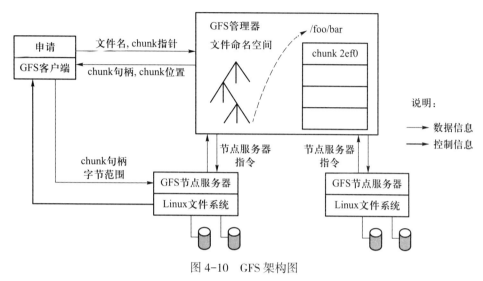

图 4-10 GFS 架构图

资料来源:汤兴勇.云计算概论:基础、技术、商务、应用[M]. 2 版.北京:化学工业出版社,2016 :214-215.

在 GFS 中,采用冗余存储的方式来保证数据的可靠性。每份数据在系统中保存 3 个以上的备份。为了保证数据的一致性,对于数据的所有修改需要在所有的备份上进行,并用版本号的方式来确保所有备份处于一致的状态。

客户端不通过 Master 读取数据,可避免大量读操作使 Master 成为系统瓶颈。客户端从 Master 获取目标数据块的位置信息后,直接和块服务器交互进行读操作。

2. HDFS

HDFS 是一个为普通硬件设计的分布式文件系统,是 Hadoop 分布式软件架构的基础部件。

HDFS 在设计之初就做了如下假设:① 硬件错误是常态。② 流式数据访问为主,要求具备高吞吐量。③ 存储的文件以大数据集为主。④ 文件修改以尾部追加为主,一次写入多次读取。

基于以上几点,HDFS 被设计为部署在大量廉价硬件上的、适用于大数据集应用程序的分布式文件系统,具有高容错、高吞吐率等优点。HDFS 使用文件和目录的形式组织用户数据,支持文件系统的大多数操作,包括创建、删除、修改、复制目录和文件等。HDFS 提供了一组 Java API 供程序使用,并支持对这组 API 的 C 语言封装。用户可通过命令接口 DFSShell 与数据进行交互,以容许流式访问文件系统的数据。HDFS 还提供了一组管理命令,用于对 HDFS 集群进行管理,这些命令包括设置 NameNode,添加、删除 DataNode,监控文件系统使用情况等。

（三）资源管理技术

资源管理主要针对所有物理可见的网络设备包括服务器、存储、网络（设备、IP、VLAN）、物理介质、软件资源以及经虚拟化技术形成的资源池（计算资源、存储资源、网络资源、软件资源）进行抽象和信息记录，并对其生命周期、容量和访问操作进行综合管理，同时对系统内重要配置信息的发现、备份、比对和检查等。

1. 资源的统一管理

对于物理可见的网络设备和软件，按其类型可分为服务器类资源设备（包括计算服务器等）、存储类资源设备（包括 SAN 设备、NAS 设备等）、网络类资源（包括交换机和路由器等）、软件类资源等。对于服务器类资源设备，实现对服务器设备的自动发现、远程管理、资源记录的创建、修改、查询和删除，以及物理机容量和能力的管理。对于存储类资源设备，为上层服务提供数据存储空间（包括文件、块和对象）的生命周期管理接口，对存储空间的提供者（存储设备）进行信息记录和综合管理。对于网络类资源，提供对路由器、交换机等网络设备的查询和配置管理。对于软件类资源，对软件名称、软件类型、支持操作系统类型、部署环境、安装所需介质、软件许可证等信息进行获取和管理。

资源池是指多个具有相同能力（相同厂商同种功能的设备或者具体同种参数的设备）的资源组合，可划分为计算资源池、存储资源池、网络资源池和软件资源池。另外，管理模块还需将数据中心的各类资源与系统域关联起来。所涉及的资源包括物理资源、各类资源池、系统策略、IP 地址池等。

2. 资源的统一监控

资源监控是保证运营管理平台流程化、自动化、标准化运作的关键模块之一。它利用下层资源管理模块提供的各类参数，进行有针对性的分析和判决后，为上层的资源部署调度模块提供了必要的输入，是实现负载管理、资源部署、优化整理的基础。一般认为，资源监控包括故障监控、性能监控和自动巡检 3 个方面的内容。

（1）故障监控屏蔽了不同设备的差别，对被管资源提供故障信息的采集、预处理、告警展现、告警处理等方面的监控。

（2）性能监控是对采集到的数据，通过分析、优化和分组，以图表等形式，让管理员在单一界面对虚拟化环境中的计算资源、存储资源和网络资源的总量、使用情况、性能和健康状态等信息有明确、量化的了解，同时还可以为其他模块提供相关监控信息。

（3）自动巡检则实现每天登陆资源做例行检查的工作，实现任务的自动执行和巡检结果的自动发送。

对不同类型的资源，监控的指标或方法是不同的。对于 CPU，通常关注 CPU 的使用率；对于内存，除使用率外，还会监控读写操作；对于存储，除使用率、读写操作外，各节点的网络流量也需要监控；对于网络，则需要对输入/输出流量、路由状态进行监控；对于物理服务器，还需要对功耗等进行监控。

3. 资源的统一部署调度

资源的部署调度是通过自动化部署流程将资源交付给上层应用的过程。主要分为两个阶段。首先，在上层应用出发需要创建相应基础资源环境需求流程时，资源部署调度模块进行初始化的资源部署；其次，在服务部署运行中，根据上层应用对底层基础资源的需求，会进行过程中的动态部署与优化。调度管理实现弹性、按需的自动化调度,能够根据服务和资源制定调度策略,自动执行操作流程,实现对计算资源、网络、存储、软件、补丁等进行集中的自动选择、部署、更改和回收功能。

另外,部署调度模块还可以根据惯例策略利用流程调度引擎对服务到期、服务终止、欠费客户的计算资源和网络资源进行回收,包括关闭虚拟机或物理机,回收 VPN 使用的 IP、公网 IP、虚拟交换机,取消与之相关的存储资源、负载均衡设备、交换机等相关配置,并更新资源库的信息,具体回收的操作需要集成设备的管理能力。

(四) 分布式计算与并行计算技术

1. 分布式计算

分布式计算是一门计算机科学,研究如何把一个需要巨大的计算能力才能解决的问题分成许多小的部分,并由许多相互独立的计算机进行协同处理,以得到最终结果。分布式计算让几个物理上独立的组件作为一个单独的系统协同工作,这些组件可能指多个 CPU,或者网络中的多台计算机。它做了如下假定:如果一台计算机能够在 5 秒钟内完成一项任务,那么 5 台计算机以并行方式协同工作时就能在 1 秒钟内完成。实际上,由于协同设计的复杂性,分布式计算并不都能满足这一假设。

分布式编程的核心问题是如何把一个大的应用程序分解成若干可以并行处理的子程序。有两种可能的处理方法:一种是分割计算,即把应用程序的功能分割成若干个模块,由网络上多台机器协同完成;另一种是分割数据,即把数据集分割成小块,由网络上的多台计算机分别计算。对于海量数据分析等数据密集型问题,通常采取分割数据的分布式计算方法,对于大规模分布式系统则可能同时采取这两种方法。

大量分布式系统通常会面临如何把应用程序分割成若干个可并行处理的功能模块,并解决各功能模块间协同工作的问题。这类系统可能采用以 C/S 结构为基础的三层或多层分布式对象体系结构,把表示逻辑、业务逻辑和数据逻辑分布在不同的机器上,也可能采用 Web 体系结构。基于 C/S 架构的分布式系统可借助 CORBA、EJB、DCOM 等中间件技术解决各模块间的协同工作问题。基于 Web 体系架构或称为 Web Service 的分布式系统,则通过基于标准的 Internet 协议支持不同平台和不同应用程序的通信。Web Service 是未来分布式体系架构的发展趋势。对于数据密集型问题,可以采用分割数据的分布式计算模型,把需要进行大量计算的数据分割成小块,由网络上的多台计算机分别计算,然后对结果组合得出数据结论。MapReduce 是分割数据型分布式计算模型的典范,在云计算领域被广泛采用。

2. 并行编程模型

为了使用户能更轻松地享受云计算带来的服务,让用户能利用编程模型编写简单的程序来实现特定的目的,云计算上的编程模型必须十分简单,必须保证后台复杂的并行执行和任务调度向用户和编程人员透明。

云计算大部分采用 MapReduce 的编程模型。现在大部分 IT 厂商提出的"云"计划中采用的编程模型,都是基于 MapReduce 的思想开发的编程工具。MapReduce 不仅仅是一种编程模型,同时也是一种高效的任务调度模型。MapReduce 这种编程模型不仅适用于云计算,在多核和多处理器、cell processor 以及异构机群上同样有良好的性能。该编程模型仅适用于编写任务内部松耦合、能够高度并行化的程序。如何改进该编程模型,使程序员能够轻松地编写紧耦合的程序,运行时高效地调度和执行任务,是 MapReduce 编程模型未来的发展方向。

（五）自动化技术

类似于 Google 的云技术,一般的云都是由成百上千台,甚至是由几十万台计算机组成的。因此,要把分布在不同地理位置上的众多计算机资源集中起来协调工作,并充分发挥作用,这些工作单靠人工是不可能完成的。也就是说,只有采用自动化的控制技术,由计算机通过相关的自动化控制软件来进行自我协调、管理和完成,才能达到云计算技术的要求。人所要做的则是充分了解这些复杂的和相互依赖的用于管理和控制云计算机集群的自动化软件,并充分了解这些软件所能提供的相关服务。特别是在大型数据中心的应用中,更要了解这些技术,跟踪和监视这些技术,并且确定这些技术所产生的效果;能够为访问和使用这些技术制定出相应的标准,让多种不同的技术有效地协调工作,为客户提供高水平的、可靠的和经济的服务。

事实上,自动化技术在控制日益增长的复杂性、优化云计算环境方面发挥了非常重要的作用。因此,作为提供云服务的企业必须认识到虚拟化、云计算和数据中心自动化之间的相互关系,并统一起来管理。充分利用自动化技术和设备最大限度地减少人工与设备的投入,从而实现计算资源的低成本。同时,通过自动化技术和设备不断更新云端的计算机,确保云具有最长效的生命周期。因此,自动化是可持续的、可伸缩的云计算商业模式的关键。

专栏 4-2

耦合、松耦合、紧耦合与解耦

二、云计算新技术

作为一项新兴技术,云计算发展迅速。云计算已经彻底改变了很多领域人们的工作方式,也改变了传统软件企业。以下是现阶段云计算发展中最受关注的几项新技术。

（一）软件定义存储

软件定义存储(software defined storage,SDS)至今并没有确切的定义,简单来说是在任何存储上运行的应用都能够在用户定义的策略的驱动下自动工作,这种理念就叫软件定义存储。数据中心中的服务器、存储、网络以及安全等资源可以通过 SDS 进行定义,并且能够自动分配这些资源。软件定义存储的核心是存储虚拟化技术。软件定义的数据中心通过现有资源和应用程序对不断变化的业务需求提供支持,从而实现 IT 灵活性。其核心思想是将资源——处理器、网络、存储和可能的中间件——池化,通过这样的方式可以生成计算的原子单位,并根据业务流程需求很容易地分配或取消。可以安装在商用资源(x86 硬件、虚拟机监控程序或云)和现有计算硬件上的任何存储软件堆栈。

软件定义存储就是将存储硬件中典型的存储控制器功能抽出来由软件实现,这些功能包括卷管理、RAID、数据保护、快照和复制等。而且由于存储控制器的功能由软件定义存储实现,该功能就可以放在基础架构的任何一部分,形成真正的融合架构,同时创建了一个更加简单的可扩展架构。相对于传统存储,大幅降低成本并与现有的虚拟架构紧密结合是软件定义存储的最主要优势。

软件定义存储在实现负载分离的同时,还提供敏捷性和快速扩展等特性。随着 SDS 混合云趋势逐渐流行,软件定义存储已经成为一种主流技术,正在逐渐演化成为一种具体的架构方式。目前,很多主流厂商都能够提供软件定义存储解决方案。ZFS 软件堆栈是比较流行的软件定义存储,其他的还包括商业化软件堆栈 Nexenta 等。

（二）超融合基础架构

超融合基础架构（hyper-converged infrastructure,HCI）也被称为超融合架构,是指在同一套单元设备（x86 服务器）中不仅具备计算、网络、存储和服务器虚拟化等资源和技术,而且包括缓存加速、重复数据删除、在线数据压缩、备份软件、快照技术等元素,而多套单元设备可以通过网络聚合起来,实现模块化的无缝横向扩展（scale-out）,形成统一的资源池。

HCI 类似 Google、Facebook 后台的大规模基础架构模式,可以为数据中心带来最优的效率、灵活性、规模、成本和数据保护。超融合架构是将虚拟化技术和存储整合到同一个系统平台,简单地说,就是物理服务器上运行虚拟化软件（hypervisor）,通过在虚拟化软件上运行分布式存储服务供虚拟机使用。分布式存储可以运行在虚拟化软件上的虚拟机里,也可以是与虚拟化软件整合的模块。广义上,除了虚拟化计算和存储,超融合架构还可以整合网络以及其他更多的平台和服务。

从存储属性来看,HCI 是 SDS 的一部分。HCI 属于数据层面,具有在线横向扩展性,非常适合云化,但云化所需的存储资源即刻交付、动态扩展、在线调整,其实还需要借助控制层面的存储策略 SDS 才能完成。但 SDS 又需要借助超融合架构的落地和蓬勃发展才有可能发展。

（三）软件定义数据中心

软件定义数据中心（software defined data center,SDDC）是一种数据管理方式,它通过虚拟化来抽象计算资源、存储资源和网络资源,并将其作为服务提供。SDDC 可以让客户以更小的代价来获得更灵活、快速的业务部署、管理及实现。为了促进这一过程,SDDC 通过自动化运维软件,实现集中管理虚拟化资源,并自动化运营和分配工作流。SDDC 具有三大优势:敏捷性（agility）,更快、更灵活的业务支撑与实现,以及软件开发模式的优化与变更;弹性（elasticity）,根据业务需求,资源具备动态可伸缩性（水平 + 垂直）;成本效益（cost-efficiency）,软件的实现方式避免了重复硬件投资和资源浪费。

软件定义数据中心架构可以分为三个逻辑层:物理层、虚拟化层和管理层。它们共同提供了一个统一的系统,为企业提供更具管理灵活性和成本效益的数据中心运行方式。

1. 物理层

软件定义数据中心架构的物理层包括计算、存储和网络组件,以支持 SDDC 来存储和处理企业数据。计算组件包括在一个集群架构中组合的多个服务器结点,结点提供处理和存储资源来支持数据操作。

2. 虚拟化层

虚拟化是软件定义数据中心的关键,虚拟化层包括用于抽象底层资源并将其作为集成服务提供的软件。虚拟化层的核心是管理程序,它将资源作为虚拟化组件提供。计算虚拟化基于服务器虚拟化技术,将处理器资源和内存资源与物理服务器分离。它将计算资源组成逻辑计算组件池,提升了资源的利用率。

3. 管理层

物理资源的虚拟化只是软件定义数据中心架构的一部分,其基础架构还包括一个管理层,能够实现任务编排和自动化运营。管理层包括监控、警报和调度功能,以便管理人员可以监督运营、保持性能并执行高级分析。

(四)雾计算与边缘计算

雾计算(fog computing)是一种对云计算概念的延伸。云在天空飘浮,高高在上,遥不可及,刻意抽象;而雾却现实可及,贴近地面,就在你我身边。雾计算将数据、数据处理和应用程序集中在网络边缘的设备(由性能较弱、更为分散的各种功能计算机组成)中,而不是全部保存在云中,导致数据传递具有极低时延。雾计算基于地理分布广,并且带有大量网络结点的大规模传感器网络。雾计算的移动性好,基于雾计算技术,手机和其他移动设备可以互相直接通信,信号不必传送到云端甚至基站去绕一大圈。

雾计算是介于云计算和个人计算之间的,是半虚拟化的服务计算架构模型。雾计算强调结点数量,不管单个计算结点能力多么弱都要发挥作用。与云计算相比,雾计算所采用的架构更呈分布式形态,完成的计算任务更接近网络边缘。雾计算将数据、数据处理和应用程序集中在网络边缘的设备中,而不像云计算那样将它们几乎全部保存在云中,数据的存储及处理更依赖本地设备而非服务器。雾计算是新一代分布式计算,符合互联网的"去中心化"的特征。

边缘计算(edge computing)是指在靠近物或数据源头的一侧,采用网络、计算、存储、应用核心能力为一体的开放平台,就近提供计算服务。其应用程序在边缘侧发起,产生更快的网络服务响应,满足行业在实时业务、应用智能、安全与隐私保护等方面的基本需求。边缘计算技术取得突破,意味着许多控制将通过本地设备实现而无须交由云端,处理过程将在本地边缘计算层完成。这无疑将会大大提升云计算的处理效率,减轻云端的负荷。边缘计算由于更加靠近用户,可为用户提供更快的响应,将需求在边缘端解决。

无论是云计算、雾计算还是边缘计算,本身只是实现物联网、智能制造等所需要的计算技术的一种方法或者模式。严格讲,雾计算和边缘计算本身并没有本质的区别,都是在接近于现场应用端提供的计算服务。

第四节　云计算发展概况及其应用前景

近些年来,云计算在取得快速发展的同时也面临着一系列挑战。未来,云计算将在标准化、平台即服务、混合云、云安全保护等方面取得重大进展。

一、云计算国内外发展概况

云计算是推动信息技术能力实现按需供给、促进信息技术和数据资源充分利用的全新业态，是信息化发展的重大变革和必然趋势。

计算机的发展是从 20 世纪四五十年代起步的，当时一台计算机要占用好几个房间的空间。直到 20 世纪 80 年代后期，集成芯片进入快速发展阶段，16 位、32 位和 64 位的 CPU 逐渐诞生，网络带宽也从 KB 升级到了 GB，除了在高性能计算领域，通常服务器的性能都有空余，在此背景下才产生了云计算。

从技术发展上看，2007 年至今，云计算经历了多个阶段。首先是单纯的计算虚拟化阶段。这个阶段是 KVM、Xen 等各种虚拟化软件兴起的时代，当时还基本停留在单机操作的阶段，后来出现了一些虚拟机的管理系统（如 CloudStack 等），但功能也比较简单，主要提供了控制虚拟机的开启和关闭等功能。第二个阶段是整合存储和网络的全面软件定义时代。虚拟机需要连接网络和挂载存储，网络虚拟化通过软件定义网络实现在既定的物理网络拓扑之下自定义网络数据包的传输，从而构建虚拟的网络拓扑，存储虚拟化技术通过软件定义的存储提供块存储、文件存储，以及对象存储服务。第三个阶段是云原生时代。此时应用架构转向微服务，从原来复杂的有状态的单体架构逐渐演变成简单的无状态的微服务架构。在这个阶段，云计算更多的是提供平台服务，摆脱了资源的束缚，直接面向服务编程、运维和管理。

从商业化发展来看，亚马逊的 AWS 于 2006 年首次推出弹性云计算服务，紧接着谷歌等公司相继推出公有云产品，此时的云计算还不为大众所认知，都是行业巨头在参与。2009 年，美国因金融危机而陷入经济衰退之际，Salesforce 公司公布了 2008 财年年度报告，数据显示公司云服务收入超过了 10 亿美元。由此，微软、IBM、VMware（威睿）纷纷加入云计算市场，国内的阿里云也是在 2009 年起步。2010 年起，随着 CloudStack、OpenStack 和 KVM 等开源技术的发展，开源的私有云案例越来越多，在 2012 年到 2015 年达到了巅峰。

专栏 4-3

云计算发展大事记

当前，云服务正在逐步突破互联网市场的范畴，政府、公共管理部门、各行业企业也开始接受云服务的理念，并开始将传统的自建 IT 方式转为使用公共云服务方式，云服务将真正进入产业成长期。

在技术突破方面，我国互联网主要企业通过自主创新，已逐步掌握了云计算的核心技术，主要云计算平台的计算能力和数据处理能力已跻身世界前列；浪潮、曙光、华为等国内自主云计算服务器已比较成熟，具有一定的国际竞争力。

同时,云计算在助力我国政务建设方面成效显著。依托云计算高可靠性、可扩展性及快速、按需、弹性服务等特征,可在节约成本的同时为政府行业提供便捷高效的服务。结合云计算与大数据技术强大的数据整合、数据挖掘能力,政府机构可以整合服务资源,打破数据壁垒,做到政府大数据跨部门共享,更好地推动云计算助力政务建设打破信息孤岛,实现数据共享共治。

尽管云计算发展取得了一定成效且市场发展前景巨大,但是潜伏的安全隐患也较大,如内部威胁、隔离失败、管理界面损害、不能彻底删除数据等。其中,使用、运营风险通常不是主要的,企业经济信息失控与国家安全风险最为核心与突出。

总体而言,过去十年是云计算突飞猛进的十年,全球云计算市场规模增长数倍,我国云计算市场从最初的十几亿元增长到现在的千亿元规模;各国政府纷纷推出"云优先"策略,我国云计算政策环境日趋完善,云计算技术不断发展成熟,云计算应用从互联网行业向政务、金融、工业医疗等传统行业加速渗透。

未来,云计算将迎来下一个黄金十年,进入普惠发展期。一是随着新基建的推进,云计算将加快应用落地进程,在互联网、政务、金融、交通、物流、教育等不同领域实现快速发展。二是全球数字经济背景下,云计算成为企业数字化转型的必然选择,企业上云进程将进一步加速。①

二、云计算的应用前景:挑战与展望

云计算被广泛认为是商业模式与游戏规则的颠覆性技术。云能力允许个人、企业和政府以新的模式进行交互,并且有助于跨平台数据分析与资源共享,从而最大限度地提升企业、政府机构的运营效率、响应速度与创新能力。

伴随着云计算技术在国内不断成熟,云计算已经被越来越多的企业视为数字化转型的核心战略。企业上云能够帮助传统企业降本增效,促进传统业务的持续创新发展。但总体来看,企业上云仍然面临诸多挑战。目前,很多企业在进行信息化建设的过程中,由于缺乏对未来形势的预判,没有根据企业的发展战略组织制定统一的整体规划,而是本着"先上项目,事后调整"的思想进行信息化建设,从而导致了在建设过程中出现信息系统种类繁多、孤立建设和实施、不同厂商之间互不兼容等一系列问题,致使信息资源无法实现共享,多数企业应用系统处于"信息孤岛"状态,上云效率不高;云平台建好后,由于缺乏前期设计,导致业务上云困难,云平台利用率低,大量资源长期空置浪费。

云计算技术的发展也面临着一系列的挑战。例如,使用云计算来完成任务能获得哪些优势,可以实施哪些策略、做法或者立法来支持或限制云计算的采用,如何提供有效的计算和提高存储资源的利用率,等等。此外,云计算宣告了低成本超级计算机服务的可能,一旦这些"云"被用来破译各类密码、进行各种攻击,将会对用户的数据安全带来极大的危险。

展望未来,虽然云计算在隐私保护、安全、标准化、可靠性、网络环境和政策等方面受到质疑,但这些问题几乎是所有新技术、新业务都会遇到的"通用问题",不是致命性的,是可以逐步解决的。未来云计算的发展主要有以下几个发展趋势:

---

① 中国信息通信研究院.云计算发展白皮书[R],2021.

一是云计算的平台化。近 10 多年,IT 业服务化导向发展的呼声此起彼伏,但收效甚微。然而,由于虚拟化和自动化技术的发展,IT 团队意识到大可不必管理机器,仅需写好程序,使用一些应用程序编程接口(APIs)即可。为实现这一目标,IT 部门需要提供多种平台而非机器。如此一来,一旦主机开发工程师完成编码,就不必再担心由哪台机器来运行程序。因此,未来几年那些采用私人和公共平台提供服务的 IT 团队将大放异彩。

二是公有云复苏。对于消费者而言,云计算指的是公有云。公有云对使用者的优点显而易见:使用者能够轻松存储资料,使用 Office 办公套件等工具,并且大部分服务都是免费的。然而,由于监管和带宽限制等问题约束,公有云的这些优势没能充分发挥。今后伴随上述问题的逐渐解决,公有云的使用将大大复苏。在成本与收益间的权衡以及竞争压力的增加将使得更多的公司再次采用公有云。

三是大数据时代到来。伴随大型非结构化数据库及相应工具的出现,对系统的要求也相应提高。大数据需要使用大规模系统来操作,而这些系统大都是基于云的。诸如 Hadoop 这类大型平行计算框架可以被视为大数据兴起的第一波浪潮。大数据不仅要求处理大量的信息,同时还要求尽量缩短完成处理的时间。

四是多主机云(multi machine clouds)。多核处理器刚刚推出时,由于编码只能使用一个处理器,其应用并不广泛。软件跟上硬件的发展步伐需要时间。伴随着软件可以由多个处理器平行完成,多核处理器得到长足发展。与多核芯片类似,多主机云将会出现。当前的编码通常为利用某一个云而精心设计,未来程序员将能够根据程序选择最优的云计算资源。

五是再次强调云技术安全问题。通过网络攻击,黑客能够轻易获取客户名单及密码,而这些信息比公司本身更有价值。近年来,破坏信息安全的情况激增,引发公众关注。对于云技术的一个关键的挑战在于如何保护客户信息。

第五节　云计算在保险领域的应用价值、平台架构与类型

作为保险科技的重要技术之一,云计算是保险公司的重要基础设施,为保险公司的科技变革提供了重要的基础资源支撑。

一、云计算在保险领域的应用价值

近年来,保险行业与云计算的结合正在逐步加深,众多保险机构积极部署企业上云实践。在当前金融科技"重构"保险业态的阶段,发展云计算是保险公司实现数字化转型及科技驱动的第一步,云计算在保险领域的应用具有较为重大的价值。

(一)有效降低保险公司的 IT 成本

大多数被创业技术文化"入侵"的行业都可以从头开始构建 IT 基础设施,并且其新产品层出不穷。对此,保险公司面临着重大挑战,即更换遗留系统,迁移困在多个平台中的历史投保人员的数据。只有这样,保险公司才能基于技术的基础更好地发展业务。这一现实使得保险公司需要进行大量的资源投入、再培训和资本投入。采用云计算加速了这种数字化转型。保险公司能够用云平台取代原有系统,解决这一昂贵的问题。

云计算是保险公司的重要基础设施,它使保险公司共享 IT 基础设施的设想成为可能。

不同于传统的机房等 IT 基础设施自建、自用的模式,云计算的 SaaS 等按需付费使用的模式可以实现对保险公司 IT 基础设施的共享,进而使得计算资源像供水和电力一样开始向公共服务产品形态发展。

云计算能够帮助险企及时应对、灵活部署需求,解决传统 IT 技术方案投入成本高、运维工作量大的问题。保险业正走在创新化的道路上,面对越来越灵活多变的市场需求,云计算能够帮助险企实现业务快速上下线以及产品的更新迭代。保险公司利用云计算技术能够科学、高效地整合险企内部的 IT 资源,提升内部 IT 资源的利用率和管理水平,以降低 IT 系统的建设成本和运维成本,有效地解决了传统 IT 技术方案面临的投入成本高、运维工作量大、资源配置不灵活以及数据安全无法保障等问题。

(二)强大算力支持与精准业务运营

通过高速网络,云计算将大量独立的计算单元相连,应对海量、高并发的峰值处理需求和算力需求,提供可扩展的高性能计算能力。互联网渠道带来了高并发、高峰值流量。尤其互联网保险的兴起导致保单数量激增,给保险行业带来了高并发的流量。同时,险企接入互联网渠道开展营销活动也对其峰值处理能力提出了更高要求。在此情况下,传统保险 IT 系统已经难以招架,保险公司借助云计算提供的强大算力,能更好地支持突发性、高运算量的业务场景。

互联网保险在打开普惠保险增量市场的同时也带来了保险业务高频化、碎片化的特征。得益于云计算的发展,保险公司后台系统能够对硬件资源进行灵活调配,在互联网峰值流量接入时,实现快速的横向扩展,从而满足对互联网高并发业务需求的承接。基于云提供的标准化打包服务可以快速满足产品或业务的上下线需求,真正实现分钟级业务部署。此外,云计算所提供的强大算力能够支撑大数据、人工智能等其他前沿科技的落地应用。因此整体而言,基于云架构的系统改造能够从根本上提升保险公司系统的运营能力,进而满足企业的业务需求。

保险公司需要依托于云计算以更好地实现对资源的动态分布和调配,通过云计算对散落在各个数据终端的各类数据资源进行整合,从而在产品开发、风险定价、客户营销、承保理赔等多个环节实现了更加精准智能的业务运营。

(三)简化保险机构系统维护和升级

保险领域的创新发展如此迅速,以至于快速迭代保险公司软件的能力对成功至关重要。采用云计算,保险公司不用自行安装或维护硬件和软件,因此可以专注于产生商业价值的技术举措。这也意味着硬件和软件维护通常由合作伙伴处理,合作伙伴的专家了解保险行业的深度和广度,并专注于基于云计算的平台。保险业继续面临着巨大的人才缺口,因为缺乏能够将这些技术带到公司内部的具有完全匹配技能的潜在人才。

云计算简化了更新预测模型的过程,并以更快的速度更新核心系统过程,从而简化了系统维护。这对于遵守不同的最新法规并确保持续有效的客户体验尤为重要。

(四)简化组织和解密数据过程

大量新的第三方数据从物联网、传感器、无人机和其他领域进入保险行业。如果数据不能在保险公司的系统中得到有效的处理和组织,那么将失去其大部分价值。

对实时决策的更多关注,需要将有用的见解直接集成到工作流程中,数据的重要性对保险公司而言是显而易见的。数据量的增长速度超过了快速分析的速度,建立最优化的保险产品所需的第三方数据难以确定,并且代价昂贵的第三方数据无法实现预期投资回报率的较高风险,都使得保险公司正面临着一场艰难的战斗。

云计算位于内部部署和第三方集成的十字路口。SaaS 解决方案可以提供必要的第三方数据源,并通过使用应用程序接口(API)将其集成到系统结构中。例如,保险公司可能正在构建一种产品,该产品需要 CoreLogic[①] 的外部数据,SaaS 提供商通常会从这些第三方服务中提取数据,并将其无缝集成到其核心系统中,以便最终用户轻松访问和使用。

在许多方面,云计算模型有效地实现了诸如实时分析等流程的民主化,并为保险公司提供了公平的竞争环境。

(五)提升业务可扩展性

传统上,保险公司不具备快速建立新产品的灵活性,也没有能力使用在其他基于技术的行业中常见的测试和学习方法。在交付可能成功或失败的产品之前,保险公司不得不在 IT 基础设施上承担沉重的前期成本。

采用云计算意味着具有一定的规模。基于云计算平台的最大优势之一是它为保险公司提供了根据需要扩展业务的灵活性。云计算消除了保险公司完全管理服务器、交换机和其他 IT 基础设施的需要,让保险公司最大限度地减少一个领域的资源从而将它们分配到其他领域,例如创新和构建新产品,从而消除了保险公司快速扩展和调整产品的资本支出。

二、保险云的技术建构

云计算正在全球加速落地。从国内市场看,无论是公有云还是私有云都处于高速发展阶段,市场规模不断扩大。尽管云计算自身还存在安全性等问题,但作为一种灵活、动态且提供实时支持的 IT 模式,它将是未来信息化发展的必然趋势。从技术上看,保险云就是利用云计算机系统模型,将保险机构的数据中心与客户端分散到云里,从而达到提高自身系统运算能力、数据处理能力,改善客户体验评价,降低运营成本的目的。

(一)保险云的平台架构

典型的保险云架构需要在技术上满足以下要求:第一,安全可控。保险机构要掌握关键技术,提高互联网平台的竞争力,注重灵活性,能够响应市场频繁变化的需要。第二,具有弹性。保险 IT 架构要能够经受住因开门红活动等原因而产生的巨大访问量的考验。由于保险机构数据的敏感性,很难把自身的业务系统放在公有云上,弹性需求成为保险 IT 的发展需求和保险云的内在驱动力。

云平台总体架构可以分为基础设施、资源抽象与管理、基础设施即服务、平台即服务、软件即服务、统一管理和信息安全等部分,具体体系架构图如图 4-11 所示。

---

① CoreLogic 公司是一家在美国、澳大利亚和新西兰提供住宅物业信息分析和服务的领先供应商。该公司服务的市场包括房地产和按揭融资、保险、资本、交通和政府。CoreLogic 公司给客户提供独特的数据分析和工作流技术,咨询和管理服务等。

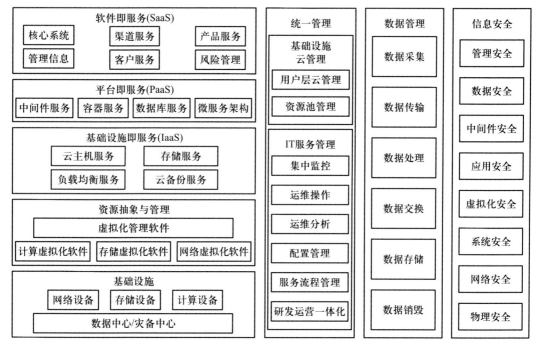

图 4-11　保险行业云平台体系架构图

资料来源:中国保险行业协会,中国通信标准化协会.保险行业云计算场景和总体框架:TIAC CCSA 32—2019〔S〕,2019.

1. 基础设施

保险机构搭建云平台的整套设施,主要包括数据中心及灾备中心等基础设施以及计算、存储、网络等设备,建设数据中心网络时,内部应采用高可靠、可拓展的整体架构,应支持异地多活的跨数据中心的网络架构,以满足保险机构各地区数据流动的需要。

2. 资源抽象与管理

利用虚拟化技术,将云基础资源以虚拟机的方式进行组织。应支持统一管理多种虚拟技术、可相互转化虚拟资源与物理资源等基本要求。

3. 基础设施即服务

Iaas 提供虚拟计算机、存储、网络等计算资源,提供访问云基础设施的服务接口,保险机构能够更加轻易地在这些资源上部署或运行操作系统、中间件、数据库和应用软件等。核心数据库主要用来存储和保护保险公司重要的数据库资源,其中不仅包括企业日常运作产生的重要数据资源,还包含在公司投保的所有客户资料,这些信息资源对保险公司而言尤为重要,因此核心数据库的保密性是该平台体系的重点。衍生数据库在一定程度上减轻了保险公司对运营相关数据调度和运算的时间耗费,该类型数据库中的数据主要是对核心数据库数据调取并运算之后获得的各种结果,其主要功能是收集并获得一般性的结果,因此公司内部对应的职能部门具有相应的权限调用其中的资源。这在保证核心数据库安全的同时,还能够减少核心数据库的负载。

除核心数据库和衍生数据库的构建与完善之外,保险公司信息技术建设过程中还应该做好这些数据库的维护工作,否则一旦数据库出现故障或者瘫痪,将会导致不可估量的损失。

应用服务器主要是对应的云计算开发部门为了保证保险行业实际的应用需要得到满足而设置的专门服务项目,其最终的设计目标在于满足保险行业的部分特殊计算需要。同时,便捷的网络管理还能够使得其中的服务项目不受地域的限制,能够为保险公司提供随时随地的技术服务支持。

4. 平台即服务

云服务提供方向保险行业提供运行在云基础设施之上的软件开发和运行平台,如标准语言与工具、数据访问、通用接口等。保险机构也可基于平台即服务进行系统研发、测试、运行、生产和维护等工作。

5. 软件即服务

SaaS 提供软件和应用服务。保险机构可直接购买服务而非软件,可利用不同设备上的用户端(如 Web 浏览器)或程序接口通过网络访问和使用应用软件。在提供服务时,应满足保险领域相应类型的信息系统在服务外包、信息安全和业务流程等方面的监管要求。服务包括但不限于核心服务、渠道服务、产品服务、管理信息、客户服务、风险管理等。

考虑到 SaaS 与 IaaS 打包服务不具有机密性,因此在实际构建过程中,保险公司可以根据实际需要向云计算开发商直接购买。这些服务能够为保险公司日常运作过程中部分复杂数据的处理提供解决方案,这对保险公司和云计算服务提供商而言是一个双赢的体系。

(二) 保险云的技术要求

数字化时代,企业服务的比拼已经从线下转至线上。数字化转型对保险企业技术栈 [①] 提出了更高要求,研发效率、运营成本、运维压力、监管要求是企业数字化转型路上的"必答题"。面对多元化且更新频繁的市场和用户需求,业务上线速度从过去的以周为单位缩短到以小时为单位。在海量业务数据的当下,由数据驱动的精细化运营带来的是 IT 成本的提升,随之而来的还有不断加大的运维压力。此外,云上数据安全也是同业及监管关注的焦点。

云原生(cloud native)致力于构建容错性好、易于管理和便于观察的松耦合系统,结合自动化手段,使系统随时处于发布状态。从技术角度来看,云原生架构旨在将云应用中的非业务代码部分进行最大化剥离,让云设施接管应用中原有的大量非功能特性,使业务不再有非功能性业务中断困扰的同时,具备轻量、敏捷、高度自动化的特性。

专栏 4-4

云　原　生

---

① 技术栈,IT 术语,是某项工作或某个职位需要掌握的一系列技能组合的统称。一般来说,是指将 N 种技术互相结合在一起($N>1$),作为一个有机的整体来实现某种目的或功能。

在自动化工具阶段,保险机构往往建立统一发布平台和运维作业台,为整合数据做准备;在云原生架构阶段,保险机构需统一数据,打通工具链,建设基于云原生的研发管理一体化平台;随着保险机构市场业务的成熟与完善,各家保险机构往往沉淀了海量的运维数据及完善的运维知识库,基于大数据与机器学习算法不断在智能化方向探索,并在异常检测、容量预测方面有初步的成果。

对于创新型和高增长型保险公司,应在云基础设施之上,运用当下主流的云原生技术,拥抱云原生建设业务系统依赖的不可变的基础设施,实现业务系统与基础设施的解耦。

云计算集成海量存储和高性能的计算能力,其按需服务、高扩展性、虚拟化等特点,符合保险业的灾备及核心系统连续性、高效性、稳定性、跨地域性的要求,具有明显的技术与需求的契合点。

保险行业由于其业务特性,近年来是上云的"主力军",越来越多的中小保险公司采用云灾备快速构建灾难应对能力,满足业务和监管要求。

中小保险公司构建云灾备主要有两种模式。一是金融云和 IDC[①] 的混合云模式。利用公有云金融专区同城和异地多区域布局,将灾备全部建设在金融云或者结合 IDC 的混合云,形成两地三中心架构,满足金融行业业务连续性要求,实现业务就近接入的客户体验。二是专属云模式。由企业、云厂商和数据中心服务商共同提供灾备专属云,将计算、存储、网络三者隔离,实现多级管控,专门为行业客户服务。客户独享或共享专属资源池,满足特定应用、性能及安全合规要求,同时有效地降低成本。

专栏 4-5

从传统灾备到云灾备

灾备,即容灾备份,是指利用科学技术手段和方法,提前建立系统化的数据应急方式,以应对灾难的发生,包括数据备份和系统备份、业务连续规划、人员架构、通信保障、危机公关、灾难恢复规划、灾难恢复预案、业务恢复预案、紧急事件响应、第三方合作机构和供应链危机管理等。

从灾备建设模式上看,传统环境的灾备技术架构一般采用同城灾备、异地灾备模式,或者两者结合的两地三中心或多中心模式。同城灾备主要是针对站点级的故障和灾难,异地灾备主要针对区域级的灾难风险。

灾备系统建设一直以来面临的问题就是投入大、使用率低、投资效益比不高,所以企业都希望灾备中心可以参与生产业务运行。从灾备中心启用情况来区分,可分为主备模式和双多活模式。双多活模式虽然解决了"闲置"问题,但对系统建设和运营管理都提出了极高的要求,也只被少数企业所采用。

灾备系统建设主要涉及以下技术要素:数据备份系统、备用处理系统、备用网络系统。而其中数据备份系统是灾备建设的基础,对灾难备份的关键指标——RPO(复原时间目标)和 RTO(复原点目标)都有影响。无论是数据级灾备还是应用级灾备系统,数据备份和复

---

① IDC 即互联网数据中心(Internet data center),是指拥有完善的设备(包括高速互联网接入带宽、高性能局域网络、安全可靠的机房环境等)、专业化的管理、完善的应用的服务平台。

制技术都是首要考虑因素。传统环境下的数据备份和复制方式包括:基于存储的复制、基于主机的复制、基于数据库的复制。

在企业数字化转型的背景下,IT架构从传统到云化架构转换的过程中,原有的技术机制和模式不再适用,需要新的灾备技术架构。

对于传统环境下因成本等原因未进行灾备的企业,可以利用云资源进行灾备建设(云灾备),灾难发生时利用云资源进行恢复,以很小的投入就可以获取较高的风险应对能力。而原本灾备建设等级就很高的企业,也可以将灾备系统直接建设在云上,相比传统灾备,在基础设施上的投入更少,可以更好地降低IT成本,具有灵活度高、恢复速度快等优势。

云灾备的相应灾备架构模式包括:生产在云下或者混合架构、生产在云上架构。

生产在云下或者混合架构包括:全云灾备,即将原有的物理环境、私有云和公有云的系统全部在云上进行灾备;混合云灾备,即对于安全性要求高、无法上公有云的系统和数据在云下进行灾备,其他系统在公有云上进行灾备。

生产在云上架构与传统架构的同城双活和两地三中心类似,也可以采用以下模式:同城双活,即利用公有云同城多可用区进行生产(灾备)系统部署,采用云上负载均衡、弹性扩展、数据库复制等方式,实现应用级双活(或主备)以最大程度实现高可用性;异地或多云,即利用公有云异地可用区、多云的同城和异地可用区构建灵活的异地多中心、多云架构;混合云灾备,即生产和灾备全部建在云上,单一云就像是一个"篮子",多云架构又过于复杂,所以对于一些企业来说数据保留一份在云下更有备无患。

云灾备与传统灾备具备相同的技术要素:数据、系统和网络。数据库复制和主机复制方式成为主要方式,但在主机系统配置、备用系统置备和备用网络的技术实现上有所不同。

资料来源:根据网络资料整理。

三、保险云的应用类型

保险行业云计算部署模式包含三种:公有云、私有云和混合云。

(一)公有云(或称行业云)

保险行业的公有云或行业云从应用接入、数据处理和服务处理等层面,深入满足保险行业业务需求,提供符合监管要求的数据安全与灾备能力,保障保险系统的高可用、高安全、高可靠性。

保险行业需严格遵守国家关于信息化工作外包的法律法规和监管部门的要求,建立有效的评估审核流程与监督管理机制,定期对云服务提供方技术实力、安全资质、风险控制水平、诚信记录、财务状况等方面进行审查与评估。

公有云应主要满足如下要求:① 计量准确性。② 迁移性,即云平台技术、架构体系应无厂商锁定。在保险行业终止或变更服务时,应用、数据应能够采用行业通用打包与加密格式便捷地迁移到其他云平台,同时也应支持迁移到本地的实体机环境。

(二)私有云

保险行业可以基于自身技术能力和条件搭建私有云平台。在搭建私有云平台时,可以向云计算软件厂商购买计算虚拟化产品、存储虚拟化产品、网络虚拟化产品、虚拟化管理平台产品等软件产品和驻场运维支持服务,同时也可购买基础硬件设施与设备,包括机房等基础设施以及计算、存储、网络等设备。

私有云应主要满足如下要求:采用统一、规范的架构体系;各保险公司可根据自身业务情况考虑资源预留;支持资源高效交付,提升信息系统稳定性;容灾备份应至少保证同城双中心,可自主选择建设异地数据级灾备中心,可根据自身保险业务需求评估是否建设双活数据中心;构建运维安全审计系统,建立完善的合规审查机制,以满足行业监管机构等部门的监督检查。

（三）混合云

不同保险业务具有不同组网要求,保险行业可根据需求搭建混合云架构。混合云的应用场景主要包括流量突增业务的负载扩充、灾难恢复、数据备份、开发测试生产环境部署和应用部署。其中应用部署主要分为两种情况:核心应用部署在私有云而非核心应用部署在公有云,或前台应用部署在公有云而核心数据仍保留在私有云中,以保证核心数据安全可控。

混合云应主要满足如下要求:① 网络联通。支持专线、裸光纤等网络接入方式实现公有云和私有云的联通。② 可管理性,包括资源管理、监控管理、告警管理、用户管理、虚拟私有云管理等。③ 统一的混合云管理平台。实现混合云环境的集中监控、告警和运维。构建统一的 API 网关,实现不同云提供统一的接口进行管理。

第六节　云计算在保险领域的应用维度

云计算应用的目的是在保证安全可控的前提下,降低成本,提高灵活性和弹性,以及优化资源利用,从而提高竞争力。围绕这一目的,云计算在保险领域中的应用主要包括三大维度:信息处理、系统安全和客户服务。

一、云计算在保险领域的应用维度分布

云计算在保险领域的应用主要包括三大应用维度:保险数据信息的云运用、保险机构系统安全的云应用、保险客户服务体系的云支持。图 4-12 给出了云计算在保险行业中应用场景的维度分布。

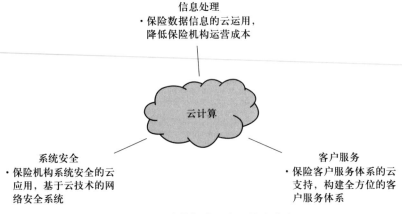

图 4-12　云计算保险业应用维度分布

二、云计算在保险领域的应用维度解释

（一）保险数据信息的云运用

在保险大发展时代，数据的生产、运用与处理也将进入一个新的发展层面。云计算中大量高性能、低成本的计算资源能更好地实现保险数据信息的运用与处理，最大限度地减少保险机构的物理成本和费用。在如今的保险行业，由于保险公司仍旧缺乏大量的数据信息来训练和优化智能模型，所以其与保险客户之间的交互体验效果不佳。因此，保险公司首先需要唤醒保险客户现有的数据资产。例如，沉睡在带库和客服录音存储设备上的客服录音。即通过专线、加密后把输入传入云端，然后进行录音向文本的转换、贴标签、构建优化训练模型等。通过云端的应用，既可以为未来的智能客服提前准备数据，又可以解决当前的客服质检、营销和产品优化的需求，为保险公司培养一批优秀的大数据分析师。

保险机构通过构建云化的信息共享、处理及分析系统，可以使其在产品设计、销售、理赔和资产管理等环节分享各种数据信息，打破数据信息的孤岛，提升整个保险业务链条的运作效率。同时，构建统一的网络接口规则，即通过构建云保险信息处理系统，统一接口类型，最大限度地简化诸如异地出险理赔等技术处理的难度，同时也可减少整个保险行业硬件设施系统构建的重复投资。构建并积极运用云保险信息处理系统，能在更多方面做到信息共享和接口统一，均可以对资源使用方收取相关费用，使得云保险信息处理系统成为一项针对除保险业以外的整个金融系统的产品，为保险机构创造额外的经济收入与来源。

（二）保险机构系统安全的云应用

保险公司的关键业务系统，尤其是和互联网连接的业务系统，除了需要完善的网络安全防御体系外，建设完整的数据安全、容灾备份能够帮助保险公司在发生安全风险或者黑客攻击的情况下，保护住系统的关键信息不泄露，保障数据不会被删除，出现重大事故时仍能在极短的时间内恢复业务的正常运行。

首先在网络通信安全方面，领先的云计算平台会结合负载均衡服务提供 SSL 卸载功能，让用户有能力支撑全站 https 应用，从而大幅提升系统的安全性。其次，在数据安全方面，云计算平台会提供密钥管理服务，让用户使用自己管理的密钥对数据进行加密，并且结合数据库的相关特性对数据库的存储进行加密，从而全面地保障数据的安全。最后在容灾备份方面，在大型保险云计算平台上，用户可以非常方便灵活地建立自己的容灾备份方案，形成两地三中心的容灾结构，实现同城的双活应用。并且保险公司为了和原有系统对接与整合，可以使用混合云方案，对云上、云下相互备份，对系统提供更完善的保护。

随着保险行业越来越多的核心业务上云实践，为了确保保险公司的敏感信息能够在云端安全保存，云计算已经开发并形成了一系列的保障技术措施，且相配套的数据安全监管也得到了持续加强，这使得云计算的数据安全程度能够得到较好保证。

（三）保险客户服务体系的云支持

通过云化的保险理念和保险机构线上优势，可以购进全方位的客户产品服务体系。目前我国保险业数据基本上处于"分布式存储、分布式访问"的状况，保险消费者访问不同的数据内容需要检索不同的数据库。云计算提供了不同服务器间的数据共享环境，能有效扩大保险信息资源共享范围。云计算模式可以在技术和管理上将分布式存储的数据和统一的检索界

面结合起来,并通过一定的协调调度策略将数万乃至上百万的普通计算机联合起来,帮助保险消费者高质量地获取服务。同时,云计算模式应用于保险消费者服务平台后,可将目前分散在不同服务器上的数据库统一起来,为保险消费者提供"一站式"服务,并利用其超计算能力快捷地帮助保险消费者查找到自己需要的信息,从而有效提高资源共享的效率,扩大共享范围,提升保险客户的服务体验度。

云计算的核心技术是虚拟化。虚拟化是指通过向资源用户屏蔽基础设施资源的物理性质和边界的方式将 IT 资源合并,保险消费者服务平台就是利用虚拟化技术整合保险 IT 基础资源。虚拟化技术支持保险消费者在任意位置、使用各种终端获取保险服务。保险消费者所请求的服务资源来自"云",而不是固定的有形实体。应用在"云"中某处运行,但实际上保险消费者无须了解,也不用担心应用运行的具体位置。

在云计算环境下,保险咨询服务的模式将会发生变化。保险服务机构借助统一的云平台开展咨询服务,在相应的激励机制下,保险服务机构都将参与到咨询服务中,积极解答保险消费者的问题,充分体现了平台即服务的模式。云服务平台把参与到服务中的保险服务机构有效地组织起来,共同为保险消费者提供咨询服务。保险消费者不必再考虑找谁解答问题,而保险服务机构也不必思考如何吸引用户,只需充分发挥自身优势解答用户问题即可。

第七节　云计算在保险行业中的具体应用、主要问题及发展趋势

云计算可应用于保险产品设计、定价承保、生态分销、理赔服务和技术系统等不同环节。目前,保险业对云的需求正在积累,随着技术不断完善,云计算在保险行业的应用将不断深化,对整个保险业的信息化建设产生重大影响。

一、保险企业上云

保险行业竞争日益激烈,企业要想在竞争中赢得胜利,必须能够快速推出新的产品,快速满足市场需求,实现业务的敏捷演进。保险业必须进行深刻变革和持续创新以应对挑战,而传统 IT 架构在新技术的应用上进展迟缓,严重影响企业的业务发展创新,保险业务创新困难。面对安全攻击,保险企业急需专业的安全团队和有效的安全产品为保险业务数据的安全保驾护航。确保保险业务可靠稳定运行,是保险企业必须面对和考虑的事情,而自建数据中心,在业务上满足两地三中心部署,投资建设成本巨大。由此,保险公司面临较多的业务挑战。

在一系列挑战之下,保险企业上云成为解决业务发展过程中痛点问题的有效途径。具体分为生产系统上云和灾备系统上云。生产系统上云相比传统自建 IDC 的模式,能够将成本降低 40%~60%,实现 2~3 周快速"拎包入驻"。通过将基础设施云化,随需扩展或收缩资源规模,提高 IT 资源利用效率,降低 IT 资源管理成本,节约 IT 总成本,实现生产系统轻资产运营;保险承保、核保、理赔等全业务系统可云上部署,并充分发挥云平台的技术优势,满足业务对性能的极致要求。

险企数据中心成为保险经营、后援等核心业务的"心脏地带",一旦"心脏地带"发生灾难或突发事件,则将导致全部业务处理停顿,或造成客户重要数据丢失,后果不堪设想。近年来,银保监会对保险行业的灾备能力也越来越重视。为了提高业务的可靠性,保障业务的连续性,保险核心业务系统要求采用同城双活高可用部署,保障机房级的高可用,在故障情况下能够自动切换,实现灾备系统上云,通过异地灾备部署,能够保障地域级的高可用,在出现重大的地震等区域灾害情况下仍能正常对外提供业务。

目前,国内诸多保险企业将云计算应用于信息系统创新建设之中。既有传统保险企业积极开展私有云建设,又有新兴互联网保险企业全业务上行业云。云计算应用不断深入保险业,对保险业诸多方面建设产生越来越大的影响。保险业通过云化创新,将会有更广阔的发展空间。

在布局私有云基础设施方面,部分大型保险公司已建立集团私有云,主要通过虚拟化技术整合网络、主机、存储及内存等计算资源,实现资源的按需分配使用。

如中国人寿对部分分公司进行骨干网改造,使之转化为契合云计算的"云架构"模式,从而降低网络运营费用。太平洋保险在新数据中心的建设中,将几乎全部的核心应用迁移到以刀片服务器为基础的虚拟化平台上,解决了原有数据量急速膨胀、服务器利用率低等一系列问题。泰康人寿采用桌面虚拟化技术搭建了开发测试平台,实现了对开发人员桌面的统一管理,使所有 IT 开发人员及外包公司人员的数据都集中到企业数据中心,管理效能和安全性能得到了极大的提升。人保健康充分利用云计算的技术和理念,合理规划 IT 系统及资源,独立研发了具有自主知识产权的"社保通"和"医保通"系统。

公有云能更好地降低建设成本。信息化投入对保险公司经营成本影响很大,为节约成本,各公司普遍把目光转向云计算。特别是中小保险公司不具备大公司的人力和财力,如果也采取大公司的模式,既会带来很高的成本压力,也会产生资源浪费。因此租用机房、外包灾备中心及呼叫中心等成为其重点考虑的方案。

如合众人寿、新华保险、民生人寿租用了云服务提供商的数据中心,不但节约了成本,而且确保了信息系统的数据安全和业务经营的连续性。安诚保险、星光海航、安邦财险采用了云服务提供商的异地灾备系统,建立完备的灾难备份体系和异地数据级灾难备份系统,以较低成本实现了银保监会《保险业信息系统灾难恢复管理指引》相关要求。

在营销渠道上,中国人保、平安保险、太平洋保险、泰康人寿等保险公司都建立了以云计算为依托,综合网络、电话、手机等多种营销方式,努力开拓网络客户群体,开拓网络营销新渠道。

为增强竞争力,很多公司已经率先制定了云加端(云端服务+应用终端)的战略。平安人寿、中国人寿、太保寿险、阳光人寿等公司相继开通移动展业平台。营销员可以通过笔记本电脑、平板电脑、EPOS 机等专业设备,通过全自动化的销售平台,现场支持客户了解产品、完成投保、获得核保结果、交纳保费等全部流程。

银保监会于 2017 年印发的《中国保险业发展"十三五"规划纲要》明确指出,要推动云计算、大数据在保险行业的创新应用,加快数据采集、整合和应用分析。未来,会有更多的保险企业积极探索云计算,实现企业上云。

二、云计算在保险中的具体应用场景

（一）基于云计算技术的保险消费者服务平台

基于云计算技术的保险消费者服务平台将自助服务云、车险服务云、寿险服务云、咨询服务云通过网络方式部署,保险消费者可通过互联网接入并访问,如图4-13所示。

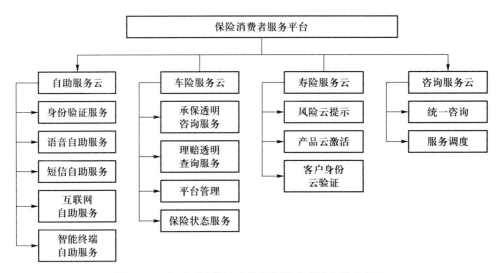

图 4-13　基于云计算技术的保险消费者服务平台架构

1. 自助服务云

借鉴电信运营商等用户自助服务的先进经验,在用户经过身份验证、取得用户名和密码后,可通过电话、手机短信、计算机和智能终端接入等方式查询保险状态,自助办理大部分保险业务。在为保险消费者提供方便的同时,也降低了保险公司的服务成本。

2. 车险服务云

实现与车险信息共享平台的对接,通过云端全面采集的车险承保和理赔信息,解决当前各保险公司理赔自主查询信息不全面、标准不统一的问题,实现保险公司内部理赔流程信息的全面公开。通过消费者全流程透明监督、行业透明监管、保险公司透明服务等手段解决车险理赔难的问题。

3. 寿险服务云

利用云技术的强大辐射力和主动推送服务,实现风险云提示、产品云激活和客户身份云验证,解决寿险销售误导等问题。风险云提示是指通过云技术向投保人主动推送风险提示短信、邮件和语音,并由投保人进行确认,主要解决当前寿险新型产品销售人员代投保人抄录风险提示语等妨碍保险消费者了解产品风险的问题;产品云激活是指投保人在犹豫期通过云端进行保单信息确认和激活,充分保障保险消费者行使犹豫期内的权利;身份云验证是指借鉴信用卡激活时身份验证的经验对保单信息和客户身份进行云端验证,从根本上保证保险消费者的合法权益不被侵害。

4. 咨询服务云

在云计算环境下,保险咨询服务的模式将会发生变化。保险服务机构借助统一的云平台开展咨询服务,在相应的激励机制下,保险服务机构都将参与到咨询服务中来,积极解答保险消费者的问题,充分体现了平台即服务的模式。云服务平台把参与到服务中的保险服务机构有效地组织起来,共同为保险消费者提供咨询服务。保险消费者不必再考虑找谁解答问题,而保险服务机构也不必思考如何吸引用户,只需充分发挥自身优势解答用户问题即可。

云计算环境下保险咨询服务模式,如图4-14所示。保险消费者提出咨询请求,云服务平台接到请求后,判断问题的类型和特点,依据不同保险服务机构的优势自动调度问题并指定保险服务机构解答用户问题。云咨询平台可以看作保险消费者和保险服务机构之间的黑箱,发挥着咨询调度和配置资源的作用。该模式的优势是:保险服务机构无须开发自己的信息咨询平台,节省了设备购置和系统开发的费用;有利于充分发挥各保险公司的优势,为保险消费者提供统一的高质量服务;由于采用联合服务的模式,利于保险消费者的问题得到及时解答。

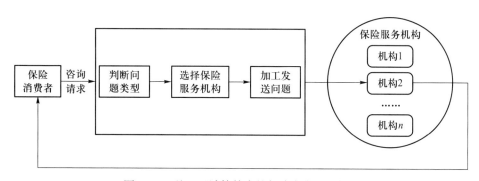

图 4-14　基于云计算技术的保险咨询服务模式

（二）具体场景

云计算在保险行业的主要应用是保险核心业务系统,因此,云计算对保险业务环节的赋能,即是保险核心业务系统等云平台对保险公司业务流程的赋能。通过云计算海量、高并发的数据处理能力,保险机构可以在产品定价、承保、理赔、数据基础设施建设等多个业务维度实现运营效率的提升,赋能保险业务价值链。

1. 保险产品设计与定价

基于大数据和云计算,实现保险产品定价的动态化、差异化与精确化。通过云计算技术的强大计算能力和大数据技术提供的海量数据支持,按需提取和分析用户与交易数据,实时计算,提供更精准的风险管控方案和定价模型,评估和防控风险,打破传统保险产品定价模式,推动保险精算水平和精算效率的提升。云计算可以缩短产品上线周期,提高生产效率,实现产品快速发布、快速迭代。

2. 云投保

云投保将移动展业场景与智能手机、远程电子签名技术创新融合,通过浏览器签名、升级版加密算法及影像合成等新技术应用,打造移动投保新流程。投保者通过智能手机端的几个简单步骤,即可交互完成远程投保。云投保的推出突破了投保时间和空间的制约,从而从根本上解决长期出差、留守老人、求学学生等异地人群不能远程投保签名的行业性难题。太平洋保险的云投保步骤如图4-15所示。

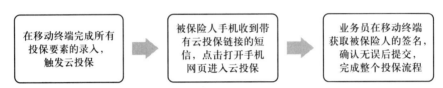

图4-15　太平洋保险云投保步骤

资料来源:太平洋保险官网。

3. 保险承保与理赔

云计算具有高并发的海量数据处理能力,依托大数据和云计算,保险机构能够建立具备数据挖掘、处理、存储的核心业务系统,以提高运营效率和服务针对性。云计算具有弹性计算性能,其弹性扩展的资源用量能够在高峰期为客户的业务保驾护航。如泰康集团的泰康云,其利用公有云+私有云的混合云基础架构,实现弹性扩展,具有在交易峰值时的快速响应能力,其高并发能力达到超1 000单/秒的承保速度,轻松应对"双11"峰值,其水平扩展能力达到单集群最多1 000组服务器,可多集群同时运行。① 同时,依托云平台和云计算能力,保险公司内部能有效提高信息的实时交互性,可以构建标准化工作流程,加快了保险的审核、理赔环节的速度。

专栏 4-7

平安车险"云理赔"上线

平安车险"云理赔"主要基于全球最前沿的AI技术在车险理赔方面的运用,通过LBS(基于位置的服务)精准定位和"城市网格"的ICSS智能平台调度,确保"极速查勘"的可能性;"秒级定损"和"智能风控"AI智能闪赔平台则为多通道定损、修理奠定了坚实的技术

---

① 道口保险观察.保险科技技术发展趋势系列报告(三):云计算[EB/OL],2020.

基础,助力"云理赔"成为一套涵盖大众常见理赔场景的线上线下灵活理赔解决方案,真正实现了根据客户不同场景推荐不同车险理赔的服务方式,满足客户差异化理赔服务。

数据显示,依托平安产险"云理赔"定制化服务,2017年上半年,平安产险客户推荐率高达82.18%。它从2017年1月试运营到当年8月已经为平安出险客户共节省19.9万天,节省路程可绕地球555圈,共减少约488万千克碳排放。与传统车险理赔模式相比,"云理赔"服务最大的亮点是"定制化""透明化",其具有以下4个方面的特点。

(1) 个性化选择报案和查勘方式。车主出险后自主选择打电话、微信、App和直接开至修理厂四种方式进行报案;车主可通过"平安好车主"App连通交警平台(目前已在10个城市开通)及平安车理赔中心进行远程定责、查勘,也可一键导航至就近修理厂处理。

(2) 自主化选择定损维修解决方案。车主既可选择自助拍照定损,收到赔款后自行修车,也可开至平安车险合作修理厂完成定损及后续维修工作,还可以通过"一键包办"预约上门取车后由平安送修和处理后续全流程,修好后送车上门。

(3) 多通道解决理赔资料提交。通过"平安好车主"App,资料既可在线拍照上传,还可以在线预约专人上门收取物理单证或预约门店业务并提供导航前往,同时通过平安合作修理厂定制理赔系统也可提交理赔资料。

(4) 实现在线进度可视化、可查询。"云理赔"实现理赔节点、进度、维修过程、金额明细的透明化,车主报案后,可依托"平安好车主"App或网页实时查看保险理赔人员、救援人员、车辆具体行驶位置及预计到达时间等信息;车辆修理过程中,车主可随时查看理赔维修全过程,通过在线实时视频技术将理赔维修透明化,实现进度可视化、可查询。

平安保险依托AI推出的多项创新服务多为行业首创,从健康、出行、理财三大生活场景出发,利用了平安人脸识别、云计算、大数据等创新科技手段,主打"智慧、便捷",用"科技创新"和"服务速度",为用户提供智能化服务和极致化体验。

资料来源:平安保险官网。

4. 保险基础设施建设

云计算能够帮助保险公司解决IT系统投入问题。云计算以其灵活的基础架构,降低自建底层设施的成本,并提供快速部署支持,以低成本快速实现系统及应用平台的优化升级。云计算正加速成为一种新的IT资源提供方式,企业将更加专注于自身核心竞争力的提升,不再为底层信息基础设施的运维工作而烦恼。云计算的应用能承载快速增长的海量产品及用户数据,实现了业务流程的线上化承载。

三、保险云计算应用的主要问题

保险业应用云计算的主要问题,体现在以下几个方面。

(一) 安全问题

云计算与以往的计算模式安全风险不同,云计算环境下,信息安全问题更严重、更突出。核心的问题在于两个方面:一是以前的信息系统都是保险机构自己搭建,或者托管,在安全资源和基础设备方面有可控性。而在云计算的环境下,是由不可控、不完全可信的经营商统管

IT 资源和基础设施,保险机构无法管理和控制。二是更大规模异构共享和虚拟动态的运行环境难以控制。云计算属于动态变化的计算环境,这个运行环境在某种意义上是无序的。

具体而言,由于云计算中对数据的安全控制力度并不十分理想,API 访问权限控制以及密钥生成、存储和管理方面的不足都可能造成数据泄露,并且还可能缺乏必要的数据销毁政策,由此容易造成数据的丢失或泄露;在云计算中,简单的错误配置都可能造成严重影响,因为云计算环境中的很多虚拟服务器共享着相同的配置,所以必须为网络和服务器配置执行服务水平协议(SLA),以确保及时安装修复程序以及实施最佳做法,共享技术的漏洞较大;云计算服务供应商对工作人员的背景调查力度可能与企业数据访问权限的控制力度有所不同,企业需要对供应商进行评估并提出如何筛选员工的方案,但供应商的可靠性往往不易评估。

从目前保险行业的现状看,公有云在行业内并没有开始大规模的应用,主要原因在于保险行业对数据及信息安全具有极高的要求,因此公有云的安全性是企业的主要顾虑。而大型保险企业大多选择自主搭建私有云,但对中小保险企业来说,搭建私有云需要付出大量的建设成本,并且在短期内难以享受到云计算的价值回报。云服务包含太多保密信息,其中寿险保单对保密性的要求更高,一旦泄露后果将不堪设想。因此,保险公司应特别注意评估云服务提供商的安全性,在公司内部也应为客户信息建立防火墙。

(二)监管问题

保险云计算涉及整个保险业的发展与稳定,目前各保险公司都结合自身特点应用云计算,应用的水平和层次相差很大,没有统一标准。保险业应及早启动云计算行业标准研究,为行业云计算发展打下坚实的基础,这不但利于行业的标准化也利于监管的标准化。并且,对于一些传统险企和中小型险企而言,其目前的 IT 系统在较大程度上难以适应现有的云计算架构,原有的监管要求同样约束了现在的云计算系统,有一些监管要求数据隔离,而云计算架构之下,数据众多且汇聚在一起,难以完全满足原有的监管要求,因此,监管机构应当适时做出调整,满足对云计算架构的监管要求。

(三)试错风险问题

保险行业对于 IT 系统的稳定性有相当高的要求,对于事故的发生零容忍,一旦系统宕机,会导致重大社会影响,因此,保险机构对于系统迁移十分谨慎,不会一步就将原有系统迁移到云上。另外,云计算在保险业的应用仍处于起步阶段,其中很多问题需要云计算服务提供商探索解决。

此外,虽然云应用已经比较丰富,但现阶段主要还是针对公众服务。保险业在云计算应用上,大部分尚处于基础设施的第一阶段,对云平台、云软件应用较少,这主要受限于云计算所处的发展阶段,云计算服务内容有待增加。

四、保险云计算应用的发展趋势

当前,保险公司正利用尖端科技完善并升级现有保险产品、开发创新型新品并重塑行业格局。其中包括云计算、大数据、人工智能和区块链等关键技术。保险公司正在开发或利用基于上述技术的应用,新兴技术的应用已经对保险业产生了重大的影响。尤其是云计算的应用,可以帮助保险公司更好地应对挑战。

（一）进一步推动中小保险企业的信息化基础建设

保险企业需要信息化的支持，信息化需要基础设施支撑，而基础设施建设有很重要的两大部分：一是存载核心设备、提供计算力与存储空间的数据中心。一般中小型保险公司数据中心的一次性建设投入（包括机房装修、设备购买、网络搭建等）往往不低于 500 万元。二是系统的长期维护，包括成本摊销、设备维护、水电能耗、人员费用等，一般数据中心每年的维护费用超过 100 万元。这两部分成本对小型保险企业来说有一定负担。尤其是保险中介企业，其注册资本相对较小，员工数量较少，更难以开展较大规模的信息化基础建设。借助 IaaS 服务，企业在信息化基础建设方面的成本可大大减少。

作为金融企业，保险公司对业务数据的安全性与私密性有较高要求，很多保险公司不会将核心业务、财务等重要系统交付给公共云，而更倾向于构建企业内部的私有云。尤其是一些规模较大的公司，本身已有符合国标的数据中心、较为丰富的计算资源与较强的技术力量，更是具备了建设私有云的基础与条件。

从成本出发，私有云建设目前还不适用于中小保险企业，但对大企业来说，则可多方面提升其信息技术管理水平。以往企业的信息化应用较为分散，70%~80% 的 IT 预算往往投向对现有系统的维护，用于开发的不足 30%，私有云将应用加以集中实现并共享，使得运维大大简化，资源得以释放，更多的资源可转向创新与开发。

（二）全国保险行业云逐步建设

2008 年年底，国内知名的电子商务公司阿里巴巴提出打造电子商务云，将其所拥有的商务资源融入云中，不仅为用户提供出租云的计算、存储与网络服务，还提供适合国内用户的各种电子商务服务。电子商务云的出现，为保险业拓展网络销售渠道提供了良好前景，保险公司可与供应商深度联合，充分利用其技术优势与客户资源，共同打造保险电子商业云平台，向客户提供产品与服务。打造保险电子商务云，将为保险业开辟新的销售渠道提供帮助，创造双赢局面。

如今，在中国保险行业协会的组织推动下，各省保险行业已建立了联合信息平台，实现了区域内的行业信息共享。未来，可尝试利用云计算技术，通过互联网实现各省平台的互联，将资源与数据整合，实现全国范围内的共享与调配，使其成为真正的全国保险行业云平台。

从省级信息平台转化为全国的行业云，将对推动保险业发展产生巨大影响：一是数据共享能力大大增强。行业云实现了全国保险业的数据共享，同时，借助云的开放性，可进行跨行业的数据交互，如与医疗、车管等部门开展信息共享互动，这对提高行业管理水平、提升服务社会能力有重要帮助。二是利用行业云的 IaaS。各省的业务规模不同，平台对计算资源的需求也不一样，行业云可在全国实现资源的按需分配与合理利用。三是利用行业云的 SaaS。SaaS 提供了在线服务的按需使用、购买，比传统服务更具可行性、更便捷，加强了公司与客户之间的信息对称，提升了服务质量。四是利用行业云的 PaaS。行业云整合了大量计算资源与海量数据，并能提供针对分布式数据库的并行分析，以此为基础向公司开放中间件平台，公司在平台上可进行数据的深度挖掘与产品研发，这将大大提高行业的科技创新能力。

本 章 小 结

1. 云计算是一种通过网络按需提供的、可动态调整的计算服务。

2. 云计算系统基本原理是,使计算机分布在大量的分布式计算机上,而非本地计算机或远程服务器。

3. 云计算平台也称云平台,是指基于硬件的服务,提供计算、网络和存储能力。

4. 云平台的功能是提供云计算服务。云计算按照服务类型大致可以分为三类:基础设施即服务(IaaS)、平台即服务(PaaS)和软件即服务(SaaS)。

5. 云部署是指云计算资源的部署办法,根据云计算服务的消费者来源,可分为四种类型:私有云、社区云、公有云和混合云。

6. 云计算关键技术是抽象、调配和对物理资源与虚拟资源的管理。虚拟资源管理包括资源虚拟化和对虚拟资源的管理;物理资源主要指不适合或不能虚拟化的资源。

7. 云计算在保险领域的应用价值主要包括:降低保险公司IT成本、强大的算力支持与业务运营、简化保险机构系统维护与升级和提升保险业务可扩展性。

8. 保险云架构需要在技术上满足两个要求:第一,安全可控;第二,具有弹性。

9. 保险行业云计算部署模式包含三种:公有云、私有云和混合云。在实际业务运行中,大型险企主要应用私有云,中小险企大多应用公有云。

10. 云计算在保险领域中的应用主要包括三大应用维度:保险数据信息的云运用、保险机构系统安全的云应用、保险客户服务体系的云支持。

11. 云计算在保险行业中的具体应用可分为以下几个部分:保险企业上云、基于云计算技术的保险消费者服务平台、云计算下的保险监管和云计算在保险领域具体应用场景。

12. 保险业应用云计算的主要问题,体现在以下几个方面:一是安全问题;二是相关监管合规要求不明确;三是试错风险较高。

13. 保险业对云的需求正在积累,随着技术不断完善,云计算的应用必将不断深入,对整个保险业的信息化建设产生巨大影响。

关 键 概 念

云计算　云计算平台　基础设施即服务(IaaS)　平台即服务(PaaS)　软件即服务(SaaS)
私有云　公有云　混合云　云计算终端　虚拟化技术　软件虚拟化　系统虚拟化
基础设施虚拟化　数据存储技术　资源管理技术　软件定义存储(SDS)　超融合基础架构(HCI)
软件定义数据中心(SDDC)　雾计算　边缘计算　保险云　保险云平台架构　保险云技术
保险消费者云服务平台架构　保险咨询云服务模式　云投保　云理赔

即 测 即 评

简 答 题

1. 什么是云计算？云计算的基本原理是什么？
2. 简述云计算的基本特征及突出优势。
3. 简述大数据与云计算的联系与区别。
4. 简述云计算的服务模式及部署类型。
5. 云计算技术有哪些？虚拟化对云计算的意义何在？
6. 简述云计算发展概况及应用前景。
7. 云计算在保险领域的应用价值是什么？
8. 简述云计算在保险领域的技术建构及应用类型。
9. 保险云应用可分为几大维度？请分别说明。
10. 云计算在保险领域有哪些具体应用？试举例说明。

参 考 文 献

［1］中国电子技术标准化研究院.云计算标准化白皮书［R］,2013.
［2］中国信息通信研究院.云计算发展白皮书［R］,2020.
［3］中国信息通信研究院.云原生发展白皮书［R］,2020.
［4］李慧玲.云计算技术应用研究［M］.成都:电子科技大学出版社,2017.
［5］王良明.云计算通俗讲义［M］.3版.北京:电子工业出版社,2019.
［6］朱义勇.云计算架构与应用［M］.广州:华南理工大学出版社,2017.
［7］中国保险行业协会,中国通信标准化协会.保险行业云计算场景和总体框架:T/
    IAC CCSA 32—2019［S］,2019.
［8］中关村互联网金融研究院.中国保险科技发展白皮书［R］.2019.
［9］艾瑞咨询.中国保险科技行业研究报告［R］.2020.
［10］姚丽娜,边宏宇.关于保险消费者云计算服务平台的研究［J］.中国市场,2016(9):
    116,117＋119.
［11］余宗泽.云计算的基本原理及其对教育领域的影响［J］.卫星电视与宽带多媒体,
    2010(6):67-70.
［12］刘周.从传统灾备技术到云灾备技术架构初探［J］.金融科技时代,2020(8):33-37.
［13］陆平,赵培,王志坤.云计算基础架构及关键应用［M］.北京:机械工业出版社,2016.
［14］汤兵勇.云计算概论:基础、技术、商务、应用［M］.2版.北京:化学工业出版社,2016.
［15］艾瑞咨询.中国基础云服务行业发展洞察［R］,2021.

第五章

人工智能

主要内容

  首先讨论人工智能的基本概念、发展历程、影响及发展趋势,其次讨论人工智能的几种主要技术;再次讨论人工智能产业发展现状以及发展趋势,接下来讨论人工智能在保险领域的应用,最后讨论人工智能在保险领域应用的挑战与发展趋势。

学习目标

  掌握人工智能的概念,人工智能在保险领域的发展历程、应用价值、发展现状、应用条件、运用场景及挑战;理解人工智能的分类、特点、核心能力、类型、影响、发展趋势及保险公司应对人工智能挑战的措施;了解人工智能的主要技术、产业运用情况、研究学派等。

引导案例

武汉解封:小小健康码背后的大智能

  2020年4月8日,封闭76天的武汉宣布"解封",疫情的阴霾终于逐步散去。当江汉关大楼的钟声再度与过江轮渡的汽笛声交织,当黄鹤楼旁重新响起市井的喧闹,熙熙攘攘的人群又一次从武汉出发,也在向着武汉到达。

  湖北省新型冠状病毒感染肺炎疫情防控指挥部要求:从4月8日零时起,离汉人员凭湖北健康码"绿码"可以安全有序流动;外省来鄂来汉人员凭外省健康码或湖北健康"绿码"可以在全省范围内安全有序流动。在疫情尚未完全过去、防疫形势仍然严峻的局面下,小小的健康码不但为武汉的解封保驾护航,而且成为政府有管理的实现武汉解封的主要依据。

  那么健康码背后有何奥秘呢? 其原理是以个人自行申报健康信息为基础,结合手机定位、消费记录(如有没有购买过退烧药等)、乘车记录(有没有去过疫区等)等数据对使用者过去14天的行踪和行为进行综合判断,估算出使用者的疫情风险。安全的颜色是绿色,有一定风险的颜色是黄色,而风险较高则为红色。健康码是一款典型的人工智能应用:一方面,人能理解健康码并在适当限制内进行有效决策;另一方面,健康码将人有效的信息输送给计算机,计算机对大量的、人工根本无法处理的数据进行统一处理,得出有效结果。

"小荷才露尖尖角",健康码技术仅仅是疫情催化人工智能应用落地的一个例子。在对抗疫情和防疫常态化的过程中,越来越多的人工智能正在日常生活的方方面面持续落地,而大量活动的线上化也正在为训练出更强大的人工智能积累数据基础。实际上,以人工智能为代表的新一代通用技术,很有可能如同蒸汽机、电动机、计算机和互联网一样,对世界经济和人类社会产生深远的影响。在机械化、电力化、信息化时代之后,经历疫情的催化智能化时代可能已经悄然到来。

资料来源:根据网络资料整理。

第一节 人工智能的基本内涵、起源及发展历程

人工智能(artificial intelligence,AI)在最近几年发展迅速,已经成为科技界和大众都十分关注的一个热点领域。

一、人工智能的基本概念和特点

(一) 人工智能的基本概念

1. 智能

什么是智能? 智能的本质是什么? 人们至今还没有完全搞清楚,以至于这一问题被列为自然界四大奥秘(物质的本质、宇宙的起源、生命的本质、智能的发生)之一。目前还不能对智能给出一个精确的、可被公认的定义,这就导致了对于智能的多种说法。其中影响较大的主要有思维理论、知识阈值理论及进化理论三种解释。

思维理论认为智能的核心是思维,人的一切智慧或智能都来自大脑的思维活动,人类的一切知识都是思维的产物,因而通过对思维规律与方法的研究可以揭示智能的本质。

知识阈值理论着重强调知识对智能的重要意义和作用,认为智能行为取决于知识的数量及其一般化的程度,它把智能定义为:智能就是在巨大的搜索空间中迅速找到一个满意解的能力。

进化理论着重强调控制。该理论认为人的本质能力是在动态环境中的行走能力、对外界事物的感知能力、维持生命和繁衍生息的能力,智能取决于感知和行为,因而智能是在系统与周围环境不断"刺激—反应"的交互中发展和进化的。

目前,一般认为智能是知识与智力的总和。其中,知识是一切智能行为的基础,而智力是获取知识并运用知识求解问题的能力。具体地说,智能具有以下特征:

(1) 具有感知能力。感知能力是指人们通过视觉、听觉、触觉、味觉、嗅觉等感觉器官感知外部世界的能力。感知是人类最基本的生理、心理现象,是获取外部信息的基本途径,人类的大部分知识都是通过感知获取有关信息,然后经过大脑加工获得的。因此,感知是产生智能活动的前提与必要条件。

(2) 具有记忆与思维的能力。记忆与思维是人脑最重要的功能。记忆用于存储由感觉器官感知到的外部信息以及由思维所产生的知识;思维用于对记忆的信息处理,即利用已有的知识对信息进行分析、计算、比较、判断、推理、联想、决策等。思维,是一个动态过程,是获取知识以及运用知识求解问题的根本途径。

（3）具有学习能力及自适应能力。学习是人的本能，人都是通过与环境的相互作用，不断地进行着学习，并通过学习积累知识、增长才干，适应环境的变化，充实、完善自己。只是由于各人所处的环境不同、条件不同，学习的效果也不相同，体现出不同的智能差异。

（4）具有行为能力。人们通常用语言或者某个表情、眼神及形体动作来对外界的刺激作出反应，传达某个信息，这称为行为能力或表达能力。如果把人们的感知能力看作是用于信息的输入，则行为能力就是用作信息的输出，它们都受到神经系统的控制。

2. 人工智能

人工智能是相对于人的自然智能而言的，从广义上解释就是"人造智能"，指用人工的方法和技术在计算机上实现智能，以模拟、延伸和扩展人类的智能。由于人工智能是在机器上实现的，所以又称机器智能。

人工智能作为一门前沿交叉学科，对其定义一直存有不同的观点。"人工智能"一词于1956 年被创造出来，是"制造智能机器的科学与工程"，但自此以后却被赋予各式各样的内涵。安德烈亚斯·卡普兰（Andreas Kaplan）和迈克尔·海恩莱因（Michael Haenlein）将人工智能定义为：系统正确解释外部数据，从这些数据中学习，并利用这些知识通过灵活适应实现特定目标和任务的能力。

1980 年，美国哲学家约翰·瑟尔（John Searle）和其他人一样，试图透过区分"弱/窄"人工智能（weak/narrow AI）和"强/宽"人工智能（strong/broad AI）之方式进行精确的定义。"弱"人工智能，是指人工模拟智能，机器只能模拟人类具有思维的行为表现，而不是真的懂得思考；"强"人工智能，是指人工思考智能，大胆假设计算机能具有与人相同程度的思考能力。[①]

《人工智能——一种现代方法》中将已有的一些人工智能定义为四类：像人一样思考的系统、像人一样行动的系统、理性地思考的系统、理性地行动的系统。

罗兰贝格管理咨询公司认为，人工智能是一门利用计算机模拟人类智能行为科学的统称，它涵盖了训练计算机使其能够完成自主学习、判断、决策等人类行为的范畴。[②]

本书采用的定义是：人工智能是利用数字计算机或者数字计算机控制的机器模拟、延伸和扩展人的智能，感知环境、获取知识并使用知识获得最佳结果的理论、方法、技术及应用系统。[③]

人工智能、机器学习、深度学习是我们经常听到的三个热词。关于三者的关系，简单来说，机器学习是实现人工智能的一种方法，深度学习是实现机器学习的一种技术。机器学习使计算机能够自动解析数据、从中学习，然后对真实世界中的事件做出决策和预测；深度学习是利用一系列"深层次"的神经网络模型来解决更复杂问题的技术（见图5-1）。

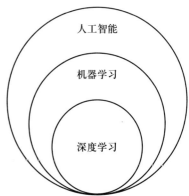

图5-1　人工智能、机器学习与深度学习的关系

---

①　CUMMINS R. Minds, brains, and computers[M]. London：Blackwell Publishers, 2000.

②　罗兰贝格, 中国人工智能学会. 人工智能创新应用白皮书［R/OL］, 2020.

③　中国电子技术标准化研究院, 中国人工智能学会. 2021 版人工智能标准化白皮书［R/OL］, 2021.

（二）人工智能的特点

如今,得益于算法、数据和算力三方面共同的进步,人工智能发展到了新的阶段,呈现出专业性、专用性和普惠性的特点。

1. 专业性

专业性指的是人工智能具有了等同甚至超越人类专业水平的能力。随着深度学习等技术的成熟,人工智能已不仅仅能够进行简单的重复性工作,还可以完成专业程度很高的任务。例如,阿尔法狗（AlphaGo）在围棋比赛中战胜了人类冠军（专栏 5-1）,人工智能系统诊断皮肤癌达到了专业医生水平,人工智能程序在大规模图像识别和人脸识别中有了超越人类的表现。

专栏 5-1

谷歌人工智能围棋程序 AlphaGo 战胜世界围棋冠军李世石

---

2. 专用性

专用性指的是目前一种人工智能应用通常仅能用于一个领域,无法实现通用的人工智能。面向特定任务（比如下围棋）的专用人工智能系统由于任务单一、需求明确、应用边界清晰等理由形成了人工智能领域的单点突破。虽然在信息感知、机器学习等"浅层智能"方面进步显著,但是在概念抽象和推理决策等"深层智能"方面的能力还很薄弱,存在着明显的局限性,与真正通用的智能还相差甚远。

3. 普惠性

普惠性指的是人工智能技术能够与不同的产业相结合产生新的应用,对各行各业都产生普惠效应。图像识别、语音识别、自然语言理解等人工智能技术能够根据不同行业的需求,形成具体的应用,在各式各样的场景中发挥作用。例如,图像识别可以应用于制造行业的产品检测、交通行业的车牌识别、零售行业的刷脸支付等。

（三）人工智能的分类

按人工智能是否真正能推理、思考和解决问题,可以将人工智能分为弱人工智能、强人工智能和超人工智能

1. 弱人工智能

弱人工智能（artificial narrow intelligence, ANI）是指不能真正实现推理和解决问题的智能机器。这些机器表面看像是智能的,但是并不真正拥有智能,也不会有自主意识。迄今为止的人工智能系统都还是实现特定功能的专用智能,而不是像人类智能那样能够不断适应复杂的新环境并不断学习新的功能,因此都还是弱人工智能。目前的主流研究仍然集中于弱人工智能,并取得了显著进步,如在语音识别、图像处理、物体分割、机器翻译等方面取得了重大突破,甚至可以接近或超越人类水平。

2. 强人工智能

强人工智能（artificial general intelligence，AGI）是指真正能思维的智能机器，并且这样的机器被认为是有知觉的和自我意识的。这类机器可分为类人（机器的思考和推理类似人的思维）与非类人（机器产生了和人完全不一样的知觉和意识，使用和人完全不一样的推理方式）两大类。从一般意义来说，达到人类水平的、能够自适应地应对外界环境挑战的、具有自我意识的人工智能称为"通用人工智能""强人工智能"或"类人智能"。

3. 超人工智能

科学家把超人工智能（artificial super intelligence，ASI）定义为在几乎所有领域都比最聪明的人类都聪明很多，包括科学创新、通识和社交技能。

（四）人工智能技术的分类

中国电子技术标准化研究院出版的《人工智能标准化白皮书》把人工智能技术体系分为应用层、技术层和基础层三个部分。

1. 应用层

人工智能技术与行业深度结合，针对具体的场景来实现智能化的方案，目前主要的应用领域包括安防、金融、医疗、交通、教育、制造、互联网、电力等，未来将会拓展到更多的领域。当前，人工智能产品种类也比较多，比如机器人方面，包括家用机器人（扫地、陪伴、教育等用途）、工业机器人等；再如自动驾驶汽车，其中就使用了大量的人工智能技术，包括通过计算机视觉技术来识别车道线、交通标志、信号灯等，进一步利用人工智能算法进行决策分析，做出正确的动作指令。

2. 技术层

底层包括各种机器学习、深度学习的开源框架等。以学术界为代表，对人工智能的底层理论算法的研究，包括近年来比较主流的深度神经网络算法、传统机器学习算法。正是因为这些基础理论取得突破，才使得当下人工智能技术在产业化方面取得突飞猛进的进步。技术层主要的研究领域包括计算机视觉、语音识别、自然语言处理、决策规划等，涉及感知、认知、决策不同的智能方向。在每个研究领域，又有很多细分技术研究领域，比如计算机视觉领域包括图像识别、目标跟踪、视频理解、行为分析、图像超分、多维特征识别等。技术层是人工智能中最为令人关注的，也是最具挑战的，其优劣直接决定了行业应用落地的成效。

3. 基础层

作为人工智能产业的底座支撑，基础层包括硬件、系统平台和数据的技术支持。硬件主要是为人工智能应用提供强大的算力支撑，包括计算资源如 GPU[①]、FPGA[②]、ASIC[③] 等加速芯

---

① GPU（graphics processing unit）即图形处理器，又称显示核心、显卡、视觉处理器、显示芯片或绘图芯片，是一种专门在个人计算机、工作站、游戏机和一些移动设备（如平板电脑、智能手机等）上运行绘图运算工作的微处理器。

② FPGA（field programmable gate array）即现场可编程逻辑门阵列，是以 PAL、GAL、CPLD 等可编程逻辑器件为技术基础发展而成。作为专用集成电路中的一种半客制电路，它既弥补了完全客制电路的不足，又克服了原有可编程逻辑组件门电路数有限的缺点。

③ ASIC（application specific integrated circuit）即特殊应用集成电路，是指依产品需求不同而客制化的特殊规格集成电路。例如，设计用来执行数字录音机高效能的比特币挖矿机功能的集成电路就是 ASIC。

片,网络资源,存储资源,以及各种传感器件;系统平台包括操作系统、云计算平台、大数据平台等;数据资源是人工智能技术(尤其是深度学习)获得长足发展不可或缺的组成部分,犹如为发动机提供充足的燃料。

（五）人工智能的核心能力

人工智能的目标是能够胜任一些通常需要人类智能才能完成的复杂工作,帮助人类以更高效的方式进行思考与决策,其核心能力主要体现在计算智能、感知智能和认知智能(见图5-2)。

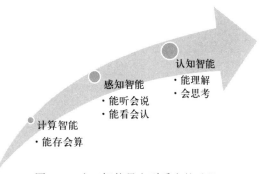

图5-2　人工智能量变到质变的过程

1. 计算智能

计算智能是指机器可以具备超强的记忆力和超快的计算能力,从海量数据中进行深度学习与积累,从过去的经验中获得领悟,并用于当前环境。例如,AlphaGo利用增强学习技术,借助价值网络与策略网络这两种深度神经网络,完胜世界围棋冠军。

2. 感知智能

感知智能是指使机器具备视觉、听觉、触觉等感知能力,将前端非结构化数据进行结构化,并以人类的沟通方式与用户进行互动。例如,谷歌的无人驾驶汽车通过各种传感器对周围环境进行处理,从而有效地对障碍物、汽车或骑行者作出迅速避让。

3. 认知智能

认知智能是指使系统或机器像人类大脑一样"能理解,会思考",通过生成假设技术,实现以多种方式推理和预测结果。例如,阿里全新AI诊断技术:通过CT影像识别新冠肺炎的准确率达96%,平均用时不到20秒。

二、人工智能的发展历程

人工智能概念诞生于1956年,在半个多世纪的发展历程中,由于受到智能算法、计算速度、存储水平等多方面因素的影响,人工智能技术和应用发展经历了多次高潮和低谷(见图5-3)。2006年以来,以深度学习为代表的机器学习算法在机器视觉和语音识别等领域取得了极大的成功,识别准确性大幅提升,使人工智能再次受到学术界和产业界的广泛关注。[①]

1. 人工智能的深耕细作

人工智能发展的第一阶段也称深耕细作阶段(20世纪50年代中期—80年代初期)。早在1950年,计算机与人工智能之父图灵[②]发表《机器能思考吗？》,提出图灵测试(专栏5-2);

① NEWEll.A.Intellectual issues in the history of artificial intelligence[M].Hoboken:John Wiley & Sons,1983.
② 图灵(Alan Mathison Turing)是英国计算机科学家、数学家、逻辑学家、密码分析学家和理论生物学家,被誉为计算机科学与人工智能之父。

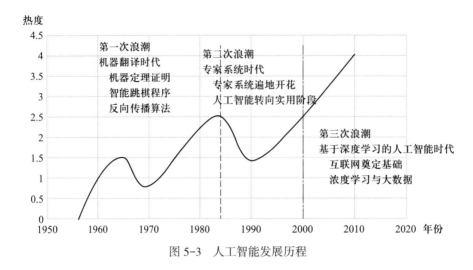

图 5-3　人工智能发展历程

1956 年,达特茅斯会议(Dartmouth Conference)① 首次提出"人工智能"术语,标志着人工智能学科的诞生;1959 年,塞缪尔(A. M. Samuel)提出了机器学习,其研制的跳棋程序击败了塞缪尔本人;1969 年,作为人工智能主要流派的连接主义与符号主义进入低潮,且随着计算任务的复杂程度不断加深,人工智能的发展遇到了瓶颈。

专栏 5-2

图 灵 测 试

图灵测试(The Turing test),又译图灵试验,是图灵于 1950 年提出的一个关于判断机器是否能够思考的著名思想实验,测试某机器是否能表现出与人等价或无法区分的智能。测试的谈话仅限于使用唯一的文本管道,如计算机键盘和屏幕,这样的结果不依赖于计算机把单词转换为音频的能力。

测试过程:由一位提问者在一个房间里通过计算机终端与另外两个回答者 A 和 B 通信,提问者知道其中一个回答者是人,另一个回答者是机器,但不知道哪个是人,哪个是机器。在分别与 A 和 B 交谈后(交谈的内容可以涉及数学、科学、政治、体育、娱乐、艺术、情绪等任何方面),提问者要判断出哪个回答者是机器。如果机器在一次会话中成功地扮演了人的角色,就可以认为它具有智能。

图灵测试用人类的表现来衡量假设的智能机器的表现,这无疑是评价智能行为最好的标准之一,而且它给出了一个可观的智能概念,也就是根据对一系列特定问题的反应来决定是否是智能体的行为。这为判断智能提供了一个标准,同时图灵测试也成为许多现代人工智能程序评价方案的基础。

---

① 1956 年 8 月,约翰·麦卡锡、马文·闵斯基、克劳德·香农、艾伦·纽厄尔、赫伯特·西蒙等科学家聚在一起,讨论"用机器来模仿人类学习以及其他方面的智能"。会议足足开了两个月的时间,虽然大家没有达成共识,却为会议讨论的内容起了一个名字:人工智能。因此,1956 年也就成为人工智能元年。

2. 人工智能突飞猛进阶段

人工智能发展的第二阶段也称突飞猛进阶段(20 世纪 80 年代—21 世纪初期)。20 世纪 80 年代初期,一类名为"专家系统"的 AI 程序开始为全世界众多公司所采纳,而"知识处理"成为主流 AI 研究的焦点。人工智能被引入市场,并显示出使用价值。首个成功的商用专家系统 R1 为 DEC 公司大约每年节省 4 000 万美元的费用。20 世纪 90 年代初期,苹果、IBM 推出的台式机开始进入普通百姓家庭,为计算机工业的发展奠定了基础,确立了方向。1997 年,美国 IBM 公司研制的代号为"深蓝"的计算机击败了保持国际象棋棋王宝座 12 年之久的卡斯帕罗夫,引起了轰动,人工智能迎来了第二次浪潮——依托知识积累构建模型的专家系统时代。其标志事件为 LISP 机器商业化。

专栏 5-3

人工智能的研究学派

专栏 5-4

深蓝(超级计算机)

深蓝(DeepBlue)是由 IBM 开发,专门用以分析国际象棋的超级计算机。深蓝是平行运算的计算机系统,建基于 RS/6000SP,另加上 480 颗特别制造的 VLSI 象棋芯片。下棋程序以 C 语言写成,运行 AIX 操作系统。1997 年版本的深蓝运算速度为每秒 2 亿步棋,是其 1996 年版本的 2 倍。1997 年 6 月,深蓝在世界超级计算机中排名第 259 位,计算能力为 11.38 Gflops。1997 年的深蓝可搜索及估计随后的 12 步棋,而一名人类象棋好手大约可估计随后的 10 步棋。每增加 1 步棋的搜索能力约等于增加下棋强度约 80ELO 等级分。

人与计算机的首次对抗是在 1963 年。国际象棋大师兼教练大卫·布龙斯坦怀疑计算机的创造性能力,同意用自己的智慧与计算机较量。下棋的时候他有一个非常不利的条件:让一个子。但当对局进行到一半时,计算机就把布龙斯坦的一半兵力都吃掉了。1996 年 2 月 10 日,超级计算机深蓝首次挑战国际象棋世界冠军卡斯帕罗夫,但以 2∶4 落败。比赛在 2 月 17 日结束。其后研究小组对深蓝加以改良。1997 年 5 月 11 日,在人与计算机之间挑战赛的历史上可以说是历史性的一天。计算机在正常时限的比赛中首次击败了等级分排名世界第一的棋手卡斯帕罗夫,比分为 3.5∶2.5(2 胜 1 负 3 平)。机器的胜利标志着国际象棋历史的新时代。

资料来源:根据网络资料整理。

3. 人工智能量变到质变阶段

人工智能发展的第三个阶段也称量变到质变阶段(21世纪初期至今)。信息技术的蓬勃发展,为人工智能的发展提供了基础条件。这一阶段人工智能的理论算法也在不断沉淀,以统计机器学习为代表的算法,在互联网、工业等诸多领域取得了较好的应用效果。

2006年,在杰弗里·辛顿(Geoffrey Hinton)和他的学生的推动下,深度学习开始受到关注,推动了人工智能的发展。从2010年开始,人工智能进入爆发阶段,其最主要的驱动力是大数据时代的到来,运算能力及机器学习算法得到提高。人工智能快速发展,产业界也不断涌现出新的研发成果:2011年,IBM开发的Waston系统在智力问答节目《危险边缘》中战胜了最高奖金得主和连胜纪录保持者;2012年,谷歌大脑通过模仿人类大脑在没有人类指导的情况下,利用非监督深度学习方法从大量视频中成功学习到识别出一只猫的能力;2014年,微软公司推出了一款实时口译系统,可以模仿说话者的声音并保留其口音,同年还发布了全球第一款个人智能助理微软小娜;2014年,亚马逊发布至今为止最成功的智能音箱产品Echo和个人助手Alexa;2016年,谷歌AlphaGo机器人在围棋比赛中击败了世界冠军李世石;2017年,苹果公司在原来个人助理Siri的基础上推出了智能私人助理Siri和智能音响HomePod。

专栏 5-5

谷歌大脑、百度大脑以及 IBM 大脑

在人工智能量变到质变的过程,出现了三个大脑,分别是谷歌大脑、百度大脑以及IBM大脑。

1. 谷歌大脑

被誉为"谷歌大脑"的项目是谷歌无人自动驾驶汽车,该汽车完成了70万英里(1英里=1.6千米)的高速公路无人驾驶巡航里程。该项目的诞生源于谷歌公司大量购买人工智能公司、机器公司、智能眼镜公司、智能家居公司等公司的技术,通过收购的技术对"谷歌大脑"提供源源不断的数据。

"谷歌大脑"这个神经网络,能够让更多的用户拥有良好的使用体验。随着时间的推移,谷歌其他的产品(图像搜索、谷歌眼镜等)都得以迅速发展。人工智能在商业中的应用非常广泛。

2. 百度大脑

百度大脑是百度技术多年积累和业务实践的集大成,包括视觉、语音、自然语言处理、知识图谱、深度学习等AI核心技术和AI开放平台,对内支持百度所有业务,对外全方位开放,助力合作伙伴和开发者,加速AI技术落地应用,赋能各行各业转型升级。

2016年百度大脑1.0完成基础能力搭建和核心技术初步开放;2017年百度大脑2.0形成了完整的技术体系,开放60多项AI能力;2018年百度大脑3.0核心技术突破为"多模态深度语义理解",同时开放110多项核心AI技术能力。

目前,百度大脑已对外开放了150多项领先的AI能力,构建起AI全栈技术布局。未来百度将继续平等赋能开发者,让每一位开发者都能平等便捷地获取AI能力(见图5-4)。

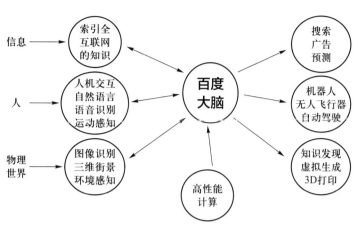

图 5-4　百度大脑剖析

3. IBM 大脑

IBM 公司一直致力于研发出能够像人一样思考问题、拥有人一样的智力的人工智能计算机。IBM 在 2011 年发布首款能够模拟人类大脑的芯片 SyNAPSE（Systems of Neuromorphic Adaptive Plastic Scalable Electronics），即"自适应塑料可伸缩电子神经形态系统"。在 2011—2014 年，IBM 公司对 SyNAPSE 芯片进行深度研究，不断升级。升级后芯片能够认知计算机方面的相关信息，拥有 100 万个"神经元"内核，2.56 亿个"突触"内核，4 096 个"神经突触"内核，而耗电率极低，功率仅为 70 毫瓦。

资料来源：根据网络资料整理。

三、人工智能的影响以及发展趋势

（一）人工智能的影响

1. 提升生产效率

人工智能对企业变革影响巨大，在未来 15 年内，人工智能和自动化技术将取代众多岗位，同时也带来效率的提升。例如，在智慧档案的应用中。第一，智慧档案馆利用各种智能主体进行档案信息资源的收集工作，依据档案工作者所设置的运行章程，通过智能主体的自学习性、灵活性、主动性和适应性，高效收集档案信息资源。第二，智慧档案馆通过文本分类技术实现档案的智能分类。文本分类技术是自然语言处理的一个重要应用领域，它首先对选定的文本样本集合进行标记，然后得出其中文本属性和类别间的关系模型，再根据这种关系模型对需要进行分类的文本进行判断，这样做大大减少了人工分类中的烦琐程序。第三，智慧档案馆使用智能机器检索档案信息，与传统档案信息检索相比更加省时、省力，利于档案的规范化、标准化，智能机器能以最方便的形式提供用户服务。经过自然语言处理后，用户只需使用普通的话语，就可找到自己需要的档案。

2. 改变人们生活方式

随着人工智能技术的普及，人们的居住、健康、出行、教育、娱乐等多方面的生活方式都将从中受益。智能家居将会是人工智能技术应用的一个重要突破口。未来,智慧家居助理会统筹管理所有智能家居设备,使其协同工作,根据不同的活动场景,为人们营造更加舒适和安全的居住环境。人们不再是通过双手去操作使用各种电器,而是通过更加自然的方式与智慧家居助理交流,轻松地让各种电器完成任务。

医疗也将是人工智能大显身手的领域。人工智能技术的推广,可以在很大程度上缓解医疗资源紧缺、医护人员工作强度大等问题,使更多的民众受益。另外,通过健康穿戴设备,监测人们的生理数据,对人们的日常健康状况进行检测管理,能做到疾病的提前预防。

3. 改善人类生存环境

人工智能在粮食保障、能源利用、气象预测、环境污染、自然资源保护等领域应用,可有效改善人类生存环境,促进人与自然和谐共生。

农业是人类赖以生存的基础,为人类提供每天所需的食物。据《2019年全球粮食危机报告》显示,全球仍有1亿多人处于重度饥饿状态。自然灾害和气候变化是导致粮食不安全的部分关键因素。人工智能在一定程度上可以改善农业所面临的问题。例如,2019年年底在全球较大范围内发生的非洲蝗虫自然灾害,造成部分地区粮食大幅减产。有些机构开始着手研究如何利用人工智能技术结合卫星遥感地理信息,对类似的自然灾害进行预警,减少农业损失。另外,利用人工智能技术对小地域范围内实时、精准的气象预测,可以指导农业实施过程,确定在什么时间适合进行播种、施肥、灌溉、采摘等。人工智能还可以用于筛选优良种子,达到粮食增产的目的。

(二)人工智能的发展趋势

根据中国电子技术标准化研究院发布的《人工智能标准化白皮书(2018版)》,下一步人工智能发展主要集中在以下几个方面。

1. 技术平台开源化

开源化是指技术平台可以公开访问,人们可以修改并分享平台资源。人工智能的快速发展需要有一个更为开源的平台。开源将会让更多中小企业及开发者从不同维度参与人工智能相关领域的研发,这为行业层面新产品的快速迭代和共同试错提供了共享创新平台。国内外产业巨头也意识到通过开源技术建立产业生态,是抢占产业制高点的重要手段。通过技术平台的开源化,可以扩大技术规模,整合技术和应用,有效布局人工智能全产业链。谷歌、百度等国内外龙头企业纷纷布局开源人工智能生态。未来,更多开源平台的出现将助力人工智能技术从尖端化走向平民化,会有许许多多的企业与开发者通过开源平台享受深度学习的技术成果,创造出更多别具一格的应用,加速行业转型和升级。

2. 专用智能向通用智能发展

目前的人工智能发展主要集中在专用智能方面,具有领域局限性。随着科技的发展,各领域之间相互融合、相互影响,需要一种范围广、集成度高、适应能力强的通用智能,提供从辅助性决策工具到专业性解决方案的升级。通用人工智能具备执行一般智慧行为的能力,可以将人工智能与感知、知识、意识和直觉等人类的特征互相连接,减少对领域知识的依赖性,提高处理任务的普适性,这将是人工智能未来的发展方向。未来的人工智能将广泛地涵盖各个领域,消除各领域之间的应用壁垒。

3. 智能感知向智能认知方向迈进

人工智能的主要发展阶段包括运算智能、感知智能、认知智能,这一观点得到业界的广泛认可。早期阶段的人工智能是运算智能,机器具有快速计算和记忆存储能力。当前大数据时代的人工智能是感知智能,机器具有视觉、听觉、触觉等感知能力。随着类脑科技的发展,人工智能必然向认知智能时代迈进,即让机器能理解、会思考。

第二节　人工智能技术

人工智能的工作原理是计算机通过传感器(或人工输入的方式)来收集关于某个情景的信息(数据),并将此信息与已存储的信息进行比较。本节将重点介绍近 20 年来人工智能领域的关键技术。

一、机器学习

(一) 机器学习基本概念

机器学习(machine learning,ML)是一门涉及统计学、系统辨识、逼近理论、神经网络、优化理论、计算机科学、脑科学等诸多领域的交叉学科,研究计算机怎样模拟或实现人类的学习行为,以获取新的知识或技能,重新组织已有的知识结构使之不断改善自身的性能,是人工智能技术的核心。

机器学习是专门研究计算机怎样模拟或实现人类的学习行为,以获取新的知识或技能,重新组织已有的知识结构使之不断改善自身的性能。[①]

(二) 机器学习模式

1. 监督学习

监督学习中的数据集是有标签的,就是说对于给出的样本我们是知道答案的。如果机器学习的目标是通过建模样本的特征 x 和标签 y 之间的关系:$y = f(x,\theta)$ 或 $p(y|x,\theta)$,并且训练集中每个样本都有标签,那么这类机器学习称为监督学习。

根据标签类型,又可以将其分为分类问题和回归问题。前者是预测某一样东西所属的类别(离散的),比如给定一个人的身高、年龄、体重等信息,然后判断性别、是否健康等;后者则是预测某一样本所对应的实数输出(连续的),比如预测某一地区人的平均身高。我们大部分学到的模型都属于监督学习,包括线性分类器、支持向量机等。

2. 无监督学习

无监督学习是利用无标记的有限数据描述隐藏在未标记数据中的结构或规律,最典型的非监督学习算法包括单类密度估计、单类数据降维、聚类等。无监督学习不需要训练样本和人工标注数据,便于压缩数据存储、减少计算量、提升算法速度,还可以避免正、负样本偏移引起的分类错误问题。无监督学习主要用于经济预测、异常检测、数据挖掘、图像处理、模式识别等领域,如组织大型计算机集群、社交网络分析、市场分割、天文数据分析等。

---

① 何清,李宁,罗文娟,等.大数据下的机器学习算法综述[J].模式识别与人工智能,2014,27(4):327-336.

3. 半监督学习

半监督学习是监督学习与无监督学习相结合的一种学习方法。半监督学习一般针对的问题是数据量大,但是有标签数据少或者标签数据的获取很难、很贵的情况,训练的时候有一部分是有标签的,有一部分是没有的。与使用所有标签数据的模型相比,使用训练集的训练模型在训练时可以更准确,而且训练成本更低。

4. 强化学习

强化学习是智能系统从环境到行为映射的学习,以使强化信号函数值最大。由于外部环境提供的信息很少,强化学习系统必须靠自身的经历进行学习。强化学习的目标是学习从环境状态到行为的映射,使得智能体选择的行为能够获得环境最大的奖赏,外部环境对学习系统在某种意义下的评价为最佳。其在机器人控制、无人驾驶、下棋、工业控制等领域获得成功应用。

专栏 5-6

强 化 学 习

强化学习是从动物学习、参数扰动自适应控制等理论发展而来,基本原理是:如果Agent[1] 的某个行为策略导致环境正的奖赏(强化信号),那么 Agent 以后产生这个行为策略的趋势便会加强。Agent 的目标是在每个离散状态发现最优策略以使期望的折扣奖赏和最大。

强化学习在机器人学科中被广泛应用。在与障碍物碰撞后,机器人通过传感器收到负面的反馈从而学会去避免冲突。在视频游戏中,可以通过反复试验采用一定的动作,获得更高的分数。Agent 能利用回报去理解玩家最优的状态和当前应该采取的动作。

例如,采用一只老鼠来模拟强化学习中的 Agent,其任务是走出迷宫,每走一步都有一个方法来衡量其走得好与坏,基本学习过程是当其走得好的时候就给其一定的奖励(如一块蛋糕)。通过这种方式,Agent 在行动评价的环境中获得知识、改进行动方案以适应环境。

(三) 机器学习代表算法

1. 线性回归

在机器学习中,我们有一组输入变量(x)用于确定输出变量(y)。输入变量和输出变量之间存在某种关系,机器学习的目标是量化这种关系。

在线性回归中,输入变量(x)和输出变量(y)之间的关系表示为 $y = ax + b$ 的方程。因此,线性回归的目标是在拟合最接近大部分点的线的基础上找出系数 a 和 b 的值。这里,a 是直线的斜率,b 是直线的截距。

2. 随机森林

随机森林指的是利用多棵决策树对样本进行训练并预测的一种分类器。它包含多个决

---

① Agent 专指信息世界中的软件机器人,又称软件 Agent。

策树的分类器,并且其输出的类别是由个别树输出的类别的众数决定。随机森林是一种灵活且易于使用的机器学习算法,即便没有超参数调优,也可以在大多数情况下得到很好的结果。随机森林也是最常用的算法之一,因为它很简易,既可用于分类也能用于回归。

3. 逻辑回归

逻辑回归最适合二进制分类($y = 0$ 或 1 的数据集,其中 1 表示默认类)。例如,在预测事件是否发生时,发生的事件被分类为 1;在预测人会生病或不生病,生病的实例记为 1。它是以其中使用的变换函数命名的,称为逻辑函数 $h(x) = 1/(1 + e^{-x})$,它是一个 S 形曲线。

在逻辑回归中,输出是以缺省类别的概率形式出现的。因为这是一个概率,所以输出在 $0 \sim 1$ 的范围内。输出(y 值)通过对数转换 x 值,使用对数函数 $h(x) = 1/(1 + e^{-x})$ 来生成。然后应用一个阈值来强制这个概率进入二元分类。

4. k 最近邻

最近邻(k-nearest neighbor,kNN)的核心思想是如果一个样本在特征空间中的 k 个最相邻的样本中的大多数属于某一个类别,则该样本也属于这个类别,并具有这个类别样本的特性。该方法在确定分类决策上只依据最邻近的一个或者几个样本的类别来决定待分样本所属的类别。kNN 方法在做类别决策时,只与极少量的相邻样本有关。由于 kNN 方法主要靠周围有限的邻近的样本,而不是靠判别类域的方法来确定所属类别的,因此对于类域的交叉或重叠较多的待分样本集来说,kNN 方法较其他方法更为适合。

kNN 方法不仅可以用于分类,还可以用于回归。通过找出一个样本的 k 个最近邻居,将这些邻居的属性的平均值赋给该样本,就可以得到该样本的属性。简单来说,kNN 可以看成:有那么一堆你已经知道分类的数据,然后当一个新数据进入的时候,就开始跟训练数据里的每个点求距离,然后挑离这个训练数据最近的 k 个点,看看这几个点属于什么类型,然后用少数服从多数的原则,给新数据归类。

5. 人工神经网络

人工神经网络(Artificial Neural Network,ANN)是由大量处理单元互联组成的非线性、自适应信息处理系统。它是一种模仿动物神经网络行为特征,进行分布式并行信息处理的算法数学模型。其基本过程可以概述如下:外部刺激通过神经末梢转化为电信号,传导到神经细胞(又叫神经元);无数神经元构成神经中枢;神经中枢综合各种信号,做出判断;人体根据神经中枢的指令,对外部刺激做出反应。

人工神经网络经历了漫长的发展阶段。最早是 20 世纪 60 年代提出的"人造神经元"模型,叫作"感知器"(perceptron)。感知机模型是机器学习二分类问题中的一个非常简单的模型。

随着反向传播算法、最大池化(max-pooling)等技术的发明,神经网络进入了飞速发展的阶段。神经网络就是将许多个单一"神经元"联结在一起,这样,一个"神经元"的输出就可以是另一个"神经元"的输入。

典型的人工神经网络具有以下三个部分:① 结构(architecture)。结构指定了网络中的变量和它们的拓扑关系。② 激励函数(activity rule)。大部分神经网络模型具有一个短时间尺度的动力学规则,来定义神经元如何根据其他神经元的活动来改变自己的激励值。③ 学习规则(learning Rule)。学习规则指定了网络中的权重如何随着时间推进而调整。

（四）深度学习与传统机器学习

1. 传统机器学习

传统机器学习从一些观测（训练）样本出发，试图发现不能通过原理分析获得的规律，实现对未来数据行为或趋势的准确预测。相关算法包括逻辑回归、隐马尔科夫方法、支持向量机方法、最近邻方法、三层人工神经网络方法、Adaboost 算法、贝叶斯方法以及决策树方法等。传统机器学习平衡了学习结果的有效性与学习模型的可解释性，为解决有限样本的学习问题提供了一种框架，主要用于有限样本情况下的模式分类、回归分析、概率密度估计等。传统机器学习方法共同的重要理论基础之一是统计学，在自然语言处理、语音识别、图像识别、信息检索和生物信息等许多计算机领域获得了广泛应用。

2. 深度学习

深度学习是建立深层结构模型的学习方法，典型的深度学习算法包括深度置信网络、卷积神经网络、受限玻尔兹曼机和循环神经网络等。深度学习又称为深度神经网络（指层数超过 3 层的神经网络）。深度学习作为机器学习研究中的一个新兴领域，于 2006 年由辛顿等人提出。

深度学习源于多层神经网络，其实质是给出了一种将特征表示和学习合二为一的方式。深度学习的特点是放弃了可解释性，单纯追求学习的有效性。经过多年的摸索尝试和研究，已经产生了诸多深度神经网络的模型，其中卷积神经网络、循环神经网络是两类典型的模型。卷积神经网络常被应用于空间性分布数据；循环神经网络在神经网络中引入了记忆和反馈，常被应用于时间性分布数据。深度学习框架是进行深度学习的基础底层框架，一般包含主流的神经网络算法模型，提供稳定的深度学习 API，支持训练模型在服务器和 GPU、TPU 间的分布式学习，部分框架还具备在包括移动设备、云平台在内的多种平台上运行的移植能力，从而为深度学习算法带来前所未有的运行速度和实用性。目前主流的开源算法框架有 TensorFlow、Caffe/Caffe2、CNTK、MXNet、PaddlePaddle、Torch/PyTorch、Theano 等。

二、知识图谱

知识图谱本质上是结构化的语义知识库，是一种由节点和边组成的图数据结构，以符号形式描述物理世界中的概念及其相互关系，其基本组成单位是"实体—关系—实体"三元组，以及实体及其相关"属性—值"对。不同实体之间通过关系相互连接，构成网状的知识结构。在知识图谱中，每个节点表示现实世界的"实体"，每条边为实体与实体之间的"关系"。通俗地讲，知识图谱就是把所有不同种类的信息连接在一起而得到的一个关系网络，提供了从"关系"的角度去分析问题的能力。

知识图谱可用于反欺诈、不一致性验证、组团欺诈等公共安全保障领域，需要用到异常分析、静态分析、动态分析等数据挖掘方法。特别地，知识图谱在搜索引擎、可视化展示和精准营销方面有很大的优势，已成为业界的热门工具。但是，知识图谱的发展还面临很大的挑战，如数据的噪声问题，即数据本身有错误或者数据存在冗余。随着知识图谱应用不断深入，还有一系列关键技术需要突破。

三、自然语言处理

（一）基本概念

自然语言处理是计算机科学领域与人工智能领域中的一个重要方向,研究能实现人与计算机之间用自然语言进行有效通信的各种理论和方法,涉及的领域较多,主要包括机器翻译、机器阅读理解和问答系统等。

（二）基本技术

1. 机器翻译

机器翻译技术是指利用计算机技术实现从一种自然语言到另外一种自然语言的翻译过程。基于统计的机器翻译方法突破了之前基于规则和实例翻译方法的局限性,翻译性能取得巨大提升。基于深度神经网络的机器翻译在日常口语等一些场景的成功应用已经显现出了巨大的潜力。随着上下文的语境表征和知识逻辑推理能力的发展,自然语言知识图谱不断扩充,机器翻译将会在多轮对话翻译及篇章翻译等领域取得更大进展。

目前非限定领域机器翻译中性能较佳的一种是统计机器翻译,包括训练及解码两个阶段。训练阶段的目标是获得模型参数;解码阶段的目标是利用所估计参数和给定的优化目标,获取待翻译语句的最佳翻译结果。统计机器翻译主要包括语料预处理、词对齐、短语抽取、短语概率计算、最大熵调序等步骤。基于神经网络的端到端翻译方法不需要针对双语句子专门设计特征模型,而是直接把源语言句子的词串送入神经网络模型,经过神经网络的运算,得到目标语言句子的翻译结果。在基于端到端的机器翻译系统中,通常采用递归神经网络或卷积神经网络对句子进行表征建模,从海量训练数据中抽取语义信息,与基于短语的统计翻译相比,其翻译结果更加流畅、自然,在实际应用中取得了较好的效果。

2. 语义理解

语义理解技术是指利用计算机技术实现对文本篇章的理解,并且回答与篇章相关问题的过程。语义理解更注重于对上下文的理解以及对答案精准程度的把控。随着 MC Test 数据集的发布,语义理解受到更多关注,取得了快速发展,相关数据集和对应的神经网络模型层出不穷。语义理解技术将在智能客服、产品自动问答等相关领域发挥重要作用,进一步提高问答与对话系统的精度。

3. 问答系统

问答系统分为开放领域的对话系统和特定领域的问答系统。问答系统技术是指让计算机像人类一样用自然语言与人交流的技术。人们可以向问答系统提交用自然语言表达的问题,系统会返回关联性较高的答案。尽管问答系统目前已经有不少应用产品出现,但大多是在实际信息服务系统和智能手机助手等领域的应用,在问答系统鲁棒性方面仍然存在着问题和挑战。

4. 语音识别

语音识别首先要对采集的语音信号进行预处理,然后利用相关的语音信号处理方法计算语音的声学参数,提取相应的特征参数,最后根据提取的特征参数进行语音识别。总体上,语音识别包含两个阶段:第一个阶段是学习和训练,即提取语音库中语音样本的特征参数作为训练数据,合理设置模型参数的初始值,对模型各个参数进行重估,使识别系统具有最佳的识别效果;第二个阶段就是识别,将待识别语音信号的特征根据一定的准则与训练好的模板库进行比较,最后通过一定的识别算法得出识别结果。显然识别结果的好坏与模板库是否准确、模型参数的好坏以及特征参数的选择都有直接的关系。

实际上,语音识别也是一种模式识别。和一般模式识别过程相同,语音识别包括如图5-5所示3个基本部分。实际上,由于语音信息的复杂性以及语音内容的丰富性,语音识别系统要比模式识别系统复杂得多。

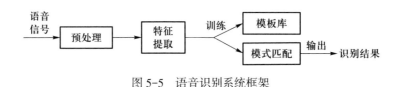

图5-5　语音识别系统框架

四、计算机视觉技术

(一) 计算机视觉基本概念、基本框架以及应用现状

1. 计算机视觉基本概念

计算机视觉(computer vision),顾名思义,是分析、研究让计算机智能化地达到类似人类的双眼"看"的一门研究科学。即对于客观存在的三维立体化的世界的理解以及识别,依靠智能化的计算机去实现。确切地说,计算机视觉技术就是利用了摄像机和计算机替代人眼,使得计算机拥有人类的双眼所具有的分割、分类、识别、跟踪、判别决策等功能。总之,计算机视觉系统就是能够在二维的平面图像或者三维的立体图像的数据中,获取所需要"信息"的一个完整的人工智能系统。

从技术流程上看,计算机视觉识别通常需要目标检测、目标识别、行为识别三个过程,分别解决了"去背景""是什么""干什么"的问题(见图5-6)。

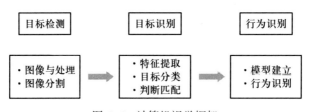

图5-6　计算机视觉框架

2. 计算机视觉应用现状

底层技术开发是指通用的计算机视觉,主要解决通用场景的识别问题,包含图像识别平台和嵌入式视觉软件两类(见图5-7)。前者直接提供应用服务,后者需要和硬件进行系统集成后在终端产品中使用。场景应用层作为直接解决具体应用场景的需求,产品的形式可能是应用系统,也可能是软硬件一体的终端产品或服务。

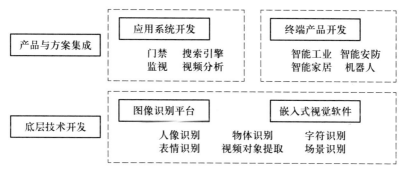

图 5-7 计算机视觉应用框架

从技术水平来看,中国厂商在人脸识别领域处于国际领先地位。而综合各细分领域热度来看,目前人脸识别是计算机视觉领域的竞争热点,金融、安防领域的人脸识别为重点布局场景。而此类公司多有未来涉足机器人视觉、无人机视觉领域的计划。此外,自动驾驶也有创业公司布局。

(二) 计算机视觉基本技术

计算机视觉是使用计算机模仿人类视觉系统的科学,让计算机拥有类似人类提取、处理、理解和分析图像以及图像序列的能力。自动驾驶、机器人、智能医疗等领域均需要通过计算机视觉技术从视觉信号中提取并处理信息。近年来随着深度学习的发展,预处理、特征提取与算法处理渐渐融合,形成端到端的人工智能算法技术。根据解决的问题,计算机视觉可分为计算成像学、图像理解、三维视觉、动态视觉和视频编解码五大类。

1. 计算成像学

计算成像学是探索人眼结构、相机成像原理及其延伸应用的科学。在相机成像原理方面,计算成像学不断促进现有可见光相机的完善,使得现代相机更加轻便,可以适用于不同场景。同时计算成像学也推动着新型相机的产生,使相机超出可见光的限制。在相机应用科学方面,计算成像学可以提升相机的能力,从而通过后续的算法处理使得在受限条件下拍摄的图像更加完善,如图像去噪、去模糊、暗光增强、去雾霾等,以及实现新的功能,如全景图、软件虚化、超分辨率等。

2. 图像理解

图像理解是通过用计算机系统解释图像,实现类似人类视觉系统理解外部世界的一门科学。通常根据理解信息的抽象程度可分为三个层次:浅层理解,包括图像边缘、图像特征点、纹理元素等;中层理解,包括物体边界、区域与平面等;高层理解,根据需要抽取的高层语义信息,可大致分为识别、检测、分割、姿态估计、图像文字说明等。目前高层图像理解算法已广泛应用于人工智能系统,如刷脸支付、智慧安防、图像搜索等。

3. 三维视觉

三维视觉即研究如何通过视觉获取三维信息(三维重建)以及如何理解所获取的三维信息的科学。三维重建可以根据重建的信息来源,分为单目图像重建、多目图像重建和深度图像重建等。三维信息理解,即使用三维信息辅助图像理解或者直接理解三维信息。三维信息理解可分为三个方面。浅层:角点、边缘、法向量等;中层:平面、立方体等;高层:物体检测、识别、分割等。三维视觉技术可以广泛应用于机器人、无人驾驶、智慧工厂、虚拟/增强现实等方向。

4. 动态视觉

动态视觉即分析视频或图像序列，模拟人处理时序图像的科学。通常动态视觉问题可以定义为寻找图像元素，如像素、区域、物体在时序上的对应，以及提取其语义信息的问题。动态视觉研究被广泛应用在视频分析以及人机交互等方面。

5. 视频编解码

视频编解码是指通过特定的压缩技术，将视频流进行压缩。视频压缩编码主要分为无损压缩和有损压缩两大类。无损压缩指使用压缩后的数据进行重构时，重构后的数据与原来的数据完全相同，如磁盘文件的压缩。有损压缩也称为不可逆编码，指使用压缩后的数据进行重构时，重构后的数据与原来的数据有差异，但不会影响人们对原始资料所表达的信息产生误解。有损压缩的应用范围广泛，如视频会议、可视电话、视频广播、视频监控等。

目前，计算机视觉技术发展迅速，已具备初步的产业规模。未来计算机视觉技术的发展主要面临以下挑战：一是如何在不同的应用领域和其他技术更好地结合。计算机视觉在解决某些问题时可以广泛利用大数据，已经逐渐成熟并且可以超过人类，而在某些问题上却无法达到很高的精度。二是如何降低计算机视觉算法的开发时间和人力成本。目前计算机视觉算法需要大量的数据与人工标注，需要较长的研发周期以达到应用领域所要求的精度与耗时。三是如何加快新型算法的设计开发。随着新的成像硬件与人工智能芯片的出现，针对不同芯片与数据采集设备的计算机视觉算法的设计与开发也是挑战之一。

五、生物特征识别技术

（一）生物特征识别基本概念

生物特征识别技术是指通过个体生理特征或行为特征对个体身份进行识别认证的技术。从应用流程看，生物特征识别通常分为注册和识别两个阶段。注册阶段通过传感器对人体的生物表征信息进行采集，如利用图像传感器对指纹和人脸等光学信息、麦克风对说话声等声学信息进行采集，利用数据预处理以及特征提取技术对采集的数据进行处理，得到相应的特征进行存储。识别过程采用与注册过程一致的信息采集方式对待识别人进行信息采集、数据预处理和特征提取，然后将提取的特征与存储的特征进行比对分析，完成识别。从应用任务看，生物特征识别一般分为辨认与确认两种任务。辨认是指从存储库中确定待识别人身份的过程，是一对多的问题；确认是指将待识别人信息与存储库中特定单人信息进行比对以确定身份的过程，是一对一的问题。

生物特征识别技术涉及的内容十分广泛，包括指纹、掌纹、人脸、虹膜、指静脉、声纹、步态等多种生物特征，其识别过程涉及图像处理、计算机视觉、语音识别、机器学习等多项技术。目前生物特征识别作为重要的智能化身份认证技术，在金融、公共安全、教育、交通等领域得到广泛的应用。下面将对几种生物特征识别基本技术进行介绍。

（二）生物特征识别基本技术

1. 指纹识别

指纹识别过程通常包括数据采集、数据处理、分析判别三个过程。数据采集通过光、电、力、温度等物理传感器获取指纹图像,数据处理包括预处理、畸变校正、特征提取三个过程,分析判别是对提取的特征进行分析判别的过程。

2. 虹膜识别

虹膜识别的理论框架主要包括虹膜图像分割、虹膜区域归一化、特征提取和识别四个部分,研究工作大多是基于此理论框架发展而来。虹膜识别技术应用的主要难题包括传感器和光照影响两个方面:一方面,由于虹膜尺寸小且受黑色素遮挡,需在近红外光源下采用高分辨图像传感器才可清晰成像,对传感器质量和稳定性要求比较高;另一方面,光照的强弱变化会引起瞳孔缩放,导致虹膜纹理产生复杂形变,增加了匹配的难度。

3. 人脸识别

人脸识别是典型的计算机视觉应用,从应用过程来看,可将人脸识别技术划分为检测定位、面部特征提取和人脸确认三个过程。人脸识别技术的应用主要受到光照、拍摄角度、图像遮挡、年龄等多个因素的影响,在约束条件下人脸识别技术相对成熟,在自由条件下人脸识别技术还在不断改进。

4. 声纹识别

声纹识别是指根据待识别语音的声纹特征识别说话人的技术。声纹识别技术通常可以分为前端处理和建模分析两个阶段。声纹识别的过程是将某段来自某个人的语音经过特征提取后与多复合声纹模型库中的声纹模型进行匹配,常用的识别方法有模板匹配法、概率模型法等。

5. 指静脉识别

指静脉识别是利用人体静脉血管中的脱氧血红蛋白对特定波长范围内的近红外线有很好的吸收作用这一特性,采用近红外光对指静脉进行成像与识别的技术。由于指静脉血管分布随机性很强,其网络特征具有很好的唯一性,且属于人体内部特征,不受到外界影响,因此模态特性十分稳定。指静脉识别技术应用面临的主要难题来自成像单元。

六、人机交互

(一)人机交互的基本概念

人机交互主要研究人和计算机之间的信息交换,主要包括人到计算机和计算机到人两部分信息交换,是人工智能领域的重要的外围技术。人机交互是与认知心理学、人机工程学、多媒体技术、虚拟现实技术等密切相关的综合学科。传统的人与计算机之间的信息交换主要依靠交互设备进行,主要包括键盘、鼠标、操纵杆、数据服装、眼动跟踪器、位置跟踪器、数据手套、压力笔等输入设备,以及打印机、绘图仪、显示器、头盔式显示器、音箱等输出设备。

人机交互技术除了传统的基本交互和图形交互外,还包括语音交互、情感交互、体感交互及脑机交互等技术。以下介绍后四种与人工智能关联密切的典型交互手段。

(二)人机交互的手段

1. 语音交互

语音交互是一种高效的交互方式,是人以自然语音或机器合成语音同计算机进行交互的综合性技术,结合了语言学、心理学、工程和计算机技术等领域的知识。语音交互不仅要对语音识别和语音合成进行研究,还要对人在语音通道下的交互机理、行为方式等进行研究。语音交互过程包括四部分：语音采集、语音识别、语义理解和语音合成。语音采集完成音频的录入、采样及编码，语音识别完成语音信息到机器可识别的文本信息的转化，语义理解根据语音识别转换后的文本字符或命令完成相应的操作，语音合成完成文本信息到声音信息的转换。作为人类沟通和获取信息最自然、便捷的手段，语音交互比其他交互方式具备更多优势，能为人机交互带来根本性变革，是大数据和认知计算时代未来发展的制高点，具有广阔的发展前景和应用前景。

2. 情感交互

情感是一种高层次的信息传递，而情感交互是一种交互状态，它在表达功能和信息时传递情感，勾起人们的记忆或内心的情愫。传统的人机交互无法理解和适应人的情绪或心境，缺乏情感理解和表达能力，计算机难以具有类似人一样的智能，也难以通过人机交互做到真正的和谐与自然。情感交互就是要赋予计算机类似于人一样的观察、理解和生成各种情感的能力，最终使计算机像人一样能进行自然、亲切和生动的交互。情感交互已经成为人工智能领域中的热点方向，旨在让人机交互变得更加自然。目前，在情感交互信息的处理方式、情感描述方式、情感数据获取和处理过程、情感表达方式等方面还有诸多技术挑战。

3. 体感交互

体感交互是个体不需要借助任何复杂的控制系统，以体感技术为基础，直接通过肢体动作与周边数字设备装置和环境进行自然的交互。依照体感方式与原理不同，体感技术主要分为三类：惯性感测、光学感测和光学联合感测。体感交互通常由运动追踪、手势识别、运动捕捉、面部表情识别等一系列技术支撑。

与其他交互手段相比，体感交互技术无论是在硬件还是软件方面都有了较大的提升，交互设备向小型化、便携化、使用方便化等方面发展，大大降低了对用户的约束，使得交互过程更加自然。目前，体感交互在游戏娱乐、医疗辅助与康复、全自动三维建模、辅助购物、眼动仪等领域有了较为广泛的应用。

4. 脑机交互

脑机交互又称为脑机接口，指不依赖于外围神经和肌肉等神经通道，直接实现大脑与外界信息传递的通路。脑机接口系统检测中枢神经系统活动，并将其转化为人工输出指令，能够替代、修复、增强、补充或者改善中枢神经系统的正常输出，从而改变中枢神经系统与内外环境之间的交互作用。脑机交互通过对神经信号解码，实现脑信号到机器指令的转化，一般包括信号采集、特征提取和命令输出三个模块。从脑电信号采集的角度，一般将脑机接口分为侵入式和非侵入式两大类。除此之外，脑机接口还有其他常见的分类方式：按照信号传输方向，可以分为脑到机、机到脑和脑机双向接口；按照信号生成的类型，可分为自发式脑机接口和诱发式脑机接口；按照信号源，可分为基于脑电的脑机接口、基于功能性核磁共振的脑机接口，以及基于近红外光谱分析的脑机接口。

第三节　人工智能产业现状和发展趋势

目前，人工智能处于第四次科技革命的核心地位，在该领域的竞争意味着一个国家未来综合国力的较量。我国在人工智能领域的发展上有其独特优势，如稳定的发展环境、充足的人才储备、丰富的应用场景等；当前人工智能技术已步入全方位商业化阶段，并对传统行业各参与方产生不同程度的影响，改变了各个行业的生态。

一、人工智能产业生态链

通过对人工智能产业分布进行梳理，人工智能产业生态链主要分为核心业态、关联业态、衍生生态三个层次，如图 5-8 所示。

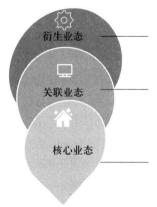

衍生业态主要有智能制造、智能家居、智能金融、智能教育、智能交通等

关联业态主要有软件开发、信息技术咨询、电子信息材料、信息系统集成、互联网信息服务、集成电路设计、电子计算机等

核心业态主要可分为智能基础设施、智能信息及数据、智能技术服务、智能产品。其中：智能基础设施包括智能芯片、智能传感器等；智能信息及数据包括数据采集、数据与分析等；智能技术服务包括技术平台、算法模型等；智能产品包括智能语音处理、计算机视觉等

图 5-8　人工智能产业生态链

（一）智能基础设施

智能基础设施为人工智能产业提供计算能力支撑，其范围包括智能传感器、智能芯片、分布式计算框架等，是人工智能产业发展的重要保障。

1. 智能芯片

智能芯片从应用角度可以分为训练和推理两种类型。从部署场景来看，可以分为云端和设备端两大类。训练过程由于涉及海量的训练数据和复杂的深度神经网络结构，需要庞大的计算规模，主要使用智能芯片集群来完成。与训练的计算量相比，推理的计算量较少，但仍然涉及大量的矩阵运算。目前，训练和推理通常都在云端实现，只有对实时性要求很高的设备会交由设备端进行处理。

按技术架构分，智能芯片可以分为通用类芯片（CPU、GPU、FPGA）、基于 FPGA 的半定制化芯片、全定制化 ASIC 芯片、类脑计算芯片（IBM TrueNorth）。另外，主要的人工智能处理器还有 DPU、BPU、NPU、EPU 等适用于不同场景和功能的人工智能芯片（见表 5-1）。随着互联网用户量和数据规模的急剧膨胀，人工智能对计算性能的需求迫切增长，对 CPU 计算性能提升的需求超过了摩尔定律的增长速度。同时，受限于技术原因，传统处理器性能也无法按照摩尔定律继续增长，发展下一代智能芯片势在必行。未来的智能芯片主要在两个方向发展：一是模仿人类大脑结构的芯片，二是量子芯片。

表 5-1　人工智能芯片比较

结构分类	特点	典型厂商	产品
GPU	通用性强;成本 / 功耗相对较高	英伟达、AMD	GPU 云、嵌入式 GPU
FPGA	相对灵活,属于针对具体算法的半定制化方案;成本较高,功耗相对较低	英特尔、赛灵思	FPGA 多功能服务区、FOGA 服务
ASIC	不够灵活,属于定制化方案;效率高,量产后成本低、功耗低	Google TPU、寒武纪	AlphaGo、MLU 智能芯片
类脑芯片	通用性强;效率高、功耗低	IBM	TrueNorth

资料来源:根据网络资料整理。

2. 智能传感器

智能传感器是具有信息处理功能的传感器。智能传感器带有微处理机,具备采集、处理、交换信息等功能,是传感器集成化与微处理机相结合的产物。智能传感器属于人工智能的神经末梢,用于全面感知外界环境。各类传感器的大规模部署和应用为实现人工智能创造了不可或缺的条件。不同应用场景,如智能安防、智能家居、智能医疗等对传感器应用提出了不同的要求。随着人工智能应用领域的不断拓展,市场对传感器的需求将不断增长。未来,高敏度、高精度、高可靠性、微型化、集成化将成为智能传感器发展的重要趋势。

3. 分布式计算框架

面对海量的数据处理、复杂的知识推理,常规的单机计算模式已经不能支撑。所以,计算模式必须将巨大的计算任务分成小的单机可以承受的计算任务,即云计算、边缘计算、大数据技术提供了基础的计算框架。目前流行的分布式计算框架有 OpenStack、Hadoop、Storm、Spark、Samza、Bigflow 等。各种开源深度学习框架也层出不穷,其中包括 TensorFlow、Caffe、Keras、CNTK、Torch7、MXNet、Leaf、Theano、DeepLearning4、Lasagne、Neon 等。

(二)智能信息及数据

信息数据是人工智能创造价值的关键要素之一。我国庞大的人口和产业基数带来了数据方面的天生优势。随着算法、算力水平的提升,围绕数据的采集、分析、处理产生了众多的企业。目前,在人工智能数据采集、分析、处理方面的企业主要有两种:一种是数据集提供商,以提供数据为自身主要业务,为需求方提供机器学习等技术所需要的不同领域的数据集;另一种是数据采集、分析、处理综合性厂商,其自身拥有获取数据的途径,并对采集到的数据进行分析处理,最终将处理后的结果提供给需求方使用。对于一些大型企业,企业本身也是数据分析处理结果的需求方。

(三)智能技术服务

智能技术服务主要关注如何构建人工智能的技术平台,并对外提供人工智能相关的服务。此类厂商在人工智能产业链中处于关键位置,依托基础设施和大量的数据,为各类人工智能的应用提供关键性的技术平台、解决方案和服务。目前,从提供服务的类型来看,提供技术服务的厂商包括以下几类。

1. 提供人工智能的技术平台和算法模型

此类厂商主要针对用户或者行业需求,提供人工智能技术平台以及算法模型。用户可以在人工智能平台之上,通过一系列的算法模型来进行人工智能的应用开发。此类厂商主要关注人工智能的通用计算框架、算法模型、通用技术等关键领域。

2. 提供人工智能的整体解决方案

此类厂商主要针对用户或者行业需求,设计和提供包括软、硬件一体的行业人工智能解决方案,整体方案中集成多种人工智能算法模型以及软、硬件环境,帮助用户或行业解决特定的问题。此类厂商重点关注人工智能在特定领域或者特定行业的应用。

3. 提供人工智能在线服务

此类厂商一般为传统的云服务提供厂商,主要依托其已有的云计算和大数据应用的用户资源,聚集用户的需求和行业属性,为用户提供多类型的人工智能服务;从各类模型算法和计算框架的 API 等特定应用平台到特定行业的整体解决方案等,进一步吸引大量的用户使用,从而进一步完善其提供的人工智能服务。此类厂商主要提供相对通用的人工智能服务,同时也会关注一些重点行业和领域。

(四)智能产品

随着制造强国、网络强国、数字中国建设进程的加快,在制造、家居、金融、教育、交通、安防、医疗、物流等领域对人工智能技术和产品的需求将进一步释放,相关智能产品的种类和形态也将越来越丰富,如表 5-2 所示。

表 5-2　人工智能产品

分类		典型产品示例
智能机器人	工业机器人	焊接机器人、喷涂机器人、搬运机器人、加工机器人、装配机器人、清洁机器人及其他工业机器人
	个人/家用服务机器人	家政服务机器人、教育娱乐服务机器人、养老助残服务机器人、个人运输服务机器人、安防监控服务机器人等
	公共服务机器人	酒店服务机器人、银行服务机器人、场馆服务机器人和餐饮服务机器人等
	特种机器人	特种极限机器人、康复辅助机器人、农业(包括农林牧副渔)机器人、水下机器人、军用和警用机器人、电力机器人、石油化工机器人、矿业机器人、建筑机器人、物流机器人、安防机器人、医疗辅料机器人及其他非结构和非家用机器人
智能运载工具	自动驾驶汽车	
	轨道交通系统	
	无人机	无人直升机、固定翼机、多旋翼飞行器、无人飞艇、无人伞翼机
	无人船	
智能终端	智能手机	
	车载智能终端	
	可穿戴终端	智能手表、智能耳机、智能眼镜
自然语言处理	机器翻译	
	机器阅读理解	
	问答系统	
	智能搜索	

续表

分类	典型产品示例	
计算机视觉	图像分析仪、视频监控系统	
生物特征识别	指纹识别系统	
	人脸识别系统	
	虹膜识别系统	
	指静脉识别系统	
	DNA、步态、掌纹、声纹等其他生物特征识别系统	
VR/AR	PC 端 VR、一体机 VR、移动端头显	
人机交互	语音交互	个人助理
		语音助手
		智能客服
	情感交互	
	体感交互	
	脑机交互	

专栏 5-7

阿里全新 AI 诊断技术

2020 年 2 月 15 日,AI 诊断技术在抗击新型冠状肺炎疫情领域又传来好消息。阿里巴巴集团针对新冠肺炎临床诊断研发了一套全新 AI 诊断技术,AI 可以在 20 秒内准确地对新冠疑似案例 CT 影像做出判读,分析结果准确率达 96%,大幅提升诊断效率。

核酸检测作为病原学证据被公认为新冠肺炎诊断的主要参考标准。随着临床诊断数据的积累,新冠肺炎的影像学大数据特征逐渐清晰,CT 影像诊断结果变得愈发重要。根据国家卫健委公布的诊疗方案第五版,临床诊断无须依赖核酸检测结果,CT 影像临床诊断结果可作为新冠肺炎病例判断的标准。而新冠肺炎患者的 CT 胸片的影像特征表现为单肺或双肺多发、斑片状或节段性磨玻璃密度影等细微变化。一位新冠肺炎病人的 CT 影像大概有 300 张,这给医生临床诊断带来巨大压力,医生对一个病例的 CT 影像肉眼分析耗时平均为 5~15 分钟。

阿里巴巴集团医疗 AI 团队基于当前最新的诊疗方案、钟南山等多个权威团队发表的关于新冠肺炎患者临床特征的论文,与多家机构合作,基于 5 000 多个病例的 CT 影像样本数据,学习训练样本的病灶纹理,研发出全新的 AI 算法模型。

通过 NLP 自然语言处理回顾性数据、使用 CNN 卷积神经网络训练 CT 影像的识别网络,AI 可以快速鉴别新冠肺炎影像与普通病毒性肺炎影像的区别,最终识别准确率高达 96%。AI 每识别一个病例平均只需要不到 20 秒,大大提高了诊断效率,减轻了医生压力。

资料来源:新华网。

二、人工智能产业落地状况

(一) 人工智能进入快速增长期

全球新一代人工智能产业依赖强大的技术创新积累优势,以谷歌、英特尔、微软、亚马逊等跨国大型科技企业为主导,充分发挥其强大的资源整合能力与持续创新功能,不断加快底层技术研发与应用产品实践步伐,围绕智能硬件与软件核心算法产业上下游进行有效部署。随着技术的不断成熟和底层技术框架的开源,吸引创新企业不断涌入,推动产业规模持续加速增长。全球人工智能市场未来五年将处于高速发展阶段,2019 年全球人工智能市场规模达到 356 亿美元,IDC 预计到 2025 年全球人工智能市场规模将达到 3 061 亿美元(见图 5-9)。

注:2021 年后数据为预测值。

图 5-9 中国人工智能市场规模

资料来源:IDC、中国人工智能学会。

全球人工智能发展了约 60 年,中国参与了 20 多年,随着政府意志和市场意志双重聚焦,中国的人工智能发展进入黄金时期。对比中国与全球人工智能发展情况,在相关论文发布数量、企业数量、融资总额、产业规模、专利申请数量等方面中国均居世界头部阵营,具有充分的市机场竞争力。

(二) 人工智能企赋能实体经济

近几年,人工智能技术在实体经济中寻找落地应用场景成为核心要义,人工智能技术与传统行业经营模式及业务流程产生实质性融合,智能经济时代的全新产业版图初步显现。2020 年,中国人工智能核心产业规模达到 3 251 亿元,同比增长 16.7%。[①]

从应用方向上来看,金融、医疗、汽车、零售等数据基础较好的行业方向应用场景目前相

---

① 深圳市人工智能行业协会. 2021 人工智能发展白皮书[R],2021.

对成熟,相关方向企业的融资热度也较高。以自动驾驶领域为例,谷歌、百度、特斯拉、奥迪等科技和传统巨头纷纷加入;人工智能在金融领域的智能风控、智能投顾、市场预测、信用评级等领域都有了成功的应用;在医疗领域,人工智能算法被应用到新药研制,提供辅助诊疗、癌症检测等方面。具体如图 5-10 所示。

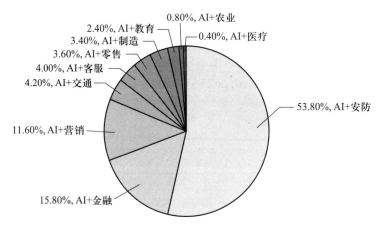

图 5-10　2018—2022 年中国人工智能赋能实体经济市场规模

资料来源:中国人工智能学会。

三、快速发展的原因

（一）行业驱动

人工智能的迅速发展要归功于数据量的上涨、计算机运算能力的提升和算法模型的出现。

1. 数据量

海量数据为人工智能的发展提供了"燃料"。人工智能是以海量数据为基础的,随着大数据的发展,全球数据量呈爆炸性增长。2000 年以来,得益于互联网、社交媒体、移动设备和廉价的传感器,世界各国产生并存储的数据量急剧增加,这为通过深度学习的方法来训练计算机视觉技术提供很好的土壤。IDC 数据显示,从 2011 年起,全球所产生的数据量已达到 ZB 级别,海量的数据将为计算机视觉算法模型提供源源不断的素材。

2. 运算能力

人工智能的迅速发展除了需要海量数据,还需要拥有快速计算分析海量数据的能力,这是传统的数据处理技术和硬件设备达不到的。AI 芯片的出现解决了数据处理速度慢的问题,使数据处理效率有了很大的提升,同时加快了深层神经网络的训练速度。使用 AI 算法时需要对大量的数据进行处理和运算。

其中,世界上第一款 GPU 芯片的出现为人工智能的发展做出了突出贡献。GPU 数据芯片是为了执行复杂的数据和集合而设计的,它使数据处理和数据运算有了质的飞跃,使得人工智能技术迅速发展。GPU 数据芯片主要应用于深度学习模型,训练模型效率比普通的双核 CPU 运算速度高近 70 倍。随着 GPU 的不断发展和升级,人工智能的发展和应用不会再因为数据处理速度慢而被制约。

3. 算法模型

在人工智能领域,算法模型是深入研究计算机视觉、图像处理、语音识别和语义识别等技术的基础。机器学习存在一些局限性,在有限样本和计算单元的情况下不能很好地表示复杂函数,同时制约了复杂数据的处理。在深度学习出现之前,机器学习领域的主流是各种浅层学习算法,如神经网络的反向传播算法(BP 算法)、支持向量机(SVM)、Boosting、Logistic Regression 等。这些算法的局限性在于在样本和计算单元有限的情况下对复杂函数的表示能力有限,对复杂数据的处理受到制约。以计算机视觉为例,作为一个数据复杂的领域,浅层学习算法的识别准确率并不高。该类识别原理多为通过寻找合适的特征来让机器辨识物品状态,由于这个处理逻辑是浅层的,不能穷举各种复杂的情境,因而算法拟合的准确率不高。

以计算机视觉为例,深度学习出现之前,基于寻找合适的特征来让机器辨识物体状态的方式几乎代表了计算机视觉的全部。尽管对多层神经网络的探索已经存在,然而实践效果并不好。深度学习出现之后,计算机视觉的主要识别方式发生重大转变,自学习状态成为视觉识别主流。即机器从海量数据库里自行归纳物体特征,然后按照该特征规律识别物体。图像识别的精准度也得到极大的提升,从 72% 提升到 95%(见图 5-11)。

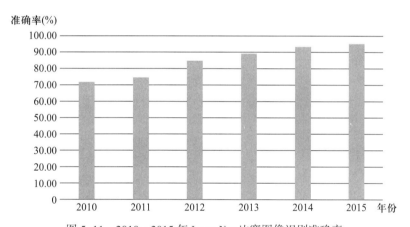

图 5-11　2010—2015 年 ImageNet 比赛图像识别准确率

资料来源:中国人工智能学会。

在短短几年时间里,深度学习颠覆了语音识别、语义理解、计算机视觉等基础应用领域的算法设计思路,逐渐形成了从一类训练数据出发,经过一个端到端的模型,直接输出最终结果的模式。由于深度学习是根据提供给它的大量的实际行为(训练数据集)来自我调整规则中的参数,进而调整规则,因此在和训练数据集类似的场景下,可以做出很准确的判断。

(二)政策法规

人工智能的发展需要国家和政府的政策支持。如果没有政策支持,无人驾驶汽车没有专属车道,不能上路;人脸识别信息没有庞大的数据库集作为支持,一切都只能作为实验。正是因为国家的大力支持和"互联网＋"、大数据与人工智能政策的不断出台,才有了今天的人工智能。

1. 国内政策

2015 年发布《中国制造 2025》以来，我国密集出台了一系列扶植人工智能发展的政策，国家发展改革委、科技部、工信部、中央网信办等多个部门参与人工智能联合推进机制，积极推动人工智能技术的发展及其在各个细分领域的渗透。主要的政策如表 5-3 所示。

表 5-3　中国人工智能相关政策

文件名称	发布机构	发布时间	政策内容
《中国制造 2025》	国务院	2015 年 5 月	提出"加快发展智能制造装备和产品"，"组织研发具有深度感知、智慧决策、自动执行功能的高档数控机床、工业机器人、增材制造装备等智能制造装备以及智能化生产线"，"统筹布局和推动智能交通工具、智能工程机械、服务机器人、智能家电、智能照明电器、可穿戴设备等产品研发和产业化"。
《国务院关于积极推进"互联网+"行动的指导意见》	国务院	2015 年 7 月	依托互联网平台提供人工智能公共创新服务，加快人工智能核心技术突破，培育发展人工智能新兴产业，推动人工智能在智能产品、工业制造等领域规模商用，为产业智能化升级夯实基础。
《中华人民共和国国民经济和社会发展第十三个五年规划纲要》	全国人民代表大会	2016 年 3 月	布局未来网络架构、技术体系和安全保障体系。重点突破大数据和云计算关键技术、自主可控操作系统、高端工业和大型管理软件、新兴领域人工智能技术。
《"互联网+"人工智能三年行动实施方案》	国家发改委、科技部、工信部、中央网信办	2016 年 5 月	到 2018 年，打造人工智能基础资源与创新平台，人工智能产业体系、创新服务体系、标准化体系基本建立，基础核心技术有所突破，总体技术和产业发展与国际同步，应用及系统级技术局部领先。
《"十三五"国家科技创新规划》	国务院	2016 年 7 月	大力发展新一代信息技术，其中人工智能领域：重点发展大数据驱动的类人智能技术方法；突破以人为中心的人机物融合理论方法和关键技术，研制相关设备、工具和平台；重点开发移动互联、量子信息、人工智能等技术，推动增材制造、智能机器人、无人驾驶汽车等技术的发展。
《"十三五"国家战略性新兴产业发展规划》	国务院	2016 年 11 月	发展人工智能，培育人工智能产业生态，促进人工智能在经济社会重点领域推广应用，打造国际领先的技术体系。具体包括：加快人工智能支撑体系建设，推动人工智能技术在各领域应用。
《新一代人工智能发展规划》	国务院	2017 年 7 月	描绘了未来十几年我国人工智能发展的宏伟蓝图，确立了"三步走"目标：到 2020 年人工智能总体技术和应用与世界先进水平同步；到 2025 年人工智能基础理论实现重大突破，部分技术与应用达到世界领先水平；到 2030 年人工智能理论、技术与应用总体达到世界领先水平，成为世界主要人工智能创新中心。

资料来源：中国信息通信研究院。

人工智能上升至国家战略高度,2017—2019 年人工智能连续三年被写入政府工作报告,凸显了政府对人工智能产业的重视;2017 年 7 月《新一代人工智能发展规划》的颁布,标志着人工智能上升至国家战略高度(见表 5-4)。且从 2017 年开始,不断强调新一代人工智能创新体系,理论、研发、应用结合,重视核心能力和发展质量。

表 5-4　政府工作报告中有关人工智能的内容

文件名称	发布机构	发布时间	政策内容
《2017 年政府工作报告》	国务院	2017 年 3 月	全面实施战略性新兴产业发展规划,加快新材料、人工智能、集成电路、生物制药、第五代移动通信等技术研发和转化,做大做强产业集群。
《2018 年政府工作报告》	国务院	2018 年 3 月	做大做强新兴产业集群,实施大数据发展行动,加强新一代人工智能研发应用,在医疗、养老、教育、文化、体育等多领域推进"互联网+"。
《2019 年政府工作报告》	国务院	2019 年 3 月	促进新兴产业加快发展。深化大数据、人工智能等研发应用,培育新一代信息技术、高端装备、生物医药、新能源汽车、新材料等新兴产业集群,壮大数字经济。

2. 国外政策

世界其他一些国家或地区的人工智能政策如表 5-5 所示。

表 5-5　国外人工智能政策

国家	战略规划	战略愿景	战略目标任务
美国	《国家人工智能研究和发展战略计划》	维持美国在人工智能方面的领导地位,确保人工智能使美国人民受益并反映美国的国家价值观,加强人工智能研究投入。	保持美国人工智能全球领先优势(全球科技创新中心,人工智能创新中心),实施八大战略目标任务: 1. 长期投资人工智能研究; 2. 开发有效的人机协作方法; 3. 理解并解决人工智能的伦理、法律和社会影响; 4. 确保人工智能系统安全可靠; 5. 开发用于人工智能训练及测试的公共数据集和环境; 6. 制定人工智能技术测量和评估标准和基准; 7. 更好地了解国家人工智能的研发人力需求; 8. 扩大公私合作以加速人工智能发展。
欧盟	《欧盟人工智能》	确保欧洲人工智能研发的竞争力,共同面对人工智能在社会、经济、伦理及法律等方面的机遇和挑战,促进欧洲国家团体发展。	三大战略目标任务: 1. 增强欧盟的技术与产业能力,推进 AI 应用; 2. 为迎接社会经济变革做好准备; 3. 确立合适的伦理和法律框架。

171

国家	战略规划	战略愿景	战略目标任务
英国	《产业战略：人工智能领域行动》	让英国成为世界上AI商业发展和部署最好的地方，让人工智能技术发展、繁荣，应用于社会各领域，造福所有人。	引领全球人工智能发展，成为全球AI创新中心，实施五大战略任务： 1. 想法：打造世界最创新的经济； 2. 人：为全民提供好工作和高收入； 3. 基础设施：升级英国的基础设施； 4. 商业环境：打造最佳的创业环境； 5. 地区：建设遍布英国的繁荣社区。
德国	《联邦政府人工智能战略》	德国应成为人工智能领域的领先国家、人工智能科研场，德国制造的人工智能产品应成为世界闻名的高品质产品	三大战略目标任务： 1. 争取德国和欧洲人工智能方面全球领先地位，保障德国未来竞争力。 2. 以人类共同福祉为导向，负责任地开发利用人工智能。 3. 在积极政策框架下，广泛开展社会对话，推进人工智能伦理、法律、文化和制度方面与社会深度融合；制定基础研究、技术转化、创业、人才、标准、法律法规以及国际合作等12个领域的具体行动措施。
日本	《综合创新战略》《人工智能技术战略》	以人工智能为核心，建设超智能社会5.0，着力解决本国在养老、教育和商业领域的难题。	以人工智能、大数据、物联网三个领域，制造业、健康医疗与护理、交通运输三个重点应用方向为核心，分三个阶段推动人工智能技术的产业化目标实现。

资料来源：中国信息通信研究院。

（三）投资热度

随着资本市场对人工智能认知的不断深入，投资市场对人工智能的投资也日趋成熟和理性。近几年，全球人工智能领域投资呈爆发趋势，无论是投资金额还是投资频次都明显增加。2014—2018年，中国人工智能行业总计共有2 591起投融资事件发生，总计融资金额为4 106.48亿元，融资规模呈现持续增长态势，获得了不俗的成绩（见图5-12、图5-13）。

图 5-12　2014—2018 年中国人工智能行业投融资额

资料来源：CVSource。

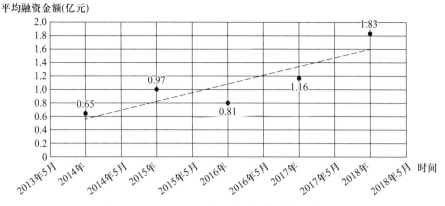

图 5-13　2014—2018 中国人工智能平均融资金额

数据来源:CV Source。

四、人工智能在产业的应用状况

人工智能技术在近 10 年间快速发展,随着时间推移,技术渐渐为大众所知,摩尔定律的节奏逐渐放慢,人工智能商业化应用成为关注焦点。科技巨头纷纷布局垂直行业应用,创业企业需要找准切入点,深耕行业解决方案以打造护城河。

（一）智能医疗

人工智能的快速发展,为医疗健康领域向更高的智能化方向发展提供了非常有利的技术条件。近几年,智能医疗在辅助诊疗、疾病预测、医疗影像辅助诊断、药物开发等方面发挥了重要作用。

在辅助诊疗方面,人工智能技术可以有效提高医护人员的工作效率,提升一线全科医生的诊断治疗水平。如利用智能语音技术可以实现电子病历的智能语音录入;利用智能影像识别技术,可以实现医学图像自动读片;利用智能技术和大数据平台,构建辅助诊疗系统。

在疾病预测方面,人工智能借助大数据技术可以进行传染病疫情监测,及时有效地预测并防止疫情进一步扩散和发展。以流感为例,很多国家都规定,当医生发现新型流感病例时需告知疾控中心。但由于人们可能患病后不及时就医,同时信息传达到疾控中心也需要时间,因此,通告新流感病例时往往会有一定的延迟,人工智能通过疫情监测能够有效缩短响应时间。

在医疗影像辅助诊断方面,影像判读系统的发展是人工智能技术的产物。早期的影像判读系统主要靠人手工编写判定规则,存在耗时长、临床应用难度大等问题,从而未能得到广泛推广。影像组学是通过医学影像对特征进行提取和分析,为患者预前和预后的诊断和治疗提供评估方法和精准诊疗决策。这在很大程度上简化了人工智能技术的应用流程,节约了人力成本。

专栏 5-8

腾讯觅影 AI 辅诊开放平台,助推 AI+医疗落地

依托腾讯聚集的合作伙伴资源优势及"腾讯觅影"在医疗 AI 领域取得的技术突破,腾讯公司构建了由医疗机构、科研团体、器械厂商、AI 创业公司、信息化厂商、高等院校、公益组织等多方参与的医疗影像开放创新平台——腾讯觅影 AI 辅诊开放平台。腾讯觅影是腾讯首个 AI 医疗产品,同时也是腾讯与国内 100 多家三甲医院的合作成果。目前,其储备了约 50 万医学术语库、超过 20 万医学标注数据库、超过 100 万术语关系规则库、超过 1 000 万健康知识库、超过 8 000 万高质量医疗知识库以及超过 1 亿的开放医疗百科数据,涵盖了绝大部分对外公开的权威医学知识库。

"AI 医学影像"和"AI 辅助诊断"是腾讯觅影 AI 辅诊开放平台的两项核心能力,其通过模拟医生的成长学习来积累医学诊断能力,可辅助医生诊断、预测 700 多种疾病,涵盖了医院门诊 90% 的高频诊断。其遵循与人类医生类似的学习过程,主要分为三个阶段:首先,其运用自然语言处理和深度学习等人工智能技术,学习、理解和归纳权威医学书籍文献、诊疗指南和病历等医疗信息,自动构建出一张"医学知识图谱";然后,基于病历检索推理和知识图谱推理知识,建立诊断模型;最后,在人类医学专家的校验下,优化诊断模型。

"腾讯觅影"在 AI+医疗探索上取得的突破获得了互联网医疗健康行业"墨提斯奖"。该奖被誉为医疗健康行业的"图灵奖",代表着中国智能终端产业的最高荣誉。

腾讯觅影已与多家医疗信息化厂商和十余家医疗机构分别签署了人工智能战略合作协议,共同构建智慧医疗开放生态圈。腾讯觅影平台旨在发挥"连接器"的作用,从创新创业、全产业链合作、学术科研、惠普公益四个维度连接核心参与方,共同推动国家人工智能战略在医疗领域的落地。

资料来源:根据网络资料整理。

(二) 智能安防

智能安防技术是一种利用人工智能对视频、图像进行存储和分析,从中识别安全隐患并对其进行处理的技术。智能安防与传统安防的最大区别在于智能化。传统安防对人的依赖性比较强,非常耗费人力,而智能安防能够通过机器实现智能判断,从而尽可能实现实时安全防范和处理。

当前,高清视频、智能分析等技术的发展,使得安防从传统的被动防御向主动判断和预警发展,行业也从单一的安全领域向多行业应用发展,进而提升生产效率并提高生活智能化程度,为更多的行业和人群提供可视化及智能化方案。用户面对海量的视频数据,已无法简单利用人海战术进行检索和分析,需要采用人工智能技术作专家系统或辅助手段,实时分析视频内容,探测异常信息,进行风险预测。从技术方面来讲,目前国内智能安防分析技术主要集中在两大类:一类是采用画面分割、前景提取等方法对视频画面中的目标进行提取检测,通过不同的规则来区分不同的事件,从而实现不同的判断并产生相应的报警联动等,如区域入侵分析、打架检测、人员聚集分析、交通事件检测等;另一类是利用模式识别技术,对画面中特定

的物体进行建模,并通过大量样本进行训练,从而达到对视频画面中的特定物体进行识别,如车辆检测、人脸检测、人头检测(人流统计)等应用。

专栏 5-9

智能安防案例

（三）智能家居

智能家居是以住宅为平台,基于物联网技术,由硬件(智能家电、智能硬件、安防控制设备、家具等)、软件系统、云计算平台构成的家居生态圈,实现人远程控制设备、设备间互联互通、设备自我学习等功能,并通过收集、分析用户行为数据为用户提供个性化生活服务,使家居生活安全、节能、便捷等。

例如,借助智能语音技术,用户应用自然语言实现对家居系统各设备的操控,如开关窗帘(窗户)、操控家用电器和照明系统、打扫卫生等操作;借助机器学习技术,智能电视可以从用户看电视的历史数据中分析其兴趣和爱好,并将相关的节目推荐给用户;通过应用声纹识别、脸部识别、指纹识别等技术,可以让用户用声音、指纹等开锁;通过大数据技术,智能家电可以实现对自身状态及环境的自我感知,具有故障诊断能力。

专栏 5-10

智能家居案例

（四）智能金融

人工智能的飞速发展将对身处服务价值链高端的金融业带来深刻影响,人工智能逐步成为决定金融业沟通客户、发现客户金融需求的重要因素。

人工智能技术在金融业中可以用于服务客户,支持授信、各类金融交易和金融分析中的决策,并用于风险防控和监督,将大幅改变金融业现有格局,金融服务将会更加个性化与智能化。智能金融对于金融机构的业务部门来说,可以帮助获客,精准服务客户,提高效率;对于金融机构的风控部门来说,可以提高风险控制,增加安全性;对于用户来说,可以实现资产优化配置,体验到金融机构更加完美的服务。人工智能在金融领域的应用主要包括:① 智能获客,依托大数据,对金融用户进行画像,通过需求响应模型,极大地提升获客效率;② 身份识别,以人工智能为内核,通过人脸识别、声纹识别、指静脉识别等生物识别手段,再加上各类票据、身份证、银行卡等证件票据的 OCR 识别等技术手段,对用户身份进行验证,大幅降低核验成本,有助于提高安全性;③ 大数据风控,通过大数据、算力、算法的结合,搭建反欺诈、信用风险等模型,多维度控制金融机构的信用风险和操作风险,同时避免资产损失;④ 智能投顾,基于大数据和算法能力,对用户与资产信息进行标签化,精准匹配用户与资产;⑤ 智能客服,基于自然语言处理能力和语音识别能力,拓展客服领域的深度和广度,大幅降低服务成本,提升服务体验;⑥ 金融云,依托云计算能力的金融科技,为金融机构提供更安全高效的全套金融解决方案。

（五）智能教育

人工智能技术正在推动教育信息化的快速发展。人工智能教育是人工智能技术对教育产业的赋能,通过人工智能技术在教育领域的运用,来实现其对人的辅助甚至是替代作用。未来人工智能教育应用的发展将由数据驱动、应用深化、融合创新、优化服务等方式来持续推动。

教育企业利用智适应学习、图像识别、语音识别、人机对话对问题进行分析。近几年,教育行业持续通过数据重构,呈现出空前的革命性。不同于传统教育方式,智能化教育方式以学生学习"教、学、练、评、测"五大环节所产生的数据为基础,利用智适应学习、图像识别、语音识别、人机对话、多模态行为分析、模拟智能体等功能,产生适合学习者的个性化解决方案和有效意见反馈。

专栏 5-11

智能教育案例

五、人工智能未来展望与挑战

（一）人工智能产业面临的挑战

1. 技术方面的挑战

（1）当前算法严重依赖有标注的数据。数据在人工智能商业化落地中有着不可替代的作用,目前人工智能算法以有监督的深度学习为主,即需要标注数据对学习结果进行反馈,在大量数据训练下,算法才能取得预期的效果。算法从大量数据中进行学习,挖掘数据中蕴含的规律。数据决定了人工智能模型精度的上限,而算法则是不断逼近这个上限。

（2）高质量数据需求导致数据成本高昂。为了提高数据的质量,原始数据需要经过采集、清洗、信息抽取、标注等处理环节。得益于大数据技术的快速发展,当前采集、存储海量数据已经不再困难。在时间和成本上,数据标注成为制约环节。目前数据标注主要是以人工标注为主,机器自动化标注为辅助。但是人工标注数据的效率并不能完全满足算法的需求,研究提升机器自动化标注的精度,是提高效率的重要思路,也是数据标注的一个重要趋势。

(3) 数据噪声、数据污染会带来人工智能安全问题。人工智能训练模型用到的训练数据,如果本身有较大的噪声,或者数据受到人为破坏,都可能导致模型决策出现错误。由于一些客观因素,训练数据中不可避免地含有噪声,如果算法模型处理得不得当,可能导致模型漏洞,模型不够健壮,给黑客以可乘之机。另外,也存在黑客故意在训练数据中植入恶意数据样本,引起数据分布的改变,导致训练出来的模型决策出现偏差,进而按照黑客的意图来执行的情况。从数据源角度进行攻击,会产生严重的后果。例如,在无人驾驶车辆上,会诱使车辆违反交通规则导致事故。

(4) 当前深度学习算法有一定局限性。深度学习算法通过构建大规模、多层次的神经网络模型,从大量数据中学习经验规则,从而达到拟合复杂的函数来解决实际问题。深度学习模型的学习能力强,效果也非常好,但在实际应用过程中依然面临资源消耗、可解释性、安全等方面的挑战。

(5) 模型计算量大,对硬件要求高。深度学习训练的时候需要处理大量的数据,模型单元也会做大量的计算,所以会耗费大量的存储和计算资源,成本高昂。即使在模型推理阶段,计算量相对较小,但在边缘、端侧部署深度学习模型,仍然需要对模型压缩、剪枝以进一步降低计算量。目前国内很多企业在研究端侧的 AI 芯片,提升边缘侧的计算能力,未来计算力问题会得到解决。

(6) 模型复杂,存在不可解释性。人工智能模型的可解释性,是指人类能够理解机器做出决策原因的程度。由于深度神经网络模型异常复杂,参数量巨大,导致模型成为"黑箱",我们很难获知模型预测结果的准确原因,也不知道模型会在什么时候或条件下出错。这就导致了在一些如医疗、无人驾驶等关键场合中,使用深度学习都比较谨慎。当然学术界也在积极研究可解释性的人工智能,包括如何改善用户理解、信任与管理人工智能系统。

(7) 模型鲁棒性 ① 弱,易受对抗攻击。深度神经网络非常容易受到对抗样本的攻击。一些图像或语音的对抗样本,仅有很轻微的扰动,以至于人类无法察觉这种扰动。但模型却很容易觉察并放大这个扰动,进而处理后输出错误的结果。这个问题对于在一些关键场合下危害非常大。对抗与攻击也是深度学习研究领域的一个热点,已经有很多防范攻击的方法来降低风险。

2. 社会规范方面的挑战

人工智能技术是一把双刃剑,一方面能推动社会进步和经济发展,另一方面也会带来法律、隐私保护、伦理等的风险。

人工智能技术的运作效率极高,如果被不法分子利用了,发起网络攻击或者窃取机密信息,将会产生巨大的危害。另外,深度学习依赖于数据,在数据采集过程中,不可避免地会收集用户的一些隐私数据,涉及个人的生活习惯、健康等数据,如果这些数据不加以监管被乱用,势必造成隐私侵犯。相信随着技术的进步,法律、社会规范的出台,人工智能将会朝着安全可靠、公平、保护隐私等方向发展,促进人类福祉。

---

① 鲁棒性(robustness)是指控制系统在一定结构、大小的参数摄动下,维持某些性能的特性。根据对性能的不同定义,可分为稳定鲁棒性和性能鲁棒性。以闭环系统的鲁棒性作为目标设计得到的固定控制器称为鲁棒控制器。

3. 场景化落地面临的挑战

目前,人工智能商业落地效果比较好的是安防、金融等领域,在其他领域的部分场景中,落地效果并不是太理想。究其原因,一方面是安防、金融等落地效果好的领域,都是有良好的数字化基础的,多年来积累了大量有价值的数据,利用人工智能技术来挖掘数据价值自然是水到渠成。另一方面,是对当前人工智能算法所能解决问题的边界没有厘清,与用户期望的有偏差,用户期待的效果,可能当前 AI 算法还达不到成熟标准,而 AI 算法能解决问题的场景,还有待进一步挖掘。

对此,建议各行业的企业,在实施人工智能应用落地过程中,优先完成数字化改造,积累行业数据,然后再实施合理的智能化业务。

(二) 人工智能产业的发展趋势

从人工智能产业进程来看,技术突破是推动产业升级的核心驱动力。数据资源、运算能力、核心算法共同发展,掀起人工智能第三次浪潮。人工智能产业正处于从感知智能向认知智能的进阶阶段,前者涉及的智能语音、计算机视觉及自然语言处理等技术,已具有大规模应用基础,但后者要求的"机器要像人一样去思考及主动行动"尚待突破,诸如无人驾驶、全自动智能机器人等仍处于开发中,与大规模应用仍有一定的距离。

1. 智能服务呈现线下和线上的无缝结合

分布式计算平台的广泛部署和应用,增大了线上服务的应用范围。同时人工智能技术的发展和产品不断涌现,如智能家居、智能机器人、自动驾驶汽车等,为智能服务带来新的渠道或新的传播模式,使得线上服务与线下服务的融合进程加快,促进多产业升级。

2. 智能化应用场景从单一向多元发展

目前人工智能的应用领域还多处于专用阶段,如人脸识别、视频监控、语音识别等都主要用于完成具体任务,覆盖范围有限,产业化程度有待提高。随着智能家居、智慧物流等产品的推出,人工智能的应用终将进入面向复杂场景,处理复杂问题,提高社会生产效率和生活质量的新阶段。

3. 人工智能和实体经济深度融合进程将进一步加快

党的十九大报告提出"推动互联网、大数据、人工智能和实体经济深度融合"。一方面,制造强国建设的加快,将促进人工智能等新一代信息技术产品的发展和应用,助推传统产业转型升级,推动战略性新兴产业实现整体性突破。另一方面,随着人工智能底层技术的开源化,传统行业将有望加快掌握人工智能基础技术并依托其积累的行业数据资源实现人工智能与实体经济的深度融合创新。

第四节　人工智能在保险领域的应用

随着人工智能的不断深化,人工智能和保险行业不断融合发展,打造出各种各样的保险产品。作为新一轮科技革命及产业变革的核心驱动力,人工智能正逐渐体现出其巨大的商业价值。在保险行业,人工智能的应用将改变定价、分销、承保、理赔、投后服务等各个环节,从而达到提升业务效率,降低运营成本的目的。

一、人工智能在保险行业的发展现状

近年来,人工智能已经成为保险科技风口的主要推动力。复旦大学保险科技研究院研究表明,人工智能在保险行业运用已进入加速阶段,预计在 2025 年、2030 年和 2036 年将分别实现 25%、50% 和 75% 的行业运用。①

从目前国内人工智能技术与保险业的结合发展现状来看,寿险及非寿险行业均有所应用。在财产险领域,以车险智能定损理赔应用最为普及;在寿险及健康险领域,也逐渐普及基于人工智能技术的保单自动核保及差异化的定价应用。人工智能的逐渐推广给保险业带来了较大的正面效应,保险业应用人工智能技术对于促进公司效率提高、成本降低起到了积极作用。

我国人工智能应用起步不晚,但受制于技术条件,在早期保险业实践中一直处于较低层次的发展水平。从时间上来看,早在 2012 年新华保险就引入了人工智能技术,通过在业内首推"短信—电话互动服务平台"并使用常规问题自助解答服务以满足客户需求。中小保险企业也不甘落后。2016 年,弘康人寿在业内首次应用人脸识别技术进行智能化保全服务,通过与公安系统内身份证照片对比以识别客户身份,并对客户的风险进行评估,从而作出承保与否的决定。

从我国保险公司 AI 投入来看,作为新一轮科技革命及产业变革的核心驱动力,人工智能正逐渐体现出其巨大的商业价值。根据艾瑞预计,2022 年中国保险机构在人工智能上的投入将达到 94.8 亿元(见图 5-14)。当前行业内 AI 技术的主要投入方是头部保险公司,主要方式是自主研发,而由于人工智能研发需要大量科技人才储备以及数据和基础设施的支撑,因此目前中小险企的人工智能应用进程相对落后。不过市场上科技公司的保险 AI 解决方案正不断成熟,未来中小险企能够通过 SaaS 方式或联合开发的方式获取保险 AI 的应用,保险企业与科技公司深度合作将成为趋势。

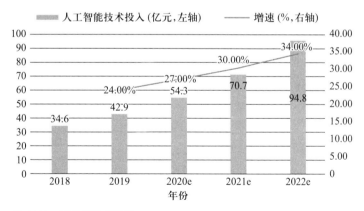

注:2020—2022 年为预测值。

图 5-14　2018—2022 年中国保险机构人工智能投入情况

资料来源:艾瑞咨询。

---

① 复旦大学保险科技研究院. 人工智能保险运用路线图［R/OL］,2018.

二、人工智能在保险领域的应用条件

（一）互联设备的数据爆炸

在工业环境中，传感设备一度普及，而未来几年，消费者互联设备数量会大幅增加。不仅现有设备渗透率将继续快速增长（如汽车、健身追踪器、家庭智能助理、智能手机、智能手表等），而且新的类别将不断加入，如服装、眼镜、家用电器、医疗器械和鞋子等。这些设备产生的海量新数据能够帮助保险公司更深入地了解客户，进而催生新的产品种类、个性化的定价，以及提供越来越多的实时服务。例如，保险公司可以通过连接到保险精算数据库的可穿戴设备，可以根据日常活动以及潜在事件的发生率和严重性，计算消费者的个人风险系数。

（二）物理机器人的普及

最近，机器人领域取得了许多令人兴奋的成就，而这项创新将会继续改变人类与周围世界的交互方式。增材制造技术，亦称为3D打印，将从根本上重塑制造业和未来商业保险产品。保险公司需要评估这种发展对风险评估的改变。此外，可编程无人机、自动驾驶汽车、自控农业设备以及医疗机器人都可能在未来十年里实现商业可行性。当机器人技术的应用在日常生活和各行各业中日益增长之际，保险公司需要顺应时代要求，充分了解技术对风险投资、客户期望的影响，并积极开发新产品和新渠道。

（三）开源和数据生态系统

当数据变得无处不在，开放源码协议就会出现，以确保数据可以在行业中共享。在同一网络安全监管框架下，各方公共和私有主体将有机结合，打造数据共享的生态系统，服务多样化的行业用例。例如，通过亚马逊、苹果、谷歌和各种互联设备制造商，联网家庭数据和汽车数据可以实现共享，可穿戴数据可以直接传输到保险公司。

（四）认知技术的进步

目前，卷积神经网络和其他深度学习技术主要应用于图像、语音和非结构化文本处理，而将来，它们将会发展到各种各样的应用程序中。这些认知技术，借鉴了人类大脑的分解和推理学习能力，当个人行为和活动相关的"主动"保险产品生成大量数据流时，认知技术就成为处理这些庞杂繁复的数据流的标准方法。随着这些技术商业化程度的提高，保险公司能够获得不断学习和适应周围世界的模型——支持新产品和技术的开发，同时对潜在风险或行为变化做出实时反应。

三、人工智能在保险领域的应用阶段

（一）按技术划分

按技术划分，人工智能在保险领域的应用可以分为电子化、自动化和智能化阶段。

1. 电子化阶段

此阶段是将计算机、网络等数字化方法在保险行业各环节运用。2006年起，我国保险业开始进入电子化阶段，计算机、网络等数字化方法开始在保险行业各环节运用，并逐渐开始用人工智能代替一些简单的人力操作。

2. 自动化阶段

此阶段开始尝试用人工智能代替一些简单的人力操作，并最终发展至依赖于人工智能技术。保险行业各环节在没有人或较少人的直接参与下,按照人的要求,经过自动检测、信息处理、分析判断、操纵控制,实现预期的目标的过程。2015 年起,保险行业部分环节可以在没有人或较少人的直接参与下,经过自动检测、信息处理、分析判断、操纵控制,实现预期的目标的过程,进入自动化时代。

3. 智能化阶段

此阶段是未来的发展方向,人工智能深化运用,与大数据、物联网、区块链等技术融为一体,具有高级的机器学习功能,能认知、读懂人类情绪,满足保险行业各环节的各种需求。大数据、物联网、区块链等技术的飞速发展与人工智能在保险业发展产生协同作用,人工智能开始深化运用,具有高级的机器学习功能,满足保险行业各环节的相关需求。

(二)按智能化强弱划分

按智能化强弱程度,人工智能在保险领域的应用可以分为弱智能、中智能和强智能时代。

1. 弱智能时代

弱智能时代是指人工智能开始在某一单一领域超越人类智能,具体运用场景如图像识别、语音识别、人工智能定损等。2018 年起,我国保险业开始进入智能化时代,人工智能的运用尚未深化,运用场景局限在机器人针对简单投保、承保等问题的回复,优化投保的流程等。

2. 中智能时代

中智能时代是指随着人工智能逐步深化,能处理较复杂的事务,如人工智能可以进行机器学习与客户附带情感色彩的沟通、差异化定价、精准推销等。2020 年起,随着智能化运用不断深化,除附带情感色彩的沟通外,投保过程大部分沟通都可以凭借人工智能解决,针对大数据分析产生多样化的保险产品、差异化定价、精准推销等,我国保险业开始进入中智能时代。

3. 强智能时代

强智能时代是指人工智能逐步深化,能处理较复杂的事务,例如人工智能可以进行机器学习,与客户进行附带情感色彩的沟通,差异化定价,精准推销等。据中国保险科技研究院推测,2030 年起,机器学习功能不断深化,人工智能有望拥有读懂人类感情的语言,实现千人千面的个性化保险产品定制,进入强智能时代。

(三)按行业生命周期划分

按行业生命周期划分,人工智能在保险领域的应用可划分为探索阶段、发展阶段、升级阶段和取代阶段。

1. 探索阶段(2018—2020 年)

探索阶段是指人工智能保险行业主要致力于开辟新用户、占领市场,但此时技术上有很大的不确定性,在产品、市场、服务等策略上有很大的余地。该阶段主要对人工智能技术在保险行业进行初步探索和试验,突破技术关。

2. 发展阶段(2020—2025 年)

发展阶段是指这一时期人工智能保险的市场增长率很高,需求高速增长,技术渐趋定型,产品服务品种及竞争者数量增多。2020 年至 2025 年为发展阶段,即在技术取得一定突破时,行业需要针对当下需求不断深化技术运用、扩充数据库。

3. 升级阶段(2025—2035 年)

升级阶段是指行业根据潜在需求或问题,进行技术创新,不断加强人工智能的学习功能,技术不断优化,产品服务质量普遍提高。预计 2025 年至 2035 年为升级完善阶段,此阶段发现潜在需求或问题,进行技术创新,不断加强人工智能的学习功能。

4. 取代阶段(2035 年以后)

取代阶段是指人工智能保险逐步取代传统保险阶段。预计 2035 年以后,人工智能保险有望取代传统保险。这一阶段同时属于按智能化程度分类中的强智能时代。

四、人工智能运用于保险行业的应用价值

(一) 改变保险行业现有格局

1. 智能投保,便利快捷

在营销过程中,智能机器人对保险中介的替代可以在一定程度上降低渠道费用、提高营销团队专业性、降低投保人退保率,同时还能够促使消费者在场景中主动思考自身风险,对自身风险进行积极的管理。智能投保在保险行业已得到较多应用,尤其是引入人脸识别等技术,可以简化和提高录入功能,提升营运服务效率,改善客户体验,让客户感到投保环境越来越宽松。

2. 智能承保,降低风险

保险企业依托智能承保系统,通过规则设置,在核保环节上能降低逆选择及恶意投保等风险。如某保险公司引入的人工智能系统,已跟随该公司的 IT 部门学习人工核保的案例,并跟随核保师学习现实环境下各种核保知识,积累处理实际案例的经验,逐步在核保环节发挥超越人力工作的积极作用。

3. 自动处理数据,快速核赔理赔

在核保、承保和理赔过程中,以人工智能为核心的无纸化系统可以减少重复性的人工工作,降低运营成本,加快环节流转,提高正确率,减少保险欺诈。人工智能系统通过规则隐形、内置的方式,对绝大多数理赔案件,尤其小额理赔案件,能够进行智能审核、校验、处理;可以通过系统自动搜索数据,完成数据计算任务,快速进行核赔、理赔,助力员工更快地处置理赔事件。一些承接寿险、健康险核赔业务的专业理赔公司,运用全新技术,可以不需要有医学背景的核赔人员,就能将国内的药品和处方目录录进电子系统,再录入理赔单据信息,而后便可自动计算理赔结果。这种审核理算实行人机互检,极大地降低了人为理算干预,具有效率高、成本低的优势。

(二) 满足不断提高的监管要求

人工智能可以帮助保险机构和监管部门满足不断提高的监管合规要求。第一,监管部门不断出台的数据法律框架、数据标准、数据报告要求、金融服务制度,提高了保险机构对合规性的要求,促使其不断提高自动化水平并采用新的分析工具;第二,监管机构承担着评估更大、更复杂、更快速增长数据集的责任,需要更强大的分析工具,以对保险机构实施更有效监管。

在我国,人工智能在保险领域的应用意义在于创新智能金融产品和服务,发展保险新业态,采用智能客服、智能监控等技术和装备,建立保险风险智能预警与防控系统。近年来,人工智能已经成为金融行业数字化转型与商业创新的重要支持力量。

第五节　人工智能在保险领域的应用场景

人工智能正在加速保险行业生态变革。从未来趋势来看,随着人工智能技术的完善,人工智能在保险领域的应用广度和深度还有巨大的拓展空间,长期内保险金融智能化是必然趋势,但这也使得保险监管变得更加复杂。

一、智能保顾

(一)智能保顾的应用价值、基本功能与特征

智能保顾即智能保险顾问,是指基于人工智能、大数据等技术,以自动化的方式为客户提供保险服务咨询、风险测评与保障需求分析、保险产品比价与推荐、保单统一查询与管理等服务的智能化应用。智能保顾通过机器学习的方式获取保险领域的专门知识和经验,并自动更新产品库,与人类保险顾问相比具有更高的服务效率和更低的服务成本。智能保顾是基于客户自身的保险需要,通过算法和产品来完成保险顾问的服务,这个服务以往是由人来实现的。由于人工智能可以代替人完成那些烦琐、单一的工作,并为投保人提供更为周到、耐心、高效的服务,在降低成本的同时,提升用户体验。因此由智能保顾来部分替代大量保险中介的工作正在成为趋势。

1. 应用价值

智能保顾是人工智能在保险行业的一大重要应用。智能保顾可以自主为用户提供风险评测、保险知识问答、保险需求分析、保险产品对比和推荐等服务。首先,用户的保险需求主要受个人生活环境、家庭情况、财务情况的影响而各有不同;其次,算法优劣与否相比技术层面,更主要的还是受数据差异的影响;最后,保险产品本身仍是金融工具,在过去主要依托特定保险公司和其线下代理人,会因信息不对称产生很多问题,而智能保顾就是需要运用互联网的连接能力,解决这样的信息不对称。国内典型的智能保顾产品如表 5-6 所示。

表 5-6　国内典型的智能保顾产品

产品名称	服务提供方	人工智能技术应用	主要特色
阿尔法保险	太平洋保险公司	大数据、机器学习	提供风险评测、家庭保障方案推荐等服务,具有较好的交互性
众安精灵	众安保险公司	语音语义识别、深度学习	具备场景风景识别、保险方案定制、保险问答 AI 挑战赛等功能
"大白"	风险管家与复旦大学保险科技实验室	线上智能机器人、知识图谱	国内首款能自主与用户交互,并提供风险评估、智能荐保、智能产品分析功能的保顾
博诚智能保险营销	宜信博诚保险销售服务公司	推荐引擎及协助过滤算法	提供个性化的风险分析及投保建议
高级驾驶辅助系统	江苏迪纳数字科技股份公司	情景感知计算	前端"车行者"App 实时监测车况,后端提供 UBI 车险等服务

资料来源:根据网络资料整理。

2. 基本功能

智能保顾可以回答客户的普通问题。目前智能保顾系统主要是整合包括邮件、电话、微博、微信、网页、API 接口、移动 SDK(软件工具开发包)等渠道在内的服务渠道,并统一自动分配工单,同时留存用户信息便于下次咨询时识别。

具体包括:

(1) 7×24 小时全天候在线智能客服系统稳定性高,可同时接入大量客户,无须排队等候,随时响应客户的相关咨询和需求。

(2) 建立客服机器人的内容库,用深度学习的方式自动回复重复问题。

(3) 接入人工时机器人给予部分回复建议,加快反馈速度。

(4) 接入内部办公系统,推动多部门协作反馈以及精准营销。

(5) 后台实时数据统计汇总,管理用户评价,进行数据挖掘和数据分析,辅助商业决策。客服语音记录转文字,利用自然语言处理技术分析文本,挖掘客户信息,辅助制定商业策略。

专栏 5-12

客户画像——呼叫中心语音分析

某保险公司采用认知计算对呼叫中心的语音进行分析,形成客户的全方位的画像,如性格、偏好等。基于这些信息,对以往的坐席应答流程进行优化,如根据客户的性格,为其匹配性格最默契的坐席接听电话,并采用有针对性的话术与客户交流。积累了大量的数据之后,该保险公司通过认知计算分析得出客户近期关注的热点和共同的痛点,并流转到中后台部门,推动服务和产品的设计和改进。

资料来源:张育成,龚荣强,王莉.认知时代下的数字化保险[R].IBM 商业价值研究院,2016.

---

3. 基本特征

一是人类自然交互方式的实现(包括语音、肢体语言等)。这就要在实现了简单的完全匹配的一问一答自助服务基础上,增加人机自然交互功能。例如,接入自然语音处理和语义处理(ASR 和 TS),从而能听懂客户的需求内容,以及用客户化语言来进行服务。

二是在服务过程中实现自学习优化,即通过对每次服务交互过程中客户端的反馈来自动优化下一次同类型服务诉求的服务方式或内容。只有实现了这两个重要特征的智能客服,才能提供符合客户期望的服务。

(二) 业务架构与功能

1. 业务架构

智能保顾的业务架构是一个人机交互的综合系统,包括智能问答、语音质检、语料挖掘、隐私保护四大部分内容;系统涵盖保险机构的主要客服场景,用户可按需选用个场景服务。

2. 智能保顾操作基本流程

智能保顾综合解决方案以客户为中心,在语音、文字、质检等客服领域进行智能应用,提升客户体验,降低人工成本,提高客服工作效率。该产品包括智能语音服务、智能音视频、智能机器人、智能坐席助手、智能识别、智能外呼、智能质检等功能组件,有效提高客户服务、人员管理、坐席质检的智能化管理。目前该技术已广泛应用于保险各个领域,全面覆盖保险销售、售后、理赔、保全等业务环节。

(1)初步筛选阶段:教育用户。有鉴于国内用户普遍缺乏风险及保险概念,智能保顾在初步筛选阶段应该被赋予教育的意涵。首先通过个人化的风险分析及预测,帮助用户具象化潜在需求,建立对保险的基础认知。接下来,通过保单建议及优先排序,帮助用户了解最适合当前需要的保险方案以及筛选逻辑,增加用户的信心及判断力,等同于运用科技快速地普及保险概念及相关知识。

(2)深入理解阶段:弭除用户与保险公司之间的不信任。目前国内用户对保险公司及销售顾问有一定程度的偏见,咨商相关建议时经常产生疑虑,而降低了投保意愿,智能保顾在此阶段作为辅助工具,可增加销售顾问提供建议时的专业度及可信度,弭除用户与保险公司之间的不信任。

(3)售后阶段:帮助保户完善人生保障。智能保顾延伸到售后阶段,可以针对已购有保单的人群提供缺口分析。根据既有保单及基本信息的输入,为用户进行未来风险预测及保障完整度评估,分析结果包含缺乏以及多购的险种类型,让用户可以进一步作调整,完善人生的保障。

(三)智能保顾的应用场景

1. 精准营销

在保险行业中,智能保顾可以根据用户的地理位置、性别、年龄、是否经常开车等信息,帮助用户评估和选择相应的保险(见图5-15)。比如,沿海地区高发台风,意外险就会优先推荐能覆盖台风的保险;如果某地区高发疾病是肺癌、乳腺癌,智能保顾就会优先推荐覆盖这些疾病且其性别、年龄可以投保的保险。

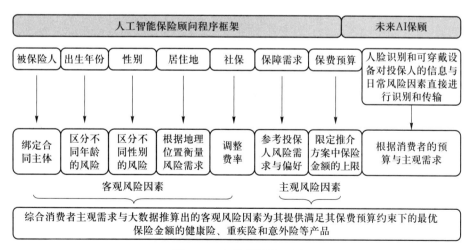

图5-15 智能保顾流程图

（1）精准营销流程。智能保顾就是一类专家系统,组成部分包括人机接口、知识库、数据库、推理机、解释器、知识获取机构(见图5-16)。知识库储存着该领域专家头脑中的经验和知识,推理机负责利用知识解决问题。通过应用语音识别和自然语言处理技术,智能保顾与客户的对话可以不再是简单机械地设定,而是能够理解和学习对话的内容,为客户提供流畅而又高效的交互环境。基于用户标签和后台海量数据库的深度学习,智能保顾能够根据客户的问题和需求,给出个性化的解答,提高保险产品推荐的匹配度,实现精准营销。

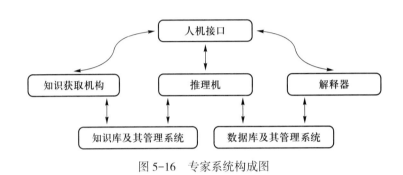

图 5-16 专家系统构成图

智能保顾充分利用了性别、地理位置、年龄所引起的不同风险程度及海量的医学知识和精算科学,利用人工智能分析引擎,并且整合结构化、半结构化或非结构化的信息,通过人机交互的方式改善和提高保险交易前的咨询效率和服务。

随着技术的进步,智能保顾的未来将不局限于保险方案的配比,而是在此基础上的基于客户需求的个性化产品设计,根据被保险人的风险偏好、保障需求和保费预算进行精算定价,在线上或线下及时设计出符合被保险人需求的个性化保险产品。

（2）智能保顾服务维度。

① 基于线上数据的个性化推荐。在大数据时代,消费者在网络上的每个点击都是一串数据。目前,互联网公司会根据消费者的浏览信息确定其偏好,给消费者推荐商品。这样的行为一般通过人工智能个性化推荐算法来实现,推荐的基础为人口统计学、内容相关性和关联规则等。推荐主要流程为:根据用户的购买偏好产生相应的关联规则,对互联网平台上商品的一系列属性如销量、价格、评价等信息进行拆解和评级,根据用户在手机上的浏览记录进行筛选和反馈,将购买历史、浏览记录等信息赋予不同权重,最终计算出消费者对商品的偏好并依此进行推荐。

② 基于行为数据的个性化推荐。行为数据是对被观测个体的行为和产生行为时的环境进行采集、编码和传输后获得的数据。对保险产品的精算定价需要海量的数据,目前应用的数据是经过了缓慢收集和整理的滞后型数据,在这样的条件下进行评估得出的风险信息不够全面,也难以更准确地预示未来。更为优质的数据是对被保险人的行为和周遭环境进行实时采集、实时传输的数据。

2. 完善投保流程

保险公司设计的智能保顾可以通过人脸识别等生物特征识别技术提高服务效率。一方面,智能保顾可以通过对话有针对性地开展风险提示和保险消费者教育,加深客户对保险知识和公司产品的了解,提升客户体验;另一方面,智能保顾使用计算机视觉和人脸识别对客户图像进行读取、绘制、存储和分析,在客户咨询保单时可以省去烦琐的文字输入,凭借"刷脸"为客户提供需要的信息和个性化的服务。

专栏 5-13

TKer——人脸识别和语音交互功能方便、快捷地提供保单查询服务

近年,全球科技巨头均加快了向人工智能领域进军的步伐。作为国内互联网保险领军企业,泰康在线深耕互联网保险十几年,基于对互联网保险领域相关技术的积极探索及前瞻性的市场洞察,提出"通过不断创新,让保险服务不断突破时间、地域、行业的各种界限,让保险更便捷、更实惠"的观点,率先完成全业务线布局,准确把握市场需求,先人一步布局人工智能产业,基于对海量大数据的系统化分析,结合当前市场环境,联合顶级第三方研发技术,打造出国内首款智能保险专家——TKer 机器人。

据泰康在线负责人介绍,TKer 机器人拥有强大的保险智能服务功能。

1. 自助投保:用户可以通过机器人上面的身份证识别器,识别身份证等证件信息后直接进行投保。

2. 保单查询:通过人脸识别功能,机器人可以对用户进行识别,通过语音交互功能,用户可以查询保单。

3. 业务办理:泰康在线开发的不同功能程序,同时可以应用于机器人,并能定期更新、发布产品和服务,支持用户通过机器人直接办理业务。

4. 人机协同:在遇到疑难问题时,TKer 机器人还能呼叫后台人工服务实现人机协同,快速解决用户难题。

5. 视频宣传:TKer 机器人可以播放宣传视频,向用户宣传企业和保险产品。

不仅如此,TKer 机器人还具备主动迎宾、智能会话、互动保险咨询等功能,未来还将结合健康、运动智能硬件等提供如血压、脉搏、体温测量等健康服务。据负责人透露,TKer 机器人未来也可能将服务于泰康线下业务,代替人工完成相关业务工作。人工智能作为未来发展趋势已成定局,新技术的迅速发展给保险行业的变革带来了机会,站在时代风口,泰康在线率先通过 TKer 机器人的大数据人工智能系统,为企业节省更多人工成本,最大限度地为用户带来便捷,让每位客户都能拥有一个专属智能保险服务管家。

TKer 机器人作为国内人工智能与互联网保险产业首次结合的产物,对保险产业有着革命性的意义,更引发人们的无限思考。与此同时,泰康在线还将陆续推出与可穿戴设备、生物识别、人工智能、基因工程、车联网、大数据等技术相关的创新型险种,技术革新将带来产品设计、承保、风控、客户服务等全流程的变化,改变原有保险产业模式,带给用户更与时俱进的保险产品及更好的保险服务体验。

资料来源:泰康在线网站。

随着保险科技的加速发展,大数据、人工智能、云计算等先进技术在深化传统销售模式的同时,创造了新的营销模式。未来,线上销售、电子化的代理人展业工具、数字化保险营销是行业发展的大方向。

二、智能核保

核保是保险风控中最重要的环节之一。传统核保流程复杂、审核材料多,但仍难以对风险进行精准量化的评估。将大数据、人工智能等技术应用于核保全流程,可以实现更快速且有效的核保,帮助保险公司降低风险、提升绩效。如通过人工智能赋能,实现对投保材料的自动识别与结构化,提升信息采集效率;通过人工智能与大数据建模,自动识别高风险客户与异常指标,为核保与定价提供辅助。

专栏 5-14

泰康保险开发的认知核保系统,将人工智能技术与医学知识、保险业务紧密结合,打造 AI 体检数据采集引擎和 AI 核保决策引擎,使核保更便捷,风控更有效。体检数据采集引擎以客户体检报告影像为输入,自动定位、识别健康数据,依据自然语言和医学语义将其结构化,并自动识别异常体检项目;核保决策引擎构建可解释的算法模型,预测客户健康风险,并且结合投保产品特征评估承保风险,输出核保结论与解释。该核保系统支持超过 10 类常见疾病患病风险的预测,准确率近 80%,同时也将核保环节人工审核的效率提升超过 25%。

资料来源:泰康保险集团网站。

三、智能理赔

就理赔时效而言,传统的理赔手段以人工查勘、人工定损为主,主要的工作量和成本都集中在人力资源上。由于人工定损更多依赖于理赔人员的个人能力,而培养一名优秀的理赔人员所花费的时间成本和资金成本往往非常大,令人力资源成本越来越高。人工智能理赔系统可以通过收集、分析整个行业的理赔案件,建立对应模型,在发生保险事故时由消费者将事故现场情况以及标的物的损害情况上传到保险公司由智能理赔系统给出定损建议。

专栏 5-15

平安人寿山西分公司首例"智能预赔付"案件

（一）智能理赔的应用技术

1. 智能识别技术

智能识别技术中有人脸识别、语音识别等生物特征识别技术，主要可用于理赔时确认身份。通过人脸识别技术和语音识别技术可以准确地识别被保人的面部特征和语音特征，从而确认是否为被保险人。同时这两项技术还可应用于保险业务办理的环节，不用去线下柜台，足不出户即可办理保单保全、变更、修改地址、退保等操作。通过识别客户的面部特征确认是否客户本人，从而减轻了人工工作量，加快了处理时效，提升了客户体验。在传统的保险理赔过程中，工作人员在理赔、审查等环节需要人工对照证件材料审核信息，而通过光学字符识别技术可以快速、精准地抓取到证件上的数据信息，轻而易举地完成用户个人信息识别，大幅提升效率和准度。

2. 智能定损技术

智能定损技术是利用保险公司内部的大量理赔案例，结合以往有效的理赔案件，利用深度学习技术挖掘出一套动态的定损、计算模型。当客户提出索赔申请或为客户定损时，系统可以通过算法模型自动输出定损、赔付方案，从而大大减少了理赔定损过程中冗余繁复的人工流程，使大部分案件都能自动定损核赔，提高保险理赔的时效及服务质量，同时也降低了理赔成本。

3. 智能风控技术

智能数据风控模型可以提高反欺诈打假的效率。运用大数据模型和风控模型生成风控规则，对客户的征信数据及出险数据进行筛选排查，同时与数据库中大量的案件数据进行对比，对于排查到的风险案件，进行人工审查，从而缩小人工排查范围，降低无效工作量，提高疑案调查精度及广度。

（二）智能理赔的作用

1. 提高理赔效率

图像识别可以通过人脸识别、证件识别（还包括不属于图像的声纹识别）等方式进行身份认证。更重要的是，图像识别还可以处理非结构类数据，比如将笔迹、扫描或拍照的单据转换成文字，对视频、现场照片进行分类处理，等等。在理赔环节，基于图像识别技术，能快速查勘、核损、定损和识别反欺诈，要比传统的人工核损流程更为节省时间，明显提高理赔效率，降低骗保概率。采用智能理赔风险输入、加工和预警输出，能够定义风控规则，完善理赔风险闭环管理机制。

2. 精准高风险识别

通过大数据，能提高信息搜索、流转效率与准确度，自动识别场景中的风险，对保险操作风险进行积极管理，提升服务时效和服务质量。

相比传统的智能风控技术，基于人工智能建模技术开发的模型拥有强大的自学习能力。它从数据自身特点出发，以异常行为作为学习规则，通过自聚类、回归分析等技术手段对合规、合理与高风险医疗行为搭建分类器，结合健康险政策、规范化路径及医疗知识库，对案件的输出配备相应的医学和政策解释，作为核查及控费的指导依据。

（三）智能理赔的应用场景

1. 智能闪赔

专栏 5-16

金融壹账通推出的"智能闪赔"

金融壹账通推出的"智能闪赔"，对车险理赔的端到端流程进行了全面的梳理与优化，并应用深度学习算法、大数据挖掘等技术，为保险客户提供极致的智能车理赔服务体验。"智能闪赔"包括车物定损、人伤定损、反欺诈等理赔作业全平台，覆盖从报案调度、查勘定损、核损核价、理算核赔到结案支付的理赔全流程。该解决方案搭建了覆盖98%市场车型、85%定损配件、96%定损工时等千万级、地域化数据库，配合一整套反渗漏及反欺诈模型，实现车物定损与人伤定损的自动化。同时，智能闪赔应用最先进的图片识别技术，提供通过拍照自动识别车辆损失的图片定损工具，将车理赔定损缩短至"秒级"。目前壹账通智能闪赔解决方案已经与超过20家保险公司合作，得到客户和行业的广泛认可。

资料来源：中国保险学会. 2019年中国保险行业智能风控白皮书［R］.2019.

---

2. 智能定损

（1）通过图像识别智能定损。图像识别技术是指利用计算机对系统前端捕获的图片进行处理、分析和理解，以识别不同场景下的目标和对象的技术。经过训练，图像识别技术可以替代人工进行图像阅读，辨别图像的真实性，以及找出关键点并进行自动比对。目前，图像识别技术已被成功运用于车险定损，通过对案件现场照片风险点的分析、车损照片细节的处理与分析、与历史影像的比对排除等，该项技术能有效识别车辆损失程度，判断故意制造交通事故、套用车辆牌照等多种欺诈方式。

（2）通过生物识别实现智能认证。生物识别是通过计算机与光学、声学、生物传感器和生物统计学原理等技术结合，利用人体固有的生理特性（如指纹、脸相、虹膜等）和行为特征（如笔迹、声音、步态等）来进行个人身份鉴定。生物识别，尤其是人脸识别已被广泛应用于保险公司线上线下的投保、理赔和保全等业务场景的身份核验，辨别操作人身份真伪，提升处理效率，降低"非本人操作"的风险。

（3）通过情绪识别实现智能判断。情绪识别指通过获取个体的生理或非生理信号，包括面部表情、语音、心率、行为和生理信号等，对个体的情绪状态进行智能辨别。实施保险欺诈的客户因为害怕被保险公司识破欺诈行为，可能产生"一闪而过"的微表情，持续时间较短，一般只有1/25秒至1/5秒，通过肉眼往往很难觉察。但比起人们有意识做出的表情，"微表情"更能体现人们真实的感受和动机，通过机器人对微表情进行识别将有助于辨别保险欺诈行为。

专栏 5-17

　　加马人工智能研究院(Gamma Lab)自主研发的微表情识别技术曾屡次获得国际微表情竞赛世界第一,而该项技术已被平安保险运用到保险反欺诈中。比如,客户通过远程视频在线投保,通过微表情识别技术可实时抓取客户微表情变化,读取用户情绪参数,用于判断用户在健康声明中是否存在隐瞒或欺诈。此外,微表情识别技术也可应用于客户服务、理赔谈判等环节中,判断客户的情绪变化,以帮助保险公司工作人员作出更好的应对与服务。

　　资料来源:中国保险学会. 2019 年中国保险行业智能风控白皮书[R],2019.

　　(四)典型案例——蚂蚁集团推出"定损宝"

　　"定损宝"的核心技术是人工智能图像识别技术。所谓图像识别技术,就是对输入的图像信息建立图像识别模型,分析并提取图像的特征,然后建立分类器,根据图像的特征进行分类识别的一种技术。图像识别的基本流程包括数据获取、数据处理、特征提取以及识别分类。结合"定损宝"的具体使用步骤,可以进一步分析其所涉及的技术原理。

　　1. 上传出险照片

　　从"定损宝"后台系统的角度来看,这一步又可以细分为四个阶段:识别出险车型及出险部位、判别损失车辆程度、生成维修方案、计算维修价格。

　　2. 识别出险车型及出险部位

　　"定损宝"系统要识别相应的车型以及拍摄的受损部位。这一阶段涉及图像识别技术的数据获取①、图像处理②以及特征提取。在此基础上,"定损宝"才能迅速识别出照片拍摄的是什么车型、出险的部位等。目前通常使用 FasterRCNN 和 SSD 等网络来完成这类问题。然后系统会对上一步获取到的图像进行图像处理。常见的图像处理手段包括去噪处理、图像复原以及归一化处理③。

　　受到出险现场天气、出现车辆状况以及用户拍照技巧、角度等影响,"定损宝"中上传的照片非常容易受到污渍、光线、车体外形的干扰。去噪使得出险的照片更加可处理、可计算,判断结果更为准确。"定损宝"技术团队针对车险定损过程中可能遇到的干扰因素,通过联合多种模型迭代学习,创建了"定损宝"的图像处理方式。进而,"定损宝"会自动进行特征提取。特征提取是图像识别中最重要的环节,是指从直接输入的像素级别的数据当中提取可用的部分,使得分类器可以识别提取过的、具有更高层信号的数据,为接下来的判断和分类做出铺垫。

　　3. 判别损失车辆程度

　　"定损宝"会对出险车辆的损失程度进行判定,这一步本质上是一个分类问题。分类是图像识别技术的最后一步,却是最核心的一步,因为整个图像识别技术都是围绕"分类"这一问题展开的。"定损宝"通过一定的学习训练,形成相应的分类标准,对获取的数据和图像根

　　① 数据获取就是采集现实中的图像、景物或文字等,进而转换成可用于计算机处理形式。这一步的识别需要前期的学习、建模以及大量的数据支撑。

　　② 图像处理是指处理获取到的图像,使其更容易进行分类或计算。

　　③ 去噪处理即去掉图像中的噪声,使得图像的信噪比更高。图像复原即修复图像中缺失或者像素级别不够的图像部分。归一化处理是指将输入图像等比例地缩小到 0 至 1 或者 −1 至 1 的区间内。

据特征和需求进行分类。

"定损宝"把损伤分成了四个大类别:刮擦、变形、部件的开裂和脱落。各个大类别中再根据损伤程度和具体情况分成更细小的类别。并且在前期为各类别输入大量对应的图片,进行模型训练。这部分主要借助深度神经网络识别方法,如 ResNet、Inception-V3/N4 等。

4. 生成维修方案

"定损宝"会根据损失情况生成相应的维修方案,这一步需要结合保险业实务中车辆出险后通常采用的维修规则。例如,轻度的剐蹭需要进行喷漆,中度损伤对应钣金,重度损伤则需要更换零配件,等等。

5. 计算维修价格

维修方案一旦确定,"定损宝"会自动给出相应的维修价格。这一步"定损宝"的原理是:先根据 VIN 码①结合承保时的车型,在数据库中查找该车各个部件的 OE 编号②,然后再传输到保险公司,保险公司给出相应的价格。由于保险公司的定价不同,最后维修方案的价格也各不相同,这取决于客户所投保的保险公司和保险条款。

6. 推算保费

推算保费实质上是一个建模预测的过程。其中,最主要的就是预测客户第二年的赔付率。一般做法是建立三个预测模型,分别预测客户的年赔付次数、件均赔付金额和总赔付金额、赔付率。

7. 生成解决方案

"定损宝"会为用户推荐出险地点附近的维修点,并在手机地图上提供定位、路线等信息。这部分主要需要两点技术支持:一是后台对接相应的 4S 店③,这不仅要有位置信息,同时所涉及的维修点还要与前一步提供的维修价格与方案相对应。二是以手机内嵌地图及 GPS 系统为依托。

图 5-17 为"定损宝"智能理赔流程。

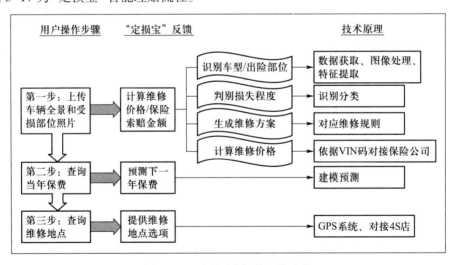

图 5-17 "定损宝"智能理赔流程

---

① VIN 码又称车辆识别码,是指由 17 位字符组成,用以表示车辆的相关信息,包括车型、年代、生产厂家、发动机代码、车身型号及代码等。

② OE 编号是汽车厂家对每种车型的每个零部件的不同编号,其使用目的是方便厂家对零部件的管理。

③ 4S 店是集汽车销售、维修、配件和信息服务于一体的销售店。

四、智能风控

2018 年以来,随着保险科技与保险行业的深度融合,保险行业开始进入"智能风控阶段",深度应用人工智能、大数据、区块链和物联网等技术,实现智能预警和多维核验。

智能风控管理的核心是基于智能算法,运用合适技术,以计算机协助人脑自动进行一系列风险管控操作,从而准确快速、全面有效地实施各业务环节的风险识别、风险评估、风险预警和风险处理等。智能风控改变了过去以合规、满足监管要求为导向的风险管理模式,强调用保险科技降低风险管理成本、提升客户体验、优化风控效能。

相对于传统风控手段,智能风控优势明显。第一,智能风控拥有海量风险规则支持风险筛查,全面覆盖人工筛查容易遗漏的细小风险规则;第二,针对高风险案件环节,设置风险预警方案及时预警,防止风险向后流转;第三,为应对客户对风险管控的不同要求,可灵活修改及配置引擎规则中把握风控程度的阈值,实现个性化风险管控;第四,根据案件调查结果反馈及多维数据输入,机器可不断学习进化与迭代,提升风控精度,并应对不断增加的风险类别。

从行业第三方机构来看,多数公司都开始投入资源,在客户风险评价、理赔、反欺诈等方面做出积极尝试,帮助保险行业加快推进风控的智能化转型升级。2018 年 1 月,为有效推动智能风控与保险行业深度融合,促进行业健康、稳步发展,中国保险学会与金融壹账通共同发起成立国内首个"保险智能风控实验室",共同打造保险风控研究和实践的智慧平台,研究建立多险种的智能化反欺诈系统,充分发挥大数据、人工智能、云计算等技术优势,为保险业欺诈风险的分析和预警监测提供支持。

(一)智能风险一体化平台

智能风控一体化平台以 AI 图像识别为基础,结合大数据与深度学习技术,充分利用内外部数据资源,构建面向保险理赔全流程的风险识别与管控服务。通过虚增项目检测模型与换修标准检测模型,并基于赔案风险规则引擎、风险客户规则引擎以及人场关系规则引擎,向保险公司发送虚增项目清单,以完成理赔过程中的质检、漏损防控工作。

(二)反保险欺诈

就保险欺诈而言,由于现有法律、合规制度和技术上的问题,保险公司依靠传统手段很难对保险理赔逐一进行识别再判断是否为欺诈。智能理赔在识别保险欺诈上则可以发挥较大的作用。基于大数据的人工智能技术能够突破传统理赔调查的局限,通过对被保险人、保险标的物等各方面数据进行收集和分析,一方面可以为保险公司建议理赔调查的方向,另一方面可以为保险公司提供直接的事实依据。

保险公司在积极探索运用生物识别技术在理赔、保全等环节进行风险控制,提升运营效率。如在报案环节运用"声纹"技术,对报案来电人进行识别,通过结合声纹标签库对来电人员进行风险评估。在寿险生存金领取环节,引入活体识别技术,通过虹膜、眼纹等识别真人与视频、照片等的区别,远程判断被保险人真实生存情况,有效解决生存金冒领问题。

五、运营管理

(一)维护代理人渠道

由于保险行业拥有专业知识多、产品迭代快等特征,对应的保险人才数量巨大,但人才流动性大、素质良莠不齐。因此，如何提高人才留存率、提升人均产能已成为刚需。

我国保险代理人数量庞大(约 1 200 万),且流动率高,使保险公司面临日益严重的代理人操作风险与合规风险。从源头上加强对代理人的甄选,可以有效降低由此引发的客户投诉及骗保等行为。AI 教练可为保险公司提供员工及代理人精准画像、招聘风险筛查、线上智能面谈、移动考勤管理、代理人激励、智能培训等管理工具,也是降低人员招聘、管理、培训成本的新技术手段。

(二) 优化用户全流程服务

基于人工智能技术驱动,保险公司能够实现用户保障全流程的优化升级。众安保险上线的智能保险顾问平台——众安精灵,借助人工智能技术为用户提供个性化的保险方案。众安精灵具有个性化、智能化及全方位风险保障三大特性。众安保险依托积累的多维数据对客户建立画像,智能输出风险管理方案,用户还可根据自身需求对保额和相关条款提出变更,定制个人专属产品。该平台还可以借助语音识别等先进生物识别技术,采用语音问答等形式识别用户问题并推荐相关产品。此外,还能以家庭为单位,通过智能分析为客户提供涵盖健康、意外、财产等全面风险解决方案,组合产品全面保障。

传统保险业务由于受到风险管控、地域限制、个人时间冲突等困扰,客户不便前往门店办理业务,影响客户服务体验。平安人寿借助人工智能创新服务模式,首次在业内推出"智慧客服"。平安人寿"智慧客服"运用生物认证、大数据、远程视频等技术可支持所有柜面业务的"在线一次性办理",颠覆了以往必须客户亲临柜台的传统模式。通过远程技术即时响应,解决了因所在地较远或个人时间冲突,不便前往门店,服务难的痛点,实现保险业务办理的全流程智能化。平安人寿智慧客服以人脸识别、声纹识别、语音语意识别、大数据和云计算等近十项 AI 技术为内核,通过智慧化处理流程,为每一位客户建立生物识别档案,实现"实人认证",有效控制风险,全方位保障客户权益;通过遍布全国的客服中心建立在线智能调度平台,实现柜面、保全、核保、理赔系统四大业务平台智能派工,让客户享受到因服务效率提升而带来的优质体验。

泰康保险集团引入人脸识别技术,构建基于人脸识别应用的客户身份认证平台,解决线上、线下"客户是不是本人""客户是谁"的身份认证问题,提供基于人脸识别的公安身份信息认证和自定义身份识别服务,打通投保、理赔、客服、保全等线上线下流程。该认证平台以 GPU 服务器集群作为计算资源,采用平台化概念设计,将业务紧耦合、刚性支撑的垂直应用转变为业务分治、柔性支撑的平台化架构,提供安全、快速、精准的身份认证服务。平台面向集团、各子公司各业务系统提供客户身份认证服务,已累计提供超过 1 500 余万次身份认证服务,服务客户人数达 500 万人,上线应用场景 50 余项。不仅大幅提升了业务服务效能,而且大幅降低了业务运营成本。人脸识别能够准确对客户身份进行认证,有效防范了代办风险,为全流程微服务,如微投、微回执、微回访、微保全、微理赔等提供了可靠的安全保障,将原来需要现场办理的业务,转移至线上办理,节约了客户时间,提高了服务效率,体验不断提升。

客户管理流程与人工智能技术的结合是各保险公司的关注重点。目前,有一定规模的保险公司已建立或有拟建立人工智能客服项目计划,推出智能客服机器人,通过对涵盖承保、理赔及个人信息维护等各方面数据进行运营维护,针对客户提出的常态化问题进行实时解答。

第六节 人工智能在保险领域应用的挑战与发展趋势

一、人工智能给保险业带来的挑战

人工智能正在改变保险市场,在其与保险业的整合日益深化的形势下,保险公司迫切需要明确自身定位以应对经营环境的持续变化。但人工智能与其他新兴科技一样,在发展过程中都会带来一些潜在威胁,值得保险业界高度重视。

(一)对保险体系的冲击

1. 传统保险的本质可能改变

保险是一种"事后"的商业模式,保险公司于事件发生后向客户支付理赔款。但现在保险公司可以通过人工智能收集和分析海量数据,并对此加以管理和解释,以提高通过保险预防风险的效率。因此,保险业务模式可能会发生实质性的改变。即保险公司可以在风险管理建议和服务中发挥更大的作用,而非仅局限于风险转移。

2017 年 10 月,通用再保险公司(GenRe)宣布与健康险保险科技公司 TrackActive 合作,成为一家数据健康管理提供商,采用人工智能技术为其客户提供创新的解决方案。独居的老年人可由护理人员远程监控,改善其生活质量,减少住院费用,降低老年人死亡率。保险公司对于未来的医疗费用、住院费用以及长期护理费用的支付将会发生深刻的变化。不仅如此,保险公司积累了这样的风险管理能力之后,还可以与非保险背景的风险管理机构进行竞争。

2. 保险责任归属改变

由于无人和自动驾驶等模式的兴起,打破了传统保险一人对一物的责任归属,保险责任归属变得模糊,或趋向多人分担。例如,若自动驾驶汽车于自动驾驶模式下发生事故时,责任归属于汽车生产企业,还是驾驶人呢?随着制造业在技术和智能方面越来越先进,在评估责任方面也将面临更大的挑战。例如,责任源于产品缺陷,甚至可能系由两台机器之间或机器与基础设施之间的通信错误所引起,显而易见,未来责任的分配和保险承保将变得更为复杂且极富挑战性。

另外,保险建立于汇集风险,将大量相似人群或风险集合在一起,收取保费于索赔事件发生时支付赔款。但人工智能和大数据的普及使用,将打破集合风险和交叉补贴的原则。保险公司也会为客户的特殊需求提供更具体的定价和政策。这种量身定制的结果,使得风险较低的人支付较低的保费,而风险高者支付更多保费。由此,保险可能更好地发挥普惠作用,为不同风险评级的人群提供不同程度的保障。

(二)技术与安全

1. 来自逆向选择与黑客的风险

近年来,随着涉及健康和生活方式的人工智能感官设备不断增加,作为核保依据的许多数据被公开,消费者根据这些信息和数据,判断自己的健康问题而进行投保,会增加保险公司的逆向选择风险。某些地区的保险公司以提高定价来弥补因市场上逆向选择风险而增加的成本。另外,人工智能机器连接到巨大的网络以及很容易被黑客攻击的传感器,存在隐私与信息被窃取的安全问题。

2. 数据取得面临压力

人工智能算法和科技能力均高度依赖数据,保险面临的巨大挑战是数据的类型、数量及种类的匮乏。因此,首要问题是制定有效的数据战略,采集未来在大数据和人工智能方面有使用价值的数据,并通过算法将其应用于业务流程与产业价值链。可是,各国或地区因文化或法令规范相异,对数据的用途有不同的规范,从而增加了取得数据的成本和难度。

(三)监管与合规

智能保险需要系统法律规范。在现有的法律和监管体系下,很难界定人工智能是否由于故障引发了社会责任问题。然而,在现实操作中,人工智能是建立在大量的程序基础上的,发生故障的可能性较大。人工智能自身的学习、决策机制的产生等行为无法追溯。法律监管的滞后与缺失也加大了开发人员人为造成风险的可能性。

(四)道德与责任

企业具有天生的逐利性,在利用用户数据追求自身利益最大化时,往往容易忽视道德观念,从而损害用户群体的权益。例如,保险机构可能基于客户行为数据分析,对客户进行价格歧视;利用人工智能有针对性地向用户投放保险产品,获取高额利益。

二、人工智能在保险业应用的发展趋势

(一)保险业为人工智能所改变

智能保险是以人工智能为代表的新技术与保险服务深度融合的产物,它依托无处不在的数据信息和不断增强的计算模型,提前洞察并实时满足客户各类金融需求,真正做到以客户为中心,重塑保险价值链和保险生态。人工智能及相关技术将对保险业的方方面面产生巨大影响,包括分销、承保、定价和理赔。

1. 分销

首先,保险流程加快。保险客户购买保险的流程更快,保险公司和客户无须密集参与即可完成。在财产保险中,只要拥有足够的个人行为信息,人工智能算法就可以了解风险概况,从而将投保汽车、商业保险的时间周期缩短为几分钟甚至几秒钟。随着远距离通信和家居物联网设备的激增,以及定价算法的成熟,汽车和家财保险公司已经实现即时报价。在寿险中,寿险保险公司正在尝试简化产品分销流程,但是大多数还只是局限于健康状况良好的申请人,而且比需要完全承保的类似产品定价更高。随着人工智能技术向寿险承保领域的渗透,保险公司将能够以更先进的方式辨别风险,新的即时核保和快速分销产品将进入大众市场。随着无人机、物联网等技术不断为人工智能的认知模型提供足够信息和可用数据,保险公司可制定更加具有针对性的保险费率,企业客户购买保险也同样会变得更加方便。

其次,个性化产品不断涌现。高度动态化、基于使用情况付费的保险产品日益成熟,并可根据单个顾客的行为进行定制。在产品可根据个人行为模式不断调整的情况下,保险将从"购买并每年续保"模式变为持续适应模式。此外,产品将被分解成更细微的保障元素(例如手机电池保险、飞机延误险、家用电器保障险等不同的覆盖范围),客户可以根据自己的特殊需要进行个性化定制,并能马上比较不同保险公司的价格。新的产品不断涌现,以适应不断变化的生活习惯和出行方式。

最后,保险代理人的角色将会发生巨大改变。将来,随着活跃代理人进入退休阶段,以及

为提高生产率,人工智能技术开始取代人工,保险代理人的数量必然会显著缩减。代理人的角色将转变为过程促成者和产品教育者。未来的保险代理人能够销售各种类型的保险,并且帮助客户管理保险组合以创造更多价值。代理人将使用智能私人助理优化工作,使用 AI 机器人为客户发现更加合适的保险产品。这些工具可以帮助代理人为更多客户服务,使得与客户的沟通(包括面对面、虚拟和数字沟通)更简短、更有效,还可以根据客户当前和未来需求定制沟通内容。

2. 承保与定价

首先是自动承保。未来,大多数针对个人和小企业的寿险、财产险,将不再使用人工承保。随着承保的自动化,基于技术驱动的承保将只需数秒时间。这些模型所需的数据,既有内部数据,也有通过应用程序接口从外部提供商获得的外部数据。从保险公司、再保险公司、产品制造商和产品分销商处所收集的信息将汇总到各种数据库和数据流中。这些信息能够使保险公司就承保和定价作出事前决策——根据买方风险状况和保险需求为保险组合产品提供综合价格。

其次,监管机构加强对新科技下的智能保险的监管。监管机构审查的基于机器学习的人工智能模型,是采用公开、透明的方法来确保风险评分的可追溯性(类似于现在使用的基于回归系数的评分因子推导)。为了验证营销和承保所使用的数据是否合理,监管机构要对各种模型输入参数进行评估。在确定在线保单计划的费率时,监管机构还要为保险公司提供测试保单,以确保算法结果在监管政策的允许范围之内。出于公共政策方面的考虑,某些敏感和预测性数据的访问权限(例如健康和基因信息)需要进行限制,因为这些信息的泄露将降低某些领域承保和定价的灵活性,并增加逆向选择的风险。

最后,保险企业强化其定价能力。虽然价格仍然是消费者做出决策的最重要因素,但是保险公司需要不断创新,以避免纯粹的价格竞争。先进的专有平台将在客户和保险公司之间建立连接,为客户提供差异化的体验、功能和价值。在某些领域,价格竞争加剧,利润率微薄是常态,而在另一些细分市场,独特的保险产品能够提高利润率,实现差异化。顺应这一变革的领域,定价创新速度会很快。根据使用情况和动态且丰富的数据风险评估,消费者可获得实时定价,并在了解行为如何影响保障范围、风险可保性和保费定价的情况下做出自己的决定。

3. 智能理赔

首先,理赔速率大大加快。未来,理赔处理仍然是保险企业的一项主要职能,但与目前相比,理赔岗位将减少 70%～90%。高级算法能够确定初始理赔的处理路径,从而提高效率和准确度。个人保险和小企业保险的理赔基本实现自动化,保险企业的直通式处理业务占比将超过 90%,理赔时间将从目前的几天大幅缩短到数小时乃至数分钟。

其次,自动理赔快速发展。各种物联网传感器和数据捕捉技术组合,比如无人机,将基本取代传统的人工报案方式。损失发生之后,理赔分类流程和维修服务将会自动开启。比如,交通事故发生之后,保单持有人先对事故现场进行摄像,然后转换成损失说明,系统将自动估算理赔金额。遭受较小损失的自动驾驶车辆可自动驶向修理厂进行维修,同时调派的一辆自动驾驶车辆前往现场替换。家庭对物联网设备的使用会越来越多,比如监控水位、温度和其他关键风险因素的设备,这些设备能够在风险出现之前预先警示住户和保险公司。

最后,理赔部门将更为关注对风险的监控、预防和应对。物联网和新的数据来源将被用来监控风险,若风险因素超出人工智能设定的阈值,将启动干预措施。保险公司的理赔部门与客户的互动侧重于避免潜在损失。个人收到的实时警示可能与查勘、维护和修理等自动干预措施相关联。对于大规模灾难的理赔,保险公司会利用一体化物联网、车载信息系统和手机数据,实时监控住房和车辆情况,当然前提是该地区的手机服务和电力供应没有中断。如果电力中断,保险公司可利用数据集成系统整合卫星、联网无人机、天气预报实时获取的数据以及保单持有人的数据,将理赔预先备案。多家大型保险机构可以针对多种灾难类型对类似系统进行预先测试,因此在紧急情况实际发生时,备案的损失估算金额将非常准确可靠。详细报告能够自动提供给再保险机构,从而加快再保险资金的流动。

(二)保险公司应对措施

1. 把握人工智能方面的技术与趋势

尽管行业结构方面的变化是由技术驱动的,但应对这些挑战却并不只是 IT 团队的任务。相反,董事会和客户体验团队成员都应投入大量时间和资源,深入了解人工智能方面的技术,其中包括基于假设情景进行深度分析,弄清哪些领域在什么时候可能出现重大变化,以及这些变化对于特定业务线有何影响。例如,保险企业不大可能从针对特定业务部门开展的规模有限的物联网试点项目中获得很多深入洞察的数据。因此,他们必须从自身目标出发,厘清自身应以何种方式参与大规模物联网生态系统。保险企业开展试点和概念验证(POC)项目的目的除了测试技术如何运行,还要了解在基于数据或物联网的生态系统中,自己应扮演何种角色。

2. 制定和实施连贯的战略计划

在对如何利用人工智能有一定了解之后,保险企业还必须决定如何利用人工智能技术支持其业务战略。长期战略计划应包括持续多年的运营、人才和技术转型方案。有些保险企业已经开始采取创新举措,比如组建自己的风险投资部门,收购有潜力的保险技术企业,以及与业内领先的研究机构建立合作关系等。保险企业应当根据自身想要涉足的领域形成自己的战略观点,需要明确是顺应大势还是独辟蹊径,是创立新的实体还是在公司内部打造战略能力,只有这样才能找到最适合自身组织特点的战略路径。

战略计划可能涉及基于分析技术的大规模战略举措,要解决从数据、模型、人才到文化四个方面的问题。战略规划要勾勒出人工智能技术与概念验证的路线图,要具体规定企业的各个部门在提升能力或所侧重的变革管理过程中需要多大的投入。最为重要的是要详细制定里程碑和检查点,这样企业才能定期确定如何调整战略规划,解决人工智能技术发展过程中出现的变化,或者行业内出现的重大转变。

除能够认识和应用人工智能技术外,保险企业还要针对宏观层面的变化制定响应机制。随着各个业务线纷纷转向"预测和预防"的模式,保险企业要重新考虑其与客户的沟通方式、品牌策略、产品设计,以及盈利模式。使用自动驾驶汽车可减少交通事故,使用物联网设备可避免室内浸水,并可在自然灾害之后高效重建房屋,改善医疗服务则可挽救和延长生命。当然,自动驾驶汽车也会发生故障,自然灾害会不断毁坏沿海地区,每个人都需要高效的医疗护理,在亲人离世时也都需要抚慰。这些变化总会发生,相应地,保险利润也会不断变化,新型产品会不断涌现,消费者与保险企业的沟通方式也会出现很大变化。保险企业要赢得未来,就要制定和落实战略规划,确定自身的品牌和产品定位,更新客户互动方式,并充分利用未来新兴的创新技术。

只有不断落实这些措施,企业才能够形成连贯的技术战略,解决业务各个方面的问题,并着眼于价值创造和竞争优势的获取。

3. 制定并落实全面的数据战略

数据很快就会成为企业最有价值的资产之一,保险行业并无不同。在保单的寿命周期之内,保险公司识别、量化、处置和管控风险的方式完全取决于其所能获得的数据数量和质量。众所周知,如果能够通过不同来源获取海量数据,那么大多数人工智能技术都会表现得更好。因此,保险企业必须制定结构完善且切实可行的内部和外部数据战略。保险企业需要对内部数据进行相应的组合,以促进新的分析结果和分析能力的快速形成。在利用外部数据时,保险企业必须在注重数据访问权限的前提下获取外部数据,不断丰富和补充内部数据库。但真正的挑战在于如何以更高的性价比获取数据。随着外部数据生态系统不断扩展,外部数据可能继续呈现高度分散状态,因此,要想以合理成本来取得高质量数据将非常困难。总体而言,数据战略要包含获取和利用外部数据的各种途径,以及将外部数据与内部数据整合的方式。保险企业要制定多层面的数据获取战略,可能包括直接收购数据资产和数据提供商,或获得数据来源的授权,以及利用数据 API(应用程序接口)与数据经纪商合作等。

4. 培养能够胜任变化的人才,构建相应的基础设施

在增强型对弈中,如果对弈双方都使用人工智能技术作为辅助支持,水平一般的玩家会比专业棋手表现更优。这种结果也许出乎大多数人的意料。这是因为,前者在与人工智能进行互动时更愿意接受、信任和理解这一辅助技术。要确保企业的各个部门将高级分析技术视为一种不可或缺的功能,保险公司就必须在人才培养方面进行精心且持续的投入。

保险企业未来需要拥有具备相应理念和技能的人才。未来对新一代一线优秀保险人员的需求会越来越大,他们不能墨守成规,一定要善于利用各种技术,具备创新意识,并且能够利用半自动化和机器辅助技术,在不断变化而非静态的情景中完成工作。保险企业若要利用人工智能创造价值,就要整合整个企业的能力、技术,为客户营造全方位的独特体验。对于大部分保险企业而言,企业高层领导团队须一致认同并达成共识,且须努力推动有针对性的文化转型。为此,企业需要制定合理的人才战略,大力吸纳、培养和留住各类拥有重要技能的人才,包括数据工程师、数据科学家、技术人员、云计算专家和体验设计师等。此外,企业在积累知识的同时,还要拥有应对竞争所需的新技术和新能力,因此许多企业需要制定和落实技能更新计划。保险企业培养新型人才的最后一个重要环节是,识别能够提升自身能力的外部资源和合作方,目的是帮助企业在业务发展和开拓过程中获得必要的支持。未来的 IT 系统架构也将与目前的大不相同。因此,保险企业应该开展有针对性的投资,向更加面向未来的技术体系迁移,实现双速 IT 转型。

随着各种技术的快速发展,保险行业将出现颠覆性变化。在未来的人工智能环境中,保险行业的赢家将是那些能够利用新技术不断进行创新的保险企业。企业只有不断利用新的数据来源进行认知学习和深度分析,不断简化流程和降低成本,不断在个性化和动态适应方面满足并超出客户预期,才能最终赢得市场竞争。更为重要的是,保险企业必须转变观念,不再将新技术视为对现有业务的威胁,而是要更加注重利用颠覆性技术来创造机会。唯有如此,企业才能在未来的保险业竞争中立于不败之地。

本 章 小 结

1. 人工智能是利用数字计算机或者数字计算机控制的机器模拟、延伸和扩展人的智能、感知环境、获取知识并使用知识获得最佳结果的理论、方法、技术及应用系统。

2. 人工智能在发展过程中经历了三次浪潮。

3. 随着人工智能不断发展,人工智能和保险行业的融合日益深化,打造出各种各样的保险产品。人工智能及其相关技术对保险行业从分销到承保、从定价到索赔等各个方面均产生巨大影响。

4. 智能保顾可以自主为用户提供风险评测、保险知识问答、保险需求分析、保险产品对比和推荐等服务。

5. 将大数据、人工智能等技术应用于核保全流程,可以实现更快速且有效的核保,帮助保险公司降低风险、提升绩效。如通过 AI 赋能,实现对投保材料的自动识别与结构化,提升信息采集效率;通过 AI + 大数据建模,自动识别高风险客户与异常指标,为核保与定价提供辅助。

6. 保险公司设计的智能保顾可以通过人脸识别等生物特征识别技术提高服务效率。

7. 保险公司可以通过图像识别、生物识别、情绪识别实现智能判断。

8. AI 教练可为保险公司提供员工及代理人精准画像、招聘风险筛查、线上智能面谈、移动考勤管理、代理人激励、智能培训等管理工具,也是降低人员招聘、管理、培训成本的新技术手段。

9. 人工智能正在改变保险市场,在其与保险业的整合日益深化的形势下,保险公司迫切需要明确自身定位以应对经营环境的持续变化。

10. 企业只有不断利用新的数据来源进行认知学习和深度分析,不断简化流程和降低成本,不断在个性化和动态适应方面满足并超出客户预期,才能最终赢得市场竞争。

关 键 概 念

人工智能　弱人工智能　强人工智能　超人工智能　图形处理器　计算智能　感知智能　认知智能　机器学习　无监督学习　半监督学习　强化学习　深度学习　自然语言处理　语义理解技术　问答系统　语音识别　计算机视觉　生物特征识别技术　人机交互　强智能时代　弱智能时代　中智能时代

即 测 即 评

简 答 题

1. 简述人工智能的特点。
2. 简述人工智能的分类。
3. 简述人工智能的发展历程。

4. 简述人工智能的影响。

5. 简述人工智能发展现状以及快速发展的原因。

6. 简述人工智能在保险业的发展现状。

7. 简述人工智能在保险业的应用条件。

8. 简述人工智能在保险业的应用阶段。

9. 简述人工智能在保险业的应用价值。

10. 简述智能保顾的应用场景。

11. 简述智能理赔的技术和作用。

12. 简述智能定损的应用。

13. 简述智能风控的优势。

14. 简述 AI 在反欺诈的应用。

15. 简述人工智能保险应用对保险业带来的挑战。

16. 简述人工智能保险应用的发展趋势。

17. 简述面对 AI 的挑战,保险公司的应对措施。

参 考 文 献

［1］德勤.中国人工智能产业白皮书［EB/OL］,2018.

［2］中国电子技术标准化研究院.人工智能标准化白皮书［EB/OL］,2018.

［3］投中研究院·崇期资本. 2019 中国人工智能产业投融资白皮书［EB/OL］,2019.

［4］中国信通院. 2018 世界人工智能产业发展蓝皮书［EB/OL］,2018.

［5］36 氪研究院.人工智能行业研究报告［R/OL］,2019.

［6］中国人工智能学会,罗兰贝格.中国人工智能创新应用白皮书［R］,2017.

［7］BUCHANAN B G.A（very）brief history of artificial intelligence［J］.Ai Magazine,2005,26（4）:53-53.

［8］腾讯研究院. 2020 腾讯人工智能白皮书［R/OL］,2020.

［9］国海证券.人工智能时代的经济增长、产业格局与大国博弈［R/OL］,2020.

［10］邓志东.关于发展我国人工智能技术与产业的建议［J］.科技导报,2016,34(7):12-13.

［11］艾瑞咨询.中国 AI＋金融行业发展研究报 2020［R/OL］,2020.

［12］中国保险学会.保险科技助力寿险业发展［R/OL］,2018.

［13］蔡自兴.中国人工智能 40 年［J］.科技导报,2016,34(15):12-32.

［14］众安金融,毕马威中国.保险科技:构筑"新保险"的基础设施［EB/OL］.毕马威中国与众安金融科技研究,2018.

［15］麦肯锡.保险 2030 年:人工智能对保险业未来的影响［EB/OL］,2018.

第六章
区块链及其在保险中的应用

主 要 内 容

　　本章首先讨论区块链的概念、特征和基本工作流程,介绍区块链的核心技术和基本类型;其次,介绍区块链技术的发展现状和未来趋势;最后讨论区块链在保险行业的应用,包括区块链在保险行业的应用价值、应用场景以及应用面临的挑战和未来发展趋势。

学 习 目 标

　　掌握区块链的基本概念、主要技术特征、工作流程和核心技术,了解区块链的主要类型、国际国内发展概况以及未来发展趋势。明白区块链在保险行业的应用价值,掌握区块链在保险行业的主要应用架构和应用场景,理解区块链在保险行业应用面临的挑战和发展趋势。

引 导 案 例

疯狂的比特币

　　一、比特币的起源

　　想完全了解比特币的起源,就不得不提现有的金融体系。众所周知,货币本身是不存在价值的。起初人类采用以物易物的方式进行交易,但有诸多不便,很难换到自己所需要的物品。于是货币应运而生,通过货币这一中介,可以将不同物品按稀有程度进行定价,简化交易流程。虽然货币交易好处多多,但也有一个致命的缺点,那就是中心化。全世界现有货币都是国家央行发行或者废除,普通人无法参与其中。如果央行不断发行货币,那么人们手中的货币就会不断稀释,从而降低货币的购买力。

　　为了解决此问题,比特币之父中本聪于2009年提出去中心化概念,也就是将货币发行在开源软件以及建构其上的P2P网络,打造一个去中心化的支付系统。那么,什么是去中心化?我们以中国流行的微信支付举例,微信虽然和比特币同为虚拟支付系统,但微信的每一笔交易都要在银行系统中进行,银行便是微信支付的中心。去中心化即点对点交易,不受任何其他因素影响。

比特币是一种点对点网络中的电子货币。实际上,任何人都可以参与到制造比特币的过程中来。与此前所有受到广泛认同的货币不同,比特币没有任何发行机构。比特币不存在于中央服务器中,而是存在于世界上不计其数的计算机之中。自发行后,理论上没有任何人可以控制比特币数量,也无法通过大量制造比特币来人为操控币值。基于密码学的设计可以使比特币只能被真实的拥有者转移或支付,安全性极佳。

二、比特币怎么挖

比特币的核心原理是"区块链",每一个区块对应一个账单,将所有的区块链接起来就是区块链,任何交易信息和转账记录都记录在区块链中。要注意的是,区块链存在于整个互联网中,所以任何比特币持有者都不担心比特币遭受损失。

制造比特币的人被称为"矿工",他们用计算机解决一项复杂的数学问题,来保证比特币网络分布式记账系统的一致性。每隔一个时间点,比特币系统会在系统节点上生成一个随机代码,互联网中的所有计算机都可以去寻找此代码,谁找到此代码,就会产生一个区块,随即得到一个比特币,这个过程就是人们常说的"挖矿"。计算这个随机代码需要大量的 GPU 运算,于是矿工们采购海量显卡从而可以更快速地获得比特币。打个简单的比方,我手上现在有一张面值 100 元的人民币,谁猜出来编号我就给谁。比特币就等于这张钱,猜编号就等同于挖矿,谁猜对的速度最快,这 100 元就是谁的。有人担心,如果这样比特币不就会越来越多,最后完全没有价值了吗? 中本聪当然也想到了这个问题,所以比特币系统还有一个机制:那就是比特币总量有限。前 4 年将产生总计 1 050 万个比特币,每隔 4 年产出数额减半,在第 4 年至第 8 年会产生 525 万个比特币,第 8 至 12 年则只有 262.5 万个比特币,以此类推。到最后,共产生 2 100 万个比特币(目前在市场上流通的比特币有 1 600 多万个)。通俗点说,比特币好比是一座由总量为 2 100 万个金币组成的金山,想要得到它,就需要"矿工"们利用计算机的运算能力,根据现有的算法计算出一组符合特定规律的数字。当然,这些数学题随着现有比特币的增加正变得越来越难。自从 2009 年比特币创始以来,比特币的哈希率(每秒处理数据的速度)平均每两个星期增长 16%。

三、从虚拟到现实

比特币乍看起来就像是一群技术专家的新奇游戏,甚至有人怀疑它是一种金字塔骗局。然而随着时间的推移,比特币的魅力却越来越让人难以忽略。首先,没有发行机构就意味着这是一种不受政府控制的"自由"货币,不会因为过度印钞而贬值,也不会因为地缘政治而面临风险,同时交易费用更低。其次,由众多"矿工"主动维护的系统令比特币的安全性比法币要高得多。通过密钥认证的方式使得伪造和偷窃都难以实现。除非遇到可以击败全网 51% 的计算能力,比特币才会被黑(目前全网的计算能力相当于十几台天河一号计算机)。假设真的拥有这样的计算能力,伪造比特币反而得不偿失,还不如挖矿的回报率高。

据统计,2017 年 11 月底,美国最大的比特币交易所 Coinbase 激增 10 万用户,总用户数达到 1 310 万。而在 2016 年 11 月,交易所用户数仅有 490 万。

2014 年,美国国税局发布了对于比特币和加密货币的指南。根据该指南,如果用比特币等数字货币购买商品和服务,就会有增值部分的税收问题。澳大利亚立法免去比特币双重税收。2017 年 4 月,日本正式宣布比特币合法化,并在国内大力推行比特币支付。韩国的比特币交易量一度冲进世界前三,比特币合法化已被提上日程。9 月底,太平洋岛国瓦努阿图宣布,接受以比特币为支付方式的投资移民。

四、比特币的疯狂

2010 年 5 月 22 日,美国佛罗里达州的一个程序员拉斯洛·汉耶兹(Laszlo Hanyecz)用 1 万个比特币买了价值 25 美元的比萨,这是现实世界中第一笔比特币交易。现在看来,这也许是世界上最贵的比萨了。进入 2017 年 12 月,比特币价格以令人震惊的速度上涨。12 月 5 日,比特币价格突破 12 000 美元;12 月 6 日,比特币价格突破 14 000 美元;12 月 7 日,比特币价格突破 15 000 美元;12 月 12 日,比特币价格突破 17 000 美元。而就在 2017 年年初,比特币的价格仅为 1 000 美元左右,这意味着 2017 年以来,比特币的价格已经涨了 17 倍。与此同时,世界上权威的商业交易所纷纷推出比特币期货交易。2017 年 12 月 1 日,世界上最大、最古老的期货交易所芝加哥商业交易所宣布,将从 2017 年 12 月 18 日开始推出比特币期货;12 月 4 日,美国最大的期权交易市场芝加哥期权交易所宣布将在 12 月 10 日推出比特币期货产品;纳斯达克交易所宣布将在 2018 年上半年推出比特币交易;日本领先的金融交易所之一东京金融交易所宣布,将于 2018 年初开始筹备比特币期货。随着各大交易所推出比特币期货,将给比特币带来大量流动性。这也是近日来比特币飞速上涨的一个原因:由于很多机构投资者无法直接投资比特币,交易所推出衍生品让这些投资者拥有了投资渠道。

五、疯狂下的隐忧

早期的"矿工"们在比特币一文不值的情况下默默挖矿,虚耗着电力和计算能力,寄希望于不知何时的未来比特币能成为真正的货币。如今他们的梦想似乎已经成真。然而,其中的隐忧也逐渐放大。投资者们都深谙一个真理:高波动性意味着高风险。高盛首席执行官劳尔德·贝兰克梵曾说过:"一天就波动 20%,这根本不像是货币,更像是诈骗工具。"对于因人们的追捧而狂热之后又化成泡沫的例子,金融市场并不陌生。一些专家甚至认为比特币会危及传统交易和实体经济。华尔街著名交易员马克·费希尔认为,现在比特币走势呈现的模式和 20 世纪 70 年代银价的走势十分相似。20 世纪 70 年代末至 80 年代初市场疯狂投机白银,将银价从 2 美元 / 盎司炒到了 80 美元 / 盎司,随后泡沫破裂,银价被打回原形。尽管对比特币的质疑在 8 年中从未消失,但并不妨碍它一路上涨。

六、比特币的交易模式

目前,比特币场外交易主要有三种模式。一是 C2C 场外交易。该类平台提供信息发布场所,交易双方根据需求发布买币或卖币广告,类似淘宝。二是钱包 App + 场外交易模式。该类平台将场外交易功能集成到比特币钱包 App 中,线下交易。三是场内 + 场外交易业务模式。对投资者来说,最大风险还是来自交易本身。比特币场外交易没有第三方参与,一旦一方违约,另一方权益很难得到保障,事后取证和举证更是困难重重。场外交易还面临着资金安全、虚拟货币安全等问题。除了个别国家以发放牌照的方式将虚拟货币交易纳入监管框架,多数国家和地区的虚拟货币交易都没有监管背书,更没有上线诸如资金存管、虚拟货币存管等防范措施,这也提高了投资者遭遇欺诈风险的概率。此外,由于分散化程度低,比特币价格很容易受到大户行为影响,容易被操控。

资料来源:霍金鹏.疯狂的比特币[J].中国经济报告,2018(1):115–117.

第一节　区块链的基本概念与主要技术特征

一、区块链的基本概念

区块链(blockchain)是一种由多方共同维护,使用密码学保证传输和访问安全,能够实现数据一致存储、防篡改、防抵赖的技术体系 ①。其中,"多方共同维护"是指由多个独立主体共同维护的体系;"密码学"是区块链技术的基石;防篡改和防抵赖是区块链立身的根本;"数据一致存储",即通过共享机制来保证数据的可靠保存与传输,是区块链的核心功能。简言之,区块链是一个去中心化的分布式数据库,该数据库由一串使用密码学方法产生的数据区块有序连接而成,区块中包含一定时间内产生的无法被篡改的数据记录信息。

区块链的作用是存储信息,任何需要保存的信息都可以写入区块链,也可以从中读取;区块链是分布式的,意味着任何人都可以架设服务器,加入区块链网络,成为网上的一个节点 ②。传统的中心化网络是由中心节点集中控制,分布式网络没有中心节点,每个节点共同参与全网数据的集体维护。区块链的实质就是通过去中心化和去信任的方式集体维护一个可靠数据库的技术方案。

直观理解,区块链就是区块加链连接。所谓"区块",是一种数据结构容器,用以汇聚交易并加入公共账本。区块最主要的部分为区块头和区块体。区块头,记录当前区块的特征值;区块体,即区块数据。区块头包含三个元数据集合。第一个是前序区块哈希值的引用,在区块链中将本区块与前面的区块相连;第二个是元数据集,即难度(difficulty)、时间戳(timestamp)、随机数(nonce);第三个是默克尔树(merkle tree)的根,一个高效概括区块中所有交易的数据结构。表 6-1 描述了区块头的结构。区块与区块之间相互串联。数据以区块为单位产生和存储,并按照时间序列连成链式(chain)数据结构,如图 6-1 所示。

表 6-1　区块头结构

大小	字段	描述
4 字节	版本(version)	跟踪软件 / 协议更新的版本号
32 字节	前序区块哈希值(previous block Hash)	对链中前序区块哈希值的引用
32 字节	默克尔根(merkle root)	本区块所有交易的默克尔根的哈希值
4 字节	时间戳(timestamp)	本区块大致的创建时间
4 字节	难度目标(difficulty target)	本区块工作量证明算法的难度目标
4 字节	随机数(nonce)	用于工作量证明算法的一个计数器

---

① 中国人民银行.区块链技术金融应用　评估规则:JR/T 0193—2020［S］,2020.

② 区块链中的节点(node),指的是区块链网络中的计算机,包括手机、矿机、台式机和服务器等。

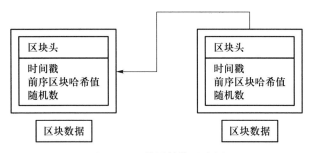

图6-1 区块链结构示意图

哈希又称为随机散列,在理论上具有唯一性。哈希算法将任意长度的二进制值映射为较短的固定长度的二进制值,这个小的二进制值称为哈希值。哈希值是一段数据唯一且极其紧凑的数值表示形式。如果散列一段明文而且哪怕只更改该段落的一个字母,随后的哈希都将产生不同的值。要找到散列为同一个值的两个不同的输入,在计算上是不可能的。区块链的哈希长度是256位,即不管输入什么内容,最后都会计算出一个256位的二进制数字。而且可以保证,只要原始内容不同,对应的哈希一定是不同的。

一个区块可以通过两种方式标记:引用区块哈希或者引用区块高度。区块的主标记符是加密哈希,或者称为数字指纹,通过对区块头运行两次SHA256[①]计算得到。结果的32字节哈希值叫作区块头哈希(block header hash)。哈希由区块头唯一确定,因为只有区块头被用于哈希计算。区块头哈希只唯一识别一个区块,任何节点通过对区块头进行简单哈希计算就可以独立得到标记。

需要注意的是,区块头哈希并没有包含在区块的数据结构中,既不会在区块传输时存在,也不会作为区块链的一部分保存到节点的持久化存储设备中。实际上,区块哈希只在节点从网络上接收到区块时才自行计算生成。区块哈希可以保存在一个独立的数据库表中,作为区块元数据的一部分,方便索引和从磁盘上快速存取区块。

标记区块的另一种方式是它在区块链中的位置,称为区块高度(block height)。第一个被创建的区块高度为0。在区块链中,每个被加到上一区块顶部的后续区块,都要比前一区块"高"一个位置。与区块哈希不同,区块高度并不是唯一的标记符。虽然单一的区块总有个特定不变的高度,但是可能存在多个区块同时拥有相同高度,共同参与竞争区块链的同一位置。所以特定高度不能唯一识别一个区块。同样,区块高度也不是区块数据的结构的一部分,它可以作为元数据存储在一个索引数据库中,以提高存储速度。区块链是一个包含全部交易的公共账本,网络中的所有参与者都可以接受它,并将其视为所有权证明的权威记录。但是,在不信任其他人的情况下,如何让网络中的每个参与者都能对一个关于谁拥有什么的普遍真理取得共识呢?所有传统的支付系统所依赖的信用模型都有一个提供服务的中央权威机构,对每一笔交易进行验证并进行清算处理。区块链不是由中央机构创建,而是由网络中的每一个节点组装而成,即点对点网络。通过某种方式,网络上的每个节点,对在不安全的网络连接上传输的信息,可以达成一个共同的结论,并且能够装配一份与别人完全相同的公共账本。这种对一个时间窗口内事务先后顺序达成共识的算法被称为"共识机制"。

---

① SHA256(Secure Hash Algorithm 256)指安全哈希算法,使用的哈希值长度是256位。

二、区块链的主要技术特征

区块链具有去中心化、开放性、自治性、信息不可篡改、匿名性等特征。

区块链的实质是在信息不对称的情况下，借助新信息技术构建的一个去中心化的可信任系统。在分布式系统中，网络中每个节点拥有相同的网络权利，不存在中心的服务器。所有节点通过特定的软件协议共享部分计算资源、软件或者信息内容。去中心化的主要价值在于：一是减少交易信息中转流程，提高交易处理效率；二是剔除中心机构营运的成本；三是网络上所有节点平等参与交易的验证、记录。

区块链系统是开放的，除了交易各方的私有信息被加密外，区块链的数据对所有人公开，任何人都可以通过公开的接口查询区块链数据和开发相关应用，因此整个系统信息高度透明。

区块链是自治的。区块链采用基于协商一致的规范和协议，使得整个系统中的所有节点能够在去信任的环境自由安全地交换数据，使得对个人或机构的信任改成了对体系的信任，任何人为的干预都将不起作用。

区块链采用密码学中的哈希算法，并由多方共同维护。一旦信息经过验证并添加至区块链，就会永久地被存储起来，除非能够同时控制住系统中超过51%的节点，否则单个节点上对数据库的修改是无效的，因此区块链的数据稳定性和可靠性极高。

由于节点之间的交换遵循固定的算法，其数据交互是无须信任的（区块链中的程序规则会自行判断活动是否有效），所以交易对手无须通过公开身份的方式让对方产生对自己的信任，可以基于地址而非个人身份进行数据交换。这种匿名的特征能够极好地保护交易者的隐私。

三、区块链的工作流程

区块链的工作流程包括以下步骤（见图6-2）：

（1）发送节点将新的数据记录向全网进行广播。

（2）接收节点对收到的数据记录信息进行检验，比如记录信息是否合法，通过检验后，数据记录将被纳入一个区块中。

（3）全网所有接收节点对区块链执行共识算法。

（4）区块通过共识算法后被正式纳入区块链中存储，全网节点均表示接受该区块，表示接受的方法，就是将区块的随机散列值视为最新的区块散列值，新区块的制造将以该区块链为基础进行延长。

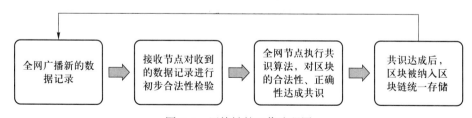

图6-2　区块链的工作流程图

接收节点对收到的数据记录信息进行检验，节点一直都将最长的区块链视为正确的链，并持续以此为基础验证和延长它。倘若有两个节点同时广播不同版本的新区块，那么其他节点在接收到该区块的时间上将存在先后差别,它们将在先收到的区块基础上工作,但也会保留另外一个链条,以防后者变成较长的一条,那么在另一条分支链条上工作的节点将转换阵营,开始在较长的链条上工作。以上是防止区块链分叉的整个过程。

所谓"新的数据记录广播",实际上不需要触达全部节点。主要数据记录信息能够抵达足够多的节点,就可以很快被整合进一个区块中。而区块的广播会对被丢弃的信息具有容错能力。如果一个节点没有收到某特定的区块,那么该节点将会发现自己缺失了某个区块,也就可以提出下载该区块的请求。

节点充当区块链网络中的记账者,负责把数据记录记到数据区块里。为了鼓励节点记账,系统会按照特定规则对记账的节点进行奖励。时间戳的存在保证制造的假数据记录不被验证通过。区块链不仅关注数据区块里的内容,也关注数据区块本身,把数据区块的内容与数据区块本身通过时间戳联系起来。节点把数据记入了区块,因此一个区块就相当于一页账簿,每笔数据在账簿中的记录可以自动按时间先后排列。区块按时间的先后顺序排列使账簿的页与页的记录具有了连续性。通过给数据记录印上时间标签,使每一条数据记录都具有唯一性,从而使数据记录本身在区块和区块哪个位置上发生可以被精准定位且可以回溯,也给其他的校验机制协同发挥作用提供了极大的便利性和确定性。由于区块链网络是公开的,意味着系统拥有过去发生的所有数据记录,而任何新的数据记录都继承过去的数据记录,因链条的各个区块记录由时间戳连接起来使之环环相扣。因此,如果想要制造一个假的数据记录,就必须依次修改后面的所有数据记录,否则被修改的区块就脱离区块链了。在形成的多个链条中,由于最长的链条是被诚实的节点所控制,所以想要修改过去的数据记录,就要从头构造出一个比之前的最长链条还要长的链条,当这个新的链条超过原来那个链条后,才能制造双重支付的虚假数据。然而,随着时间的推移,制造新链条的难度和成本都是呈指数级上升的。同时,因为去中心化设置,区块链的各个核心客户端同时又是服务器,保存了数区块链网络的完整数据,因此对区块链网络的攻击很难像对传统的中央处理节点那样有效,一般情况下很难对区块链的网络构成重大冲击。最终,区块链网络成为一个难以攻破的、公开的、不可篡改数据记录的、去中心化的诚实可信系统。

第二节　区块链的核心技术

区块链技术在发展过程中不断提升和丰富,其最早诞生可以追溯到密码学和分布式计算(见专栏 6-1)。核心技术包括分布式数据存储、共识算法、智能合约、哈希算法和其他加密算法技术。

专栏 6-1

区块链基础技术发展历程

一、分布式数据存储

区块链作为一种分布式存储系统,运用了分布式存储技术。区块链基于分布式存储技术将数据分散存储在多个独立的节点上,每一个节点都参与了区块链的记账与存储,因此避免了数据集中存储模式下可能出现服务器崩溃的风险问题。区块链的高容错能力确保系统的所有内置业务都能从运行开始一直保持稳定延续,极大地保证了区块链系统的可靠性和可用性。

（一）分布式数据存储的概念

分布式数据存储技术（distributed ledger technology,DLT）,也称分布式账本技术,是在传统的关系型数据库的基础上发展起来的新型数据信息处理技术。其基本原理是将原来集中式数据库中的数据分散存储到多个通过网络连接的数据存储节点上,以获取更大的存储容量和更高的并发访问量。

从数据存储方式来看,它是分布式的、非中心化存储,就像一个分布式账本,所有的记录都由多个节点共同完成,每个节点都有完整账目。所有节点都参与监督交易是否合法。数据库中所有数据都实时更新并存放于所有参与记录的网络节点中。这样,即使部分节点损坏或被黑客攻击,也不会影响整个数据库的数据记录与信息更新。

DLT 具有防篡改性,有助于参与者建立对系统完整性的信任。DLT 的防篡改性通过验证系统和加密技术这两个元素实现。

专栏 6-2

分布式存储

（二）P2P 网络

传统的网络服务架构大部分是客户端／服务端（client/server,C/S）架构,即通过一个中心化的服务节点,对多个申请服务的客户端进行应答和服务。C/S 架构也称主从式架构,其中服务端是整个网络服务的核心,客户端之间通信需要依赖服务端的协助。

C/S 架构的优势非常明显:单个的服务端能够保持一致的服务形式,方便对服务进行维护和升级,同时也便于管理。然而,C/S 架构也存在很多缺陷。首先,由于 C/S 架构只有单一的服务端,所以当服务节点发生故障时,整个服务都会陷入瘫痪。此外,单个服务节点的处理能力是有限的,因此中心服务节点的性能往往成为整体网络的瓶颈。

对等计算机网络（peer to peer networking,P2P 网络）,是一种消除了中心化的服务节点,将所有的网络参与者视为对等者,并在它们之间进行任务和工作负载分配。P2P 网络架构打破了传统的 C/S 架构模式,去除了中心服务器,是一种依靠用户群体共同维护的网络结构（见图 6-3）。P2P 网络具有极强的可靠性,任何单一或者少量节点故障都不会影响整个网络正常运转。同时,P2P网络容量没有上限,因为随着节点数量的增加,整个网络资源也在同步增加。

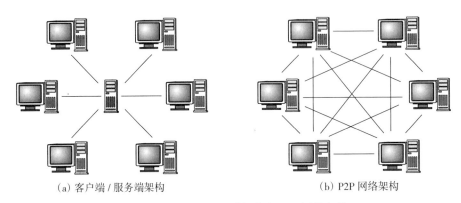

(a) 客户端/服务端架构　　　　　　　　　(b) P2P网络架构

图6-3　客户端/服务端架构与P2P网络架构

(三) 分布式账本与共享账本

分布式账本是一个可以在多个站点、不同地理位置以及多个机构组成的网络里进行分享的资产数据库。网络里的参与者可以获得一个唯一、真实账本的副本。账本里的任何改动都会在所有的副本中被反映出来,反映时间会在几分甚至几秒内。这个账本存储的资产可以是金融或法律上定义的资产,也可以是实体的或是电子的资产。根据网络中达成共识的规则,账本中的记录可以由一个或一些或所有参与者共同进行更新。

分布式账本运行是以账本为基础的。分布式账本是一个网络与权限匹配的结构,是去中心化的结构。在分布式账本中,任何参与者都是一个节点,每个节点都有与之相匹配的权限。

与分布式账本密切相关的概念是"共享账本"。共享账本通常是指一个产业或者私营联盟共享的任何数据库和应用程序。共享账本可使用分布式账本或者区块链作为底层的数据库,且通常会根据不同用户进行权限分层。由此,共享账本可以看作具有一定程度的许可管理的账本或者数据库技术的统称,某个产业的共享账本会由一些限定范围的教研者去维护。

二、共识算法

在分布式账本中,数据的更新需要特定的共识机制①(俗称"挖矿"),由具有权限的节点进行验证,使账本状态达成一致。它要解决的问题是多方互信问题。常见的共识算法主要有工作量证明、凭证类共识算法、拜占庭容错类算法三种。

(一) 工作量证明

工作量证明(proof of work,PoW),即工作量的证明。PoW类的共识算法主要包括区块链鼻祖比特币所采用的PoW共识及一些类似项目的变种PoW,即为大家所熟知的"挖矿"类算法。这类共识算法的核心思想实际是所有节点竞争记账权,而对于每一批次的记账(或者说挖出一个区块)都赋予一个"难题",要求只有能够解出这个难题的节点挖出的区块才是有效的。

---

① 共识机制,即对一个时间窗口内事务先后顺序达成共识的算法。

PoW 机制的基本步骤如下:① 节点监听全网数据记录,将通过基本合法性验证的数据记录进行暂存;② 节点消耗自身算力尝试不同的随机数,进行指定哈希计算,并不断重复该过程直至找到合理的随机数;③ 找到合理的随机数后,生成区块信息,首先输入区块头信息,然后是数据记录信息;④ 对外部广播出新产生的区块,其他节点验证通过后,连接至区块链中,主链高度加一,然后所有节点切换至新区块后继续进行工作量证明和区块产生。

PoW 机制存在两方面明显的缺陷。一是算力的消耗与浪费。在 PoW 机制中,尽管节点是用来帮区块链进行分布式数据记录的,但是它们实际所做的大部分工作是寻找正确的随机数而与数据记录无关。用来寻找随机数的能量和资源将永远地消失,这显然是一种浪费。二是算力集中化凸显。PoW 机制自然地导致了算力集中问题。作为一个普通的个体或者几十、几百台规模的矿机目前都很难挖到区块了,因此大家必须联合起来挖矿,就诞生了算力集中的地方——矿池。

(二)凭证类共识算法

鉴于 PoW 的缺陷,人们提出了一些 PoW 的替代者——Po* 类算法。这类算法引入了"凭证"概念(即 Po* 中的 *,代表各种算法所引入的凭证类型),根据每个节点的某些属性(如拥有的币数、持币时间、可贡献的计算资源、声誉等),定义每个节点进行出块的难度或优先级,并且取凭证排序最优的节点,或是取凭证最高的小部分节进行加权随机抽取某一节点,进行下一段时间的记账出块。这种类型的共识算法在一定程度上降低了整体的出块开销,同时能够有选择地分配出块资源,即可根据应用场景选择"凭证"的获取来源,是一个较大的改进。然而,凭证的引入提高了算法的中心化程度,一定程度上有悖于区块链"去中心化"的思想,且多数该类型的算法都未经过大规模的正确性验证实验,部分该类算法的矿工激励不够明确,节点缺乏参与该类共识的动力。

(三)拜占庭容错类算法

拜占庭容错问题最早由莱斯利·兰伯特等学者于 1982 年提出(见专栏 6-3)。从 20 世纪 80 年代起,人们提出了很多解决该问题的算法,这类算法被统称为拜占庭容错算法(BFT)。

专栏 6-3

类两军问题和拜占庭将军问题

无论是 PoW 类算法还是 Po* 类算法,其核心思想都是将所有节点视为竞争对手,每个节点都需要进行一些计算或者提供一些凭证来竞争出块的权利。BFT 类算法则采取了不同的思路,它希望所有节点协同工作,通过协商的方式产生能被所有诚实节点认可的区块。

具体地,BFT 类算法一般都会定期选出一个领导者,由领导者来接受并排序区块链系统中的交易,领导者产生区块并递交给所有其他节点对区块进行验证,进而其他节点"举手"表决接受或者拒绝该领导者的提议。如果大部分节点认为当前领导者存在问题,这些节点也可以通过多轮的投票协商过程将现有的领导者推翻,再以某种预先定好的协议协商产生出新的领导者节点。

BFT 类算法一般都有完备的安全性证明,能在算法流程上保证在群体中恶意节点数量不超过 1/3 时,诚实节点的账本便保持一致。然而,这类算法的协商轮次也很多,协商通信成本比较高,导致这类算法普遍不适用于节点数目较多的系统。实践上,若分布式系统中的各个节点都能保证以十分强大的性能无故障运行,简单通过广播过程投票即可实现共识过程。而在现实中,这类"完美"的系统并不存在,比如响应请求往往出现延时、网络会发生中断、节点会发生故障。

三、智能合约

(一)智能合约的定义

智能合约①(smart contract)是一套以数字形式定义的承诺,承诺控制着数字资产,并包含了合约参与者约定的权利和义务,由计算机系统自动执行。简单来说,智能合约是一种在满足一定条件时,就自动执行的计算机程序。

承诺定义了智能合约的本质和目的。以一个销售合约为例,买方承诺支付合理的款项,卖方承诺发送货物。数字形式意味着合约需要被写入计算机可执行的代码中,只要参与者达成协议,智能合约建立的权利和义务就由一台计算机或者计算机网络执行。

智能合约程序不只是一个可以自动执行的计算机程序,它本身就是一个系统参与者,对接收到的信息进行回应,可以接收和存储价值,也可以向外发送信息和价值。这个程序就像是一个可以被信任的人,可以临时保管资产,总是按照事先的规则执行操作。

智能合约的实现需要底层协议支持,选择哪个协议取决于许多因素,最重要的因素是在合约履行期间被交易资产的本质。以上述销售合同为例,假设参与者同意款项以比特币支付,选择的协议将会是比特币协议。在此协议上,智能合约被实施。

(二)智能合约与传统合约的区别

智能合约与传统合约(法律合约)有相似之处,比如均需要明确合约参与者的权利和义务,违约方会受到惩罚等。但是智能合约与传统合约存在明显的区别,如表 6-2 所示。

表 6-2　智能合约与传统合约的区别

比较维度	传统合约	智能合约
自动化程度	人工判断触发条件	自动判断触发条件
主客观维度	适合主观性的请求	适合客观性的请求
成本维度	成本高	成本低
执行时间	事后执行	事前预防
违约惩罚	依赖于法律监管	依赖于抵押资产
适用范围	受限于具体辖区	全球性

---

① 跨领域学者尼克·萨博(Nick Szabo)于 1994 年写成了《智能合约》论文,是智能合约的开山之作。

（1）自动化程度。智能合约可以自动判断触发条件,从而选择相应的下一步事务;而传统合约需要人工来判断触发条件,在条件判断准确性、及时性等方面不如智能合约。

（2）主客观维度。智能合约适合客观性请求的场景,传统合约适合主观性请求的场景。因智能合约中的约定、抵押及惩罚需要提前明确,主观性判断指标很难纳入合约自动机制中进行判断。

（3）成本维度。智能合约的执行成本低于传统合约。智能合约执行权利、义务条件被写入计算机程序中自动执行,在状态判断、奖惩执行、资产处置等方面均具有低成本优势。

（4）执行时间。智能合约属于事前预防执行模式;而传统合约采用的是事后执行,根据状态决定奖惩的模式。

（5）违约惩罚。智能合约依赖于抵押品、保证金、数字财产等具有数字化属性的抵押资产,一旦违约,参与者的资产将遭受损失;而传统合约的违约惩罚主要依赖于法律监管,一旦违约,可以采用法律手段维权。

（6）适用范围。智能合约技术可全球采用,适用于全球范围;而传统合约受限于具体辖区,不同国家地区的法律、人文等因素均影响着传统合约的执行过程。

（三）智能合约与区块链

区块链技术的出现为智能合约的运行提供了一个好的平台。区块链这种去中心化、反篡改的平台,能够保证智能合约一定被执行,执行的逻辑不会被中途修改。智能合约一旦在区块链上部署,所有参与节点都会按照既定逻辑执行。基于区块链大部分节点都是诚实的基本原则,如果某个节点修改了智能合约逻辑,那么执行结果就无法通过其他节点的校验而不被承认,即修改无效。

一个基于区块链的智能合约包括事务处理机制、数据存储机制以及完备的状态机制,用于接收和处理各种条件,而且事务的保存和状态处理都在区块链上完成。事务及事件信息传入智能合约后,合约资源集合中的资源状态会被更新,进而触发智能合约进行状态机判断。如果自动状态机中某个或某几个动作的触发条件满足,则由状态机根据预设信息选择合约动作自动执行,最后将结果永久保存在链式结构中。智能合约在区块链中的运行逻辑如图6-4所示。

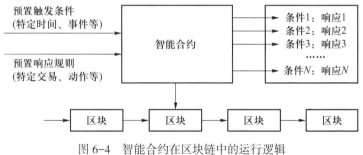

图6-4 智能合约在区块链中的运行逻辑

四、哈希运算

（一）哈希运算的概念

哈希算法（Hash algorithm）即散列算法的直接音译。它的功能就是把任意长度的输入（如文本等信息）通过一定的计算,生成一个固定长度的字符串,输出的字符串称为该输入的哈希值。

（二）哈希运算的特性

1. 正向快速

正向即由计算输出的过程。对给定的数据，可以在极短时间快速得到哈希值。如当前常用的SHA256算法在普通计算机上一秒钟能做2 000万次哈希运算。

2. 输入敏感

输入信息发生任何微小的变化，仅仅是一个字符的更改，重新生成的哈希值与原哈希值也会有天壤之别。同时，无法通过对比新旧哈希值的差异推测数据内容发生了什么变化，但通过哈希值可以比较容易地验证两个文件内容是否相同。该特性广泛应用于错误校验。在网络传输中，发送方在发送数据的同时，发送该内容的哈希值。接收方收到数据后，只需要将数据再次进行哈希运算，对比输出与接收的哈希值，就可以判断数据是否损坏。

3. 逆向困难

即无法在短时间内根据哈希值计算原始输入信息。该特性是哈希算法安全性的基础。

4. 强抗碰撞性

即不同的输入很难产生相同的哈希输出。当然，由于哈希算法输出位数是有限的，即哈希输出数量是有限的，而输入却是无限的，所以不存在永远不发生碰撞的哈希算法。但是，只要算法保证发生碰撞的概率够小，通过暴力枚举获取哈希值对应输入的概率就更小，代价也相应地更大；只要能保证破解的代价足够大，那么破解就没有意义。因此，哈希算法仍然被广泛使用。

（三）哈希算法与区块链

哈希算法的特性，保证了区块链的不可篡改性。每个区块头都包含了上一个区块数据的哈希值，这些哈希值层层嵌套，最终将所有区块串联起来，形成区块链。区块链中包含了该链诞生以来的所有交易，因此，要篡改一笔交易，意味着它之后的所有区块哈希值全部都要改变，这需要进行大量的运算。若想伪造交易数据，必须靠伪造交易链实现，即保证在正确的区块产生之前能快速地运算出伪造的区块。然而在区块链网络中，这种情况是不可能实现的。

除上述防篡改特性，基于哈希算法组装出的默克尔树也在区块链中发挥了重要作用。默克尔树也被称为二叉哈希树（binary Hash tree）。首先对每笔交易计算哈希值；然后进行两两分组，对这两个哈希值再计算得到一个新的哈希值，两个旧的哈希值就作为新哈希值的叶子节点，如果哈希值数量为单数，则对最后一哈希值再次计算哈希值即可；然后重复上述计算，直至最后只剩一个哈希值，作为默克尔树的根，最终形成一个二叉树的结构。利用默克尔树的特性可以确保每一笔交易都不可伪造。

专栏 6-4

默 克 尔 树

五、其他加密算法技术

区块链中使用了很多加密算法,其中哈希算法是区块链技术的基础算法。另外还涉及了对称加密、非对称加密、数字签名、数字证书等密码学知识。

(一)对称加密和非对称加密

加密技术从技术构成上,可以分为两大类:一类是对称加密,另一类是非对称加密。对称加密的加解密密钥相同;而非对称加密的加解密密钥不同,一个被称为公钥,另一个被称为私钥。公钥加密的数据只有对应的私钥可以解开,反之亦然。

对称加密算法和非对称加密算法有很大的差异性,其异同点如表 6-3 所示。

表 6-3 对称加密算法和非对称加密算法的异同点

	对称加密算法	非对称加密算法
特点	使用相同的密钥	需要两个密钥,一个是公开密钥,另一个是私有密钥,一个用于加密,另一个则用于解密
优点	算法公开、计算量小、加密速度快、加密效率高	与对称加密算法相比,其安全性更好,公钥是公开的,密钥是自己保存的,不需要像对称加密算法那样在通信之前要先同步密钥
缺点	需要提前共享密钥,密钥泄露,加密信息就会被破解	加密和解密花费时间长、速度慢,只适合对少量数据进行加密
代表算法	DES、3DES、AES、IDEA	RSA、ElGamal、背包算法、椭圆曲线系列算法

(二)数字签名和数字证书

区块链中还有一个重要的技术——数字签名。数字签名用于证实某项数字内容的完整性和来源,保证签名的有效性和不可抵赖性。数字签名使用了公钥密码学。数字签名的运作过程是:发送方先将要发送的数据生成摘要,然后使用私钥加密生成数字签名,把数字签名随同数据一起发给接收方;接收方收到后,再将数据生成摘要并用发送方的公钥解密数字签名,如果两者相同则说明这个信息确实是发送方发来的并且数据没有被篡改过。

区块链中常见的签名算法是椭圆曲线签名算法。其算法是用椭圆曲线上的点进行加法或乘法运算。区块链中私钥是一个随机数,通过椭圆曲线签名算法生成公钥。但反向从公钥计算出私钥几乎是不可能的。

在传输过程中,公钥可能被替换或篡改。数字证书(digital certificate)是用来确保接收方拿到的确实是发送方的公钥,而不是被篡改过的。数字证书是由 PKI 体系中的证书中心(certification authority,CA)机构颁发的。

第三节 区块链的主要类型

区块链系统根据应用场景和设计体系不同,一般分为公有链、私有链和联盟链,分别适用于不同的信任环节。

一、公有链

公有链（public blockchain）是指任何人都可读取的、可发送交易进行有效性确认，任何人都能参与其共识过程的区块链。共识过程决定哪个区块可被添加到区块链中和明确当前状态。

公有链是完全分布式的区块链，区块链数据公开，所有用户都可以发出交易请求，并通过验证被写入区块链。用户参与程度高，同时易于产生网络效应，便于应用和推广。公有链系统完全没有中心机构管理，依靠事先约定的规则来运作，并通过这些规则在不可信的网络环境中构建起可信的网络体系。通常来说，需要公众参与、需要最大限度地保证数据公开透明的系统，都适合选用公有链，比如数字货币系统、众筹系统等。

公有链的特点：一是保护用户免受开发者的影响。在公有链中，程序开发者无权干涉用户，所以区块链可以保护使用它们程序的用户。二是访问门槛低。任何拥有足够技术能力的人都可以访问公有链，只要有一台能够联网的计算机就能够满足访问的条件。三是所有数据默认公开。虽然所有关联的参与者都隐藏自己的真实身份，但每个参与者可以看到所有的账户余额和其所有的交易活动。

在应用方面，公有链包括比特币、以太坊、超级账本以及智能合约等。其中，比特币系统是公有链的始祖。使用比特币系统，只需下载相应的客户端，即可创建钱包地址、转账交易、参与挖矿等，这些功能都是免费开放的。比特币开创了去中心化加密数字货币的先河，并充分验证了区块链的可行性和安全性。但比特币尚有不足，例如，在比特币体系里只能使用比特币一种符号，很难通过扩展用户自定义信息结构来表达更多信息，比如资产、身份、股权等，从而导致扩展性不足。

为了解决比特币扩展性不足问题，以太坊应运而生。以太坊（Ethereum）是一个开源的有智能合约功能的公共区块链平台，通过其专用的加密货币以太币，提供去中心化的虚拟机来处理点对点合约。以太坊是一个可编程的区块链。通俗来讲，在以太坊区块链上发送的交易不仅仅可以是转账金额，还可以是调用一段代码，而代码可以由用户自定义。与编程语言相似，它由企业家和开发者决定其用途。以太坊尤其适合那些在点与点之间自动进行直接交互或者跨网络促进小组协调活动的应用。

超级账本（Hyperledger）是一个由 Linux 基金会牵头并创立的开源分布式账本平台。超级账本于 2015 年 12 月正式启动，由若干个各司其职的顶级项目构成。与其他区块链平台不同，超级账本的各个子项目都是锚定"平台"的，仅是提供一个区块链的分布式账本平台，并不发币。超级账本项目的整体目标是区块链及分布式记账系统的跨行业发展与协作，并着重发展性能和可靠性，使之可以支持主要的技术、金融、供应链公司中的全球商业交易。它的目标为开发一个"开源的分布式账本框架，构建强大的行业特定应用、平台和硬件系统，以支持商业级交易"。

二、联盟链

联盟链（consortium blockchains）是指参与区块链的节点是事先选择好的，节点间通常有良好的网络连接等合作关系，区块链上的数据可以是公开的也可以是内部的，为部分意义上的分布式,可视为"部分去中心化"。

倘若有若干家金融机构之间建立了某个共同体区块链,每个机构都运行着一个节点,而且为了使每个区块生效需要获得多个机构的确认,区块链可以允许每个机构可读取,或者只受限于共识验证参与者,或走混合型路线。

联盟链的特点:一是容易连接,成本低。联盟链可以做到节点间的连接,花费极少的成本就能维持运行,提供迅速的交易处理和低廉的交易费用,有很好的扩展性,数据有一定的隐私性。二是范围有限。应用范围不太广,缺少比特币的网络传播效应。

目前,联盟链的应用场景多集中在通过应用区块链技术来提升票据流转的安全性、不可逆转性,提高资金管理效率,同时又为客户提供移动端的信用结算产品。在一个去中心化体系下,人们利用联盟链建立企业与金融机构的信任关系,提高数字资产可信度,从而降低企业的融资成本。

三、私有链

私有链(private blockchain)的参与的节点只有有限的范围,比如特定机构的自身用户,数据的访问及使用有严格的权限管理。完全私有的区块链中写入权限仅在参与者手里,读取权限可以对外开放,也可以进行任意程度的限制。

私有链的特点:一是交易速度非常快。私有链的交易速度比其他任何区块链都快,甚至接近常规数据库的速度。这是因为即使少量的节点也具有很高的信任度,不需要每个节点都来验证交易过程。二是具有更好的隐私保障。私有链使得在一个区块链上的数据隐私政策完全一致,不用处理访问权限,个人数据不会公开地被拥有网络连接的任何人获得。三是具有较低的交易成本。私有链上可以进行完全免费或非常廉价的交易,不需要节点之间的完全协议,需要为任何交易而工作的节点非常少。

私有链的应用场景一般在企业内部,如数据库管理、审计、企业销售管理及产品管理等;也可以被应用于政府中,如政府预算执行、行业数据统计等,公众有监督权。私有链的价值主要是提供安全、可追溯、不可篡改、自动执行的运算平台,可以同时防范来自内部和外部对数据的恶意攻击。

公有链是为大众服务的,任何人都可以加入或退出公有链系统,是完全去中心化的。公有链上有一个激励层,用来激励系统内的用户在其中的活动。区块链技术的核心就是验证与激励,公有链有更多的验证参与者和激励机制,因此,公有链系统能更加安全地运转,但是公有链存在过度透露用户信息问题,容易被客户盗取私钥。私有链是为特定群体服务的,私有链系统的验证机制主要是由一个中心化的组织通过监控整个过程来完成。私有链缺乏自我发展机制,也没有验证参与者或系统参与者的激励,是一个非完全去中心化的类区块链技术架构。但是它又具有比公有链快速、高效的优点。在实际应用中诞生的联盟链被很多大型企业采用,企业利用联盟链可以在企业的不同部门之间沟通,让决策者拥有有限的数据和验证权限。相比中心化数据库,联盟链的最大好处就是加密审计和公开的身份信息。没有人可以篡改数据,就算发生错误也能追踪错误来源。

第四节 区块链的发展概况、应用前景和未来趋势

区块链作为一种在不可信的竞争环境中低成本建立信任的新型计算机范式和协作模式，凭借其独有的信任建立机制，正在改变诸多行业应用场景和运行规则。在其广阔应用前景下，区块链技术发展也面临着许多风险与挑战。

一、区块链发展概况与应用前景

（一）区块链平台发展历程

区块链平台在应用层面先后经历了加密数字货币、企业应用、价值互联网三个阶段

1. 区块链 1.0：加密数字货币

2009 年 1 月，比特币系统正式运行并开放了源码，标志着比特币网络正式诞生。通过构建一个公开透明、去中心化、反篡改的账本系统，比特币开展了一场空前规模的加密数字货币实验。在区块链 1.0 时代，区块链技术的应用主要聚集在加密数字货币领域，典型代表即比特币系统以及从比特币系统代码衍生出来的多种加密数字货币。

区块链 1.0 的最大特点是，区块链只有比特币一个应用，流通媒介是数字，是一个总协议。

2. 区块链 2.0：企业应用

针对区块链 1.0 存在的专用系统问题，为了支持如众筹、溯源等应用，区块链 2.0 阶段支持用户自定义业务逻辑，即引入了智能合约，从而使区块链的应用范围得到了极大的拓展，开始在各个行业迅速落地，降低了社会生产消费过程中的信任和协作成本，提高了行业内和行业间的协同效率，典型代表是 2013 年启动的以太坊系统。针对区块链 1.0 存在的性能问题，以太坊系统以共识算法的角度进行了提升。

有了智能合约系统的支持，区块链的应用范围从单一的货币领域扩大到涉及合约共识的其他金融领域，区块链技术首先在股票、清算、私募股权等众多金融领域崭露头角。由于其开放透明、去中心化及不可篡改的特性，区块链又被运用到公证、仲裁、审计、域名、物流、医疗、邮件等其他领域。

3. 区块链 3.0：价值互联网

从技术角度来看，应用 CA 认证、电子签名、数字存证、生物特征识别、分布式计算、分布式存储等技术，区块链可以实现一个去中心化、防篡改、公开透明的可信计算平台，从技术上为构建可信社会提供了可能。区块链与云计算、大数据和人工智能等新兴技术交叉演进，将重构数字经济发展生态，促进价值互联网与实体经济的深度融合。

价值互联网是一个可信赖的实现各个行业协同互联，实现人和万物互联，实现劳动价值高效、智能流通的网络，主要解决人与人、人与物、物与物之间的共识协作。效率提升问题，将传统的依赖于人或依赖于中心的公证、调解、仲裁功能自动化，按照大家都认可的协议交给可信赖的机器自动执行。

区块链 3.0 最重要的指标就是区块链应用能够落地，服务于社会并推动整个社会的进步。在这个即将到来的智能价值互联时代，区块链将渗透到生产生活的方方面面，充分发挥审计、监控、仲裁和价值交换的作用，确保技术创新向着让人们的生活更加美好、让世界更加美好的

方向发展。

（二）区块链技术的应用发展

1. 全球区块链应用概况

当今,各国政府对区块链发展持有不同的态度。区块链在各国的发展阶段和发展特色各不相同,鼓励技术和政策监管各有侧重。多数国家重视区块链技术在实体经济中的应用,少数国家对区块链及加密货币持"积极拥抱"的态度,部分国家对加密货币明确了监管政策。例如,澳大利亚、韩国、荷兰、塞浦路斯、阿联酋等国积极发展区块链产业,制定了产业总体发展战略;美国、中国、韩国、英国、澳大利亚及欧盟重视区块链技术研究与应用探索;同时,中国及澳大利亚、法国、瑞士、芬兰等国家已经陆续制定了区块链监管方面的法规。

在应用落地方面,区块链源于加密数字货币,正向多领域延伸。2019 年以来,区块链在各领域应用落地的步伐不断加快,正在贸易金融、供应链、社会公共服务、选举、司法存证、税务、物流、医疗健康、农业、能源等多个垂直行业探索应用。区块链的应用发展如图 6-5 所示。截至 2019 年 8 月,全球区块链企业 38% 集中在加密货币领域,23% 的企业专注于区块链技术研发,互联网、金融业是应用最多的两个领域。美国、中国、英国区块链企业数量分列前三位;加拿大、新加坡、瑞士等国由于相对宽松的产业监管环境,区块链企业数量也较多。城市分布方面,旧金山、北京、伦敦是拥有区块链企业最多的三个城市;同时,我国深圳、上海、杭州排名也较为靠前。

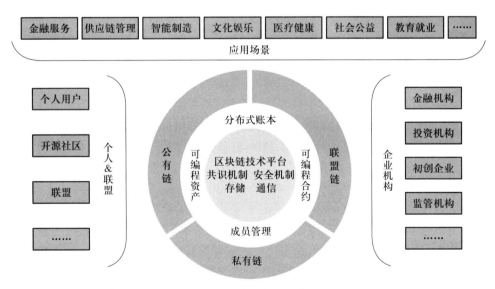

图 6-5　区块链应用生态图

资料来源:中国区块链技术和产业发展论坛.中国区块链技术和应用发展白皮书[R/OL],2016.

投融资层面,区块链产业投融资交易热度下降。2017 年、2018 年是区块链产业投融资最活跃的时期。进入 2019 年,整个互联网投融资市场活跃度低位运行。美国、中国、韩国、瑞士、加拿大是全球区块链产业投融资金额最多的 5 个国家。从五国近年投融资发展变化来看,美国区块链产业在 2015 年和 2018 年出现两次投融资高峰,我国区块链产业 2016 年起进入快速发展期,而韩国自2017年起加速,2018年投融资额位居全球第三位。

2. 区块链产业发展趋势

未来,区块链将加速向更多领域拓展延伸,可能带来的产业变革值得密切跟踪。《中国区块链技术和应用研究报告(2020)》对区块链发展的未来展望为:

"区块链应用积极性不断提高,未来有望成为数字经济基础设施之一。基于区块链的信任机制有助于促进社会分工协作,降低社会分工和交易成本。区块链的应用将有助于提升多个行业的数字化水平,促进新模式新业态培育,甚至实现行业革新。由于在社会经济发展以及社会治理水平提升等方面的作用日益突出,区块链正逐渐成为数字经济发展的关键支撑。从全球来看,未来区块链产业竞争的关键将是尽快实现规模化应用或实现国民经济关键性领域的成功应用。"

"国内国际标准化组织大力推动区块链标准化,产业服务水平不断提升。随着区块链技术和应用的持续发展,在基础术语和架构、安全与隐私保护、互操作以及治理等方面的规范化、标准化发展需求日益突出。自2016年以来,国内和国际标准化组织大力推动区块链标准化工作,取得了一些初步成果。同时,也需要认识到目前区块链体系仍不完善,区块链产业服务体系还处于发展的初期阶段。未来,通过标准化和产业服务体系建设提供强有力的发展支撑,不断提升整体竞争能力,将是推动区块链产业发展的重要路径。"

二、区块链技术的局限性和未来趋势

作为新兴技术,区块链仍然面临一些制约其进一步发展和广泛应用的障碍,包括底层技术的挑战、潜在安全隐患以及隐私保护等。[①]

(一)区块链技术的局限性

1. "不可能三角"问题

根据区块链的底层技术,可以发现区块链面临"不可能三角"问题,即难以同时满足去中心化、大规模高性能和安全性的要求。例如,比特币区块链保证了去中心化、安全性,然而规模性能较弱,大约每秒7笔交易量;又如,POS(权益证明)牺牲了一定程度的去中心化,不需要每个人都参与验证,从而使得规模性能提高了几个数量级,来维护账本的安全性。

2. 跨链难题

我们可以使用独立的区块链系统构建一个完美式分布账本,但如何实现多条区块链之间的互联互通,还面临重要技术困难。在区块链最传统的加密数字货币领域,大多数区块链都是独立的价值网络,大多数无法参与自身之外的信息交互和价值转移,从某种程度来讲,可以视其为一个"信息孤岛",区块链上的价值流通将大大受限。而当前设计与实现跨链的技术难点,主要集中于以下两方面:一是交易验证问题。如何设计区块链系统之间的信任机制,使得一个区块链可以接收并且验证另一个区块链上的交易?二是事务管理问题。跨链交易包含多个子交易,这些子交易构成了一个事务,如何确认子交易是否被最终确认、永不回滚,所有子交易要么都成功,要么都失败?

---

① 邢春晓,张桂刚.中国区块链技术与产业发展报告[M].北京:清华大学出版社,2017.

3. 运行安全风险

区块链技术目前最大的安全隐患就是51%攻击问题,即节点通过掌握全网超过51%的算力就有能力成功篡改和伪造区块链数据。虽然实际系统中为掌握全网51%算力所需的成本投入远超过成功实施攻击后的收益,但51%攻击的安全性威胁始终是存在的。

4. 系统效率和容量问题

区块链的处理效率还难以达到现实中一些高频交易场景的应用(例如VISA信用卡系统每秒最多处理10 000笔交易)。此外是容量膨胀问题,区块链要求系统内每个节点保存一份数据备份,这对于日益增长的海量数据存储要求来说是极为困难的。

5. 隐私泄露风险

区块链系统内各节点虽不必公开身份,但也并非完全匿名,主要是通过类似电子邮件地址进行标识,并实现数据传输。虽然地址标识并未直接与用户身份相关联,但区块链数据是完全公开透明的,随着各类反匿名身份甄别技术的发展,仍有可能实现部分重点目标的定位和识别。

6. 信息纠错风险

由于区块链不易篡改的技术特质,对于写上链的信息,如何被正确遗忘还是一个有待解决的问题。区块链技术使得记录信息具有了"不可遗忘性",一方面,有利于其在司法领域的应用;另一方面,大数据时代,互联网技术的应用收集了大量用户信息,不仅包括用户主动发布的信息,还包括大量用户的个人隐私。因此,合理的遗忘机制成为区块链发展面临的一个道德问题,更是一个法律问题。

(二)区块链技术未来发展方向

1. 异步共识

区块链的吞吐量受到速率和容量两方面的影响。吞吐量低的原因,其实在于共识过程。在一个完全去中心化的环境里,需要得到多数节点的认可,往往需要多次交互,而每次交互又伴随着网络延迟,在此两者共同的影响下,区块链系统的吞吐量难以提高。可以采用异步共识来解决。在共识协议里,主流的做法是每出一个块,所有节点之间要进行同步,共识通过以后再继续出下一个块。另一类做法是出块以后无须立即达成共识,每个节点在遵循某种规则的前提下,尽最大的能力出块。若规则制定得足够巧妙,各自为战的节点在经过一段时间之后,仍然可以达成一致。

2. 安全加密技术

安全是区块链技术的基石。区块链是一个分布式账本,具有公开、透明、不可篡改等优点。在区块链应用到现实商业世界的时候,隐私保护问题亟须解决。区块链需要与隐私计算的整合应用,在保证数据可信的基础上,实现数据可用不可见,更好地消除企业对于数据上链后的隐私问题顾虑,有利于行业应用深入发展。

比如,密码学中的同态加密技术①(homomorphic encryptiion)被引入区块链领域,用以保

---

① 同态加密是基于数学难题的计算复杂性理论的密码学技术。对经过同态加密的数据进行处理得到一个输出,将这一输出进行解密,其结果与用同一方法处理未加密的原始数据得到的输出结果是一样的。参考资料:梁亚声.计算机网络安全教程[M].北京:机械工业出版社,2016.

障区块链在金融交易场景的隐私性;零知识证明技术 ①(zero knowledge proof)用于解决交易的隐私保护、交易的多方校验、共识之间的矛盾等问题。此外,还有其他隐私保护技术,密码学中的群签名、环签名,可信执行环境技术都被应用到隐私保护领域。

3. 跨链技术

当前,区块链系统都是相对独立的系统。不论是从性能上还是从业务支撑的复杂度上,都已经成为区块链技术的发展瓶颈,必须通过合适的跨链技术,实现区块链业务系统的互联互通和高性能。

在多个区块链进行跨链是一个复杂的过程,对于加密数字货币领域,有侧链、中链、哈希锁定等跨链实现方案,来完成未来数字资产的价值交换和转移。未来,区块链的互联互通将是区块链技术发展的重要方向。

4. 融合发展

区块链在下一代信息技术创新发展中具有不可替代的作用。将与现有的科技技术人工智能、大数据、物联网等相结合,利用协同效应形成一体化解决方案,共同助力数字化转型。

第五节　区块链在保险行业的应用价值

作为新兴技术的代表,区块链被称为"信任的机制",具有良好的开放性和连接性,能够有效解决数据的唯一性、连续性和不同参与者之间的互信问题。结合保险行业来看,由于保险的本质是风险交易,实践中通过保险实现风险转移和分散的事例涵盖社会经济运行的方方面面,具有天然服务实体经济的本质属性,保险业务通常参与者众多,需要以开放、可信的方式连接各参与方。因此,保险行业与区块链有天生的契合性,能有效降低信息传递过程中的各类摩擦成本,推动保险行业整体的转型与革新。②

一、区块链在保险行业的应用价值

(一)区块链技术推动开放保险

开放保险是一种通过技术实现的生态商业模式,打造统一的共享算法池、统一的交易业务单元、统一的数据交换协议,为金融科技公司、上下游产业及第三方开发者创造价值土壤,构建新的核心能力。"开放保险"的雏形出现在 2011 年,其依托大数据、区块链、人工智能等技术支持,实现保险场景与生活场景的紧密连接。保险公司利用区块链的分布式架构,接入第三方平台和系统开发,共享营销推广、客户流量、产品服务等资源,进一步降低保险公司的经营成本、提高其运营效率、加强其风控能力。通过区块链及开放保险的方式,客户无须在多个平台进行重复的身份信息录入及验证,提高客户体验。

1. 奠定开放保险的基础

在传统保险业务中,保险公司出于保护客户隐私及数据保密的商业原则,不愿意将数据

---

① 零知识证明指的是证明者能够在不向验证者提供任何有用的信息的情况下,使验证者相信某个论断是正确的。
参考资料:张效祥、崔良海.大步跨越时空:信息技术[M].上海:上海科技教育出版社,1996.
② 可信区块链推进计划保险应用项目组.区块链保险应用白皮书[R/OL],2019.

资源与其他服务提供商和代理机构共享,由此极大地降低了数据资源的开发空间。利用区块链技术的开放性,通过加密算法,可授权开放给第三方,其数据使用情况也被记录在区块链上,从而实现数据资源共享和数据滥用监控。

开放保险可以采取对外向产业上下游开放,对内向保险业开放,形成共赢互惠的效果。一方面打破保险同业机构之间的信息壁垒,提升业务协同效率。比如打破保险、共保、再保之间的信息壁垒,提升共保及再保交易效率。另一方面,打破行业内数据孤岛,挖掘数据价值,发挥数据安全性,提升保险行业的整体风控及服务能力。比如,基于区块链技术实现行业内风险数据共享,提升行业的反欺诈能力。

2. 促进产业生态优化

服务实体经济和社会发展是保险业的天然使命。开放保险打破行业壁垒,通过数据聚合和数据共享的方式,使保险生态与贸易、能源、运输、健康、医疗、汽车、食品等不同行业生态赋能,释放各行业所拥有的数据潜在价值,使客户在任意场景都可以获取保险金融服务。

区块链有助于实现高效低成本的交易模式。利用区块链的智能合约技术,在第一时间进行理赔,减少客户损失,提高理赔效率。

(二)区块链技术解决保险互信问题

区块链解决保险信用机制问题主要是基于分布式账本、非对称加密和授权以及智能合约等技术。基于区块链的分布式账本特征,不再依赖某一个中心化节点,而是通过多个节点基于真实数据分别进行计算,实现多维度交叉验证,快速实现投保人的身份及信息校验。这使得投保人的身份信息公开可查且不可改,杜绝虚假信息,有效防止伪造身份的欺诈风险。

区块链技术可以实现保险数据和保险公司的分离,即使在投保人更换投保公司的情况下,获得信息使用授权的第三方仍然能够就区块链上的数据进行梳理和分析,有效追溯和标记投保标的信息,有助于精准评估风险,防止出现恶意欺诈行为。区块链的加密技术使得所有加密过程不可逆且无法随意改动信息,这样一个安全的体系就可以避免数据泄露、数据被篡改,建立一个更可信的机制。

(三)区块链技术实现保险降本增效

区块链的深度运用将使保险公司的运营成本降低。例如,传统保险公司以保单为单位开展产品销售和管理,客户信息较为分散,而保险公司通过打造面对行业的区块链 BasS 云服务,整合多渠道的客户信息,实现客户账户的统一管理和行业数据共享,以此节省大量运营成本,缩短业务时间,提高业务效率。

区块链的去中心化特质能够安全记录有关交易数据的历史信息,解决双重花费问题,做到交易即结算,从而提升合约执行效率,降低合约执行成本、运营成本和管理服务成本。区块链技术提供多种共识机制,来保障对记录有效性的认定。共识机制的存在使合约的执行成本降到最低,执行效率和计算服务效率提升。

二、区块链在保险行业的应用业务架构

依托区块链,保险业务能够实现更多可能性。一方面,通过区块链技术将用户信息、保单信息以及理赔信息存储起来,结合大数据分析,实现为不同客户提供智能投保的服务,让保险公司更有效地进行客户管理。另一方面,区块链降低客户与保险公司之间的信任成本,为各

方营造一个高度安全、深度信任的交易环境。通过智能合约一键触发智能理赔自动执行等理赔流程,提升了保户投保信心和保险公司的理赔效率。区块链技术赋能保险经营的各个流程,驱动数字化革新,未来业务应用蓝图如图6-6所示。

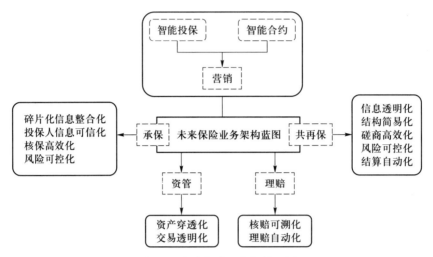

图6-6 未来保险业务架构蓝图

资料来源:可信区块链推进计划保险应用项目组.区块链保险应用白皮书[R/OL],2019.

(一)区块链技术赋能营销管理

传统保险公司的管理模式是由总公司、分公司、基层机构以及具体的团队和营销员从上至下组成,各分支机构开展业务需要依据总公司的政策指导,从而进行具体的销售费用配置、保费清分以及财务核算等。这种以总公司为本位、多层级自上而下的传统管理效率相对低下。区块链技术的应用,可以将传统保险业营销模式彻底颠覆。利用区块链弱中心化的特点,保险业的营销模式将向终端(即营销员)为本位的新型模式转变。营销员、各级分支机构将由内而外逐渐扩散,不再以总公司为中心,信息不再由上至下层层传递,提升营销员的能动性,提升企业的管理效率。

基于新型的销售管理模式,未来保险公司可以以销售终端为核心,开展营销业务,从而精准地对接市场需求,构建以客户为中心的营销新生态。在新型的营销生态下,智能投保使保险产品在既定的销售规则下,实现保险产品与客户需求和风险偏好的精准匹配。智能合约则强化保险合同执行的效率与精准度。保险公司过去以保单为基础进行产品的销售管理,但是客户分布和客户信息分散,区块链的应用则可整合多渠道的分散用户信息,实现用户账户、账本统一管理,有助于数据共享和提高业务效率。

(二)区块链技术赋能保险承保

保险承保是保险人对投保人所提出投保申请的审核及选择的过程,其中,核保是关键环节。在传统的核保中,保险公司不能保证所有投保人都按照最大诚信原则进行投保,核保过程容易陷入信息孤岛,面临信息不对称和欺诈风险。因此,保险公司每年都要投入大量的资源用于保险反欺诈工作,成本高、效率低,且效果不明显。利用区块链技术结合物联网、大数据和生物科技等新兴技术,能够有效地帮助保险公司实现对保险信用的重构,构建一个安全可靠的信任体系,进而建立一个更加公开、透明、高效的承保机制。

（三）区块链技术赋能保险理赔

在保险理赔业务中,保险公司常常因为理赔条件、免责条款等认定分歧发生纠纷,也常常因为共保、再保等复杂的保险形式影响赔付效率。区块链技术的运用可以解决理赔中的矛盾,提高理赔效率。"一键理赔"将广泛应用到各个险种上。利用区块链的共识机制及可追溯性等特性,配合物联网设备以及人工智能的应用,通过智能化合约将保单代码化,使保单合同条款都能公开透明,一旦保单满足理赔条件即自动触发理赔流程。借助多方信息共享和利用,自动实现理赔数据互联互通,降低核赔成本的同时能够有效确保理赔案件的真实性。

（四）区块链技术赋能再保险

传统的再保险交易主要面临以下几个问题①:一是信息不对称。原始保单数据和理赔数据多由直保公司掌握,再保险公司难以获取。再保险理赔数据量大,核对流程复杂,索赔处理时间长,理赔可控性较差。再保险公司只能通过一定的模型估算风险,难以实时了解风险积累状况。二是信息化水平较低。再保险合同的签订多为邮件往来,高度依赖人工反复沟通协调,存在再保险合同纠纷频发,以及再保险人积累责任计算、信息失真、财务对账冗长、风险评估和精算定价不准确等风险。

区块链可以优化和重塑再保险交易流程。一是构建分布式账本,一张保单的交易、理赔等数据同时出现在保险公司和再保险公司的账本上,节省了双方核定该保单信息的交流时间。数据实现实时共享,再保险公司能够更高效地理赔,而不用被动等待直保公司提供数据再执行后续流程。二是利用智能合约实现再保险保单的自动对账、清算、结算。三是利用区块链数据不可篡改、数据可信、可追溯等特性,提升再保险交易可信安全度,降本增效。

（五）区块链技术赋能保险资管

利用区块链技术不可篡改的特性,未来保险资产管理将实现底层的穿透追溯,赋能资产管理中的风险识别和监控,降低保险资管业务中的信任成本,使得保险资金可以得到更加充分的利用。此外,区块链技术也可以连接保险资管业务主体,提升产品发行、份额登记、投资交易、清算操作等业务环节的效率和准确性,实现资管交易的透明化和高效化。

第六节　区块链在保险行业的应用场景

目前,区块链已经应用于防范保险欺诈、追踪商品的生产过程及再保险等业务细分领域。区块链应用的不断深入和扩展,将有助于保险行业不断升级发展。

一、区块链技术应用于保险业务环节

（一）数据高效管理

区块链不仅仅使共享数据的方式和过程发生了改变,而且使数据的不可篡改性得到了大幅度提升。保险公司利用区块链实现数据的高效管理。

---

① 中再集团,众安科技.再保险区块链(RIC)白皮书[R/OL],2018.

1. 提高数据可得性

保险机构常常需要建立强大的核保部门或借助第三方机构应对道德风险和逆选择风险。区块链技术可以让与投保方相关的数据变得公开透明,保险机构也可以对这些数据进行查询和追踪。

2. 增强数据连续性

过去消费者行为数据由承保保险公司所有,行业间数据不共享。利用区块链把用户行为数据记录和存储下来,这些数据可以独立于保险机构而存在,保险公司需要授权获得。完整且连续的投保方行为数据有利于强化风险评估,提升核保核赔效能。

3. 提升数据安全性

利用区块链不可篡改的特点,智能合约、自动交易等手段,以及带有加密算法匿名的保护,对数据安全性特别是个人信息提供保障,并实现自动理赔,可简化数据收集与保费支付操作环节,提高承保流程透明度。

如今,为了使投保方数据实现可得性和连续性,已经出现了很多专门为保险机构提供服务的区块链公司。例如,区块链技术公司 DNA Bits 的应用场景是健康数据匿名存储记录追踪,它通过区块链保护用户的基因、疾病、健康信息,对个体信息和医疗信息进行追踪,并对其进行加密。通过授权保险公司方可查验用户数据,很好地保护了用户的个人隐私。

（二）提高理赔效率

目前,保险公司的理赔工作大多由人工处理,不但效率低,主观性强,还需要集中检验,导致用户体验差。利用智能合约可实现基于事件、数据触发的自动赔付,实现理赔资金实时到账,提高理赔效率。

区块链智能合约的功能能够用于小微保险业务中,降低处理成本。以指数类农业保险、航班延误险为例,目前的产品模式中,仍然需要大量的人工审核、支付赔款等操作。利用区块链技术,能够明显提高数据利用效率,并借助智能合约降低人工成本。

专栏 6-5

区块链技术直击农业保险痛点

（三）反欺诈

保险公司主要与第三方数据公司合作开展反欺诈。第三方数据公司主要通过以往的理赔案件推测和识别欺诈行为,但由于机构存有的数据是独立的,机构之间难以有效分享信息,反欺诈识别效果不太理想。基于区块链的反欺诈系统可以从分享欺诈理赔案件信息入手,保险机构之间共同建立一个分布式账本,共同识别和判断欺诈行为。

利用区块链技术提升保险公司的反欺诈能力,有三点优势:一是避免重复记录,让事件和理赔能够一一对应,防止重复理赔;二是建立所有权机制,将保险标的数字化,防止伪造标的欺诈;三是减少违法分销行为,非授权保险经纪人如果违规将产品销售给客户或者私吞保费,客户保单将不会被登记上链,由此可以查验出欺诈行为和造假者。

(四) 公司内部管理

区块链技术的特点使其在财务结算中具有优势。具体到保险业务中,一方面区块链技术可以贯穿承保、保费缴纳、赔款支付等全流程,提高财务结算效率;另一方面,公司运作中的差旅、报销实现自动匹配、自动报销,降低财务人员的人力成本。

专栏 6-6

上海保交所落地区块链底层平台——保交链

1. 项目简介

2017 年 9 月 1 日,上海保险交易所(简称上海保交所)正式发布区块链底层技术平台(简称保交链)。保交链是国内保险领域应用区块链的标志性项目,由上海保险交易所发起,面向行业联盟的内部成员开放。保交链在行业公司之间的支付结算、行业反欺诈、合规监管等方面都有落地的应用场景,可以帮助不同的保险公司实现交易数据共享,提高整个行业的运行效率。

2. 技术分析

保交链使用的是上海保交所自主研发的 Golang 国密算法包,在保交链上,能够支持数字保单存证的场景下每秒 5 万笔保单指纹的数据上链和高并发处理。保交链是服务保险行业的区块链底层技术平台,而区块链技术则是比特币的骨干技术。保交链包含四大服务体系,其中身份认证服务体系实现身份证书的认证、审核、颁发及管理的功能;共识服务体系确保分布式数据一致性;智能合约服务体系实现智能合约的安装、实例化、升级等管理功能,为区块链应用场景开发提供了支撑;平台服务体系实现动态组网、同一底层平台下多条区块链的配置管理和访问策略管理的功能。同时,保交链也提供了包括数据安全和加解密支持体系、应用开发支持体系和数据交换支持体系在内的三大支持体系,如图 6-7 所示。

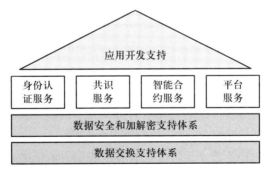

图 6-7　保交链服务体系和支持体系架构

3. 保交链的作用

一是保交链研发并装载了支持国密算法的 Golang 算法包,并与上海交通大学密码与计算机安全实验室合作进行了有效性和安全性测试,使得保交链在实际运用中将更加安

全可控;保交链支持国际标准密码算法,可满足国际化业务的安全要求。前期,保交所还与上海交通大学密码与计算机安全实验室签订了框架合作协议,致力于打造安全可靠的区块链底层技术平台,推动金融系统密码算法国产化。

二是保交链节点可以按照企业的需求实现本地部署及保交所云平台托管部署两种部署模式,缩短部署周期,降低开发成本,方便不同类型机构的快速接入。

三是保交链提供便捷高效的应用开发界面,通过统一接口服务及功能分离的标准开发包,满足开发者在应用开发、系统管理及系统运维的需求,支撑业务场景敏捷开发、快速迭代。

除此之外,保交链还兼具其他四个特性:一是监管审计,可满足监管方面审计要求,满足业务方合规要求;二是性能可靠,通过性能优化、配置参数调整及高效的应用设计,可以达到企业级应用的性能要求;三是监控运维,完善的监控系统实时监控区块、交易、网络、CPU及存储,全面关注区块链网络健康状况,实现系统层及应用层实时预警功能;四是多链架构,底层架构均衡考虑了系统性能、安全、可靠性及扩展性,引入"通道"概念,实现了不同业务的数据隔离及访问权限控制,提供丰富的智能合约模板,保交链可支持一次底层部署多链运行。

资料来源:胡初晖.上海保交所发布区块链底层技术平台:每秒处理5万笔保单数据[N/OL].澎湃新闻,2017-09-01.

二、区块链改造传统保险产品

（一）区块链与财产保险

1. 区块链与车险

在传统的车险体系,从事故发生到得到赔款需要经历复杂的评估和审核,理赔过程往往耗时长、效率低、纠纷多,用户体验较差。区块链技术可以让保险公司将客户实体资产数字化确权上链,智能合约执行的共享分类账本和保险单将理赔条件代码化,实现自动化理赔,同时全流程都被记录在区块链,形成分布式理赔审查总账本。

区块链应用到车险理赔,可以解决传统车险理赔过程中的问题,给客户带来优质的服务体验。一是区块链技术简化核赔手续,提高赔付效率。依托区块链和车联网技术,在车辆上安装传感记录设备,保证信息真实、不可篡改。出险时,实时将车辆事故数据提交给"事故认证平台",检验满足特定条件后自动触发理赔赔付。二是识别车辆定损维修欺诈。车辆发生事故后被放置在修理厂进行维修,修理厂按照要求将车辆定损的数据(包括文字、视频、图片等)上传至区块链,将定损环节置于保险公司与客户的实时监督之下。由于区块链具有不可篡改的特性,若修理厂扩大车损数据,数据信息一旦上链,即成为骗保证据,从而提高保险公司查勘举证的效率。三是配件反欺诈。配件厂将认证配件防伪信息上传至区块链,修理厂将使用的配件防伪信息上链。保险公司上链调取,出险用户可上链查询,如发现配件信息异常,比如无法溯源或重复使用,利益受损方即可举证追责。

2. 区块链与非车险

区块链的去中心化、不可篡改性、可追溯性、保密性等特点为非车险的个性化产品开发、理赔风险管控、线上投保理赔提供了可靠保障。①

非车险产品种类繁多、各保单约定内容差异较大、客户典型层级不同、各保险公司对同一保险事故理赔标准不一致,且各同业保险机构、第三方机构之间缺乏及时有效的数据共享。区块链技术在非车险运用后,保险公司不仅可以根据客户的特点和需求推出个性化产品、预判风险,而且能通过数据共享有效杜绝保险欺诈。

一方面,区块链技术能够及时记录产品的生产、销售、购买、理赔、投诉等全流程信息,有利于保险公司及时回查产品质量并调整保费。另一方面,区块链技术为约束保险欺诈行为、统一理赔标准、规范司法鉴定环境提供了可能。例如,传统房屋财产保险按保额模式设置几个档,一旦出险可能会导致价值高的房屋没有得到足够的保障。通过区块链技术精准了解到每套房承保时的状况,保险公司可以据此制定承保方案,实现个性化保险定制。

专栏 6–7

1. 区块链保险应用:非车险风控

区块链技术应用到旅行险的风控方案。

流程说明:① 保险机构出单后把客户三要素、旅行险险种代码、保险期限上传至区块链,并把有效黑名单客户三要素上传,智能合约把客户三要素用哈希算法加密上链。② 客户投保旅行险,授权机构 A 查询相关信息。③ 前端提交业务办理请求。④ 机构 A 使用客户三要素到区块链查询是否重复投保,是否为黑名单客户。⑤ 区块链返回该客户在几家机构有生效的旅行险保单(分险种代码),在几家机构属于有效黑名单客户。⑥ 机构 A 根据返回结果及核保规则,决定客户是否可保。⑦ 若客户在区块链上没有身份认证结果,区块链向身份认证数据源进行身份认证,并把结果记录在链上。⑧ 区块链更新机构 A 查询次数和机构 B、C 的提供次数。

资料来源:可信区块链推进计划保险应用项目组,区块链保险应用白皮书[R/OL],2019.

2. 安盛保险集团 Fizzy

安盛保险集团(AXA)是全球最大的保险集团,2017 年年底其推出航空保险产品 Fizzy,该产品在以太坊区块链上的智能合约存储保险条款,主要针对航班延误理赔。

Fizzy 的底层构建于以太坊网络上,并采用以太坊的智能合约来设计保险支付的触发机制。智能合约将全球空中交通数据作为可靠的外部数据源,进行实时对接来获取航班延误的信息。一旦智能合约抓取到了某架航班的延误超过了 2 小时,合约的赔付机制就会被自动触发,赔付的保费会自动打到投保人账户,而无须安盛保险集团进行人工干预。目前 Fizzy 的理赔是使用法币进行支付。

资料来源:根据公开资料整理。

---

① 郑晓燕.区块链技术在非车险中的应用[J].中国保险,2020(9):26–28.

(二) 区块链与健康保险

传统健康保险在运作过程中的核心痛点在于:客户医疗健康数据分散在医院、保健机构、医保机构、保险公司等不同系统,共享和协调客户敏感的医疗数据十分困难。保险公司为了获取客户的医疗健康数据,要么与医院系统对接,要么向第三方机构购买,要么根据客户提供的健康信息进行人工调查,成本高昂,而且难以确保数据的完整性和真实性。

美国国家卫生信息技术协调办公室在其发表的区块链技术白皮书中提到:"区块链能解决电子健康记录和资源的隐私、安全和拓展性问题。"区块链技术可以在保证客户隐私不被侵犯的前提下,为医疗保健机构、保险公司提供广覆盖、可同步、可查询的医疗健康数据库。客户按照权限掌握自己的医疗健康数据,通过私钥授权保险公司查阅自己的医疗健康账本,投保人、承保人以此为依据完成投保、核保和理赔。我国保险公司也积极将区块链技术应用到健康险中(见专栏6-8)。

专栏 6-8

国内首款区块链健康险在阳光保险上线

阳光保险公司上线基于区块链技术的女性特定疾病保险产品。该产品为一年期健康保险,保费 12.5 元,保障项目为女性特定疾病、女性原位癌和女性特定手术,保障金额分别为 10 万元、2 万元、5 000 元。

与传统健康险不同的是,投保人通过健康介绍信授权阳光保险公司去相关医院或体检机构查看其体检报告数据。只要成功授权阳光保险公司查验到有效体检报告,投保人即可获得保费 9 折优惠。如数据在优质客户范围,投保人还可获得保费 7 折优惠。由此实现个性化差异定价。健康介绍信,指供保险公司查验个人体检报告的数据凭证。目前支持的医院和机构有阳光融合医院及慈铭体检中心。

阳光保险公司建立区块链平台(私有链),鼓励投保人将个人健康数据使用权登记在区块链,确权后的数据使用权永久归投保人,经投保人授权可在不同保险业务场景使用,以实现数据流通。在数据交互后台,系统以健康评分形式提供投保人数据给阳光保险公司参考,阳光保险公司无法获得投保人原始数据,从而很好地保护了投保人的隐私。

从阳光保险公司的实践看,利用区块链技术在一定程度上确认了投保人的个人数据主权,保险公司掌握投保人数据更全面,实现了差异化服务,解决了传统寿险同质化、风控薄弱的问题。不过,投保人数据的来源仅是与阳光保险公司直接关联的医疗机构,其完整性和交叉验证不足。显然,只有把来自不同信息源的数据综合起来,才能对用户真实画像,但是要让多方甚至是竞争对手共享数据,难度颇大。这也提出了新问题,保险业集中式数据储存是否能够被区块链分布式数据库替代,还需要技术、市场、监管等方面协调协商解决深层次矛盾。否则,区块链赋能也只会治标不治本。

资料来源:蒋牧云. 国内首款区块链健康险在阳光保险上线[N]. 国际金融报,2018-08-08.

（三）区块链与再保险

区块链技术的分布式记账、共识机制和智能合约在再保险上应用，使得再保险交易主体之间的协作将更加有弹性，更加高效，从而有效推进再保险交易流程向自动化和智能化方向发展。

国际市场上，2016 年 10 月，欧洲保险业五大巨头安联保险（Allianz）、荷兰全球保险集团（AEGON）、慕尼黑再保险（Munich Re）、瑞士再保险（Swiss Re）、苏黎世保险（Zurich Insurance）联合成立了区块链再保险研究组织联盟 B3i，旨在探索区块链在保险行业的应用，检验其是否能够提高保险效率。联盟在 2018 年 3 月成立独立的公司，并完成首轮融资。

我国设计了再保险区块链（reinsurance blockchain，RIC），其目的是用区块链的去中心化理念，以点对点传输方式，通过分布式记账、智能合约执行和全节点公证，实现再保险行业日常业务交易。

1. 再保险区块链的定位和设计思路

再保险区块链的定位是联盟链。联盟链是一种注册许可的区块链，仅限于联盟成员参与，区块链上的读写权限、参与记账权限按照联盟规则制定。其共识的过程由预先选好的节点控制。

再保险区块链采取"一区、双块、多链、全程"的设计思路。"一区"是指再保险交易的分布式系统，所有再保险业务主体都将运行在同一区块链底层并以节点的形式形成一个区块链联盟，联盟内所有数据传输、交易以及各机构本地化存储方式都以统一规范准则与技术框架进行，保障了联盟内交易的便捷性。"双块"是指在再保险核心数据和校验数据并行的双层块结构，业务核心数据均以可信执行环境加密仓库（trusted execution environments datavalut，TEED）的形式保存在用户本地，在实际业务交易过程中，完整文件仅在交易双方交换、镜像和备份；业务核心数据所对应的校验数据将以哈希值的方式在区块链中进行流通记录存证，存证信息也通过区块链的方式全网同步，利用区块链不可篡改的机制对交易过程进行记录背书。"多链"是指分入分出公司间多链市场交易生态。利用底层区块链技术的不可篡改特性，将再保险交易过程按照交易流程、信息存证、合同管理等场景形成交易链、存证链等多种不同类型的链，这些链各司其职，在不同业务层面发挥存证背书的作用，支撑整个再保险交易过程安全与完整。"全程"是指再保险区块链所承载的业务的全流程业务执行数据必须在再保险区块链上全程体现，而再保险区块链平台全程操作日志也必须按照有关规定在区块链上留痕，从而实现再保险业务全流程监管与平台全程安全审计。

2. 再保险区块链的技术架构

再保险区块链整个架构基本参考中国区块链技术和产业发展论坛《区块链 数据格式规范》（CBD-Forum-001—2017）相关标准，并根据再保险行业特点进行优化。整个再保险区块链主要分为三大系统域：区块链底层平台系统、再保险区块链业务平台系统和再保险区块链运行配套系统。其中区块链底层平台系统包含支撑区块链运行所需要的核心功能和服务，主要包含有共识、智能合约等功能；再保险区块链业务平台系统是构建在区块链系统上的业务应用系统，主要面向具体业务场景，支撑整个再保险业务活动的日常运行；运行配套系统主要针对再保险区块链系统运行过程中的迭代开发、日常运营、安全管理以及监管审计方面的系统性支撑，从而保障整个再保险区块链稳定运行与持续发展。

3. 再保险区块链的应用

再保险区块链可运用于财产险合约再保险、财产险临分再保险、人身险合约再保险和人身险临分再保险与转分保等业务场景,有效解决保险公司和再保险公司的信任问题,并提升交易效率。下面主要讨论区块链在财产险合约再保险的应用。

传统的财产险合约再保险的日常实务操作当中主要涉及三大方面的工作内容:合约承保、日常管理以及账单处理。再保险区块链解决合约再保险场景中面临的一些问题。

(1) 财产险合约再保险承保。在正式签署合约再保险之前,对合约的承保分析是合约承保人的重要工作之一,也是直保公司与再保公司之间频繁沟通的主要环节,其具体流程如图6-8所示。

合约起期前3个月开始准备合约承保材料 ➡ 提供相关数据给再保险人 ➡ 合约起期前敲定合约最终条件及份额

图 6-8　财产险合约再保险承保流程图

针对在合约承保中出现的具体问题,再保险区块链可提供有效的解决方案:一是与原始保单理赔数据对接,结合具体的合约条件,自动生成再保合约承保数据。对于承保数据整理,尤其是续转合约的承保数据,其主要内容包括历史的合约业绩、底层业务的风险结构、历史重大赔案、大保额清单以及不同巨灾类型的风险累积等。其数据基本源自直保公司的承保逐单数据以及相应的理赔数据。再保险区块链可以保证再保险承保和理赔的逐单数据都具有可穿透、可追溯、不可篡改等特性,这样再结合相应的合约条件之后,再保险区块链可自动生成承保数据,大大提高分出人的合约数据整理效率。二是通过搭建交易平台,全面系统地记录交易过程。区块链技术通过分布式记账,在有效提升再保险合同签订的信息化水平和安全性的同时,重要的交易流程在每个合约账本上也会得到完整的记录。

(2) 财产险合约再保险日常管理。财产险合约再保险的日常管理工作主要有以下几项内容,如图6-9所示。

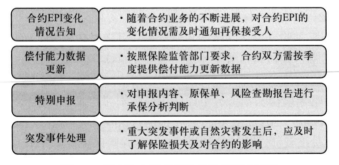

合约EPI变化情况告知	·随着合约业务的不断进展,对合约EPI的变化情况需及时通知再保接受人
偿付能力数据更新	·按照保险监管部门要求,合约双方需按季度提供偿付能力更新数据
特别申报	·对申报内容、原保单、风险查勘报告进行承保分析判断
突发事件处理	·重大突发事件或自然灾害发生后,应及时了解保险损失及对合约的影响

图 6-9　财产险合约再保险日常管理内容图

再保险区块链提供有效的解决方案:一是通过将直保公司核心系统中的保单及理赔数据前置上链,提高日常再保数据收集整理的时效性和准确性。保费预估不再需要等待季度账单,合约的实收保费数据可实现实时数据更新,进而使得合约的保费预估更加及时与合理。二是在巨灾损失发生后,直保前端的理赔数据会在分布账本中实时更新,通过对损失源的筛选,整理出相关灾害的预期损失,进而及时了解合约以及再保公司整体的损失情况。

(3)财产险合约再保险账单处理。再保险区块链提供有效的解决方案:将有效的区块链与再保公司的核心财务系统对接,有效提高账单审核与录入效率。将账单信息电子化之后,再结合合约的具体条件,可自动计算相关账单数据。同时,纸质化账单被电子化账单所取代,通过系统对接接口,直接完成系统录入工作,大大提高工作效率。

专栏 6-9

区块链在全球保险业中的应用:以 B3i 联盟为例

(四)区块链与相互保险

相互保险指具有同质风险保障需求的单位或个人,通过订立合同成为会员,并缴纳保费形成互助基金,由该基金对合同约定的事故发生所造成的损失承担赔偿责任,或者当被保险人死亡、伤残、疾病或者达到合同约定的年龄、期限等条件时承担给付保险金责任的保险活动。通俗来说,相互保险参与者既是保险人又是被保险人,发生费用支出后,会员之间分担赔付支出,是一种互助的保险形式,主要有相互保险社、保险合作社、交互保险社和相互保险公司四种组织形式。① 相互保险是具有相同风险需求的人群自愿组成范围相对固定的团体组织,组织运营以所有成员利益最大化为核心目标,不以商业盈利为目的,所有保单持有人凭保单享有平等的投票决策权和盈余索取权,并承担相同的义务。这种属性与区块链技术架构具有高度契合性。

1. 改善保险客户管理

传统模式下,相互保险公司对于申请加入的新会员都需要做一项重要的工作,即"了解你的客户"(know your customer,KYC),也称"尽职调查",特别是要对投保客户的身份、健康档案等各项信息进行详细核验。利用区块链技术,只需要将用户 KYC 相关信息经可信的政府机构或公证机构核查校验后,在区块链上记录核验机构的电子签名并由此生成相应的加密令牌即可,并不需要将用户的原始数据信息上链。信息需求方利用用户 KYC 信息对应的加密令牌,即可确认核验机构的电子签名真实性,对用户信息进行检验。这降低了通过人工和系统对用户信息进行核验的烦琐程序,提高了核验效率。此外,利用区块链上信息记录真实可靠、不可篡改及可追溯的特点,相互保险公司建立起以客户为中心的信息管理系统,将客户的身份信息、保险交易信息、个性化需求等多方信息进行有效整合、记录,建立起客户维度的信息管理系统。

---

① 周运涛,金卓芳.区块链技术如何赋能相互保险发展[J].当代金融家,2019(Z1):98-101.

2. 提高相互保险自主化治理水平

相互保险中,保单持有人对公司的经营管理具有投票决策权,但是由于保单持有人众多且分散,无法很好地通过投票履行公司治理职责。将区块链技术引入相互保险的投票决策以实现公司治理能够解决传统模式下无法通过投票体现组织民主的问题。基于区块链的投票系统,在一个去中心化的平台上可以通过加密手段对投票数据进行统计,并能够有效保护投票人的信息不被泄露,从而有效消除投保过程中的人为因素,避免匿名投票困难导致刷票的可能,真正推动相互保险公司互惠、共享、民主等理念落实,发挥保单持有人在公司经营管理的决策作用,有效提升相互保险的自主化治理水平。

3. 构建保险互助新模式

利用区块链技术,通过创建完整、分布式、不可篡改的连续账本数据库,构建一个信息对称、开放、透明、不可篡改的信任网络,形成点对点的区块链相互保险,从而能够建立起全员参与、安全、可靠的互信体系,打造不依赖于第三方的线上刚性信任。同时利用智能合约实现保险合同在分布式系统下的自动化执行,为相互保险组织成员提供分布式、个性化的微型保险解决方案。具有相同风险保障需求的群体成员,根据保险需求可以有组织地自建风险池体系,同时基于区块链打造分布式的微保险或微互助平台,由智能合约执行情况实时修正风险模型,合理反映风险水平,调整赔付资金池,实现风险的有效控制。

相互保险是区块链的典型应用场景,许多相互保险组织和机构不断布局区块链技术,有效破解相互保险经营管理的困境,实现相互保险创新发展。

专栏 6-10

区块链与相互保险的应用案例

第七节　区块链保险应用发展趋势与挑战

区块链在保险领域的应用尚处于早期探索阶段,各种实施方案、应用场景、商业模式需要进一步完善。区块链保险未来的发展仍存在不少挑战,包括区块链技术本身发展的不确定性、区块链保险实际运用上速率和存储空间问题、技术进步带来的监管挑战等。

一、区块链保险应用技术思考

(一) 去中心化与非去中心化

区块链技术的核心之一就是弱化中介,所有用户都可以基于分布式的结构体系记录和验证数据,实现点对点传输。一方面,若区块链广泛使用,将颠覆保险公司的业态,使保险公司的角色不再是传统的风险吸收者和处理者,而是变成风险资金池的管理者和风险顾问。这意味着保险公司将不再提供风险保障,变成一个处理保险业务的平台。另一方面,区块链将对相互保险造成冲击,在执行区块链的互助平台,保险机构的存在可能是多余的,因为点对点的互助平台能够在没有外部干预的情况下,安全可靠地在预设的业务规则下自动运行。去中心化的区块链对现有的保险公司将是一个严重挑战。[①]

实际上,真正做到区块链保险去中介化的难度是非常大的,保险机构本身在区块链保险中所发挥的作用是不可替代的。首先,作为区块链技术运用和组织的主体,保险公司运用智能合约创新和开发保险产品。其次,基于保险产品非必需品的特征,保险公司运用技术制造应用场景,激发消费者的保险需求。再次,保险产品是以风险为标的的无形商品,除了简单的保险合同外,实际上还需要大量针对投保人风险管理咨询服务。保险公司对资金池的管理,也需要有专有技术和结合复杂的金融市场环境做出投资决策。从这个意义上来讲,区块链保险的去中心化,只可能是技术流程的去中心化。

（二）公有链、私有链和联盟链

现有关于区块链运用的开发许多都是基于公有链原理上的开发,公有链的优势在于节点全网化和透明化,能够保证信息和价值在安全可靠的前提下的快速流动,同时也实现保险行业信息和价值的有效共享。不过,公有链无法解决"算力集中化"问题,这种情况也有可能在区块链保险上发生,因为投保人的专业能力不足和相对分散,通常情况下无法抗衡以保险公司为代表的公有链组织者的算力,导致保险机构和消费者仍然处在不对等的地位。而私有链的运用也有一定的局限性,因为保险公司私有链由保险公司自行认证交易,独享该区块链的写入权限,所以保险公司仍然是该区块链的垄断者,不仅和现在基于 TCP/IP 的互联网技术无异,而且耗费专有人力开发和维护。而介于公有链和私有链之间的联盟链将会适合保险业特征的技术,通过不同的保险公司组成相应的行业链,通过不同的权限识别身份和层级划分,由组织者指定享有写入权限的节点,在采用和公有链相同或者类似的技术以后,交易的确认同样会进行系统内广播和分布式账本添加,从而解决区块链总账本存储和备份问题,同时保证投保人享有完全的区块链查询权。

（三）区块链的跨链技术

跨链技术,特别是对于联盟链和私有链而言,是区块链向外连接和拓展的桥梁,它把不同的区块链条从单独分散的孤岛中拯救出来,是实现整个区块链价值网络的关键。实际应用中,商业机构特别是金融机构广泛采用的是联盟链和私有链,相比于公有链,联盟链和私有链在一定程度上违背了区块链去中心化价值和共识信任体系,存在团体作恶或多节点故障等风险,同时使得区块链中的数字资产不能在不同的区块链之间直接转移,这就形成了价值孤岛。利用区块跨链技术,通过直接交易或者第三方的链接方式,采用基于共识或者信任转移等多种通信手段,可以有效打破不同区块链间的通信壁垒,实现不同区块链间的交互,使得不同区块链可以协同操作,很大程度上能够避免价值孤岛问题,推动价值网络的形成。

二、区块链保险应用发展趋势

保险业是区块链应用探索的重要领域。区块链技术现在保险经营流程的各个环节都有

---

① 许闲.区块链与保险创新:机制、前景与挑战[J].保险研究,2017(5):43-52.

应用,未来区块链保险应用会取得新的发展。

一是助力保险新风控。使用区块链技术提升保险智能风控水平。区块链技术打通了保险机构与其他相关组织之间的数据共享壁垒,防止道德风险和逆向选择,有助于缓解保险业务信息不对称风险,通过不可更改的身份证明信息降低保险欺诈风险。未来,使用区块链技术时,应加强区块链技术安全、区块链生态安全、区块链使用安全和区块链信息安全四方面的风险控制。

二是助力保险新合作。未来保险的"新合作"是跨界融合,将注重线上线下的协同发展,注重场景生态的打造,并不断催生出新的业务模式。保险机构应积极通过区块链技术打造最安全、最稳定、最高效、最灵活的"价值合作"网络:一是积极实现行业内的连横开放;二是跨出保险的行业的"能力陷阱",通过价值合作从功能型保险向服务价值型保险转换,通过与医疗健康、供应链金融、农业、版权保护、商品溯源等领域实现合作项目落地,利用区块链的技术特性与商业生态结合诞生新的业务模式和保险场景。保险行业内部、第三方机构通力合作,共同助力保险的数字化转型。

三是助力保险新人才。未来保险的"新人才"是"科技+保险"的复合人才,会体现出"业务人才科技化,科技人才业务化"的重要特征,需要掌握传统保险业的技能,更需要数字化技能的完善和提高。因此,可以进一步加快保险企业从客户体验、产品创新、业务运营等多方面的改革。此外,由于区块链应用以联盟生态为主要体现形式,参与主体的跨区域、跨业务、跨领域将会形成常态化,未来区块链技术的应用将从产品方案迈向行业方案、生态方案,从单主体的简单系统方案迈向多主体的复杂系统方案。区块链赋能保险行业,会催生出科技+业务的复合型人才,产品经理深度思维升级为兼具广度和深度的生态解决方案思维。

四是助力保险新监管。利用区块链技术实现从事后监管变为实时、穿透式监管。监管力度不够以及金融供给不足在保险行业尤为明显。实践证明:风险和保险是"同生共长"的两个事物,保险的基本职能就是对风险进行控制和管理,而制度、技术、文化是这一基本职能的关键。借助区块链技术,监管从传统的事后监管向实时监管迈进。具体来说,借助区块链的共识机制,保险业可以建立一个对自己进行自动监管的平台;以区块链为基础,让所有客户端或者节点都可以参与每一笔保险交易的审核与批准,搭建实时的"点对点"管理和监控系统。通过"全网动态和实时监管",再借助区块链的某些特征(可追溯、不可篡改),保险行为的真实性与合法性就可以得到最大限度的保障,同时,保险交易的安全程度也可以得到进一步提高。

三、区块链保险应用面临的挑战与监管

区块链在保险的发展过程中充当着重要的角色,但是目前的区块链技术还存在一定的风险以及亟待解决的问题。区块链在保险行业的深入应用还需解决区块链技术在安全性、可伸缩性、标准化方面的局限性,以及区块链技术所依赖的网络效应和具体的监管条件。

(一)区块链技术不稳定性带来的风险

区块链是一项没有完全成熟的技术,还存在一些不足之处。区块链在技术层面上需要解决当前高耗能、数据存储空间大、大规模交易处理效率低等问题。

与人工智能、大数据等其他高科技一样,区块链在执行过程中未来的技术风险依然是无法避免的,技术性和操作性失误都可能给保险业带来巨大的损失,而且修复这些失误带来的

损失也要耗费巨大的成本。目前区块链保险的运用主要是在智能合同上的突破,比如 2016 年我国保险市场上已经推出的区块链航空意外保险卡单等。这类金额小但频率高的保险合同结合区块链技术的运用将会带来交易速率和存储空间的问题。以比特币为例,目前比特币每小时生产 6 个区块,每个区块的容量小于 1 M,包含 1 600 笔交易,交易速率为每秒 3 笔交易。尽管保险交易无法达到银行的交易速率,但是航空险、退货险等高频交易所要求的速率在快速的区块链保险运用中定会飞速提升,在技术无法突破情况下将限制区块链技术的运用。

（二）安全问题

区块链技术尚处于开发阶段,尚未成熟,还没有完全解决客户端安全、应用安全等安全性问题。同时,区块链技术是多种已有技术集成的创新结果,包含了私钥加密算法、P2P 网络以及工作量证明机制,这些技术也存在着一些弊端。例如,从加密算法来看,随着最新算法以及计算能力的提高,其目前安全的加密信息很有可能被解密,这会产生客户信息泄露和被篡改的风险。问题的解决需要科研机构、保险机构、区块链技术公司的共同努力和不断探索。

（三）行业标准尚未形成

行业的健康有序发展必须建立在明确的行业规则与标准基础上,引入区块链技术的保险业亟需一套完备的交易标准。2018 年 3 月,中国投资协会表示将建立“国际区块链投资研发中心”,未来有望推出行业标准和规范,并同步设立区块链投资联盟和基金。同时,决定未来保险业基础技术框架的区块链底层平台也存在巨大的不确定。目前,国际上四大主流区块链开源底层平台（Ethereum、Fabric、Corda、BCOS）各有特色,其中 BCOS 平台由国内区块链联合组织在 2017 年 7 月发布。四大平台在区块链架构、核心组件、开发工具和应用场景等方面各有长短,未来保险业怎样选择运行平台,尚是未知。

（四）前期研发和后期推广的成本较高

保险公司前期的区块链技术研发成本主要包含公司平台开发成本、技术性能测试成本和人力资源成本。作为新兴技术,保险公司前期并无任何技术积累和人才储备,从专业区块链研发部门的建立,到硬件、软件设备的引进,以及专有区块链人才的招募,都需要保险公司投入巨额的资金。此外,保险公司在研发过程中还需承担可能失败的沉没成本及机会成本。由于研发周期长,且区块链技术的更新迭代,保险公司要在未来收益不确定的情况下,在研发领域不断投入巨大资源。另外,在产品推广运营阶段,保险公司需要进行大量宣传,培育消费者信任度,逐步引导其接受新兴产品,由此产生的销售费用,也是保险公司将要承担的额外成本。

（五）监管风险挑战

区块链保险运用对保险监管也带来了影响和挑战。一方面,由于区块链采用多方验证的交互式共识平台,能够提高交易主体的信任机制,实现区块链业务间的自我监管,一定程度上可以减轻保险监管的压力。另一方面,保险监管的内容必须进行相应的调整,确保相关技术和平台不存在纰漏,不存在恶意欺骗的系统和交易记录。同时,以区块链为底层技术的保险业务的跨界化也给监管带来了挑战。跨界化是指以区块链为底层技术的保险业务跨越了技术与保险两个领域,而在保险业务领域又跨越了多个子部门,因此会造成管理的复杂性与多变性,容易出现监管真空。区块链保险下监管将出现三个转变:由原来的制度监管转变到技术监管,从政府监管转变到行业自律,从公司合规监管转变到社会监督监管。

如今,不管是国内还是国外都未建立起严格且经过验证的标准,区块链分布式系统能否带来可持续性的效益也具有不确定性。因此,区块链技术的出现给监管带来了不小的挑战,区块链技术支持的保险行业监管模式也会随着区块链技术的发展做出相应的转变。

本 章 小 结

1. 区块链,一种由多方共同维护,使用密码学保证传输和访问安全,能够实现数据一致存储、反篡改、防抵赖的技术体系。

2. 区块链具有去中心化、开放性、自治性、信息不可篡改、匿名性等特征。

3. 分布式账本技术是区块组成的链,每个区块包含一组称为交易的记录。通过验证节点将新条目收集到新区块中,然后新区块添加到链中。

4. 对等计算机网络(P2P网络),是一种消除了中心化的服务节点,将所有的网络参与者视为对等者,并在它们之间进行任务和工作负载分配。

5. 共享账本是指一个产业或者私营联盟共享的任何数据库和应用程序。

6. 智能合约,是一套以数字形式定义的承诺,承诺控制着数字资产,并包含了合约参与者约定的权利和义务,由计算机系统自动执行。

7. 区块链中使用了很多加密算法,其中哈希算法是区块链技术的基础算法。另外还涉及了对称加密、非对称加密、数字签名、数字证书等密码学知识。

8. 区块链系统根据应用场景和设计体系不同,一般分为公有链、私有链和联盟链,分别适用于不同的信任环节。

9. 区块链凭借其独有的信任建立机制,正在改变诸多行业应用场景和运行规则。在其广阔应用前景下,区块链技术发展也面临着许多风险与挑战。

10. 区块链在保险中的应用价值为:推动开放保险、解决保险互信、实现保险降本增效。

11. 区块链主要应用场景为:赋能保险业务环节(理赔、反欺诈、内部管理),改造传统保险产品(财产保险、健康保险、再保险、相互保险)。

12. 保险业是区块链应用探索的重要领域。区块链技术现已经在保险经营流程的各个环节都有应用,未来区块链保险应用会有新的发展。

13. 区块链保险未来的发展仍存在不少挑战,包括区块链技术本身发展的不确定性、区块链保险实际运用上速率和存储空间问题、技术进步带来的监管挑战等。

关 键 概 念

区块链　区块　区块链结构　分布式数据存储　去中心化　自治性　共识机制　挖矿
P2P网络　工作量证明　凭证类共识算法　拜占庭容错问题　智能合约　数字签名
数字证书　公有链　私有链　联盟链　以太坊　超级账本　区块链1.0　区块链2.0　区块链3.0
再保险区块链　跨链技术

即 测 即 评

简 答 题

1. 什么是区块链？分别说明区块的构成以及连接方式。

2. 简述区块链技术的特征并解释每个特征的含义。

3. 简述区块链的工作流程。

4. 什么是分布式数据存储？

5. 什么是 P2P 网络？

6. 什么是共享账本、分布式账本？

7. 什么是工作量证明、Po* 类算法、拜占庭容错类算法？

8. 什么是智能合约？智能合约与传统合约有什么区别？简述智能合约在区块链中的作用。

9. 什么是哈希运算？哈希运算的特征有哪些？

10. 什么是对称加密、非对称加密？

11. 说明数字签名和数字证书的概念。

12. 区块链有哪些主要类型？试分别说明它们的概念及应用领域。

13. 简述区块链平台发展的历程。

14. 简述公有链、私有链、联盟链的联系与区别。

15. 区块链技术当前还有哪些局限性？

16. 简述区块链技术未来发展方向。

17. 区块链在保险中有哪些应用价值？

18. 简要概述区块链技术在保险中的应用架构。

19. 区块链在保险行业的应用有哪几大场景？

20. 谈谈区块链技术在保险上的应用。

21. 简述区块链保险应用发展趋势。

22. 区块链保险应用面临哪些挑战？

参 考 文 献

［1］中再集团,众安科技,汉诺威再保险,等.再保险区块链(RIC)白皮书［R/OL］,2018.

［2］中国互联网金融协会区块链研究工作组.中国区块链金融应用和发展研究报告［R/OL］,2020.

［3］中国区块链技术和产业发展论坛.中国区块链技术和应用发展白皮书［R/OL］,2016.

［4］长铗,韩锋.区块链:从数字货币到信用社会［M］.北京:中信出版社,2016.

［5］华为区块链技术开发团队.区块链技术及应用［M］.北京:清华大学出版社,2019.

［6］邢春晓,张桂刚.中国区块链技术与产业发展报告［M］.北京:清华大学出版社,
　　2017.

［7］冯翔,刘涛,吴寿鹤,等.区块链开发实战:Hyperledger Fabric 关键技术与案例分析
　　［M］.北京:机械工业出版社,2018.

［8］郭金龙,董云云.区块链技术在保险行业的应用与影响［J］.银行家,2018(5):128-
　　131.

［9］许闲.区块链与保险创新:机制、前景与挑战［J］.保险研究,2017(5):43-52.

［10］曾于瑾.区块链在保险行业的应用现状与未来［J］.清华金融评论,2017(12):
　　　21-23.

第七章
其他科技在保险中的应用

主 要 内 容

　　本章首先讨论物联网技术的概念、体系结构及其在保险中的应用;其次,介绍5G技术的概念、特征及其在保险中的具体应用;再次,讨论基因诊疗的概念、发展状况及其在保险中的应用;最后讨论其他技术在保险中的具体应用状况。

学 习 目 标

　　掌握物联网技术、5G技术、基因诊疗技术等的基本概念和主要技术特征;了解物联网技术、5G技术、基因诊疗技术等在保险中的具体应用场景、面临的挑战及未来发展趋势;能够运用各项技术的主要特征,对具体的保险活动进行分析。

引 导 案 例

"拉链入侵式"革命中可穿戴设备的舞台

　　自Google Glass(谷歌眼镜)开始,可穿戴设备就成为继智能手机和平板电脑之后席卷而来的新一轮智能设备热潮,各类科技巨头、传统厂商、创业企业纷纷跨界出手,2013年甚至被称为可穿戴设备产业化元年。但是,不论可穿戴设备产品形态如何,它在本质上仍是人身体的外设。

　　拉链的出现让人类实现了"天衣无缝"的梦想,目前拉链广泛存在于服装、鞋、帽、饰品等人们身体离不开的物品中,与人们形影不离。然而,在人类穿戴进化史上,拉链也仅有百年历史,而且经历了"滑动式纽扣—自动铁钩式纽扣—普拉扣—隐藏式钩子—拉链"的演化,同时也是从笨重到轻巧、从昂贵到廉价的进化过程,最终实现拉链的"入侵"。以此为鉴,未来可穿戴设备也可遵循从简单到复杂、从昂贵到廉价、从累赘到小巧的进化路径,将智能化嵌入每一个服装、鞋帽、饰品中,实现智能穿戴设备"拉链侵入式"的革命,最终让智能化成为标配。

　　今天的可穿戴设备中,为了让其更容易融入用户日常生活中,而非成为累赘,在研发过程中更加侧重外表观感、人体工学和舒适度等工业设计的考量。但是,这些生产厂商多出身于科技领域,对于人们穿戴的时尚、流行文化和市场缺乏足够的理解,往往不能满足用户需求。智能穿戴设备是一个跨界的产物,分工和专业化仍然发挥作用,科技领域企业专注于智能化的持续进化创新,将穿戴外观方面交给专业的传统供应商。另外,鉴于用户体验,在这场"拉链入侵式"革命中,嵌入式智能方案除了要足够廉价,也要能够实现简化,至少不能比传统方式复杂,如所有衣物至少可以像传统衣物一样直接手洗和机洗。

准确感知、可靠传输、强大计算是物联网的三大层面架构,其中感知层面的不足是物联网产业落地的瓶颈,因此需要传感器的突破。同样,基于人类身体最基本的蔽体、御寒、美观等需求,将智能化方案"拉链入侵式"嵌入服装、鞋帽、饰品等人体无法离开的穿戴物品中,这一未来场景的实现,可穿戴设备中传感器的作用尤其突出。

为实现未来可穿戴设备的智能化,需要低功耗、微型化、廉价的传感器方案。根据要实现功能的需求和用户特殊需求,用于可穿戴设备的传感器可能是包含加速度计、陀螺仪、磁力计的运动传感器,包含体温、血氧、心电等的生物传感器,以及包含温湿度、气体、光照等的环境传感器的一种或几种高度集成方案,而传感器在整个可穿戴设备中所占成本比例并不高。目前,微型化传感器的成本已大大下降,随着摩尔定律的作用,传感器成本将持续下降,未来的传感器可"入侵"生活各角落。在芯片和传感器领域深耕数十年的谢志峰博士认为:"传感器是物联网产业化的基础,互联网的感知是靠人,而未来物联网的感知不需要人的介入,且未来传感器将是 disposable(用完可弃的)。"

资料来源:根据网络资料整理。

第一节　物联网技术在保险中的应用

在供给侧和需求侧的双重推动下,物联网进入以基础性行业和规模消费为代表的第三次发展浪潮,5G、低功耗广域网等基础设施加速构建,数以万亿计的新设备将接入网络并产生海量数据,人工智能、边缘计算、区块链等新技术加速与物联网结合,应用热点迭起,物联网迎来跨界融合、集成创新和规模化发展的新阶段。

一、物联网的基本概念、体系结构与智能物联网

(一)物联网的概念

物联网(Internet of things,IoT)是新一代信息技术的重要组成部分,也是信息化时代的一个重要发展阶段。物联网,即物物互联网络,相对于互联网,物联网扩展到了任何物体与其他物体之间的信息交换与通信。

关于物联网,至今没有一个统一的定义,其概念最初可以概括为:通过射频识别(radio frequency identification,RFID)技术、红外感应器、全球定位系统、激光扫描器等信息传感设备,按约定的协议,把任何物品与互联网相连接,进行信息交换和通信,以实现智能化识别、定位、跟踪、监控和管理的一种网络。

欧盟提出物联网的定义为:物联网是未来互联网的一部分,能够被定义为基于标准和交互通信协议的具有自配置能力的动态全球网络设施,在物联网内物理和虚拟的"物件"具有身份、物理属性、拟人化等特征。

国际电信联盟(International Telecommunication Union, ITU)指出:物联网是指通过射频识别技术、传感器技术、纳米技术、智能嵌入技术等解决物品到物品(thing to thing, T2T)、人到物品(human to thing, H2T)、人到人(human to human, H2H)之间的互联。[①]

本书认为,物联网是一个通过信息技术将各种物体与网络相连,以帮助人们获取所需物体相关信息的巨大网络;物联网通过使用射频识别阅读器、传感器、红外感应器、全球定位系统、激光扫描器等信息采集设备或系统,通过无线传感网、无线通信网络把物体与互联网连接起来,实现物与物、人与物的实时通信和信息交换,以达到智能化识别、定位、跟踪、监控和管理的目的。

(二)物联网的体系结构

体系结构是指导具体系统设计的首要前提。物联网应用广泛,系统规划和设计极易因角度不同而产生不同的结果,因此需要遵循具有框架支撑作用的体系结构。另外,随着应用需求的不断发展,各种新技术将逐渐纳入物联网体系中,体系结构的设计也将决定物联网的技术细节、应用模式和发展趋势。但是,与物联网的概念与定义类似,目前还没有一个全球统一规范化的物联网体系结构模型。

国际电信联盟在 2005 年的物联网报告中重点描述了物联网的四个关键性应用技术:标识事物的射频识别技术、感知事物的传感器技术、思考事物的智能技术、微缩事物的纳米技术。目前,国内物联网技术的关注热点主要集中在传感器、射频识别、云计算及普适服务等领域。物联网技术涉及多个领域,这些技术在不同的行业通常具有不同的应用需求和技术形态。一些共性技术包括感知与标识技术、网络与通信技术、计算与服务技术以及管理与支撑技术四大体系。

1. 感知与标识技术

感知和标识技术是物联网的基础,负责采集物理世界中发生的物理事件和数据,实现外部世界信息的感知和识别,包括多种发展成熟度差异性很大的技术,如传感技术、识别技术等。

传感技术利用传感器和多跳自组织传感器网络,协作感知、采集网络覆盖区域中被感知对象的信息。传感器技术依附于敏感机理、敏感材料、工艺设备和计测技术,对基础技术和综合技术要求非常高。目前,传感器在被检测量的类型、精度、稳定性、可靠性、低成本、低功耗方面还没有达到规模应用水平,是物联网产业化发展的主要瓶颈之一。

识别技术涵盖物体识别、位置识别和地理识别。对物理世界的识别是实现全面感知的基础。物联网标识技术以二维码、射频识别标识为基础,构建对象标识体系,是物联网的一个重要技术点。从应用需求的角度出发,识别技术首先要解决的是对象的全局标识问题,需要物联网的标准化物体标识体系指导,再融合及适当兼容现有各种传感器和标识方法,并支持现有的和未来的识别方案。

2. 网络与通信技术

网络是物联网信息传递和服务支撑的基础设施,通过泛在的互联功能,实现感知信息高可靠性、高安全性的传送,主要技术包括接入与组网、通信与频谱管理等。

---

① 国际电信联盟. ITU 互联网报告 2005:物联网[R],2005.

物联网的接入与组网技术涵盖泛在接入和骨干传输等多个层面的内容。以互联网协议版本6(IPv6)为核心的下一代网络,为物联网的发展创造了良好的基础网条件。以传感器网络为代表的末梢网络在规模化应用后,面临与骨干网络的接入问题,并且其网络技术需要与骨干网络进行充分协同,涉及固定、无线和移动网及 Ad Hoc 组网技术、自治计算与联网技术等。

物联网需要综合各种有线及无线通信技术,其中近(短)距离无线通信技术在物联网中被广泛使用。物联网终端一般使用工业科学医疗(ISM)频段进行通信。例如,全世界通用的免许可证的 2.4 GHz ISM 频段,此类频段内包括大量的物联网设备以及现有的 WiFi、超宽带(UWB)、ZigBee、蓝牙等设备,频谱空间极其拥挤,这将制约物联网的实际大规模应用。为提升频谱资源的利用率,让更多物联网业务能实现空间并存,需切实提高物联网规模化应用的频谱保障能力,保证异种物联网的共存,并实现其互联互通互操作。

3. 计算与服务技术

海量感知信息的计算与处理是物联网的核心支撑,服务和应用则是物联网的最终价值体现,主要技术包括海量感知信息计算与处理技术、面向服务的计算技术等。

海量感知信息计算与处理技术是物联网大规模应用所必需的,包括海量感知信息的数据融合、高效存储、语义集成、并行处理、知识发现和数据挖掘等关键技术,以及物联网"云计算"中的虚拟化、网格计算、服务化和智能化技术。核心是采用云计算技术实现信息存储资源和计算能力的分布式共享,为海量信息的高效利用提供支撑。

物联网的发展应以应用为导向。在"物联网"语境下,服务的内涵将得到革命性的扩展,不断涌现的新型应用将使物联网的服务模式与应用开发受到巨大挑战,如果继续沿用传统的技术路线必定束缚物联网应用的创新。从适应未来应用环境变化和服务模式变化的角度出发,需要面向物联网在典型行业中的应用需求,提炼行业普遍存在或要求的核心共性支撑技术,需要针对不同应用需求的规范化、通用化服务体系结构以及应用支撑环境、面向服务的计算技术等的支持。

4. 管理与支撑技术

随着物联网网络规模的扩大、承载业务的多元化和服务质量要求的提高,以及影响网络正常运行因素的增多,管理与支撑技术是保证物联网实现"可运行、可管理、可控制"的关键,包括测量分析、网络管理和安全保障等方面。

测量是解决网络可知性问题的基本方法,可测性是网络研究中的基本问题。随着网络复杂性的提高与新型业务的不断涌现,需要高效的物联网测量分析关键技术,建立面向服务感知的物联网测量机制与方法。

物联网具有自治、开放、多样的自然特性,这些自然特性与网络运行管理的基本需求存在着突出矛盾,需要新的物联网管理模型与关键技术,保证网络系统正常、高效运行。

安全是基于网络的各种系统运行的重要基础之一,物联网的开放性、包容性和匿名性也决定了不可避免地存在信息安全隐患。需要物联网安全关键技术,满足机密性、真实性、完整性、抗抵赖性四大要求,同时还需解决好物联网中的用户隐私保护与信任管理问题。

尽管在物联网体系结构上尚未形成全球统一的规范,但目前大多数文献将物联网体系结构分为三层,即感知层、网络层和应用层。感知层主要完成信息的采集、转换和收集,网络层主要完成信息传递和处理,应用层主要完成数据的管理和数据的处理,并将这些数据与行业应用相结合。一种典型的物联网三层体系结构如图 7-1 所示。

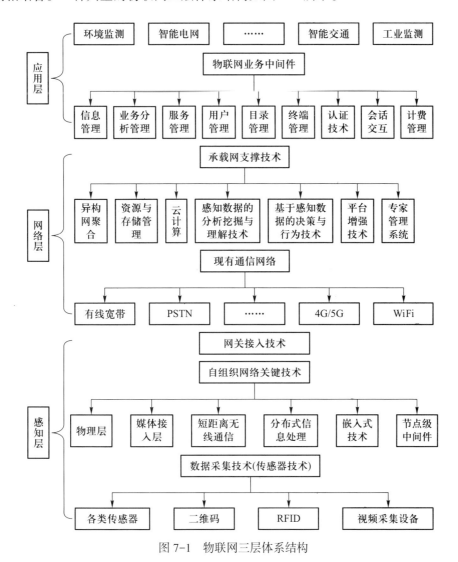

图 7-1　物联网三层体系结构

　　感知层犹如人的感知器官,物联网依靠感知层识别物体和采集信息。感知层包括信息采集和通信子网两个子层。以传感器、二维码、射频识别(RFID)、视频采集设备等作为数据采集设备,并将采集到的数据通过通信子网的通信模块和延伸网络与网络层的网关交互信息。延伸网络包括传感网、无线个域网(WPAN)、家庭网、工业总线等。在感知层中,嵌入有感知器件和射频识别标签的物体形成局部网络,协同感知周围环境或自身状态,并对获取的感知信息进行初步处理和判决,以及根据相应规则积极响应,同时,通过各种接入网络把中间或最终处理结果接入到网络层。

　　网络层犹如人的大脑和中枢神经。感知层获取信息后,依靠网络层进行传输。目前网络层的主体是互联网、网络管理系统和计算平台,也包括各种异构网络、私有网络。网络层由各种无线／有线网关、接入网和核心网,实现感知层数据和控制信息的双向传送、路由和控制。接入网包括 IAD、OLT、DSLAM、交换机、射频接入单元、4G/5G 蜂窝移动接入、卫星接入等。核心网主要有各种光纤传送网、IP 承载网、下一代网络(NGN)、下一代互联网(NGI)、下一代广电网(NGB)等公众电信网和互联网,也可以依托行业或企业的专网。网络层包括宽带无线网络、光纤网络、蜂窝网络和各种专用网络,在传输大量感知信息的同时,对传输的信息进行融合等处理。

应用层是物联网和用户(包括人、组织和其他系统)的接口,能够针对不同用户、不同行业的应用,提供相应的管理平台和运行平台,并与不同行业的专业知识和业务模型相结合,实现更加准确和精细的智能化信息管理。应用层应包括数据智能处理子层、应用支撑子层,以及各种具体物联网应用。支撑子层为物联网应用提供通用支撑服务和能力调用接口。数据智能处理子层是实现以数据为中心的物联网的核心技术,包括数据汇聚、存储、查询、分析、挖掘、理解以及基于感知数据决策和行为的理论和技术。数据汇聚将实时、非实时物联网业务数据汇总后存放到数据库中,方便后续数据挖掘、专家分析、决策支持和智能处理。

(三) 智能物联网

智能物联网(AIoT)是 2018 年兴起的概念,指系统通过各种信息传感器实时采集各类信息(一般是在监控、互动、连接情境下的),在终端设备、边缘域或云中心通过机器学习对数据进行智能化分析,包括定位、比对、预测、调度等。[①]

在技术层面,人工智能使物联网获取感知与识别能力,物联网为人工智能提供训练算法的数据;在商业层面,二者共同作用于实体经济,促使产业升级、体验优化。从具体类型来看,主要有具备感知／交互能力的智能联网设备、通过机器学习手段进行设备资产管理、拥有联网设备和 AI 能力的系统性解决方案三大类;从协同环节来看,主要解决感知智能化、分析智能化与控制／执行智能化的问题。

智能物联网的体系架构中主要包括智能设备及解决方案、操作系统、基础设施等三大层级,并最终通过集成服务进行交付。智能设备是 AIoT 的"五官"与"手脚",可以完成视图、音频、压力、温度等数据收集,并执行抓取、分拣、搬运等行为,通常是物联网设备与解决方案搭配向客户提供。这一层涉及设备形态多样化。操作系统层相当于 AIoT 的"大脑",主要能够对设备层进行连接与控制,提供智能分析与数据处理能力,将针对场景的核心应用固化为功能模块等。这一层对业务逻辑、统一建模、全链路技术能力、高并发支撑能力等要求较高,通常以 PaaS 形态存在。基础设施层是 AIoT 的"躯干",提供服务器、存储、AI 训练和部署能力等 IT 基础设施。

二、物联网在保险领域的应用价值与实践

随着物联网及大数据等技术的不断发展与普及,保险业积极使用各类新兴技术以达成降低成本、优化渠道和改善服务等目标。在数字时代,保险客户越来越需要个性化、定制化的产品与服务,以满足个体化的需求。为了满足用户需求,保险公司需要掌握更多数据,利用物联网和大数据等技术,分析每一个客户的特性、习惯和差异,实时进行产品组合与定价。保险公司可以通过物联网终端设备收集到关于客户行为状态的大量监测数据,这类数据的多维性和

---

① 艾瑞咨询. 2020 年中国智能物联网(AIoT)白皮书[R],2020.

丰富性可以帮助保险公司有效扩大与客户的接触窗口与时长,通过对个体的数据分析实现差异化产品定价与服务,从而不断推动保险业务创新。

(一)物联网在保险中的应用价值

1. 物联网技术使风险可计算

风险定价是保险企业的核心能力,保险用于风险分析与定价的数据都是历史的索赔信息与静态的财务数据,无法动态地反映自然灾害以及标的物的风险状况,使得保险公司难以为客户设计个性化产品、制定差异化费率。将物联网技术引入保险业,可以利用传感技术来对各类保险标的物的风险情况进行详细的识别、预警、定位、追踪、监测等,动态监测和实时采集保险标的物的风险情况,精确地反映和测算各类标的物的风险程度,使得保险公司能够有针对性地设计出个性化的产品,制定出差异化的费率,从而使风险真正可计算。如此一来,可以改变保险业传统采用历史客户索赔和静态财务数据的风险定价方法。例如,可以利用物联网技术对汽车、不动产等保险标的物进行动态监测,采集风险的实时状况,帮助保险公司真正基于标的物的风险程度来计算保险费率,设计出个性化的保险产品。

2. 物联网技术使风险可控制

对灾害事故风险的管理是保险的基本职能,但传统的精算技术只是一种财务分析和处理方式,更无法有效控制和预防标的正在遇到的风险事件,这使得保险企业在面对自然灾害、责任事故时只能被动地等待事故损失和处理。如今,保险公司可通过物联网技术来对投保标的物的风险事故进行动态监测,将实时监测数据远程汇总传输到安全监控中心,从而有效控制和预防标的物的潜在风险事件,减少风险事故的发生概率。如火灾、爆炸、污染源等风险都可以利用物联网技术进行实时监测、预警、预报和应急救助,以实现对风险事故的安全预防与管理,使得灾后赔付转向防灾减灾,让风险可控制,并减少损失和赔付支出。同时,借助物联网技术来对数据进行监测,可以对灾害事故原因和责任做出快速、准确的判断,提高勘察定损精度,减少查勘定损时间,节约理赔成本,使保险理赔成本最小化。

3. 物联网技术使保险可定制

物联网技术推动了物物之间的社群经济发展,风险单位呈现出微型化、细分化趋势,原有的大而全的保险产品必然要随之变革,从全时型向短时型转变,从突出多功能向突出专一功能转变,从面向多方位朝着面向单一方位转变,个性化定制保险服务将成为趋势,保险产品与用户的匹配性也将不断提高。将物联网技术应用到保险业中,可以帮助保险公司对保险标的物进行实时动态监测,对标的物的风险状况、偏好和行为特征进行全方位的分析,从而能够针对具体标的物设计出个性化的保险服务和产品,提高保险产品和客户的匹配性。同时,可以利用物联网技术连接保险公司和客户,根据实时监测数据对客户进行精准分类以及划分责任,实现风险保障服务的按需定制。物联网可以帮助保险企业全方位掌握标的物风险状况、风险偏好以及相关行为特征。大量的物联网设备可成为保险公司与客户之间高频互动的桥梁,依托物联网数据实现对客户群体的精准分类、产品责任的细致划分、服务场景的碎片化,这样可以改变保险公司提供同质化产品的原有模式,让风险保障服务按需定制。

(二)物联网在保险中的应用实践

物联网将物理事物与网络整合在一起的特性,真正做到了随时随地的信息交互,这是单纯的互联网所缺少的,也是传统保险行业在精准定价和保险精算方面颠覆传统的技术依托。

保险公司正成功地将车联网、远程医疗、可穿戴设备等物联网技术应用于健康险、农业险等保险领域,保险公司借助物联网设备收集专有数据,并对其进行精准分析,以改进承保环节的信息不对称,而保单持有人则受益于更个性化的保单服务。物联网正在改变保险价值链,从事后的经济补偿转向事前的主动防御。

1. 车联网

车联网是通过先进的智能传感技术,实现车与车、车与人、车与路的互通与协同,通过对数据进行采集、分析和决策,能够实现智能化交通管理、智能动态信息服务和车辆智能化控制一体化,是物联网技术在交通系统领域的典型应用。

车联网在对各种车辆行驶的多方面数据采集后,可以全面分析车辆自身的运行状态、路况和驾驶员的操作状态,然后用准确的数据进行表述,能最大限度降低交通拥堵、交通事故等带来的损失,提升通行效率。车联网作为未来交通的发展趋势,将面临系统功能集成化、数据海量化、高传输速率及数据采集的多路视频输出要求,并需要不断提升市场成熟度,逐渐实现车联网汽车的大范围普及,使车联网产业真正成规模、出效益。

保险公司通过车联网采集车主驾驶行为数据,依据该数据进行风险建模,对风险评估得分不同的车主实行差异化车险定价,实现保费价格"以人而定"。同时,通过对人、车、路、环境信息的采集与分析,可以降低骗保率,提高承保收益,并创造新的收益。基于对车辆及驾乘人员信息的分析和处理,保险公司对风险事故可以由被动应对转为主动管理,降低事故发生率和理赔成本;通过实时信息交互和综合服务,可以提升客户服务水平,提高续保。而 UBI 车险作为一种大数据时代的新型保险,是车联网保险的主要产品形态,UBI 车险 + 车载智能安全硬件 + 互联网汽车安全服务等衍生形态构建的生态圈,能够向用户提供更好的汽车安全和各项服务,可以降低风险和事故率,减少保费,并充分发挥保险优势为用户构建双安全体系。

专栏 7-1

UBI 车险踏入破局前夜

2. 可穿戴设备

穿戴式智能设备,简称可穿戴设备,顾名思义是指应用穿戴式技术对日常穿戴进行智能化设计,开发出可以穿戴的设备的总称,包括手表、眼镜、耳机和手环等。相对于智能手机而言,可穿戴设备既具备了"智能"的特性,又拥有更加便捷、舒适的优点。

近年来,可穿戴设备发生了从"提供工作便利和娱乐"到"增加健康因素监测的功能"的转变,帮助使用者随时了解自身的健康状况。这些健康数据正是健康保险公司所急需的。同时,随着传感技术在穿戴医疗设备上的进一步应用,健康保险的发展进入新阶段。通过物联网驱动健康管理,可以准确确定被保险人的健康管理目标,并根据目标制定个性化的健康管理方案。保险机构还可基于物联网建立核心数据库,实现对投保人的健康状况的实时监测,通过数据分析对保费定价以及赔付问题给予支持。穿戴医疗设备能够有效地优化健康保险产品,提升服务质量,推动健康保险由事后补偿向预防补偿发展,进而促进健康保险模式的转变。

不过,虽然可穿戴设备相对于过去几年在科技水平和市场销量上都提升了不少,但其在和相关保险公司的结合实施过程仍然存在不少的挑战。主要原因有三点:第一,消费者的自我隐私保护。作为一个实时能够获取自身信息的装置,消费者在使用过程中难免会担心自身信息遭到泄露,或被黑客所监视,从而产生抵制行为。第二,数据的精准性。精准性问题主要分成两部分:一方面是可穿戴设备对人健康因素的测算并非100%准确,可能因为不同人使用习惯而存在偏差;另一方面是在使用人群上,购买可穿戴设备的人大多是注重健康、热爱运动的群体,在投保的积极性上会有所降低,而且那些缺乏健康意识未使用可穿戴设备的投保人则无法被列入健康大数据库之中。第三,设备的普及率和流失率。当前国内市场上,虽然可穿戴设备的销量较之前大有提升,但由于价格等因素整体的普及率仍然较低。此外,即使购买了相关产品的消费者也并非会长时间使用,这也给数据的采集带来了一定难度。

近几年,随着科学技术在智能手机发展上的一再突破,一股更新、更强的可穿戴设备潮流正在涌来。可穿戴设备作为一种新潮流的技术创新,未来不仅会给人们带来生活上的乐趣和便捷,还会为各健康医疗保险公司带来新的商业模式,在可预见的未来,其和保险业的关系必将会愈加紧密。

专栏 7-2

美国"智能可穿戴设备 + 健康险"的市场借鉴

3. 智能家居设备

随着物联网技术不断进步,包括近场通信、可穿戴设备、智能手机等支持技术的成熟以及无线网络渗透率的提高,智能家居设备变得更可负担,智慧家庭也变得更可实现。智能家居设备一般可分为三类:智能家居设施、家庭安全设施和家庭基础设施。随着物联网智能家居行业的发展,保险公司开始将智能家居服务纳入房屋保险中,通过互联网智能设备的配置,来预防常见灾害,降低损失,而客户能够由此享受到优惠的房屋保险。尽管未来智能家居方案将明显为财产险带来变革,但上述业务模式同时受到隐私、安全以及不同公司之间的智能设备不兼容等问题的阻碍。数据安全是一个严峻的挑战,数据需要得到有效的保护,避免泄露、丢失或者被滥用。

智能家居设备从产品管理和服务、承保、定价、损失预防和理赔等多个维度重塑房屋保险行业的价值链:在产品管理和服务上,消费者可以获得更为个性化的产品,扩展其保障范围;在承保上,由于智能家居设备降低了损失的频率和严重程度,保险公司能够根据房屋的具体情况进行定价,而非预估数据,可以对客户进行更精准的风险分类;在定价上,使用智能家居设备并上传数据可以获得折扣,设备厂商可以提供确切的数据和变量,保险公司能实现更精准的定价,提供更为个性化的服务;在损失预防上,智能家居设备具备自动报警功能,能提供一定的安全性和提前预防损失;在理赔上,能缩短理赔时间并实现精准理赔,提高透明度,增加客户参与度。

智能家居设备可以帮助保险公司降低或转移损失,提高风险识别度和精准定价的水平,包括:更好地识别风险、潜在的危险因素以及灾害,通过细分风险提高定价的精确程度,预防或转移风险,通过原因探测提高理赔精确度。

专栏 7-3

美国家庭保险公司的智能家居之旅

三、物联网在保险领域的挑战及发展趋势

(一)物联网在保险领域的挑战

1. 技术风险

在保险机构积极应用物联网技术重塑保险价值链的同时,掌握数据信息的科技企业可以获取大量的保险方案,从技术上绕开保险机构而径直对接保险需求者。保险领域数据信息来源的高门槛和独自占有性,将使保险机构付出较高的数据信息代价。保险机构要对与物联网的融合采取有效的风险规避措施,并能够及时、准确地从物联网应用单位获得数据信息,实现数据信息的互联互通,从而在物联网应用上占据有利地位。

2. 安全风险

物联网应用的普及使风险标的从单一产品转变为复杂的系统,风险标的的损失也不再相互独立。由于物联网依靠互联网支撑,互联网的安全隐患也就成了物联网的风险所在,软件、数据与网络风险将日益突出,病毒、黑客的攻击可能使物联网保险系统瘫痪。穿戴式技术和射频识别技术可以追踪和定位某个特定用户,获得其相关信息,这必然涉及一些隐私和个人安全问题,会使用户在使用物联网时产生隐私和安全的疑虑。一旦存在技术缺陷和网络漏洞,不排除发生大的数据泄露乃至灾难性损失的可能,这对保险机构保护被保险人隐私权是个较大的不利因素。

3. 传媒风险

传媒是物联网的重要支撑。传媒代表了大众化和信息化的一种载体,而物联网又使得万事万物进入信息互联当中。一些保险业务和环节被消费者诟病的影响长期没有消除,一旦某种保险弊病发生或被消费者误解,负面影响将借助物联网迅速广泛传播,进而损害保险机构甚至保险业的形象。

4. 尚无统一的标准体系

低功耗、短距离的组网技术和低功耗的广域网是"物联网 + 保险"领域重要的组网方式,

但目前存在技术标准不统一、模块产品功能单一、价格高等问题,亟需研发出标准化、规模化、低成本的组网技术产品。物联网需要形成统一的标准体系,才能实现顺畅互通。目前由于标准尚未统一,各领域之间的沟通和协调受到一定阻碍,使物联网的不同技术融合产生一定的困难,这也对物联网保险的发展产生了一定的不利影响。

虽然物联网在保险领域的发展仍面临较大挑战,但其仍将改变保险业的传统思维方式,给保险业注入创新活力,推进保险机构经营模式加快转型,使保险机构更科学、更技术化地进行风险管理,更好地发挥保险服务价值。

（二）物联网在保险领域的发展趋势

物联网时代商业模式对保险业的影响将是颠覆性的,将极大地冲击现在的经营理念、经营领域、经营方式,突破原有保险产品设计,改变作业流程,开辟新的领域,展现新的风险管理状态。从发展趋势看,保险消费者行为的变化和保险科技的应用,将重塑一个与以往大不相同的保险市场。

1. 定制保险将更加重要

物联网时代,是基于情景感知的个性化定制的体验时代。在社群经济发展的背景下,风险单位呈现出微型化及细分趋势,原有的大而全的保险产品必然要随之变革,个性化定制保险将成为新的保险产品提供方式和保险服务方式。个性化定制保险,首先要分解、细化原有保险产品,从全时型向短时型转变,从突出多功能向突出专一功能转变,从面向多方位朝着面向单一方位转变,预测、估算风险要更精确。其次要无缝对接各消费平台、消费场景,直接获取用户行为和场景数据信息,尤其要了解碎片化消费可能发生的风险。再次运用保险科技高效筛选并精确分析市场需求数据,准确判断用户需求,即时推送保险产品和服务。

2. 按需保险成为可能

随着物联网保险服务的深化,用户投保后,可以依据实际情况对重要的保险参数进行调整（诸如免赔额等）,进而对保费做出调整。保险公司利用信息技术手段可以使投保时间精确到秒,实时计算、结算保费。

3. 保险产品与用户的匹配度更高

新兴技术使保险公司不再需要进行烦琐的用户信息、资料的录入、查询等,通过大数据和人工智能等技术的辅助,可以便捷、充分地获得个性化的保险报价信息,再依据个性化的报价信息进行用户方案分析,提高保险产品与用户的匹配度。

4. 创新各保险业务形态

物联网与保险业的深度融合,必将催生更广泛的业务模式及应用场景创新,开拓保险行业新的蓝海,推动整个保险行业的进步与发展。

（1）利用车联网定价保险产品。车联网是物联网技术的分支,保险业运用车联网的具体功能技术（诸如全球定位系统、监控系统等）,通过收集车辆行驶状况的信息数据（包括前装数据和后装数据）,进行综合评定,建立相应于驾驶者驾车行为习惯的定价模型,为其提供保险产品和服务。

（2）保险＋智能物流。物流公司调度中心通过数据传输通路与物流车载终端实现通信,可以进行远程车辆调度、自动化货仓管理。保险加大与物流公司合作,为智能物流提供更好的保险服务方式,智能物流也将促进保险产品创新。

（3）智能化管理用户家庭风险。物联网将推进家财险与智能家居、信息家电等合作,对家庭风险进行智能化管理。

（4）可穿戴设备管理被保险人健康。利用物联网等新技术可以更精准地了解被保险人的身体健康状况。保险公司通过发放可穿戴设备收集被保险人身体数据,监控被保险人的身体状态,当被保险人身体指标出现某种异常就会收到医疗保健中心的提醒,督促其做出改善,降低健康风险。

（5）利用物联网加大与医疗机构的合作。保险公司利用物联网与医疗机构加大合作,可以将患病去医院就诊的被保险人以往病史、医院电子病历信息数据、日常体征监测数据、身体检查检验报告信息等传递给医生,使医生更准确地诊断病情及给出最好的医疗方案,既可以减少误诊的可能性,又节省了不必要的开支。利用物联网的实时连接技术,还可以节约被保险人挂号预约的时间,降低成本。物联网保险链条将向远程医疗、药品查询、急救、卫生监督等领域延伸。

（6）衔接校园一卡通。校园一卡通管理模式不仅使校园管理更高效、方便和安全,而且具有公共信息服务类、金融服务类等功能,保险可以与该管理系统进行良好衔接,实现保险风险管理与校园安全管理的密切结合,为师生提供所需的保险服务。

（7）深化与环保监测方面合作。保险与环保监测方面深化合作,可以高效获得各种环境监测信息。当传感器将采集的环境信息通过无线传输设备传输到环保监控中心,这些信息可以让保险机构提高对风险的实时监控水平和快速反应能力。

（8）农业保险的科技含量更高。农业保险在种植业保险上与农业标准化生产监测系统紧密结合,在养殖业保险上与动物标识溯源系统紧密结合。通过实时采集关键数据信息,可以实时掌握农业生产的天气、土壤等各种数据;通过动物标识溯源,可以形成全程监控,使养殖、防疫、检疫等有效结合,实现快捷、精准的溯源和处理家畜疫情、家畜产品安全事件。这将改变现有的农业保险风险管理方式,使农业保险服务的科技含量更高。

（9）在更多领域创新服务功能。保险业还将在移动电子商务、供电信息及用电负荷远程控制、机场安防、智能平安城市建设和城市管理等许多领域创新服务功能,而这些领域也将深刻改变保险业务形态。

保险机构通过物联网技术帮助客户与保险产品和生态系统服务建立联系,持续创新客户服务。同时与物联网企业广泛合作,融合发展、优势互补,向远程医疗、药品查询、急救、卫生监督等领域延伸。保险应当成为物联网信息标准构建、数据应用生态的倡导者甚至主导者。

第二节　5G 在保险行业中的应用

一、5G 的基本概念及主要技术特征

（一）5G 的概念

第五代移动通信技术(5G)是最新一代蜂窝移动通信技术[1],也是 2G、3G 和 4G 系统的

---

[1]　蜂窝移动通信(cellular mobile communication)是采用蜂窝无线组网方式,在终端和网络设备之间通过无线通道连接起来,进而使用户在活动中可相互通信。

延伸。

移动通信技术作为信息基础设施在人们的生产生活中扮演着重要的角色。自 20 世纪 80 年代开始,全球移动通信技术每十年左右出现一次革新,历经 40 年的爆发式增长,移动通信进入 5G 时代。

现阶段,5G 网络建设稳步推进,移动通信正在经历新一轮代际跃迁。5G 不同于传统几代移动通信技术,它不仅是一个多业务多技术融合的网络,更是面向业务应用和用户体验的智能网络。相比 4G,5G 网络具备更贴近用户需求的定制化服务能力,代表性服务能力包括网络切片、移动边缘计算以及按需重构的移动网络。5G 网络能够提供更高体验速率和更大带宽的接入能力,支持大规模、低成本、低功耗物联网设备的高效接入与管理,可提供面向移动互联网、工业互联网、车联网、金融科技、智慧医疗等垂直行业应用场景的信息交互能力。

(二) 5G 的主要技术特征

1. 高速度

每一代移动通信技术的更迭,用户最直接的感受就是速度的提升。网络速度提升,能保证用户的网络体验品质,对网速要求很高的业务才能被推广和使用。

与每一代移动通信技术一样,较难准确说出 5G 的速度。一方面峰值速度和用户的实际体验速度不一样,不同技术不同时期的速率也会不同。4G 用户一般体验的速度可以做到上传 6 Mbps、下载 50 Mbps,通过载波聚合技术可以达到 150 Mbps 左右。5G 理论上可以做到每一个基站的速度为 20 Gbps,每一个用户的实际速度可能接近 1 Gbps,意味着用户可以每秒钟下载一部高清电影,也可以支持 VR 视频。这样的高速度给大量业务的应用带来革命性改变。

2. 泛在网

随着各种业务的发展,网络需要无所不在。只有无处不在的网络,才能支撑日趋丰富的业务和复杂的场景。泛在网有两个层面的含义:一是广泛覆盖,二是纵深覆盖。广泛覆盖是指人类足迹延伸到的地方,都要被覆盖到,像高山、峡谷,此前人们很少去,不一定需要网络覆盖,但 5G 时代,这些地方也要有网络。通过覆盖 5G 网络,可以部署传感器,进行自然环境、空气质量、地貌变化的监测。纵深覆盖是指人们生活中已经有网络部署,但需要进入更高品质的深度覆盖。4G 网络已经广泛覆盖,但一些封闭的空间会面临网络信号质量差甚至无网的情况。5G 时代,网络会全方位覆盖,即使地下车库等地方都会覆盖高质量的网络。

4G 时代以前,人们会遇到手机无信号或信号弱的问题。因在 3G 和 4G 时代,使用的是宏基站。宏基站的功率很大,但体积也较大,所以不能密集部署,导致离它距离近,信号强,离它距离远,信号就比较弱。5G 时代,则通过建立微基站解决这个问题。微基站,可以弥补宏基站的空白,覆盖宏基站无法触及的末梢通信,为泛在网的全面实现提供可能,使所有智能终端都能突破时间、地点和空间的限制,在任何地方都能接收到网络信号。

3. 低功耗

5G 要支持大规模物联网应用,就必须有功耗的要求。近年来逐步兴起的可穿戴设备因功耗太大,需要用户频繁充电而难以让客户广泛接受。未来,物联网产品都需要通信与能源,虽然今天有多种手段解决通信问题,但能源的供应只能依靠电池,为了确保产品的使用时间足够长,就需要把功耗降下来,改善用户的使用体验。

4. 低时延

5G 的一个新场景是无人驾驶、工业自动化的高可靠连接。人与人之间的信息交流,有 140 毫秒的时延不会影响交流的效果。但对于无人驾驶、工业自动化是无法接受的。3G 网络时延约 100 毫秒,4G 网络时延约 20~80 毫秒,到了 5G 时代,时延将会逐步下降至 1~10 毫秒。

无论是无人驾驶飞机、无人驾驶汽车还是工业自动化,都是高速度运行,还需要在高速中保证及时传递信息和及时反应,这就对时延提出了极高的要求。如无人驾驶汽车,需要中央控制中心和汽车进行互联,车与车之间也应进行互联,在高速度行动中,一个制动,需要瞬间把信息送到车上以让车做出反应,100 毫秒左右的时间车就会冲出几米。低时延需要大量的技术配合,需要把边缘计算等技术和传统网络结合起来,对特殊的领域提供特殊的服务和保障。

5. 万物互联

移动通信的基本方式是蜂窝通信,现在一个基站基本只能连四五百部手机,国际电信联盟的期望是每一平方千米有 100 万个终端。传统的通信中,终端是非常有限的。在固定电话时代,电话是以人群定义的。而手机时代,终端数量发生爆炸式增长,因为手机是按个人来定义的。5G 时代,终端不再按人来定义,而是每个人拥有数个终端,每个家庭拥有数个终端。未来接入到网络中的终端,不仅是手机,还会有更多的产品。实际上,我们生活中每一个产品都可以通过 5G 接入网络。我们的衣服、腰带、鞋子都有可能接入网络,成为智能产品。家里的门窗、空气净化器、空调、冰箱、洗衣机都可以智能化,我们的家庭成为智慧家庭。届时,智能产品更加层出不穷,并且通过网络互相关联,形成无比强大的数据库,虚拟与现实无缝对接,形成真正的智能物联网世界。

二、5G 的三大应用场景及核心技术

(一) 5G 的三大应用场景

5G 的技术特点定义了三大应用场景,国际电信联盟的 IMT-2020 愿景中指出 5G 技术的应用场景。

1. eMBB

eMBB(enhanced mobile broadband)即增强移动带宽,是指在现有移动宽带业务场景的基础上,用户体验速率大幅度提升。增强移动宽带的价值,就是把原来的移动宽带速度大大提升,达到理论 1Gbps 左右,用户的体验会发生巨变。

超大带宽和超高速率的特性,用于连续广域覆盖和热点高容量场景。广覆盖场景下实现用户体验速率 100 Mbps、移动性 500 Km/h;热点高容量场景下用户体验速率 1 Gbps、小区峰值速率 20 Gbps、流量密度 10 Tbps/km^2,可以面向云游戏、4k/8k 超高清视频、AR/VR 等应用业务。

2. mMTC

mMTC(massive machine type communications)即海量机器类通信。5G 最主要的价值之一,就是突破了人与人之间的通信,使得人与机器、机器与机器的通信成为可能。

大量的物联网应用需要进行通信,物联网应用通信有两个基本要求:低功耗和海量接入。eMTC 提供的能力就是要让功耗降至极低的水平,让大量的物联网设备可以一个月甚至更长

时间不需要充电,从而方便地进行部署。大量的物联网应用的加入,也带来另一个问题,就是应用终端会极大增加。4G 网络显然没有能力支持这样庞大的接入数,eMTC 将提供低功耗、海量接入的能力,支持大量的物联网设备的接入。

3. uRLLC 高可靠低延时通信

uRLLC(ultra-reliable low-latency communications)即高可靠超低时延通信。传统的通信中,对可靠性的要求相对较低,但是无人驾驶、工业机器人、柔性智能生产线,却对通信提出更高的要求,这样的通信必须是高可靠和低时延的。

所谓高可靠就是网络必须保持稳定性,保证在运行的过程中不会拥堵,不会被干扰,不会经常受到外界的各种影响。低时延就是要求时延尽可能少。4G 网络时延最好只能做到 20 毫秒,但是 uRLLC 却要求时延做到 1~10 毫秒,这样的时延才能提供高稳定、高安全性的通信能力,从而让无人驾驶、工业机器人在接受命令时第一时间做出反应,迅速、及时地执行命令。这就需要采用边缘计算、网络切片等多种技术来提供技术支持,保证更多高可靠的通信场景。

(二) 5G 的核心技术

1. 软件定义网络

软件定义网络(software defined network,SDN)是由美国斯坦福大学 Clean Slate 课题研究组提出的一种新型网络创新架构,是网络虚拟化的一种实现方式。

2006 年,Clean Slate 项目试图通过一个集中式的控制器,方便地定义网络数据流的安全控制策略,并将这些安全策略应用到各种网络设备中,从而实现对整个网络通信的安全控制。在该项目研发过程中,尼克·麦克欧(Nick Mckeown)教授发现,如果将传统网络设备的数据转发和路由控制两个功能模块分离,通过集中式的控制器对各种网络设备进行管理和设置,那么就可以给网络资源的设计、管理和使用提供更多可能性,也就更容易推动网络结构的革新与发展。这就是软件定义网络和基于此的 OpenFlow 软件设计思想。

在传统的网络中,网络单元例如路由设备的控制系统和数据转发系统是合并在一起的,软件定义网络则可以通过软件操作来定义数据传输路径,也就是虚拟出一个逻辑上的数据网络用来传输特定数据。

软件定义网络有三个特性:一是集中化管理,有利于提高复杂协议的运算效率和收敛速度。传统网络中,如果有 100 台交换机,每一台机器的配置均不同,那么我们需要登录每台交换机的终端进行配置,这样不但效率低,且故障率高。二是控制转发分离,将交换机的控制和转发逻辑分开。三是开放的 API。软件定义网络提出了开放的 API,让软件可以轻松调用,程序员也可以架构自己的网络,解决了传统网络无法编程、无法架构自定义网络的问题。

未来,5G 网络流量将会飞速增长,无线网络可能会部署超过目前网络 10 倍以上的节点,这样密集的网络会使拓扑更加复杂,软件定义网络的控制和转发解耦分离所能实现的可变链路、数据包转换和选择性链接地址会更加重要。

2. 网络功能虚拟化

网络功能虚拟化(network functions virtualization,NFV)指利用虚拟化技术,将网络节点阶层的功能分割成几个功能区块,分别以软件方式实现,不再局限于硬件架构。

网络功能虚拟化的优势有:一是缩短部署新网络服务的时间;二是提高新服务的投资回

报率;三是更灵活地扩大、缩小或发展服务;四是开放虚拟家电市场和纯软件进入者;五是以较低的风险试用和部署新的创新服务。

从技术角度来说,5G 的到来无疑将加速网络虚拟化的进程,包括对网络功能虚拟化的需求也将更加迫切。除了推动网络功能虚拟化在网络应用上的落地之外,业界还试图联合开发硬件加速技术,尤其准备对转发面网元的硬件加速技术的方案、架构、演进路线等进行深入的研究和实践,试图共同推进硬件加速技术的成熟,更好地支持 5G 边缘场景的业务发展和网络转型。

5G 时代到来的意义在于它第一次大规模地将信息技术(information technology,IT)行业与通信技术(communication technology,CT)行业进行了深度融合。网络功能虚拟化是用信息行业的思维对通信行业进行的一场革命,最大的意义在于使用通用化信息设备来管理电信网络,这彻底打通了信息行业与通信行业之间的硬件通道。而软件定义网络则通过将控制平面与数据平面分离,彻底打通了传统计算机网络(如互联网)和电信网络之间的逻辑通道。

3. 边缘计算

移动边缘计算(mobile edge computing,MEC)的概念是于 2013 年在 IBM 与 Nokia Siemens 共同推出的计算平台上提出的。2014 年,欧洲电信标准化协会成立了移动边缘计算规范工作组,开始推动相关的标准化工作,对移动边缘计算的定义是:在移动网边缘提供 IT 服务环境和云计算能力。

2016 年,欧洲电信标准化协会将该概念扩展为多接入边缘计算(Multi-Access Edge Computing)。2016 年,华为发起倡议,联合众多公司成立了"边缘计算产业联盟",其对移动边缘计算的定义是:边缘计算是在靠近物或数据源头的网络边缘侧,融合网络、计算、存储、应用核心能力的开放平台,就近提供边缘智能服务,以满足行业数字化在敏捷连接、实时业务、数据优化、应用智能、安全与隐私保护等方面的关键需求。

边缘计算将计算中心下沉,向泛在计算更加迈进了一步。5G 强大的网络能力使得数据传输不再是瓶颈,但计算会捉襟见肘。大量的数据在终端与云端之间不停地传输,如果只靠云端来进行计算,整体时延将较高。欧洲电信标准化协会提出了移动边缘计算,是希望将计算功能从集中单一的云端下沉分散到用户侧,这样可以减少做出响应的时间,降低整体计算成本,提高系统性能。

边缘计算可以创造出一个高性能、较低功耗、低时延和高带宽的电信级网络服务环境,可以被扩展为城镇级或者小区级的小型数据中心,可以解决很多急需低时延来解决的应用问题,比如云游戏。运营商也能通过边缘计算扩展自身的业务范围,提供超低时延的特殊云服务,而不是仅仅局限于担当单一的传输管道。边缘计算将在 5G 中大量部署以适应各种不同的业务场景,而且存储、处理、智能等多种功能的合一,将使得边缘计算节点成为一个个分散的"智能存储处理节点"。

4. 毫米波技术

毫米波是介于微波与光波之间的电磁波,通常毫米波频段是指 30 G~300 GHz,相应波长为 1~10 mm。毫米波通信是指以毫米波作为传输信息的载体而进行的通信。

传统移动通信频段主要集中在 3 GHz 以下的优良频段,导致频谱资源十分拥挤。毫米波这样的频段能为一个终端提供连续大频谱带宽,且随着毫米波的引入,小型化、高增益的天线将使终端设备更加便于携带。虽然高频段(如毫米波、厘米波)可用频谱资源丰富,但因其固有的缺点,导致实际应用中阻力较大。毫米波波长太短,导致其传输距离短,穿透和绕射能力差,容易受气候环境影响,在射频器件、系统设计等方面的问题较多。虽然对毫米波频谱的利用有很大挑战,但是目前毫米波频谱需要被用于 5G 通信已经成为业界共识,若想要完成 5G 通信中高速数据传输的目标,毫米波频段的使用是重中之重。

5. 超密集组网技术

组网技术一直是关系到移动通信成本与质量的关键所在。但受限于使用的频段,蜂窝移动网络组网密度越来越大,建网成本越来越高,因此,5G 的部署是从与 4G 的混合组网模式开始,慢慢向独立组网模式过渡。传统的无线通信系统通常采用小区分裂的方式减小小区半径,然而随着小区覆盖范围进一步缩小,小区分裂将很难进行,需要在室内外热点区域部署低功率的小基站,形成超密集组网(ultra dense network,UDN)。同时,因为 5G 启用了毫米波等更高频率的频段,基站覆盖范围越来越小,所以不得不引入超密集组网技术。

超密集网络的优势有两方面:一方面毫米波基站的带宽大,所以从核心网络到基站部分的数据传输有可能通过闲置的毫米波频带,利用毫米波基站接力来完成。目前的解决方案是纯光纤前传,而在国外一些无法部署光纤的地区少量存在微波回传,这种技术被称为微波接收回传一体化,有望降低运营商承载网络的组网成本。另一方面,超密集组网将给企业带来很多机遇。例如,因为 5G 基站数量大幅度增加,所以灯杆等市政设施、电力塔等专用设施都将纳入基站站址的视野,这为盘活资产、开发新业务和新应用提供了可能性。但超密集组网带来的一个严重问题就是互干扰。因为基站密度较高,sub 6G 频率中会有与 WiFi、蓝牙等其他无线设备工作频段接近的 2.5 GHz,它们之间会产生干扰,这些都是未来发展中可能遇到的问题。

6. 网络切片技术

网络切片(network slicing)是一种按需组网的方式,可以让运营商在统一的基础设施上分离出多个虚拟的端到端网络,每个网络切片从无线接入网承载网再到核心网上进行逻辑隔离,以适配各种类型的应用。5G 设计需要支持物联网、数据、语音等多种业务,而不同的业务场景对网络要求的差异非常明显,不同业务指标需要的资源也完全不同,而且其中一些参数是无法兼顾的。若想要在一张网络中同时支持多种场景,最好的方式是不同业务配置不同的网络路径,经过不同的网络单元,这种技术就是网络切片。网络切片的先决技术是需要能够通过软件控制各个不同的网元,也就是网络功能虚拟化 / 软件定义网络。

我们通常认为网络切片是一个逻辑上的概念,将物理网络通过软件划分成多个虚拟网络,每个网络适应不同的业务需求,而切分依据则是时延、带宽、安全性、可靠性等性能指标。

在一个独立的物理网络上切分出多个逻辑网络,从而避免了为每一个业务建设一个专用的物理网络,可以大大节省部署成本。这样,5G 会根据智能交通、无人机、智慧医疗、智能家居以及工业控制等多个不同的场景,开放不同的网络。

三、5G 技术发展概况和应用前景

(一)全球 5G 产业发展概况

世界多个国家和地区的众多运营商正在积极推进 5G 商用,全球 5G 正式进入"竞速"阶段。统计显示,截至 2019 年 10 月底,全球 34 个国家和地区的 62 家运营商,都推出了 5G 商用服务,5G 全球用户的总量到 2019 年第三季度已达 477 万。其中行动最快的是韩国。美国虽然宣称在 2018 年第四季度就推出了 5G 商用,但业务规模很小,其正式规模应用的时间与韩国非常接近。日本、英国在 2019 年提供 5G 试点服务,法国、德国、加拿大等 5G 规模商用时间为 2020—2021 年。

2019 年 6 月,工信部宣布正式向中国移动、中国电信、中国联通和中国广电发放 5G 商用牌照,中国正式进入 5G 商用元年。此后,我国各省市接连出台 5G 相关政策文件助力 5G "新基建"①。据中国信息通信院相关预测,到 2025 年 5G 网络建设投资累计将达到 1.2 万亿元。5G 网络建设还将带动产业链上下游以及各行业应用投资,预计到 2025 年将累计带动超过 3.5 万亿元投资。

(二) 5G 技术应用场景

5G 技术催生各行业不断进行数字化革新:ICT、媒体、金融、保险在数字化发展曲线中已经独占鳌头,零售、汽车、油气化工、健康、矿业、农业等也在加速其进程。5G 能够带来超越光纤的传输速度、超越工业总线的实时能力以及全空间的连接。其应用主要集中于十大场景:云 VR/AR②、车联网、智能制造、智能能源、无线医疗、无线家庭娱乐、联网无人机、社交网络、个人 AI 辅助、智慧城市。如表 7-1 所示。

表 7-1 5G 技术的十大应用场景

应用场景	主要内容
云 VR/AR	实时计算机图像渲染和建模
车联网	远程控制、编队行驶、自动驾驶
智能制造	无线机器人云端控制
智能能源	馈线自动化
无线医疗	具备力反馈的远程诊断
无线家庭娱乐	超高清 8K 视频和云游戏
联网无人机	专业巡检和安防
社交网络	超高清 / 全景直播
个人 AI 辅助	AI 辅助智能头盔
智慧城市	AI 使能的智能监控

资料来源:华为技术团队. 5G 时代十大应用场景白皮书[R/OL],2019.

---

① 新基建是智慧经济时代贯彻新发展理念,吸收新科技革命成果,实现国家生态化、数字化、智能化、高速化、新旧动能转换与经济结构对称态,建立现代化经济体系的国家基本建设与基础设施建设。
② VR(virtual reality)指虚拟现实,AR(argmented reality)指增强现实。

（三）5G 应用发展面临的挑战

1. 标准规范面临挑战

当前 5G 技术标准还没有全部制定,完整意义上的 5G 技术标准尚需进一步明确,这导致场景应用有所顾虑。技术标准成熟和产业成熟是规模化商业应用的前提,5G 系统的高带宽、低延时、网络切片等技术优势发挥,要以垂直行业产业链的成熟度为依据。因此,5G 技术标准和行业标准需要完成综合平衡,实现标准适配。

2. 业务应用面临挑战

目前,5G 应用主要集中在个人无线宽带接入方面,5G 的典型应用如 VR/AR、车联网、智慧城市,各种行业应用还远未到规模应用的阶段,还没有 5G 重量级的应用爆发。根据 3G/4G 网络建设的经验,在移动通信中往往是网络建设走在业务应用的前面,4G 网络建成数年后才迎来移动视频应用的爆发,目前 5G 网络建设还处在初期阶段,而且当前 5G 网络还仅支持 eMBB 场景,uRLLC 和 eMTC 场景暂时还不支持,行业应用爆发还需要一定时间的发展。

3. 技术和运营挑战

在 5G 的支持下,要对各行业进行整合以促使它们更快地发展。移动物联网场景下,5G 会渗透到生产、消费等行业,推动设计、研发、营销等领域的数字化、智能化协同发展。5G 能否被快速部署,主要取决于系统运营的经济回报能力。5G 广阔的发展前景和潜在的经济效益能快速地吸引企业和居民的广泛注意。在对 5G 基础设施进行部署时,城市和运营商之间的合作,可以提高 5G 的运用效率。5G 时代将爆发新一轮的客户流量增长,这主要是因为 5G 超高清视频应用将消耗客户巨大的流量。因此,5G 时代会给运营商的业务创新、管理模式、计费模式带来巨大的挑战。

4. 安全应用面临挑战

主要体现在:5G 网络切片的安全接入认证,需做好安全隔离,防止网络节点非法接入访问;5G 技术应用下的数据安全管理框架或相关管理方案尚未成型,数据隐私安全依旧是痛点;5G 场景化服务既能带来跨市场、跨行业的服务创新,也可能引发风险传染。

四、5G 技术在保险业中的应用及发展趋势

（一）5G 技术在保险业的应用价值

5G 应用落地将推动实现人—物、物—物的互联,极大拓展检测设备的使用、实时数据的联通,进而为保险公司提供更加丰富、实时和细粒度的社会场景数据和客户行为习惯数据,极大地影响甚至改变保险公司开发新产品、营销、承保、理赔的模式,同时 5G 的推广使用将带动更多行业改革升级,大量新技术将涌现,行业和技术的变革也将催生出新的保险需求,间接改变保险行业经营运作模式。

1. 保险公司实现定位转型

传统保险公司基于整合效率、信息获取效率上形成的风险转移能力,将被客户日益提升的风险控制能力削弱。保险公司逐步转变自身的角色定位,适应需求转变的状况。

5G 时代,一方面,客户自身的风险控制能力不断提升;另一方面,基于客户对更低价高保额、更高质量、更个性化的风险保障需求,保险公司需要改变现有的经营思路,转变自身定位,

逐步从产品销售商转变为风险解决方案的服务商。

实际上,保险公司的定位转型,是其回归风险管理本质的体现。5G保险时代,伴随客户自身风险管理能力的提高,单一的保险产品销售已经不能满足客户的风险需求,唯有提供更加全面的风险解决方案,包括事前预防、事中监控、事后赔付等,才能更好地为客户服务。

2. 保险产品实现可定制、生态化

产品开发是保险公司的核心竞争力,是衡量一家保险企业是否掌握真实可靠的保险需求、是否收集足够的风险数据、是否具备定价能力的标准。5G时代,更丰富、实时和细分的社会场景数据将有助于保险公司提升对场景化产品的设计能力。5G技术的高速率、大带宽、低延时等特点,可以赋能保险产品以个性化、满足场景需要而存在。

具体来说,无论是传统的代理人销售渠道,还是新兴的互联网销售渠道,都会产生许多特定的场景,基于这些场景,保险公司可以推出真正符合客户需求的、可定制的保险产品,既能够满足普惠化的需求,也能够以较低成本获客。此外,5G时代,保险产品的附加服务将得到全面丰富。5G技术带来的万物互联,为场景化保险产品的开发奠定了基础。例如,新兴技术带来的可穿戴设备、医疗大数据、医学影像等应用能力的提升,将全面打造家居医疗、家居养老服务场景,拓宽保险附加服务的维度。

3. 销售管理升级,代理人重新定位

本质上,保险营销活动是人际关系的搭建,服务性较强,客户体验、情感交流能力尤为重要。个人代理营销制度一方面能够贴合保险产品的特性,另一方面也给保险产品的销售带来一定的问题。5G技术下,个人代理营销逻辑将会发生一定的改变。

第一,信息获取成本的降低将改变传统意义上通过降低产品现价、提升代理人佣金收入的产品设计和销售行为。渠道业务费用支出将面临巨大挑战,因为既要保障代理人的高收入,又要保障客户的高收益,就会持续降低代理人渠道的边际收益。

第二,5G技术的全面应用,"智能保险顾问""微名片""智慧培训"等科技创新项目不断产生,将催生出具有人文关怀能力、大数据分析能力、科技创新能力的复合型保险销售人才。

4. 风控智慧化,精准对接客户需求

保险销售的智能化升级,必将引导支撑其运作的运营体系持续升级。保险公司提升运营流程效率和客户服务能力以满足未来客户碎片化、个性化需求。

从客户服务角度来看,以往以柜台式服务为主的服务将实现智能化升级,传统线下客户服务流程,如承保、理赔将通过技术实现线上化操作,为客户提供更精准、更个性化的智慧服务。在这些客户大数据管理形成的CRM(客户关系管理)系统,通过标签化管理和客户精准画像,为"智慧网点"的有效运作提供支持。加载了5G技术的保险服务网点,将通过人脸识别、VR技术、流程自动化等前沿科技,实现智慧识别、智慧交易、智慧营销。

从风险控制角度来看,随着科技的发展,监控、传感器等设备的引入,保险承保开始由事前向事中转变,由被动决策向主动干预转变。

保险查勘理赔环节是保险保障功能的主要体现。5G的应用将为保险公司提供全方位、更实时和更便利的远程查勘理赔服务能力。理赔模式将最大限度地体现物联网采集信息的优势,再结合社交媒体、新闻等外部非结构化数据减少空间距离对理赔服务的影响,缩减保险公司的理赔成本,最终提供更为精准的理赔建议,提高理赔服务的质量。5G 可提高解答客户疑问的效率和对话的精准度,推动获得更高的净推荐值与顾客满意度。

（二）5G 在保险行业的应用场景

5G 时代,技术将助力保险公司经营模式转型。利用 5G 获取的海量数据,数字化和嵌入式销售成为增长的主要渠道,其将锁定盈利客户,降低交易成本;借助大带宽、海量设备获取数据流,通过应用人工智能、机器学习和其他技术分析,保险公司可以实现快速识别和精准测量风险,并通过主动风险管理措施向客户及时反馈。5G 在保险中的应用场景,将跳出保险业务经营的传统模式,更多地表现在以垂直行业对 5G 的应用以促进保险对各种场景的嵌入,进而派生出智慧营销、产品创新、远程核保、智慧风控、远程查勘等应用场景,提升业务经营效率,改变业务生态。如表 7-2 所示。

表 7-2　"5G + 保险"典型应用场景及相关技术指标

保险典型应用场景	5G 场景	支撑技术	案例
智慧营销	大带宽、低时延、海量连接	AI、VR、MR、边缘计算、物联网	智慧城市
产品创新	大带宽、低时延、海量连接	边缘计算、物联网	车联网
远程核保	大带宽、低时延	人脸识别、边缘计算	无线医疗
智能风控	大带宽、低时延	AI、物联网	智慧环保
远程查勘	大带宽、低时延	VR、边缘计算、视觉技术	无人机
智能定损	大带宽、低时延	AI、物联网、边缘计算	传感器触发式定损
区块链业务流	海量连接	区块链、物联网	分布式保险项目

资料来源:中国信息通信研究院."5G + 金融"应用发展白皮书[R/OL],2019.

1. 智慧营销

5G 时代,智慧城市下的 5G + 保险营销将改变传统营销模式,通过云计算、物联网和人工智能等新 ICT 技术,可构筑城市、企业、个体的保险物联网平台、云数据中心,最终打造智能保险营销平台。通过 5G 广连接下的端侧感知,将物理环境的大数据综合分析、回传,把复杂的海量信息与保险相结合,经过快速计算分析,为城市、企业、个体三者提供符合自身需求特点的保险产品。将改变原先以代理人为主要渠道的展业方式,升级成通过移动终端与潜在客户完成实时、快速、准确的沟通,深度挖掘客户的保险需求,从而完成高效、高频、高切合的智能保险营销。

2. 产品创新

5G 技术将推进保险产品本身的变革。5G 在汽车、医疗、工业等行业的应用都将会引发相关保险产品的变革,典型应用如车联网的普及将直接给车险行业带来变革和机遇。从产品开发角度看,无人驾驶、智能网联汽车的发展成熟均将引领保险产品的创新,推动所有车险产品向智能网络汽车的产品责任险转移,安全责任从司机身上转移到汽车生产厂商以及软件商等。此外,5G 车联网使得汽车成为未来生活"第三空间"成为可能。

3. 远程核保

5G 技术与无线医疗相辅相成,不仅能推动远程手术发展,使医疗资源向偏僻地区下沉,还能推动移动医疗设备普及,全面收集患者的健康数据,这些给保险的核保规则带来重大变化。即对被保险人的风险判断会更加精确;被保险人的如实告知义务大大减轻,只需开放数据审查权限即可获得最优保险保障;被保险人被拒保的可能性大幅降低。

4. 智慧风控

受环境监测手段的限制,保险公司环境污染责任险查勘、核保环节难以把控,客观上影响了产品的推广和保障机制的有效发挥。5G 的高速率、低延时特点,可以有效解决保险公司在经营环境污染责任险上面临的核保难题:一是可利用环境监测及 5G 技术实时查勘保险标的,有效缩短环境污染责任险的核保时间,减少人力、物力;二是当企业排放危险物超过一定指标,可立即向客户端进行反馈,通过对行为主体实施有效干预,及时阻止污染物的扩散,降低被保险企业的责任风险,实现保险的事中风险管理。

5. 远程查勘

5G 环境下,结合高清视频、AI 图像识别技术,保险行业开始将无人机技术应用到查勘理赔环节,在大众娱乐、地理测绘、管线巡检、农林作业、治安反恐等特殊场景下,发挥无人机快速现场取证、自动定损的作用,并提供远程保险服务,理赔效率明显提升。保险公司建立的各类图像识别技术下的智能定损平台,对于高价值标的、大尺度场景(比如爆炸事故)实现更准确、快速的定损理赔服务。同时,基于物联网构建的实时反馈系统将对高危企业及环境进行精确检测,信号数据的实时分析将在危险出现的第一时间触发防护装置,避免及减少特别重大事故。

6. 智能定损

保险理赔是保险保障过程的关键环节,基于 5G 技术的传感器触发式定损,能够实现精准、及时核赔服务。在传统的机动车保险理赔案件中,小额赔付的案件占比高,且多为车辆外观损伤,通过技术手段改进理赔中的查勘定损环节具有重要意义。一方面,查勘定损需要消耗大量的人力成本;另一方面,查勘定损的效率低下,会较大程度上影响客户的满意度。给投保车险的车安装传感器,负责收集车辆的实时数据,将定损结果的计算、输出速度控制在数分钟内,实现查勘和定损在时间和空间上的融合,从而大幅度缩短查勘定损环节的时长。

专栏 7-4

5G 时代的黑科技:众安"马上赔"解锁车险在线理赔新方式

（三）5G 技术在保险行业中的发展趋势

1. 催生新的保险需求

5G 的落地应用促进了无人驾驶、工业制造等领域的发展,催生出新的保险需求。保险公司在 5G 时代背景下,识别客户新的保险需求,开发定制保险产品,为客户提供更加优质的服务。

2. 普惠化和生态化保险产品

5G 时代下,一方面,通过价格较低、普惠的保险产品,实现保险公司对客户群体的广泛覆盖。保险公司利用 5G 技术快速的特点,实现产品自动化。另一方面,推动生态化建设,为客户提供风险识别、风险监控、风险解决的全套风险解决方案,满足客户的全面需求。

3. 物联网保险迅速发展

5G 开启万物智联时代。对于保险市场来说,物联网保险将逐步取代互联网保险,物联网及延伸的技术将从根本上改变保险产品的运营及服务模式。抢占物联网保险先机的保险机构也将建立新的业务模式并获得新的利润增长机会。发展物联网保险,保险公司结合自身优势领域,对未来的挑战做好分析与应对,建立基于物联网保险关键要素模型的战略与实施计划。

4. 保险行业数字化变革

5G 保险时代,保险行业的数字化变革正在加速前进。数字化变革有持续创新,也有坚守初心。保险公司结合自身实际情况,在适当的领域选择有效的形式,最大化地发挥线上技术优势和线下体验优势,实现数字化变革。

专栏 7-5

5G 在保险领域的未来应用场景

第三节　基因诊疗在保险行业的应用

随着基因技术的进一步发展,保险公司可以借助基因检测等手段降低保险主体之间的信息不对称,使原来仅有单方了解的信息被双方共享,有助于进行差别定价和险种创新;也可以借助基因治疗手段有针对性地对被保险人实现精准医疗。

一、基因诊疗的基本概念、发展现状以及面临的挑战

（一）基因诊疗的基本概念

1. 基因检测

基因检测（genetic test）是从染色体结构、DNA 序列、DNA 变异位点或基因表现程度,提供受检者与医疗研究人员评估一些与基因遗传有关的疾病、体质或个人特质的依据,也是精

准医疗分析的一种方法。

通过对被检者的 DNA 测序,其基因的类型及功能的异常可以通过基因检测分析出来,以便甄别可以引起遗传疾病的突变基因,从而达到诊断相关基因疾病或预测未来可能出现的特定疾病的目的。目前能够通过应用于临床的基因检测技术检测出的遗传疾病达 1 000 余种,还有 20 多种疾病可以利用基因检测方法进行预测,比较有代表性的如亨廷顿式(Huntington's)舞蹈症、阿尔茨海默病、乳腺癌、直肠癌以及肥胖症、高血压等。

2. 基因治疗

基因治疗(gene therapy)是利用分子生物学方法将目的基因导入患者体内,使之达成目的基因产物,从而使疾病得到治疗,为现代医学和分子生物学相结合而诞生的新技术。作为疾病治疗的新手段,基因治疗已有一些成功的应用,并且科学突破将继续推动基因治疗向主流医疗发展。

基因治疗是针对传统医疗手段难以治愈的疾病,通过应用基因工程技术,将带有正常基因的 DNA 分子移入患者体内,以帮助患者体内缺陷基因功能得到更正或者直接替换掉致病基因,最终治愈该病症使患者康复。更正基因功能的方法一种是通过原位修复有异常的基因,一种是用正常功能的基因导入细胞中基因组的缺陷部位,用来替换有缺陷的基因,以此发挥正常基因的功效。

基因治疗与我们日常的疾病治疗有着本质区别,简单来说是治标与治本的区别。我们日常的疾病治疗主要医治的对象是疾病本身,也就是疾病所引起的一些症状,而基因治疗则直接针对疾病的根本诱因,即有异常或有缺陷的基因。目前基因治疗主要有两种形式:一种是针对不具有遗传性的体细胞的基因治疗,现已广泛应用于临床治疗;另一种对是遗传性的生殖细胞进行的基因治疗,由于其可能会导致遗传的突变而受到限制。

3. 基因诊疗

基因诊疗实际上是基因诊断和基因治疗两个概念的合集,是指为了有针对性地预防和解决遗传疾病,通过基因的采集和实验室分析,结合目前人类对基因组的认识和分子遗传学数据,对普通遗传病或家族遗传病做出诊断;在此基础上,将外源正常基因通过基因转移技术导入靶细胞,通过纠正或补偿因基因缺陷和异常引起的疾病达到治疗目的。

一般情况下,基因通过复制把遗传信息忠实地传给下一代,使后代呈现出与亲体相似的性状,如身高、血型等。有些基因与人体健康状况密切相关,其不一定直接导致某种疾病发生,也可能通过影响个体体质,如对某些病毒、细菌的免疫能力,间接"参与"疾病发生过程。如果某些基因在复制过程中出现错误,或受后天环境影响发生突变,也可能增加个体患病概率。而了解这些基因信息,有助于人类更好地应对疾病和健康风险。在基因诊断的基础上,医疗机构可以清楚地了解到病人的基因突变,通过修复基因或者导入正常基因等技术,达到精准治疗的目的。

(二)基因诊疗的发展现状

早在 1985 年,美国科学家就率先提出了人类基因组计划,旨在解开人体内约 2.5 万个基因的密码并绘制出人类基因图谱。1990 年此计划正式启动,在多国科学家的跨学科参与下,已于 2005 年完成了测序工作,并为包括基因诊疗在内的延伸领域提供了数据基础和跨国合作基础。随后各国也纷纷发起基因组计划,其中以 2015 年美国投入 2.15 亿美元启动的"精准医疗计划"最为著名。

我国相关部门对待精准医疗和基因检测的态度,也从审慎控制逐渐过渡到积极鼓励。2014 年 2 月,针对技术尚未成熟却被夸大宣传的国内市场,国家食药监总局与国家卫生计生委联合发文叫停部分基因检测服务,对良莠不齐、价格混乱的行业环境进行规范。时隔两年,科技部于 2016 年 3 月出台"精准医学研究"重点专项申报指南,对未来 5 年精准医疗示范体系的建设与推广做出了详细的落地指导和规划,再次刺激基因诊疗这一新兴行业在国内的发展。

(三)基因诊疗的应用前景

在过去十多年里,基因诊疗技术已经取得了飞速发展,成本呈现出了摩尔定律般的下降趋势。基因检测技术从低通量的目标序列,以及单核苷酸多态性位点检测技术、基因芯片技术等,发展到了以 Illumina、华大基因(Complete Genomics)为代表的第二代高通量测序。成本也已经从人类基因组项目 30 亿元成本的天价,下降到了不到 1 万元。基因检测技术已经达到了可以进行广泛商业化运用的阶段。

1. 基因检测已经显著改变了人类的医疗服务

基因检测在单基因病的防治领域已经取得了重大突破,很多先天性遗传疾病可以通过早期的基因检测得到筛查,避免了很多悲剧。比较有代表性的就是无创产前基因检测,通过基因检测降低了不愿意抽羊水、有流产风险的孕妇的风险,可以更好、更安全地筛查唐氏综合征。

此外,检查基因位点缺陷,更早发现可能出现的疾病问题,也是基因检测带来的重大改进。例如,某些儿童的基因片段存在明显缺陷,对特殊的药物会产生较大的副作用,因此,每年在儿童身上都会发生大量的药物性致残事件。如果用基因检测的方法提早筛查,则可以避免大量的悲剧。

现在,基因已经不再神秘,也不再是一堆无意义的符号,随着科技的进步,这些生命的密码将被逐渐解密,每个个体的风险会得到更好的理解和预防。

2. 基因检测已经达到了商业化水平

在过去十多年里,基因检测的成本出现了大幅度下降。相关测序设备不断升级换代,测序科技准确率也在大幅提升,基因与健康之间的联系在不断被验证。

近年来,中国的基因检测行业蓬勃发展,但其中的问题也很多,如基因检测报告很难解读,绝大多数不能用于临床诊断,科学性依据不明确,没有相对应的流行病学的文献,没有统一的权威机构监督和相关报告的质量鉴定。除了早期新生儿筛查等少数项目拿到了国家相关部门的审批,大部分基因检测都无法用于临床诊断。

(四)基因诊疗所面临的挑战

1. 技术与人才难关需时间突破

从技术层面看基因诊疗,基因组数据是底层基础。由于国内普通消费者或患者对基因检测这一新技术的接受程度并不高,加上数据库尚不完整,因此获取大样本基因数据是每一个基因检测服务企业面临的首要问题,这也将成为影响基因检测技术应用的重要因素。中层技术主要在于分析能力。据 Ebiotrade(生物通)调查,69% 的被调查人员认为数据的分析解读是影响基因检测产业发展最大的瓶颈。即使有了基于精确疾病分类的基因组数据,要对数据进行精准挖掘也同样受制于病理学的发展,很多病理方面的工作将直接影响肿瘤的精准诊断和治疗。基因诊疗技术还包括"诊"后的"疗",但是现在的靶向治疗等临床应用对检测后的干预有限,且价格居高。所以,数据库缺乏、分析能力不足、基因治疗尚不完善三方面因素成为技术上制约基因诊疗进一步发展的直接原因。

2. 市场鱼龙混杂,价格参差不齐

从目前来看,基因检测行业中的创业公司前期开发成本高,从投入到转化比例较低,烧钱快,淘汰率也很高,缺乏核心知识产权的技术产品,让基因检测的成本高居不下。同时,创业公司既要在产品销售上和医院、体检机构、保险公司等不同机构合作,又要取得个人消费者的信任,科研工作的超前临床化也导致市场局部过热。相比之下,大公司(尤其是掌握大部分利润的设备供应商)在市场中站得更稳。

3. 伦理与社会问题仍待解决

医生临床发现,有些患者会根据基因检测盲目放弃现有的明确有效的治疗,而转向未经严格检测的治疗方法。目前接受检测的人群普遍面临很大的心理风险,检测结果乐观固然皆大欢喜,而一旦发现自己有高风险罹患某种疾病,因为涉及父母的基因信息,就会在一定程度上影响生育决定。是否和家庭成员分享,如何在余生面对癌症阴影,都成为检测结果带来的心理问题。

从社会学的角度来看,基因检测也会带来基因歧视、人类遗传资源保护、生物安全等问题。在技术商业化的未来,基因隐私也将成为关键问题。如果基因信息像现在的身份信息一样被打着"大数据"旗号的机构滥用或倒卖,那基因携带者要面临的将不只是歧视。

二、基因诊疗在保险行业的应用

(一)基因诊疗助力保险行业发展

基因检测技术是人类科技发展史上又一个里程碑,它显著地改变了人类对生命、医学、健康的认知。通过基因检测了解自己的基因信息后,人类可以更好地预知自己的"内因"风险,将管理健康的主动权抓在手里。

保险将进入一个从被动管理到主动管理的历史新阶段。传统的重大疾病保险都是在客户存活的最后时刻给予客户相关的赔偿,但重大疾病保险的本质是希望能够给予客户更好的健康管理,保险公司将继续前进,把理赔的服务前移到健康管理,在这个过程中,基因检测的结果具有重要的指导性意义,对于早期的防病控病具有重要的价值。

基因检测技术的进步对于人身健康而言,可谓意义重大。通过基因检测方法不仅可以检测到个体是否携带某种致病基因,进而使得个体调整好自身生活习惯,减少得病的概率,而且通过基因检测发现很多基因的作用进而为制药乃至延长寿命起到积极的作用。基因检测技术应用于保险市场,对保险业尤其是人身保险业的冲击是巨大的。

1. 基因检测技术将影响人身保险经营的数理基础

人身保险业经营的数理基础是"大数定律",即通过对大量被保险人进行承保,总结这种大量不确定性中的分类情况,进而通过保险精算确定相应的保费和确定赔款的比例。在没有引入基因检测技术的情况下,保险公司依据这一法则进行经营。但是当基因检测技术被引入且技术成熟后,很多疾病本来的不确定性都可以通过基因检测技术变成确定性。在这种情况下,保险公司经营的数理基础就被完全打破,保险公司不会选择去经营确定性的风险。因为这样会使得保险公司处于非常不利的地步。这样发展的最终结果将是保险公司退出人身保险市场,这对于社会大众来说将是极为不利的,他们将因此而缺少一种分散风险的有效工具。

2. 基因检测技术将改变人身保险业经营的格局

基因检测技术的发展将使得人类的很多尚未解决的疾病得到全新的解决办法,很多影响人寿命的重大疾病比如癌症将被攻克;通过研究长寿人群的基因也可以发现很多人长寿的秘密,进而发现延长寿命的方法。这样普通人群的寿命整体上将得到提高,这对于年金类的保险产品比如养老保险而言,可谓是影响极大的。保险公司开发年金类的保险产品时对人的平均预期寿命是经过大量的数据精算得来的。在基因检测技术发展得很完善后,人类的寿命将会极大地延长,这将使得年金类保险产品精算基础中的预期平均寿命低于实际平均寿命。对于保险公司而言,因为被保险人的寿命延长了,其可以领取更多的保险金,这样保险公司的赔付就会超过预期的数额,这对于保险公司来说将是巨大的风险。

3. 方便保险公司进行风险分级

当前保险公司尤其是人身保险公司,其保险产品的保费设计都是依据现有的数据进行保险精算而得来,其统计的基础并不或者说并不能精确地进行风险的分类,而是将高风险得病人群与低风险得病人群整合在一起进行保险精算进而设计出保费。而一旦保险精算过程可以加入基因检测信息,根据基因信息保险公司就可以将参保人群按照高、中、低三级风险类别进行准确分类。然后保险公司根据高、中、低三级风险对应确定高、中、低三级保费,这对于保险公司可谓意义巨大,因为通过基因检测这一手段最终使得人身保险公司的赔付率可以显著下降,保险公司进而可以赚取利润。

在基因信息不被作为风险分类因素的情形下,保险公司由于识别不了基因缺陷者的高风险性,基因缺陷者就会和基因正常者被归入同一危险共同体之内,被收取和基因正常者相同的保费,进而引发逆向选择现象。而在基因信息被作为风险分类因素的情形下,保险人对风险的识别能力就可以得到提高,进而可以将高风险者和一般风险者分别归入不同的危险共同体之内,避免造成高风险者与一般风险者混同。即核保过程中基因信息的使用可以帮助保险公司更准确地预测和估定被保险人的风险,因而能够促进保险人发展出一套更加科学精确和经济高效的风险分类体系。

专栏 7-6

拉里(Larry)是血色素沉着症的基因携带者。该疾病的患者会失去从血液中运输铁元素的能力,若不接受治疗,血液中铁元素的含量就会逐渐升高,最终导致器官损害。但是,若在器官损害的症状出现之前确诊,就有一种简单高效和低成本的治疗方法以避免未来一切症状的发生。拉里谨慎地遵守着其治疗方案,没有产生任何相关症状,但在投保人寿保险时,他先后遭到了三家保险公司拒保。三家公司的拒保理由均为无症状的基因状况(asymptomatic genetic condition)代表了一种既存的疾病情形(pre-existing medical condition),因而拉里没有资格投保人寿保险。

资料来源:根据网络资料整理。

4. 助力保险公司降低成本

随着基因治疗技术不断进步以及逐渐应用于临床,人们以往认为不可治愈的遗传病、癌症、心血管疾病等,通过将正常基因移入缺陷基因中,修复甚至替代缺陷基因,最终达到可以治愈的效果。如 1990 年 9 月 14 日,美国马里兰州贝塞斯达市卫生研究所医疗中心所进行的世界首例基因疗法。美国医学家安德森等人将修改了基因的白细胞注入患有重症联合免疫缺陷病(SCID)的 4 岁小女孩静脉中。小女孩由于此病自身不能产生腺苷脱氨酶,对外界疾病的免疫力极为低下。经过 10 个月陆续 7 次这样的基因治疗,小女孩最终极大地改善了其对外界疾病的抵抗能力,过上了正常儿童的生活。因此可以看出,基因治疗技术的应用在一定程度上起到了延寿作用,也就对寿险定价的死亡率假设产生了相应的影响。以死亡为给付条件的寿险产品以及一些养老金产品受影响较大,预期寿命的延长标志着寿险公司产品的保险金给付期限的相应延长,保险公司的成本会有所减低,盈利能力因此会得到提升。

5. 提高核保能力

商业保险运作的基本原理在于,保险公司依据被保险人风险程度不同而将其区分为不同的群体,并分别向其收取不同的保险费,以使得保费与被保险人的风险水平相对应。该过程即为风险分类,其具体是指保险人根据性别、种族、行为、基因测试结果等可见特征对保险单的价格或内容进行厘定和设计的行为。风险分类既有助于降低保险人的运营成本,又可以减少保险交易中信息不对称导致的逆向选择问题,从而提高保险交易效率。保险公司在核保时将被保险人的基因信息作为核保基础。当保险公司从被保险人的基因信息中读取到被保险人有较高的患病风险时,往往会拒绝承保或者以较高费率承保。

专栏 7-7

特丽萨(Theresa)是一位 30 多岁的健康女性,她的父亲进行了亨廷顿舞蹈症(一种致命的晚发性疾病)的基因检测,检测结果表明其是亨廷顿舞蹈症的基因携带者。由于生物学上的联系,特丽萨也有 50% 的患病概率。特丽萨在进行常规的医疗检查时,随口向医生提及了其父亲的检测结果,医生在其不知情的情况下将此记录在了病历中。一年后,特丽萨申请投保失能保险。保险公司查阅了其病历后,认为特丽萨有罹患亨廷顿舞蹈症的风险,因而拒保。

资料来源:根据网络资料整理。

(二)基因诊疗在保险行业的应用

近年来,基因检测与保险的联系越来越密切。在 2013 年之前,基因检测还是高不可攀、昂贵而又神秘的新科技,只有少数寿险公司对其超高端的客户会提供基因检测服务,动辄几十万元的检测成本,只有富豪们有机会选择。

随着基因检测成本大幅度下降,2014 年,以中国人寿、平安人寿为代表的少部分寿险公司开始尝试赠送局部项目的基因检测,如乳腺癌、卵巢癌等。基因检测开始以寿险附加权益的形式出现,其昂贵的成本仍然只能在寿险中得到消化。

2016 年初,美国保险公司 United Health Care 宣布将与专业测序公司 Paradigm 合作,将"肿瘤基因"检测纳入保险中。2017 年 3 月,美国寿险公司 GWG Life 宣布致力于将一项利用表观遗传学特征预测人们寿命的技术应用到保险产品的设计中。

近年来广受关注的来自肿瘤的 DNA 技术,通过检测肿瘤患者血液中游离的 ctDNA（circulating tumor DNA）含量去监测肿瘤发生的情况,在纳斯达克上市的一家专供精准医疗的公司 Trovagene 已经就这项技术与保险公司达成合作协议,共同开发新的产品。

与此同时,国内也不断传出保险公司与生物产业相关公司合作的消息,如华大基因与众安保险合作的"知因保"（专栏 7-8）等。随着基因检测成本的下降,基因科技已逐渐渗透并打入应用端,在此背景下基因与保险结合、基因技术在保险领域应用的世纪已经到来,保险在引入基因科技后将实现更加精准的风险识别及更加高效的风险管理。

专栏 7-8
众安保险的"知因保"

专栏 7-9
泰康健康关爱特定疾病保险

三、基因诊疗在保险应用的挑战

保险行业正在面临前所未有的挑战和机会。如何运用基因检测科技,提高保险的行业价值,更好地造福于客户,是目前保险公司热切关注的重点之一。尽管基因检测有助于提高投保人健康管理的能力,化被动的保险赔付为主动的健康管理。但是,在实际的保险运用中,基因检测技术将可能遇到相关的挑战。

（一）大数定律面临的冲击

保险遵循的是大数定律,其社会共济性充分体现在通过消除个体上的差异,从较高维度评估风险、收集资金,并最终用于部分人群。然而,基因检测打开了个体化的大门,在未来十年里,新的挑战将接踵而至。基因检测让每个人更充分地了解自己的风险,人们可以更好地选择自己的保障利益,而忽略对自己风险较低的项目。这就带来了更强的风险逆向选择。从另外一个角度来看,保险公司为了维护自己的商业利益,在接受客户投保时,也会逐步要求客户提供基因检测结果,这种先天的基因歧视,在世界各地也充满了争议。但无论争议如何,结果非常明确。传统的对于未知风险的理解、定价方式,都将发生显著的变化。

(二)基因信息参与保险定价和健康管理尚缺少依据

基因检查结果是否可以对个体进行健康管理提供指导尚不明确。目前,只有在部分单基因病和少数与基因缺陷高度相关的疾病上,基因检测具备了一定的临床意义,对于大部分的慢性疾病、癌症等而言,基因检查对于治疗意义不大。同样,在保险定价中使用基因检测结果没有明确的科学依据。尤其在中国,流行病学缺少长期的数据积累和研究,因此,患者由基因导致的特定疾病概率尚无标准数据,样本数量也不够。

现在许多保险公司推行"购买保险送基因检测",但如果其目的是收集基因信息用于定价,这在成本上是无法持续的。即使获得了客户的基因信息,保险公司还必须得到客户长期的健康信息,这项工作注定是单一商业保险公司无法实现的。如果没有更权威、更公益的官方组织出面操作,在相当长一段时间内,基因检测结果很难被用于保险行业的定价中。

(三)来自伦理和隐私的挑战

基因隐私权是不可回避的话题。在没有客户授权的前提下,为了保障客户的隐私,保险公司绝对不能使用投保人的基因检测数据。可能的解决方法是保险公司可以在产品中规定,对于特定类型产品或当保额达到一定数额时,客户应当主动授权。基因歧视是另一个无法避免的伦理问题。在一个个体化风险信息充分透明的新时代,没有绝对公平的大数定律。对于已有客户,如发现基因风险,保险公司应该主动放弃涨价的权利,而对于基因风险较低的人群,保险公司应该降低费用。

(四)保险监管的新命题

目前,中国银行保险监督管理委员会尚未对基因检测与保险的结合作出任何官方的规定,但推进基因检测在保险行业的运用,需要引起监管部门的重视。政府一方面应该避免商业机构对客户隐私的非法采集和泄露,另一方面也应该建立一个具有公信力的机构,以更好地整理客户的健康数据。目前中国已经在深圳设立了国家级基因库,随着基因数据和医疗数据不断完善,人类有可能找到更多健康与基因的相关关系,这将是非常宝贵的资源。保险行业应该更早地参与这个项目。

另外,立法保护客户的隐私迫在眉睫,以防基因检测结果被商业保险公司滥用。通过区块链等加密技术,可以建立起完善的信息保护机制。客户的基因检测结果不能被用于保险产品的定价,当客户主动提供基因检测结果时,保险公司可以针对其个体进行个性化定制。保险公司也应该逐步转变盈利模式,从传统的死差、费差、息差的盈利模式,走向更多健康管理的商业模式,这需要相关部门修订相关法律法规,引导保险公司转型与创新,同时保障消费者的合法权益。

第四节　其他技术在保险中的应用

一、无人机 + 保险

(一)无人机技术基本概念、基本结构与技术

无人驾驶航空器俗称无人机、无人航空器,广义上指不需要驾驶员登机驾驶的各式遥控

或自主智能航空器,它是利用无线电遥控设备和自备的程序控制装备操纵的不载人飞机。无人机包括四部分,即地面系统、飞机飞行系统、任务载荷以及使用保障人员(见表 7-3)。

表 7-3　无人机基本结构与技术

系统构成	具体内容
地面系统	包括地面辅助设备、起飞／着陆系统、遥控监测地面部分、地面监控分系统等。核心是地面监控分系统,其全面监视、控制和指挥其他了系统工作,给操作员提供无人机信息,并根据操作员的命令安排子系统完成预定任务
飞机飞行系统	包括导航、飞行控制系统、推进(发动机技术)、起飞／着陆系统机载部分、遥感遥测系统机载部分等。核心是飞行控制系统(飞行控制技术),它是协调、管理和控制无人机各子系统的综合控制器,也是实现无人机飞行管理与控制的核心
任务载荷	根据执行任务的需要装载的设备,包括雷达、传感器、摄像机、货物及武器设备等
使用保障人员	无人机系统不可缺少的组成部分,传感器操作人员

无人机系统运用了多种技术,包括与飞行硬件相关的技术和与信息通信控制相关的技术,且信息通信与控制技术相对成熟,发动机、飞行控制和有效载荷是无人机技术突破的重点、难点。无人机避障系统和自动驾驶仪技术是无人机的核心技术,其中避障系统的结构层次、现期主流结构和未来发展趋势如表 7-4 所示。

表 7-4　无人机技术主流结构与发展趋势

结构层次	现期主流结构	未来发展趋势
感知系统	超声波探测	近期雷达＋摄像头成为主流
	双目视觉	
	激光雷达导航	远期多传感器融合
大范围导航系统	单目＋结构光	高精度地图
	全球卫星定位系统为主	

自动驾驶仪是用来稳定与控制飞机角运动和重心运动的一种飞行自动控制系统,可以与其他导航设备配合完成规定的飞行任务。无人机自动驾驶仪将操控过程中调整舵机到改变飞行姿态的过程纳入自动处理过程,操控者只需给出大致指令而无须太过关注飞行中的具体操作。对飞行操作的简化使人们对无人机的关注点从如何实现飞行控制转变为无人机任务载荷。这意味着作为一个自动飞行功能平台,无人机通过搭载不同的任务载荷,可以实现对多种应用场景的覆盖,这大大提高了无人机的实用性和应用潜力。在军事、工业、农业等相关领域,无人机技术都大有用武之地。

（二）无人机技术在保险中的应用

无人机运用于保险查勘方面,可极大地减少人工成本和时间成本,并且减少由人工查勘带来的人身风险和误差。农业查勘方面,主要通过无人机遥感技术来进行受灾面积核查。无人机实现了空中拍摄和地面工作的实时联动,达到了精准、快速和高效的查勘定损要求。无人机在此领域的运用也离不开其他技术的支持,尤其是数据处理和大数据分析技术。这些技术的使用使无人机拍摄的照片能够被快速提取和分析,得出保险理赔中需要用到的数据和金额,并分辨数据真伪,连接了保险标的和查勘、理赔人员。

在房屋受损查勘方面,无人机的使用也会带来极大的方便。① 大大提高了检查效率,同时确保了查勘人员的安全。使用无人机以后,查勘人员无须爬高下低,也无须以身犯险,只需通过控制无人机来进行图像采集,并分析得出结论。② 提高检查的准确度与全面性。首先,无人机可以多角度观测建筑物,从而更全面地测量建筑物的受损程度;其次,无人机可以利用一些技术进行更复杂的检查,如通过热成像传感检查漏水情况,通过激光测量设备检查洪水季节建筑物的排水情况;最后,通过无人机采集的信息可以构建一个高效的数据库,简化风险建模与损失评估流程。

无人机的用途不仅体现在灾后查勘中,还体现在灾前预防阶段。例如,在能够预测的极端天气真正出现之前,无人机可以针对重点客户进行现场查勘,检验风险管理的薄弱环节,发挥风险管理人的作用,做好防灾防损工作,进而降低保险人自身的灾后赔付风险。

专栏 7-10

无人机在农业保险中的应用案例

(三) 无人机技术在保险中应用的机遇与挑战

无人机未来有两种可能的发展路线。第一种是加大无人机的体型,并且换用更大型的电池,这可以提高无人机的承重,主要方向是军用与工业级无人机。第二种是缩小无人机的体型,使其更为小巧,成为消费级无人机。大型无人机需要优异的载重能力及较长的续航能力,小型无人机的重点则是便携。未来,无人机可形成一个完整的数据采集网络,后端可连接大数据分析平台,进而与未来人工智能产生联系。

无人机技术未来的改进也将给保险业带来更多的机遇。目前在保险查勘方面,无人机对运行条件也有一定的要求。例如,冬季低温条件下,锂电池的化学物质活性将会显著降低,其内阻增大导致放电能力降低,无人机可能会关机,无法维持飞行。另外,由于无人机的操作复杂,对于无人机操控人员来说,也有着极大的挑战。而当无人机储能系统与易用性问题得到解决以后,无人机将会得到更广泛的应用。无人机不仅能适应更广泛的环境,并且可以长时高效地运行,极大简化灾后查勘工作。另外,解决易用性问题以后也会降低对操控人员的要求,使查勘工作变得更加简单。

无人机自身存在的安全性问题也会给无人机责任保险带来一定的机遇。尤其当无人机的应用变得更加广泛后,不仅会涉及财产损失与人身伤害风险,还将涉及信息安全这一重要风险。无人机与互联网、人工智能的联系也会极大拓宽无人机保险的范围,为保险行业带来机遇。

二、遥感技术+保险

(一)遥感技术的基本概念

遥感(remote sensing)是指运用现代光学、电子学探测仪器,不与目标物相接触,从远距离把目标物的电磁波特性记录下来,通过分析、解译揭示出目标物本身的特征、性质及其变化规律。遥感是 20 世纪 60 年代发展起来的一门对地观测综合性技术。自 20 世纪 80 年代以来,遥感技术得到了长足的发展,其应用也日趋广泛。随着遥感技术的不断进步和遥感技术应用的不断深入,未来的遥感技术将在我国国民经济建设中发挥越来越重要的作用。

通过大量的实践,人类发现地球上每一个物体都在不停地吸收、发射和反射信息和能量,其中有一种人类已经认识到的形式——电磁波,并且发现不同物体的电磁波特性是不同的。遥感就是根据这个原理来探测地表物体对电磁波的反射和其发射的电磁波,从而提取这些物体的信息,完成远距离识别物体。

由于遥感在地表资源环境监测、农作物估产、灾害监测、全球变化等许多方面具有显而易见的优势,它正处于飞速发展中。更理想的平台、更先进的传感器和影像处理技术正在不断地被开发出来,促进遥感技术在更广泛的领域发挥更大的作用。

(二)遥感技术在保险中的应用

遥感技术在诸多领域中有着日益广泛的应用,其中农业是遥感技术应用中最重要和最广泛的领域之一。航空遥感自 20 世纪 20 年代转入民用,便投入农业土地调查中。到了 20 世纪 60 年代我国遥感技术融入了多光谱原理后,便可依据土壤和植物的光谱特性,形成可以进行判读的遥感图像解译标志。目前,我国在农业的产量估计、农业资源调查及农业灾害评估方面开展了大量的应用。

农作物在不同时期具有不同的光谱特性,遥感技术利用这些特性通过传感器获得地标信息,来作为判断农作物的类型、长势的数据,在农作物收获之前,通过分析遥感数据信息进行农作物估产。农作物估产主要体现在对农作物类型的识别、农作物面积、农作物长势及预报产量等多个方面,这些在遥感技术中都能达到估产效果。

保险公司可以在农作物前期长势遥感监测的基础上,结合当地气象数据和农作物地面长势样点的调查结果与评价数据,利用农作物单产遥感估算模型进行产量估算。

专栏 7-11

为农业保险装上"千里眼":安华农险以遥感科技推进农险服务转型

(三)遥感技术在保险中应用的挑战

遥感技术经过半个世纪的快速发展,在众多领域的应用已经进入新的阶段。在保险业中,尽管遥感技术有着巨大的应用潜力,但从遥感技术在保险业的实际应用看,遥感技术在气象指数保险中商业化探索的步伐在加快,但在基于索赔的传统商业保险中并没有得到显著应用。从我国和保险市场发达国家的行业应用看,使用遥感技术的保险多为有政府补贴的作物保险、森林火灾保险、洪水保险等项目,而完全市场化的商业保险鲜有采用遥感技术。

1. 避免反道德风险核查

遥感技术在传统保险中一个主要应用是核查道德风险,防止危险程度增加或反保险欺诈。商业保险公司不愿意广泛宣传遥感的核查功效,避免被核查当事人发展免侦测的办法。由于保险合同签订和执行是透明的,商业保险公司未公开核查资料会违反保险合同。此外,在个别理赔案件中,遥感核查道德风险会在法庭诉讼中公开,若广泛使用遥感技术核查骗保行为,则会加剧商业保险公司与客户之间的争端。

2. 传统业务增值效果不明显

在基于索赔的传统保险业务中,遥感技术的应用主要体现在自动化行业的业务流程,如在农业保险中利用遥感数据"按图承保"和"按图理赔"。遥感技术的应用并没有减少保险的业务流程,而只是通过业务模式的升级使原有的流程自动化了。就遥感技术在保险业的应用看,基于索赔的传统商业保险使保险经营的承保和理赔更加智能化,但并未消除原有流程。而遥感指数和其他指数类保险所做的工作正是消除传统农业保险的部分流程,公正的指数可以使保险公司避免处理和核实索赔以及欺诈,降低道德风险和逆向选择造成的成本。

3. 缺乏财政政策支持

遥感技术在保险业的应用前景在很大程度上取决于保险产品财政支持的可持续性。从现有使用遥感的保险产品看,该类保险产品都严重依赖政府财政资助或国际组织的捐助。如我国的政策性农业保险和美国的牧场保险项目,都得到大比例的政府财政支持;在非洲等国家开展的基于指数的牲畜保险项目得到了世界银行等国际组织的支持。在这两种情况下,受政府等组织的支持,保险费都保持在较低水平,如果没有这种财政支持,在农业保险市场中的遥感技术应用可能会减少或消失。

4. 技术因素的限制

尽管遥感应用在基于指数保险中的前景良好,但由于遥感应用技术因素的限制,我们也能预见到一些挑战。首先是数据的连续性。保险业需要依赖稳定的数据流,目前的低分辨率卫星图像系统不能保证持续地提供数据,这会限制一些基于遥感指数保险的发展。其次是数据质量带来的挑战。由于地球观测传感器的高海拔和低曝光时间的影响,从卫星传感器获得的(原始)测量值通常是有噪声的。光学遥感系统中的噪声主要来源于未检测到的(亚像素)云和恶劣的大气条件(如雾霾)。这进一步降低了使用的大扫描带传感器的信噪比。因此,卫星观测往往缺乏统计稳定性,无法将数据转换成可用的概率信息。如果在实践中发现非平稳差异,则表明这些度量对于建模(和定价保险费率)是高度不稳定的。再次是问题涉及所使用的地球观测数据的空间分辨率。基于索赔的保险获取高空间分辨率数据,以正确地评估损害。而对指数保险,空间分辨率的依赖性就不那么明显了。如果气象因素影响在中尺度或更大范围内发生,更精细的空间分辨率不一定会带来额外的信息。最后也是最大的挑战是遥感指数保险是否有效限制基差风险。遥感获取的指数值及其相关收益与实际收益指标之间的潜在不匹配被称为基差风险。基差风险由空间、时间和设计基差风险三部分组成,时空设计参数的选择和优化是遥感指数研究的一个重要领域,也是影响遥感指数保险未来发展的关键所在。

本 章 小 结

1. 物联网是一个通过信息技术将各种物体与网络相连,以帮助人们获取所需物体相关信息的巨大网络。

2. 智能物联网,指系统通过各种信息传感器实时采集各类信息(一般是在监控、互动、连接情境下的),在终端设备、边缘域或云中心通过机器学习对数据进行智能化分析,包括定位、比对、预测、调度等。

3. 物联网正在改变保险价值链,从事后的经济补偿转向事前的主动防御。

4. 第五代移动通信技术(5G)是最新一代蜂窝移动通信技术,5G催生各行业不断进行数字化革新:ICT、媒体、金融、保险在数字化发展曲线中已经独占鳌头,零售、汽车、油气化工、健康、矿业、农业等也在加速其进程。

5. 基因检测是从染色体结构、DNA序列、DNA变异位点或基因表现程度,提供受检者与医疗研究人员评估一些与基因遗传有关的疾病、体质或个人特质的依据,也是精准医学分析的一种方法。

6. 基因检测技术从低通量的目标序列,以及单核苷酸多态性位点检测技术、基因芯片技术等,发展到了第二代高通量测序。

7. 基因诊疗是指为了有针对性地预防和解决遗传疾病,通过基因的采集和实验室分析,结合目前人类对基因组的认识和分子遗传学数据,对普通遗传病或家族遗传病做出诊断。

8. 基因与保险结合、基因技术在保险领域应用的世纪已经到来,保险在引入基因科技后将实现更加精准的风险识别及更加高效的风险管理。

9. 无人驾驶航空器俗称无人机、无人航空器,广义上指不需要驾驶员登机驾驶的各式遥控或自主智能航空器,它是利用无线电遥控设备和自备的程序控制装备操纵的不载人飞机。无人机包括四部分,即地面系统、飞机飞行系统、任务载荷以及使用保障人员。

10. 无人机运用于保险查勘方面,可极大地减少人工成本和时间成本,并且减少由人工查勘带来的人身风险和误差。

11. 遥感是指运用现代光学、电子学探测仪器,不与目标物相接触,从远距离把目标物的电磁波特性记录下来,通过分析、解译揭示出目标物本身的特征、性质及其变化规律。

12. 遥感技术利用其优势在很多领域都起到了非常重要的作用,农业是遥感技术应用中最重要和最广泛的领域之一。

关 键 概 念

物联网　感知和标识技术　智能物联网　穿戴式智能设备　车联网　5G　网络功能虚拟化
移动边缘计算　网络切片　基因检测　基因治疗　基因诊疗　无人机

即 测 即 评

简 答 题

1. 简述物联网的体系结构。

2. 简述物联网在保险领域的应用价值及实践。

3. 简述 5G 的主要技术特征。

4. 简述 5G 技术在保险领域的应用及发展趋势。

5. 简述基因诊疗的发展状况及挑战。

6. 简述基因诊疗在保险领域的应用。

7. 简述无人机技术在保险领域的应用和挑战。

8. 简述遥感技术在保险领域的应用和挑战。

参 考 文 献

［1］雷敏.物联网安全实践［M］.北京:北京邮电大学出版社,2017.

［2］艾瑞咨询.2020 年中国智能物联网（AIoT）白皮书［R/OL］,2020.

［3］中国信息通信研究院.“5G＋金融”应用发展白皮书(2019 年)［R/OL］,2019.

［4］清华大学五道口金融学院中国保险与养老金研究中心.金融科技发展视角:构建保险科技创新新生态 2020［R/OL］,2020.

第八章
保险科技公司

主要内容

本章首先讨论保险科技公司的概念和主要类型,保险科技公司的资本来源与组织结构;其次讨论国内和国外的保险科技公司商业模式。

学习目标

掌握保险科技公司的概念,清楚保险科技公司的主要类型,了解保险科技公司的资本来源和组织结构,国内外保险科技公司的商业模式。

引导案例

阿里如何雄心勃勃布局保险圈

作为在保险领域布局最深、涉及范围最全面的互联网巨头,阿里巴巴集团(简称阿里)的步伐从未停止过。从 2013 年成立中国第一家互联网保险公司——众安保险,到参股信美人寿、国泰产险,再到拿到保险代理牌照,阿里要全方位地在保险业打下基础。

一、众安保险

众安保险作为"三马"共同成立的互联网保险公司,几年来大幅增长的业绩和其几乎纯线上的经营模式一直吸引着人们的关注。

一是核心业务。与传统保险公司不同的是,众安保险以"生态"为切入点,分别从"生活消费生态""消费金融生态""健康生态""汽车生态""航旅生态"五个方面提供风险保障解决方案。例如,生活消费生态中,众安保险通过成熟的电商平台,以"迭代 + 微创新"不断发现并解决用户痛点,推出包括退货运费险在内的一系列电子商务保险,比如卖家缴纳保证金时的"保证金保险"等;航旅生态中,众安保险针对旅行中可能产生的各种风险,比如旅行意外险、航班延误险及航班取消险等,与携程等主要互联网旅游代理公司、航空公司及线下旅游代理公司合作,提供因人而异的保障服务,全面提升用户体验。

二是特色业务。除核心业务外,众安保险还推出一系列特色保险,比如结合"基因身份证"推出的儿童防走失保险"童安保",基于目前社会中银行卡盗刷情况严重而推出的"银行卡盗刷险",针对电信诈骗案件高发而推出的"电信诈骗资金损失险",与小米公司联合推出的手机意外(如屏幕破裂、被暴雨淋湿及不慎坐坏等)保障保险,等等。这些特色业务大多数在核心业务生态圈的基础上,结合生活中更为具体的场景,进行个性化"保险定制"服务。

三是发展定位。众安保险定位于"透过联结生态系统及应用尖端技术重新定义保险",在未来几年的发展中,将开发创新产品和提供新的解决方案作为重点,更加注重场景的运用,不断扩充基于场景的产品组合,目标是使保险产品更多地融入客户的日常生活中。同时,众安保险也在向寿险进军,申请寿险牌照以期能够提供寿险产品。

二、信美人寿

继众安保险后,阿里旗下的蚂蚁金服、天弘基金与其他发起会员一道发起设立信美人寿相互保险社,拿下阿里系的第二张保险牌照。

一是核心业务。信美人寿聚焦于养老、健康发展需求,产品策略集中于年金、重疾、定寿及意外等保障类产品,借助模式创新和蚂蚁金服提供的云计算、人工智能、大数据、金融级分布式交易架构及移动应用平台五大技术支持,努力推动保险回归"保障"的本质,力争成为"普惠金融"的新样本。

二是相互保险。相较于传统保险业来说,相互保险不以盈利为目的,而以满足会员风险保障需求为根本的相互保险目前在中国的发展前景相当广阔。相互保险的设立门槛低、比较容易进入,更容易实现保险从发展滞后、有痛点的保险品种切入,从联系密切的群体入手、从互联网互助平台发力。

三是发展定位。作为国内第一家相互制的寿险公司,信美人寿从中国保险业"寿险保障严重不足"的最大痛点切入;同时作为有着强烈阿里色彩的公司,信美的发展又与互联网密切关联——信美人寿是第一家使用蚂蚁金服区块链技术的保险企业,其核心系统也架构在阿里金融云之上,而拥有强大的数据优势、场景优势和技术优势的阿里,将其填补10万亿元保障缺口的保险热情转化为对信美发展的支持,蚂蚁金服提供的"上云"这项服务就可以节省80%的技术成本。

三、国泰产险

国泰产险于2008年8月在上海成立,是中国大陆首家台资财产保险公司。

2016年7月,阿里通过蚂蚁金服成为其战略投资人,国泰产险成为阿里布局保险业的第三枚棋子。

一是业务结构。据国泰产险官网显示,公司主要经营范围包括责任保险、车险、财险及运输险等;随着阿里的加入,国泰产险成立了互联网事业部,大力拓展互联网业务,积极探索互联网技术在保险中的应用,尤其是对场景化、碎片化的保险需求进行探索,开发出如"账户安全险""商家保证险""聚划算参聚险"等系列互联网保险产品。

二是发展方向。在蚂蚁金服控股之前,国泰产险无论是在知名度还是在市场规模上,都不能算是一家大公司,经营范围包括家财险、企业财险等十余个财险险种。阿里控股后,其旗下互联网平台可以销售的险种就大大增加,这对阿里的保险业布局来说是一种实质性的进展。

四、保险代理

阿里系保险布局目前最新的一步,是2017年7月蚂蚁金服控股的杭州保进保险代理有限公司获得保监会许可开展保险代理业务。这意味着蚂蚁金服在间接拥有互联网保险牌照和相互保险牌照后,再获保险代理牌照,阿里系已经取得合法的保险中介资质。

综上所述,阿里的目标是打造一个全方位的保险布局,全面进军保险业。在努力争取保险牌照的同时,阿里系保险公司都拥有浓厚的互联网色彩,运用大数据、云计算等科学技术,使用场景化的生态圈支撑,推出碎片化小额便民保险等,展示新一代互联网保险发展的前景和方向。

资料来源:许闲.保险科技创新运用与商业模式[M].北京:中国金融出版社,2018.

第一节 保险科技公司概述

保险科技公司通过使用现代科学技术手段,实现保险经营流程的优化和服务质量的提升。伴随着保险科技的进步,保险科技公司也在不断地升级,从最初的线上销售到如今众多的专业化保险科技企业,技术发挥着重要的推动作用。

一、保险科技公司的基本概念

保险科技公司的内涵和外延尚无确切的界定。本书将其定义为:保险科技公司是指运用科技手段赋能保险价值链环节的公司,保险公司的价值链环节包括产品设计、承保、理赔、再保险和资产管理等。

保险科技公司的概念在业界有两种认定标准:一类是指支持保险公司的科技企业;另一类是指运用科技手段的保险公司。两种定义强调公司的属性,科技企业或是保险企业。然而,纵观保险科技市场上的主体,既有专业的互联网保险公司又有为保险行业提供服务的科技公司;它们通过运用科技手段,优化保险公司的业务、产品和运营等各个环节的经营能力,从而改善消费者体验、提高经营效率。因此,本书将保险科技公司定义为运用科技手段赋能保险价值链环节的公司。

保险科技公司包括:互联网保险公司、综合销售平台、场景定制、网络互助平台、经纪人展业工具、理赔管理、企业雇员保险、智能投保、保单管理等保险科技服务商类别的公司。保险科技公司不局限于通过互联网销售保险,而是通过科技创新渗透到保险行业的每个业务环节,从底层逻辑重塑保险生态价值链。

二、保险科技公司的类型

按照企业属性,保险科技公司可以分为两类;按业务内容,保险科技公司可以分为四类。

(一) 基于企业属性的保险科技公司分类

按照企业属性不同,保险科技公司可以分为互联网保险公司和提供保险科技服务的专业公司。

1. 互联网保险公司

根据原保监会发布的《互联网业务监管暂行办法》,互联网保险业务是指保险机构依托互联网和移动通信等技术,通过自营网络平台、第三方网络平台等订立保险合同、提供保险服务的业务。其中保险机构是指经保险监督管理批准设立,并依法登记注册的保险公司和保险专业中介机构;自营网络平台,是指保险机构依法设立的网络平台;第三方网络平台,是指除自营网络平台外,在互联网保险业务活动中,为保险消费者和保险机构提供技术支持辅助服务的网络平台。

互联网保险公司[①]指持有保险公司牌照、保险业务完全通过互联网渠道开展或以线上业务为主的保险公司。在经营模式上,互联网保险公司具有以下两大特点。第一,销售渠道以线上为主。与传统保险公司主要依靠代理人和中介渠道不同,互联网保险公司的业务主要通过自营网站、移动端和第三方互联网平台等渠道开展。第二,除销售渠道的改变外,互联网保险公司还对产品设计、定价及承销、营销和分销、索赔结算等各个环节进行科技创新。我国现有四家专业互联网保险公司,分别是众安在线财产保险有限公司、泰康在线财产保险股份有限公司、易安财产保险股份有限公司、安心财产保险股份有限公司。

2. 专业保险科技服务公司

专业保险科技服务公司是指主要为保险行业提供专业的科技服务的公司。专业科技公司的出现是保险科技市场成熟的标志,通过精细化分工,为保险经营的各个环节进行科技赋能,包括产品设计及定价、产品营销、承保核保和理赔服务等环节。

(二) 基于业务内容保险科技公司的分类

1. 以产品及渠道为主营业务的公司

这是初创公司最集中的领域。主要关注直销以及保险产品的个性化,提升保险客户的用户体验。

2. 定位业务流程提升的公司

这类公司占据保险科技行业约五分之一的市场份额,专注于提供外包的保险技术服务以及技术驱动产品,包括数字化营销、承保、结算、理赔以及员工福利相关服务。

3. 注重数据分析服务的公司

这类公司专注于分析开源数据以及外部数据,或者为数据驱动的决策过程提供协助。包括可以量化风险的数据挖掘和建模公司,以及提供自动化机器学习技术的公司。

4. 聚焦理赔管理领域的科创公司

这类公司专注于理赔管理流程的流畅化、自动化。通过使用 AI 及其学习技术提供理赔管理软件及移动应用,在理赔流程中进行数据抓取、自动化分析,也可以提供远程侦查技术以协助理赔。

第二节 保险科技公司的资本来源与组织结构

保险科技公司具有多样化的资本来源,公司组织结构设计没有固定的模式。它通过使用软件和现代科技提供保险产品以及保险相关的服务。

---

① 清华大学五道口金融学院中国保险与养老金研究中心.全球保险科技报告[R/OL],2018.

一、保险科技公司的资本来源

保险公司属于经营风险的特殊主体,而保险科技公司就更具有高风险的属性。从融资的角度来看,互联网保险公司获取资金相对较容易,而初创保险科技公司获取资金则困难得多。创业公司主要面临两大类风险。一类风险是与产品、技术或市场相关的商业风险。例如,若产品的质量、属性或交付偏好不符合标准,产品就可能出现问题。在保险科技企业中的表现就是保险产品与服务不能符合消费者需求而失去市场份额。另一类风险是创业公司的财务风险。企业获得资金的方式以及企业的成本结构都会影响创业公司所面临的风险。

在市场竞争中,这两类风险改变着整个市场、行业和平台。因此,科技创业公司创造价值的机会在极为快速地涌现,但同时也面临着风险与挑战,这也导致保险科技公司的资本来源有其特点。

（一）创业资金来源

资金来源按照融资主体可以分为内部资金来源和外部资金来源。相应地,融资可以分为内源融资和外源融资两种。内源融资是将融资主体内部的资金转化为投资的过程;外源融资是指吸收融资主体外部的资金。具体而言,初创保险科技公司创业资金的获取一般有以下几个途径。

1. 自有资金

自有资金主要是创业者自身的储蓄,公司发起人以自有资金作为创业基金。

2. 股权融资

股权融资是指创业者或者中小公司让出公司的一部分股权以获取投资者的资金,让投资者占有股权,成为股东,是投融资双方利益共享、风险共担的融资方式。对于不具备银行融资和资本市场融资的中小公司,这种融资方式不仅便捷,而且可操作性较强,是创业者和中小公司的现实融资渠道。

3. 债权融资

债权融资是指创业者或中小公司采用向银行等金融机构借款或者民间借贷的形式进行融资,在借贷期满后当事人必须偿还本金并支付利息。向金融机构贷款需要具备抵押、信用、质押担保等某一条件,民间借贷更多的是依靠信用和第三方担保。由于初创公司具有规模小、实力弱、有形抵押物不足、市场前景不确定、专业信息不对称等问题,银行贷款获取比较困难,创业公司往往倾向于向亲友借款的民间借贷方式。

4. 天使投资

天使投资是权益资本投资的一种形式,指具有一定净财富的人士,对具有巨大发展潜力的高风险的初创企业进行早期的直接投资,属于自发而又分散的民间投资方式。进行这些投资的人士被称为“投资天使”。用于投资的资本被称为“天使资本”。天使投资是风险投资的一种,但与大多数风险投资投向成长期、上市阶段的项目不同,天使投资主要投向构思独特的发明创造计划、创新个人及种子期公司。

5. 风险投资

风险投资（Venture Capital,VC),指向初创企业提供资金支持并取得该公司股份的一种融资方式。风险投资是私人股权投资的一种形式。风险投资公司为一专业的投资公司,由一群具有科技及财务相关知识与经验的人组合而成,经由直接投资获取投资公司股权的方式,提供资金给需要资金者(被投资公司)。风险投资公司的资金大多用于投资新创事业或是未上市企业,并不以经营被投资公司为目的,仅是提供资金及专业上的知识与经验,以协助被投资公司获取更大的利润为目的。风险投资一般采取风险投资基金的方式运作。风险投资基金在法律结构方面一般采取有限合伙的形式,而风险投资公司则作为普通合伙人管理该基金的投资运作,并获得相应报酬。

此外,在我国还可以求助于政策性贷款。政策性贷款是指政府部门为了支持某一群体创业而出台的小额贷款政策,同时也包括支持中小公司发展而建立的许多基金,比如中小公司发展基金、创业基金等。这些政策性贷款的特点是利息低,微利行业政策贴息甚至免利息,偿还的期限长甚至不用偿还。但是要获得这些基金必须符合一定的政策条件。

初创保险科技公司获得资本市场资金支持是实现长远发展的基础条件,获得资本认可是一个长期且漫长的过程,在这段征程上,企业需要认真做好产品或服务,努力提高自己的研发创新能力、技术方案、商业模式实现能力等。

(二)公司成长周期与融资方式的选择

公司所处的生命周期阶段与融资结构的选择是一种互为影响的关系,企业在生命周期的不同阶段表现出来的某些特征和融资需求会决定融资方式的选择,而融资方式的选择也会对企业生命周期阶段的存续时间产生作用。根据生命周期理论,产业链在不同的时期具有不同的特征,如表8-1所示。

表8-1　行业生命周期及主要特征

行业生命周期	初创期	成长期	成熟期	衰退期
市场需求	狭小	快速成长	缓慢增长或停滞	缩小
竞争者	少数	数目增加	许多对手	数目减少
顾客	创新顾客	市场大众	市场大众	延迟的买者
现金流量	负	适度	高	低
风险与收益	高风险、低收益	高风险、高收益	低风险、收益下降	高风险、低收益

1. 初创期

这一时期市场增长率较高,需求增长较快,技术变动较大,产业中的公司主要致力于开辟新客户、占领市场。但此时技术上有很大的不确定性,在产品、市场、服务等策略上有很大的余地,对产业特点、产业竞争状况、用户特点等方面的信息掌握不多,公司进入壁垒较低。

2. 成长期

这一时期的市场增长率很高,需求高速增长,技术渐趋定型,产业特点、产业竞争状况及用户特点已经比较明朗,公司进入壁垒提高,产品品种及竞争者数量增多。

3. 成熟期

这一时期的市场增长率不高,需求增长率不高,技术已经趋于成熟,产业特点、产业竞争状况以及用户特点非常清楚和稳定,买方市场形成,产业盈利能力下降,新产品的开发较为困难,产业进入壁垒很高。

4. 衰退期

这一时期的市场增长率下降,需求下降,产品品种及竞争者数目减少。

针对不同的生命周期,公司应选择不同的融资方式。在初创期,公司技术成熟度低、市场不确定性因素多、短期偿债能力差,公司可供选择的融资渠道主要是风险投资、私募股权基金、天使投资人和创业板上市等风险偏好型股权融资模式。在成长期,公司技术相对成熟、市场风险相对较低、产业化生产逐步实现,相对应的融资渠道有商业银行贷款、债券融资等低成本的债权融资模式;公司可以新发行股票上市或被其他投资人收购。

二、保险科技公司的组织结构

公司组织结构是指公司决策行政体系以及各部门分工协作体系。合理的组织结构能够最大限度地释放公司能量,使组织更好地发挥协同效应,达成不同阶段的公司目标。

(一) 组织结构类型

公司组织设计没有固定模式,根据公司生产技术特点及内外部条件而有所不同。常见的组织结构包括集权、分权、扁平式以及矩阵式等。

1. 集权结构

传统的公司组织结构多为集权结构,也称金字塔形结构,其优点是:结构严谨、命令统一、分工明确、便于监控等。但过多的管理层级会影响信息从基层传递到高层的速度,而且信息在多层级的传递过程中容易失真,并使得计划的控制工作复杂化。

2. 分权结构

公司总部下设不同独立的经营单位,每一单位绩效自负并对公司负责,每一单位具有自身的管理层。分权化组织的业务虽然是独立的,但公司行政管理却是集权化的。分权化组织的优点是可以减轻高级管理层的决策负担,保证高级管理者能够集中精力于公司方向与目标。分权结构虽然具有一定的优点,但需要雇员高度自律。

分权结构的一种典型形式是事业部制。事业部制适用于规模庞大、品种繁多、技术复杂的大型公司。公司按地区或按产品类别分成若干个事业部。事业部单独核算,独立经营,自负盈亏;公司总部只保留人事决策、预算控制和监督大权,并通过利润等指标对事业部进行控制。国际商业机器公司(IBM)就可以看作该领域中一个典型的分权化组织案例。

3. 矩阵式

矩阵式也称目标—规划制。公司从垂直领导系统的各单位中抽调有关人员,组成为完成特定规划任务(如开发新技术、新工艺、新产品)的项目小组。成员一般都要接受双重领导,即在专业业务方面接受原单位和部门的垂直领导,而在执行具体规划任务方面接受规划任务负责人的领导。

矩阵结构机动、灵活,可随项目的开发与结束进行组织或解散,非常适合于横向协作和攻关项目。缺点是:项目负责人的责任大于权力,项目组成员易产生临时观念与短期行为,对工作有一定的影响。

4. 扁平式结构

扁平式结构与金字塔形结构相对。扁平式结构是在公司组织规模已定的情况下,通过增大管理幅度而减少管理层次的组织结构形态。

扁平化可以加快信息传递速度,使决策更快、更有效率;由于扁平化,管理人员减少,使公司成本更低;同样由于扁平化,公司的分权得到贯彻实施,每个中层管理者都有更大的自主权可以进行更好的决策。扁平化的缺点是中层管理人员稳定性不足。

(二) 典型保险科技公司的组织结构

保险科技公司的组织结构与一般的公司组织结构相类似,也具有上述几种不同的类型,不过保险科技公司的组织结构需要较大的弹性。相比而言,在机制上,保险科技公司的结构更加扁平化,决策机制更灵活,在用工、内部项目孵化、人员晋升等方面灵活性更好,对创新项目失败容忍度、接受度更高。

强调管理效率是扁平化组织管理广泛应用于科技公司中的主要原因。大型科技公司在组织结构中倾向于采用扁平化结构,如苹果、IBM 等,其中的主要原因是:科技公司更需要对市场信息作出快速反应,更倾向于利用计算机和互联网技术,具有较高的人员素质。

专栏 8-1

疯狂的架构:六大著名科技公司组织结构一览图

第三节　保险科技公司的商业模式

目前,我国保险科技行业正处在发展初期,保险科技公司尚未形成准确定位,商业模式正在形成当中。国外保险科技公司的商业模式较我国更完善,我国保险科技公司应当在明确定位的基础上,理顺关系,保护创新,规范发展。

中国保险科技从线上保险销售起步,现阶段已经形成较多元化的商业模式。保险科技公司处在保险产业链的不同位置,面向不同的客户群体,提供不同的产品。商业模式的多元性源自保险行业较长的产业链、丰富的产品种类、与其他行业较强的融合性。

现阶段保险科技的参与主体主要分为持牌保险公司(Insurer)、经纪人展业工具(To A)、场景端和第三方技术公司(To B),以及直接服务用户的各类保险平台(To C),如图 8-1 所示。

从保险产品角度来看,保险科技公司主要集中在健康险和车险领域,其中以健康险公司居多;从服务对象的角度来看,保险科技公司可以分为 To A(代理人)、To B(保险公司或企业)、To C(个人消费者),如图 8-2 所示。

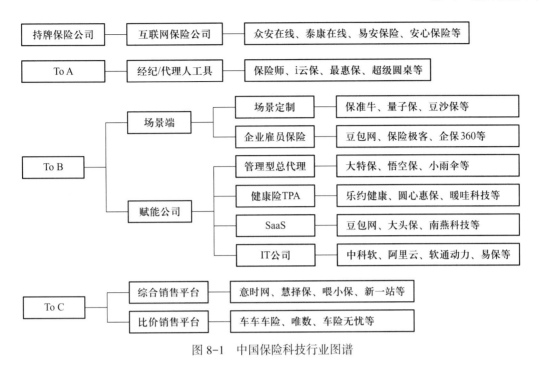

图 8-1 中国保险科技行业图谱

资料来源:根据网络资料整理。

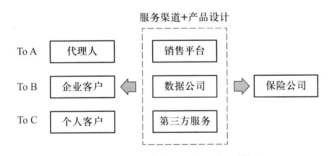

图 8-2 保险科技公司主要商业模式

资料来源:中泰证券研究所。

一、To A 模式

如表 8-2 所示,To A 模式是从代理人的需求出发,为保险代理人提供一站式服务,赋能保险代理人。保险代理人的需求可以分为产品、能力及客户。一是产品。为代理人提供保险产品的销售平台,该平台上游对接保险公司系统,可以实现在线投保功能。保险代理人对产品的需求越来越多样化,产品覆盖人寿保险、财产保险、健康保险、意外伤害保险等,满足代理人为客户提供保险规划的需求。二是能力。赋能代理人主要从两个方面入手:一方面是通过技术手段提升代理人的工作效率,包括展业工具、客户管理系统等;另一方面是提升代理人本身的能力,包括提供学习平台和资讯平台。三是客户。获客是代理人最迫切的需求,目前 To A 平台主要是从营销管理工具上给予支持。

表 8-2　代理人平台提供的产品及服务

产品及服务	主要内容
展业工具	代理人微名片、计划书、海报、邀请函制作工具等
客户管理系统	客户管理、团队管理、销售管理、活动管理工具
学习工具	知名讲师直播或课程录制
咨询平台	行业新闻或保险相关咨询

资料来源：中泰证券研究所、未央网。

To A 平台的盈利模式目前主要以佣金收入为主。一方面通过增加代理人的规模来增加对上游保险公司的议价能力，获取更优的价格。基于平台对保险代理人和客户的需求挖掘，向保险公司定制保险产品，提供差异化的保险产品。另一方面为代理人提供更多的增值服务，扩展非佣金类收入来源。按照不同代理人需求提供差异化服务，支持代理人以团队模式服务客户。

二、To B 模式

To B 公司有两大类。一类是场景端，包括线上和线下的场景，特别是互联网的流量场景和线下某些特定群体的场景，包括退货运费险、航班延误险或者给中小企业提供补充医疗保险与健康管理服务等。

另一类是赋能企业。"B"的内涵丰富，包括保险公司、企业投保客户、保险中介机构、医院、汽车生产企业等保险生态链相关企业。赋能企业的保险科技公司类型包括保险 IT 公司、保险 SaaS 厂商、管理型总代理和健康险 TPA 等。

保险 IT 公司是专注于保险行业的金融 IT 公司，主要为保险行业提供信息化建设及 IT 解决方案。保险行业的 IT 基础设施比较落后，业务流程有较大的优化空间。保险 IT 投入整体呈现上升趋势，行业的集中度较高（中科软、软通动力、易保网络占据市场份额前三名，合计占比超过 50%）。传统的保险 IT 公司的产品是保险业务的核心系统，具体包括产险系统、寿险系统和团险系统。保险核心系统由多个流程和功能模块构成，可支持各种保险产品业务的开展。商业模式以销售软件为主，并提供相应的实施、维护及升级服务。传统的 IT 架构难以满足互联网时代海量、高频、个性化的业务需求，保险公司需要建立更加敏捷的业务系统，能够支持更高效的产品开发及日常运营。

保险 SaaS 厂商主要为中小保险公司及保险中介公司提供轻量化、模块化的技术支持。传统的保险 IT 公司基于原有的保险业务核心系统的基础，推出新型的云平台服务，实现产品服务化输出。部分原本开展业务或保险中介业务的保险科技公司转型为技术服务的平台型公司，基于自身业务经验积累，为同业机构提供业务解决方案。保险 SaaS 的目标客户包括保险公司、保险中介机构、保险顾问和其他服务商。

管理型总代理（Managing General Agent，MGA）是一种专业的保险中介机构，除了销售保险产品外，还可以接受保险公司委托从事市场营销、收取保费、核保、理赔、风险管理、产品开发、精算定价等业务，即所有保险公司的职能都能外包给 MGA。相比其他保险中介，MGA 有更强的自主权和话语权,能更好地满足客户的需求,为保险公司拓展市场。此种模式在欧美是较为常见的商业模式,已有上百年的发展历史,成为保费收入的重要来源。管理型总代理的兴起是保险产业链专业化分工的重要体现,也是我国保险行业未来的发展方向。从保险公司选择管理型总代理的考量因素中能看出保险公司的核心诉求,这也是保险科技公司的市场空间所在。国内目前还没有真正意义上的 MGA,但保险科技公司也承担了保险公司的部分职能,以不同的切入点为保险公司及保险客户提供服务,形成不同的商业模式,主要包括:① 企业团险平台。主要为中小企业和新兴行业的企业提供团险服务。通过搭建企业团险服务平台,可根据企业客户及其员工的需求定制保险,模块化地组合所需要的保障内容,同时为企业客户提供理赔服务。② 保险定制。主要为新兴行业及特定场景设计保险产品,通过深入挖掘需求,开发满足客户需求的产品,并持续为客户提供服务。③ 保险风控及理赔服务。协助保险公司进行理赔的受理及审核,通过大数据分析识别保险欺诈,控制理赔率,降低理赔端的运营成本。

健康险 TPA(third party administrator)是指为健康保险提供第三方服务的公司。第三方服务的内涵丰富,从单据处理等基础性工作到提供健康服务、搭建医疗服务网络、保险产品设计和定价、保险风控管理等综合性服务。健康险 TPA 会承担更多的健康管理、医疗、医药等专业服务,或者成为保险公司及专业服务机构之间的连接器。健康险 TPA 的发展与健康险行业发展同步,甚至可以推动健康险加速发展。早期阶段,TPA 主要为保险公司提供简单的外包服务,主要集中在理赔端的贴票报销和核保。随着健康险行业的发展,TPA 可以为保险公司提供更大的价值,从产业链的下游逐渐向中上游渗透,如医疗服务、产品开发及风控,甚至形成业务闭环。TPA 可以基于自身的资源优势,通过扩大业务规模来提升壁垒。根据成熟市场的经验,TPA 建立的医疗服务网络具有规模效应,行业集中度会逐步提升,在产业链中的议价能力越来越强。

三、To C 模式

保险超市是互联网保险最早的商业模式。保险超市在一个平台上提供各家保险公司的各类产品,并提供比价功能,帮助 C 端用户进行产品的选择。但保险超市模式存在有效性问题,只有意识到保险需求的客户才会被吸引到平台上,但众多的产品种类会让客户难以选择,客户在产品条款的理解上也存在困难,最终导致无法实现客户的有效转化。目前,To C 模式在流量获取和转化率提升方面有了比较大的改善,商业模式主要包括互联网流量平台模式、保险垂直平台模式和健康管理模式。

(一)互联网流量平台

以支付宝和微信为代表的流量巨头,拥有将近 10 亿的用户规模及高用户活跃度,可以低成本地进行流量转化。除了流量优势,头部平台还具有数据优势,针对低风险人群设计高性价比产品,可以降低保险公司的理赔率。流量平台销售的产品主要以标准化产品为主,不同的平台选择少量的保险公司进行合作,推出独家合作保险产品。

(二)保险垂直平台模式

目前主要有两种主要的垂直平台模式。一是众筹/互助模式。众筹模式有社交裂变传播的特征,能够通过社交平台进行快速的传播,触达更多的客户群体,是一种高效的获客方式。此外,众筹是客户教育的有效手段,通过现实的案例提醒客户风险的存在以及保障的重要性,激发客户的保险需求。互助是一种低门槛的获得事前保障的产品形式,同样也是一种客户教育的方式。通过众筹、互助,实现保险客户的获取和转化。二是财商教育模式。财商教育模式的提供方一般被认为是 KOL[1] 型代理人,他们是财商教育内容创造者,具体包括保险知识的普及、保险产品的比较、保险案例的分析等,结合热点事件来引起用户的注意力。以财商教育为切入点,能更精准地获取有保险需求的客户。财商教育的平台越来越多样化,包括社交软件、知识付费平台、短视频直播平台等。

（三）健康管理模式

以健康管理为切入点,精准定位具有良好生活习惯及健康意识的人群,与客户建立较为高频的交互,将保险产品与健康计划相结合,在销售健康险产品的同时,有效进行控费。健康管理模式也适用于带病人群的投保。通过药店、医院等线下渠道以及互联网医院等线上渠道获取目标客户,有针对性地提供特定疾病的保险产品,提高带病人群的保障能力。

专栏 8-2

有代表性的保险科技公司

本 章 小 结

1. 保险科技公司是指运用科技手段赋能保险价值链环节的公司。

2. 保险科技公司不局限于通过互联网销售保险,而是通过科技创新渗透到保险行业的每个业务环节,从底层逻辑重塑保险生态价值链。

3. 保险科技公司可以按照企业属性分为互联网保险公司与专业保险科技公司两类。

4. 互联网保险公司指持有保险公司牌照、保险业务完全通过互联网渠道开展或以线上业务为主的保险公司。

5. 专业保险科技公司的出现是保险科技市场成熟的标志,通过精细化分工,为保险经营的各个环节进行科技赋能,包括产品设计及定价、产品营销、承保核保和理赔服务等环节。

6. 初创保险科技公司创业资金的获取一般有以下几个途径:自有资金、股权融资、债权融资、天使投资、风险投资。

7. 在机制上,保险科技公司的结构更加扁平化,决策机制更灵活,在用工、内部项目孵化、人员晋升等方面灵活性更好,对创新项目失败容忍度、接受度更高。

8. 中国现阶段保险科技的参与主体主要分为持牌保险公司（Insurer）、经纪人展业工具

---

[1] KOL（Key Opinion Leader,关键意见领袖）是营销学上的概念,通常被定义为:拥有更多、更准确的产品信息,且为相关群体所接受或信任,并对该群体的购买行为有较大影响力的人。

(To A)、场景端和第三方技术公司(To B),以及直接服务用户的各类保险平台(To C)。

关 键 概 念

保险科技公司　互联网保险公司　初创保险科技公司　自有资金　创业资金　股权融资　天使投资　风险投资　债权融资　管理型总代理　健康险TPA　保险垂直平台　互联网流量平台　To A模式　To B模式　To C模式

即 测 即 评

简 答 题

1. 什么是保险科技公司?

2. 保险科技公司主要有哪些类型?

3. 简述保险科技公司创业资金的来源。

4. 保险科技公司主要有哪些组织结构?

5. 简单概括全球保险科技公司产业布局情况。

6. 简述保险科技公司的商业模式。你如何评价各种商业模式的潜力?

参 考 文 献

［1］兴业证券.科技驱动保险,承保结构优化［R/OL］,2020.

［2］清华大学五道口金融学院中国保险与养老金研究中心.全球保险科技报告［R/OL］,2018.

［3］国金证券研究所.2020云计算产业链全景扫描:扶云直上［R/OL］,2020.

［4］创业邦研究中心.2018区块链产业发展报告［R/OL］,2018.

［5］光大证券研究所.保险科技,资本逐鹿,风口已至［R/OL］,2020.

［6］许闲.保险科技创新运用与商业模式［M］.北京:中国金融出版社,2018.

第九章
保险科技风险

主 要 内 容

　　本章首先分别介绍网络经济的技术与经济风险及其特征;其次从网络经济的主要风险类型出发,介绍保险科技面临的风险类型及其特征;最后按照保险科技的风险类型,从企业与机构和系统控制两个角度提出保险科技风险控制的方法。

学 习 目 标

　　掌握保险科技的风险类型以及相应的保险科技风险的控制基本方法,了解网络经济的技术与经济风险及其特征。

引 导 案 例

"苍穹之下"的区块链真的安全吗?

　　区块链解决了在不可靠网络上可靠传输信息的难题,由于不依赖于中心节点的认证和管理,因此避免了中心节点被攻击造成的数据泄露和认证失败的风险。然而,在程序的世界里,没有百分之百的安全,区块链网络同样存在安全风险。价值互联网时代,数据就是资产本身,代码的漏洞就是资产的损失。

　　一、智能合约未必安全

　　智能合约是目前区块链技术最常见、最普遍的应用之一。虽然智能合约代表着更安全的技术模型,但智能合约层语言代码漏洞的危害却不易被发现。复杂的编程语言,带来了复杂的系统以及难以预知的风险。举例来说,以太坊的编程语言Solidity与其他语言相比较为复杂,在其智能合约相互调用时,以太坊自身的程序状态或控制程序的功能很可能丢失掉。

　　以太坊各个函数之间的调用和跳转十分复杂,而它的开源特性导致只要出现漏洞,黑客就会利用漏洞进行攻击。

　　二、共识算法存隐忧

　　区块链的信任基础在共识算法。共识算法决定谁有权限更改各节点上的记录,在现有的共识算法中,一种是以比特币为代表的挖矿机制(PoW),另一种则是投票机制(PoS)。PoW 证明机制下,谁的算力大就信任谁。理论上,如果全球排名前列的矿池联合起来,就可以超过50% 的算力对网络进行攻击,把底层账本推翻重来,变相形成对某个区块链的"寡头垄断",甚至操纵整个账本。

而 PoS 机制下,谁的比特币多就信任谁。这也会造成对整个分布式账本的权益垄断。

因此,无论是 PoW 机制还是 PoS 机制,都难以避免区块链走上权力垄断的老路。而这是与区块链设计的初衷——去中心化——背道而驰的。

三、密钥被攻陷的风险

对于区块链来说,底层数据结构就像公共账本,安全性建立在密码学的哈希算法基础上,其核心是私钥。

尽管密码学算法当前很难破解,黑客几乎无法获取到私钥,但只要用户转账一次,黑客就有可能根据转账地址反推私钥密码。未来可能会出现具备这种反推能力的量子计算机,所以这种算法的漏洞理论上是可以被攻破的。

资料来源:根据网络资料整理。

第一节 网络经济的技术与经济风险

回顾本书第二章对保险科技的定义,保险科技是"保险"与"科技"的融合,借助诸如大数据、云计算、物联网、人工智能和区块链等新兴技术以实现对保险业务链条的优化和对传统保险业态的重塑。可见,保险科技的发展离不开新兴技术,而此类新兴技术的发展依赖于网络。网络经济面临着一系列独特的风险,其风险类别和特征对保险科技的发展有重要的影响。因此,本节对保险科技风险的阐释和分类从分析网络经济面临的风险开始。

一、网络经济的技术风险

网络经济的特点是网络。这里的网络是指通过互联网进行信息传输、接收、共享的虚拟平台,通过它把各个点、面、体的信息联系到一起,从而实现这些资源的共享。因此,网络经济的风险首先是指网络技术风险。技术风险指的是因技术漏洞而导致的风险。一般来说,技术风险的风险因素包括网络脆弱性、网络攻击、网络控制等。

(一)网络脆弱性

网络脆弱性指的是网络中任何构成安全隐患的薄弱环节的特性。网络是由计算机主机、通信子网、各种协议和应用软件等组成的复杂系统,在某些情况下,单个网络节点可能是安全的,或者某些单一行为不构成威胁,但在错综复杂的网络连接下,网络脆弱性问题就会凸显。网络脆弱性不单单是网络节点缺陷的反映,也是网络系统整体脆弱程度的度量。

(1)网络硬件、软件风险。主要指网络硬件安全、网络运行安全、传递数据安全等方面的问题。令人担忧的是,当今世界,我国网络使用规模位居全球第一,但由于关键技术落后,很多网络关键设备依靠国外进口,这就带来了一些无法预知的隐患。

(2)病毒、蠕虫和间谍软件等新兴网络安全威胁,移动设备应用的普及进一步加剧了威胁(见专栏 9-1)。移动用户能够从住所或公共场所连接互联网或办公室网络,无意中感染病毒并将其带进单位环境,进而感染网络。虽然大多数机构使用身份验证分配用户网络访问权限,但对验证用户终端设备的安全作用有限。如果缺乏准确方法来评估设备状况,即便是高级别用户也可能在无意间通过受感染的设备或未得到适当保护的设备,将网络中的所有用户暴露在巨大的风险中。

专栏 9-1

不可忽视的移动应用安全威胁

现在人们越来越依赖移动应用,金融行业已经有很多业务向移动应用转移,大家在享受快捷的移动应用的同时,也隐藏了很多让人担忧的信息安全问题。

1. 移动设备更便于内部人员窃取敏感数据。员工除了可以利用具有存储功能的移动设备把企业信息数据拷贝出去外,还可以通过拍照的方式把机密泄露出去。

2. 移动设备内公私数据混用,数据难以得到保护。一台移动设备中,不仅有个人数据还有企业的信息,在没有明确区分移动终端上的个人和企业数据及应用时,个人应用可以随意访问、获取企业数据,同时,企业也会触及个人应用。

3. 移动设备成为病毒攻击企业数据的跳板。在移动互联网越来越深入人心的今天,攻击者已经开始将视线由个人计算机转向了移动设备,同时,由于 Root 权限滥用和新的黑客攻击技术,移动设备成为滋生安全风险的新温床,容易成为黑客入侵渗透企业终端的跳板。

4. 移动设备接入缺乏控制,无关设备接入带走机密。移动设备已经成为日常必备品之一,移动办公中,员工自带的设备或者公司统一配置的设备,都会接入企业终端,那些未经授权的移动设备接入企业终端,容易给企业终端系统带来威胁,窃取公司机密信息。

5. 移动设备丢失/损坏,移动设备被格式化。移动设备的丢失会给企业数据安全带来威胁,尤其是设备上的应用数据和客户数据一旦被非法使用或是被竞争对手拿到,会让企业遭受到巨大的经济损失,而移动设备被格式化,也会让重要数据被损坏,造成无法挽回的损失。

资料来源:何静.不可忽视的移动应用信息安全威胁[J].计算机与网络,2018,44(18):57.

---

(3) 网络运行风险。运行风险体现在人们没有科学的网络操作意识,有高达80%的运行风险是来自不正当的网络操作。正确的网络运行操作能够有效地减少网络病毒和黑客的攻击,能够有效地保证网络数据传输安全。与此同时,还能确保网络信息传输的可靠性,对减少技术风险有着不可取代的作用。

(4) 信息风险。信息风险指的是因为网络信息的虚假性和不准确性等带来的风险。虚假的网络信息成为网络诈骗的必要条件,只有遏制虚假网络信息的传播才能有效地发现诈骗信息并及时处理。

(5) 数据泄露风险。数据泄露风险是指个人或组织数据因数据端口不当而暴露的风险。数据泄露将对个人或组织带来难以估计的损失。伴随着大数据时代的到来,数据泄露的频次、规模与范围也在迅速增长、扩大。数据泄露在为企业带来财产损失、信誉风险的同时,也使个人隐私保护受到严峻挑战。2016 年 12 月,雅虎公司发现 10 亿用户账号被盗,导致收购价格大幅缩水。2018 年年初,脸书因数据泄露大受打击,短短 3 个月时间,股价下跌近 25%,市值蒸发近 1 500 亿美元。2018 年 10 月,脸书又发生了疑似 5 000 万用户数据泄露,并将面临 16 亿美元的巨额罚款。

（二）网络攻击

根据世界经济论坛发布的《2016 年全球风险报告》,当前世界面临的技术风险中,排名最高的就是网络攻击。网络攻击可以各种形式出现,包括简单的侵入、破坏网站、拒绝服务攻击、间谍活动和毁灭数据。网络攻击源自网络技术的开放性。互联网是一个全球开放系统,大多数网络对用户的使用没有技术上的约束,用户可以自由上网、发布和获取各类信息。全球互联网用户如今达 30 亿之巨,网络开放性使得网络面临全球任意一个地方的潜在多方面攻击,或是来自物理传输线路的攻击,或是来自对网络通信协议的攻击,以及对计算机软件、硬件的漏洞实施攻击。

网络攻击可以对国家关键信息基础设施加以破坏或毁灭,造成严重后果。2010 年,"震网"病毒(见专栏 9-2)攻击伊朗核设施,致使伊朗核电站延迟运行。2015 年,波兰航空公司地面操作系统遭遇黑客攻击,致使出现了长达 5 小时的系统瘫痪,至少 10 个班次的航班被迫取消,导致超过 1 400 名旅客滞留机场。[①] 这一系列事件均表明,能源、金融、通信、交通等关键信息基础设施已成为网络攻击的重点目标,关键信息基础设施网络安全面临严峻的形势。

专栏 9-2

"震网"病毒

在行业层面,通信、媒体、高科技、保险行业因网络攻击面临高昂的财务成本。达信-微软 2018 年全球网络风险透视调查结果显示,超过 80% 的通信、媒体和高科技行业受访者预计,每起网络攻击事件给他们带来的成本可能超过 100 万美元。根据希思科保险公司在 2022 年的一项研究表明,在全球范围内,超过一半的被勒索公司支付了赎金,多达 1/6 遭受网络攻击的公司承认"其生存受到威胁"。报告显示,接受采访的西班牙企业中,有 53% 是 2020 年至少一次网络攻击的受害者。对于普通大型企业来说,这些攻击带来的平均成本超过 2 万欧元。但对于一家大型欧洲企业而言,这一成本要高出 10 倍。

（三）网络控制

随着网络使用越来越普及,网络技术的风险也在逐渐向社会生活的方方面面渗透。网络

---

① 　王超.加强关键信息基础设施网络安全保障刻不容缓[J].信息安全与技术,2018(6).

技术创造了虚拟空间,是实现"非接触""不到场"的信息交互方式的具体手段,同时也为远程操控创造了条件。由于网络技术不完备,普通网络用户(网民)只能依靠技术专家的力量抵御黑客、病毒和木马的入侵,而对技术专家的过度依赖又导致了技术专家对网民的控制。由于网络技术合理性的解释权掌握在技术专家手中,因此技术专家的行为处于一种约束真空的状态下。虚拟经济的技术选择模式、商业恶性竞争导致的技术异化以及网络规范和立法缺失导致的技术失控都使网络控制变成了现实。特别是伴随互联网巨头在全球的竞争越来越激烈,市场越来越高度集中,全球寡头垄断的局面有可能出现,由个别或少数几家机构实施全面网络控制的可能性显著上升。

二、网络经济的经济风险

网络经济的经济风险指的是网络经济活动给宏、微观相关主体带来的预期收入遭受损失的可能性。网络经济的经济风险可以从不同角度予以分类研究。

(一) 微观风险与宏观风险

微观风险是存在于个人、家庭与企业的风险。首先是企业风险。企业风险既包括经营一家厂店或从事某一项目所面临的所有风险,也包括在收取资产收益中清单本身的变动。由于强烈的不确定性和正反馈效应,网络经济中的企业在发展过程中面对着更大的风险,有着更大的波折。加上网络经济的快捷性特征,使得产品生命周期和企业生存周期大大缩短。近年来产生的"网络泡沫",使很多企业充分体会到,在网络经济中,生存与死亡、成功与失败,只不过相隔咫尺。网络经济既充满了获取高额收益的机遇,又暗含一着不慎满盘皆输的风险。

个人和家庭也会因网络传播的广泛性、快捷性、信息不对称、网络欺骗等原因而遭受难以挽回的财产、名誉损失。

宏观风险则主要存在于政府,如政府产业政策、财政政策、货币政策、投资政策、汇率政策等政策的调整及变动,都能影响到网络经济的稳定和发展。

(二) 客观风险与主观风险

客观风险是指在网络经济行为过程中由经济主体不可控制的因素所导致的经济风险。它一方面是指由自然原因而引起的非常性破坏事件,如地震、台风、雷电、火灾、水灾等造成的经济损失,另一方面是指各类社会环境因素所造成的风险,如政局不稳、政策变化、社会骚乱、战争以及各类重大事故和盗窃事件等。这些是不以企业、家庭、个人这些行为主体的意志为转移的。

主观风险是指经济主体在其经济行为过程中,由于自身管理经验、决策能力、经营水平等因素所导致的经济损失的可能性。这类风险在网络经济生产、分配、交换、消费各个环节上都有可能发生。

(三) 财政风险与保险风险

财政风险是指网络经济带来的国家税收流失的风险。企业在网上经营,一方面由于传统方式交易数量减少,现行税基受到侵蚀;另一方面由于网络经济是新生事物,税务部门还无法适应,来不及制定相应的对策,造成网络空间中的"税收盲区",从而导致税款流失。同时,电子商务不可避免地引起税收转移,企业可以利用"避税地"进行避税。大量网上交易和贸易无纸化程度的提高,也加大了税务稽查的难度。

保险风险是指网络经济活动对保险稳定带来的潜在威胁。网络经济的实时性、交互性特征以及在此基础上产生的强正反馈效应,使得各类保险业务和客户相互渗入和交叉,不同区域的风险相关性加强,保险风险交叉传染的可能性上升;网上交易量可能出现瞬间剧增,加大了因交易环节中断而导致的支付、清算风险。

第二节　保险科技主要的风险类型

作为网络科技的一部分,保险科技必然带上网络经济的属性,网络经济所有的风险,保险科技同样具有,只不过保险科技的风险更具特殊性而已。重要区别之一是对信息技术的应用,但其本身也是一把"双刃剑",既可以大幅度提高保险效率,但也增加了安全隐患。

一、保险科技的技术风险及其特征

保险科技的技术风险与网络经济的技术风险大同小异,同样面临着网络脆弱性与网络攻击的安全问题。由于保险科技都是线上操作,一旦网络系统因被攻击而瘫痪,后果比较严重。

具体而言,目前保险科技的技术风险主要有以下几个方面:

(1) 计算机系统、认证系统或者保险科技软件存在漏洞。很多保险科技公司的平台软件的基本框架来源于第三方,并且由于本公司的技术能力不足和重视程度不足,原有框架内的原生系统漏洞无法被修复,使得该平台极易受到黑客的攻击,一旦后台数据被黑客破解,将直接造成用户数据的泄露,危及投资人的资金安全。

(2) 不正当授权。冒替交易客户身份,即该平台无法在技术上确认实际操作者是否为账号的保险公司,可能存在攻击者盗用合法账户的信息进行不法保险行为的情况。

(3) 系统设计缺陷导致潜在操作性风险,即保险公司员工在进行业务操作时,系统无法识别其操作所导致的损失。

(4) 数据安全风险。随有数据的爆炸式增长,海量数据集中存储,能够方便数据的分析、处理,但若安全管理不当,易造成信息的泄露、丢失、损坏。互联网和信息技术日益发达,对信息的窃取已不再需要物理地、强制性地侵入系统,因此对大数据的安全管理能力也提出了更高的要求。2005 年 6 月 18 日,美国万事达、维萨和运通三家信用卡公司主要服务商的数据处理中心网络被黑客程序侵入,导致约 4 000 万个账户的信息被黑客截获,使客户资金处于十分危险的状态。2012 年,我国最大的程序员网站 CSDN 的 600 万个个人信息和邮箱密码被黑客公开,引发连锁泄密事件;2013 年,中国人寿 80 万名客户的个人保单信息被泄露。这些事件都凸显出大数据时代,保险科技领域数据管理安全面临着前所未有的挑战。

(5) 系统传染风险。计算机病毒可通过互联网快速扩散与传染。与传统保险有着独立性很强的通信网络不同,保险科技企业处于开放式的网络通信系统中,TCP/IP 自身的安全性面临较大非议,而当前的密钥管理与加密技术也不完善,这就导致保险科技体系很容易遭受计算机病毒以及网络黑客的攻击。一旦某个程序被病毒感染,则整台计算机甚至整个交易互联网都会受到该病毒的威胁。在传统保险业务中,计算机技术风险只会带来局部的影响和损失,而在保险科技业务中,技术风险可能导致整个体系崩溃。

另外,保险科技平台因技术缺陷在某些特殊时刻无法及时应对短时间内突发的大规模交易也会产生不良后果。该风险主要存在于节假日等传统电商打折促销日。由于巨量网上交易集中在一天甚至某个时点,数据量远超日常基准数量,极易出现系统不稳定、服务器故障等问题,发生页面崩溃、下单系统无法打开、支付系统拥堵等情况。

二、保险科技的经济风险

网络经济的经济风险特性在保险科技中的具体表现就是保险科技风险。保险科技除了具有传统保险风险的一般共性之外,还具有自身所特有的风险。保险科技的快捷性和参与的广泛性,会对传统保险的众多流程等造成很大影响,使保险监管受到新的挑战。下面我们首先讨论保险科技的一般风险,继而讨论保险科技的特殊风险问题,最后讨论保险科技风险的特征。

(一)保险科技的一般风险

保险科技是用于提升保险服务效率的应用创新,保险风险的属性与类型并未因保险科技的运用而发生实质性的变化。在保险科技时代,承保风险、市场风险、信用风险、流动性风险、操作风险、战略风险等传统保险风险仍然存在且发生了一些新的变化,保险业务经过复杂程序编码后,各类传统保险风险在信息科技环境下以更加隐蔽与复杂的形式展现。

1. 保险风险方面,多险种承保风险加大

《中国保险业风险评估报告2020》(简称《报告》)指出,第一是健康险业务赔付支出走高。2019年,健康险业务赔付支出2 351亿元,同比增长34.78%,主要由于医疗险和重疾险赔付大幅增长。第二是人口预期寿命延长,长寿风险不断积聚。人口预期寿命的延长将加大长期重疾险和医疗险赔付风险,并增加年金产品负债成本,若在产品设计时未能充分预估,将导致责任准备金计提不足风险。第三是意外伤害险手续费持续处于高位。市场竞争激烈、多数保险公司议价能力有限、借款人意外险手续费变相为借款利息、信息不对称、财务数据失真等原因导致意外险手续费持续处于高位。第四是养殖保险赔付率攀高。受非洲猪瘟疫情等因素影响,2019年生猪养殖保险赔款支出144亿元,简单赔付率127%,赔付率出现阶段性同比大幅攀升。由于非洲猪瘟疫情影响具有延续性,预计2020年养殖险赔付情况仍不容乐观。

2. 市场风险方面,利率风险和权益波动风险隐现

我国经济增速有所放缓,随着利率市场化改革进一步深化,长期来看市场利率中枢大概率震荡下行。同时,“资产荒”现象仍在延续,保险资金中长期配置压力有所加大,再投资风险有所增加。低利率环境下保险公司利差损风险增大。部分公司对利差损风险认识不够充分,需关注这些公司万能险产品带来的“软性”利差损,防范调节机制失灵。

《报告》指出,2019年股票市场回升,多数公司主动加大了股票的配置比例。保险行业投资股票财务收益率和综合收益率均同比大幅上升,但仍有近两成公司投资股票亏损。配置股票比例较高且收益率较低的公司面临较大的权益价格波动风险。2020年,新冠肺炎疫情在世界各国相继爆发,全球资本市场强力震荡,保险资金运用收益的波动与减值压力增加。

3. 信用风险方面,信用违约风险继续扩大

在经济转型、去杠杆和打破刚性兑付的背景下,保险资金运用面临的信用环境严峻。2019年,债券违约继续维持高位,违约存在主体分层明显、违约原因多样化的特点。2020年,信用债偿债压力较大。在信用风险逐步释放的背景下,保险资金配置固定收益类资产面临的信用风险加大,叠加地方政府债务风险攀升,保险公司持仓债券及非标产品的信用风险可能进一步暴露。随着行业内投资非标资产的比例不断提升,部分非标产品也隐含了信用违约风险,信用风险敞口进一步扩大。

近年来,保证保险高速发展,其业务与经济形势密切相关。当前信用违约事件增多,保险公司面临的信用风险显著增长,赔付事件明显增加。其原因:一是受到经济下行影响,个人还款能力下降,影响个人消费类信用保证保险;二是随着网贷监管政策收紧,加快了风险暴露,并将风险传导至保证保险。

4. 操作风险方面,规范经营有待加强

《报告》指出,2019 年,全国保险监管系统累计公布 947 张行政处罚决定书,全年共计罚款 14 117.38 万元,同比下降 41.44%。在严监管之下,行业整体合规意识有所提升,但一些行业顽疾短时间内仍无法有效杜绝。一是车险业务违规频发,监管部门针对车险市场乱象强势出手,全年共对 29 个地区、141 个财产险公司分支机构采取了停止商业险条款和费率的监管措施,涉及 33 家主体;对 87 个财产险机构车险违法违规行为进行行政处罚,罚款 1 735 万元,处理责任人 126 人次。二是人身险产品开发设计和管理存在不足,在产品设计、产品条款表述、产品费率厘定及精算假设、产品材料等方面存在问题,监管部门针对产品专项核查清理、产品备案中发现的主要问题先后进行了 3 次通报,共有 54 家公司被点名。三是健康险投诉及纠纷高发,主要由于产品条款中的保险责任描述、除外责任描述和释义的界定不清,保险公司对健康告知提示不足、询问内容设计欠合理,销售过程中所传递的信息与消费者理解和实际情况有明显区别,互联网渠道购买流程过于简单等问题。

5. 战略风险方面,险企战略转型面临多重挑战

部分财产险公司业务模式单一,高度依赖车险业务,且面临车险市场深化改革、费改后经营模式转变、合规风险加剧等局面,同时面临外部信用风险加大、非车险业务风险管控能力不足、转型发展战略不清晰等问题。人身险公司经营管理和人才队伍尚未经受过复杂经济周期的全面考验,风险管理实践尚不成熟。少数公司依赖过去的粗放发展路径,缺乏改革勇气;部分公司缺乏创新勇气,不愿走出舒适区;部分公司虽积极转型,但在外部竞争和内部经营的双重压力下,战略选择在公司治理、产品战略、渠道建设、竞争力等方面面临多重挑战。

6. 流动风险方面,保险公司长期资产错配仍待改善

保险公司可以将收取的保费(短期资金)转化为长期资金,因此保险公司都会面临不同程度的期限错配,而其中的关键是错配的程度。保险科技也是如此。典型者如互联网理财产品投资资产期限较长,而负债期限很短,一旦负债到期不能按时滚动展期,就可能发生流动性风险。例如,货币市场基金集中、大量提取协议存款,会直接对银行造成流动性冲击。此外,保险机构在遭遇流动性危机时,一般会通过出售资产来回收现金以提高流动性,然而短时间内大规模出售资产会降低资产价格,极端情况下甚至会引发抛售,进而进一步拉低资产价格,形成恶性循环。

(二)保险科技的特殊风险

除上述与传统保险相类似的风险外,保险科技还面临一系列独特风险。

1. 系统风险

保险科技由于其巨大的网络效应,参与个体的广泛性,拥有更加广泛的社会化平台和更

大的负外部性,对风险识别、风险管控、风险事件处理等问题的要求更高。随着保险科技的迅速发展,越来越多的保险产品、保险机构和保险市场之间的业务边界被打破,它们之间的关系不再是简单的数量加总,而是相互之间有机地结合在一起,因此,一旦某一环节产生风险,如果没有必要的风险隔离与保险制度安排,风险很容易传导到其他保险科技业务中,甚至放大到整个保险体系,形成系统性风险。

(1) 保险科技在保险市场的应用,加快了保险业、科技企业和市场基础设施运营企业之间的融合,但也提高了这些机构之间风险的相关性和复杂性,加快了风险的传导速度。同时,也会使保险市场的参与者行为更容易趋同,增强"羊群效应"和系统性风险,进而放大保险市场的波动性。

(2) 保险科技在保险机构中的应用可能会转移部分保险业务,这对传统保险的盈利模式和盈利能力提出了巨大挑战。为提高保险服务的吸引力,保险科技企业采取的降低客户门槛等措施会引入更多的高风险客户,加大风险的发生概率。

(3) 保险科技企业与传统保险机构的紧密结合,以及传统保险机构对保险科技服务提供商的依赖,会使其成为风险扩散传染路径之一。

(4) 传统保险机构受到资本充足率监管的约束和存款保险制度的保障,即便在经济形势下行期,也具有一定程度的抗风险能力。但是,在引入保险科技的保险市场,新成立的互联网保险平台,可能会因为未受传统保险机构的严格资本监管,以及缺乏充分的风险保障机制,在经济下行期的风险抵御能力更弱,此时一家平台的倒闭可能会引发市场连锁反应。

(5) 保险科技企业利用自动化和人工智能来降低运营成本,但缺乏必要的人工检验,不可预期的保险市场风险传染渠道可能会蕴含新的风险,而且,保险科技企业本身已经成长为具有系统重要性的组织。虽然保险科技行业的总体规模小于传统机构投资者所控制的市场份额,但保险科技企业市场规模的迅速膨胀所具有的诱发保险系统性风险的潜力不容小觑。

2. 监管风险

(1) 保险科技的发展突破了传统的区域、市场和产品边界分布的发展趋势,使保险科技风险呈现蛛网特征,风险转化渠道更加便捷、畅通,导致传统金融监管方法失效。当保险技术市场的风险度量方法和经验不足时,保险科技市场的风险比传统市场风险的影响和破坏力更大。

(2) 监管有效覆盖面和监管专业能力有待提升。监管部门专业资源的配置效率及知识结构的更新速度,会影响监管机构识别潜在风险以及监管行为的有效性。

(3) 分散化和保险脱媒让更多资本水平较低或不受监管的科技企业进入保险市场,增加了交易各方之间的风险暴露,加大了风险监控的难度。

(4) 保险科技业务的资质门槛相对较低,增加了整个保险体系的风险偏好,特别是在保险科技法律制度不完善的框架下,这种不确定性会进一步增加,容易出现"监管套利"和"监管空白"。

3. 技术风险

(1) 保险科技建立在互联网通信网络和相关信息技术基础之上,其信息技术风险更加突出。数字加密技术一旦受到不法分子的攻击或破解,短时间内就会造成保险业务及保险数据瘫痪,对经济产生危害。

（2）目前保险科技尚处于发展初期，技术成熟度有待提升，软件设计中可能存在兼容、容错、连接等缺陷，信息网络设施设备、云服务器硬件设施存在数据存取、传输等安全性风险。

（3）随着保险技术与保险业融合程度不断加深，数据资源成为核心竞争力，但更多的数字信息意味着更多的噪声。在借助现有大数据和现有算法建立的信用风险模型的准确性有待检验的情况下，数据一旦发生泄露或丢失，个人隐私及机构或公司的财务安全会受到极大威胁。

4. 操作风险

在保险业务运营、后台网络维护、技术管理等环节的保险科技应用过程中，客户或员工的任何操作失误，都可能导致整个业务系统瘫痪，影响机构的正常运行。一方面，由于保险技术涵盖的业务范围广，个人客户的保险专业知识相对缺乏、对保险科技业务和应用不熟悉，容易在交易中出现操作失误，一旦个人风险事件形成规模就很容易传导到保险市场的其他实体；另一方面，由于公司治理体系不完善、制度执行不到位等原因，会造成风险事件无法及时纠正和处置。同时，软件和系统等信息技术基础设施不完善，系统漏洞、计算机病毒、设备故障等因素也容易导致员工在执业过程中不能严格执行操作规程而造成直接或间接损失的风险。

5. 违约及犯罪风险

随着现代互联网技术的发展，利用电话、网上银行等进行网络保险诈骗案件层出不穷，犯罪手段不断更新，严重危害保险体系和公民的经济安全。产生这种风险的主要原因：一是公众警惕意识淡薄，交易双方存在信息不对称。国内保险科技相关创新产品同质化现象严重，信息披露程度低，消费者在购买互联网保险产品时，由于互联网平台未真实有效地披露风险，投资双方存在信息不对称，导致投资者盲目投资。二是互联网平台数据的真实性和准确性难以保证，如果平台没有对投保人进行足够的信息审查和项目调查，没有监控资金实际使用的能力，就会增加骗保的风险。三是当前我国保险科技相关法律法规较为缺乏，对相关业务的违约及犯罪行为的惩罚、量刑等缺乏明确的细则，这些都给违法犯罪人员实施犯罪行为提供了可乘之机。

三、保险科技的风险特征

（一）风险传播速度更快，处置难度更大

（1）保险科技虽是互联网信息技术在保险领域的应用创新，但并未改变保险业务风险的实质属性，传统风险类型仍存留于相关的保险科技业务中。与此同时，保险科技是一个新事物，发展尚未成熟。在发展过程中，保险科技业务的结构安排和程序编码较为复杂，导致保险科技业务的信息技术潜在风险和操作风险更加突出，风险结构也更加复杂。新旧风险叠加，会使风险的处置难度更大。

（2）保险科技相关业务模式更加注重"网络效应"和"尾部效应"，风险沟通更加复杂、快速和广泛。一旦发生实质性风险，风险的跨区域、跨市场传播速度更快、更复杂。潜在的系统性风险更为突出，而这一特征在经济低迷时更加凸显。

（3）保险科技业务门槛较低，加大了整个市场的竞争及风险偏好，道德风险事件层出不穷，如洗钱、信用卡套利等风险，进一步加剧了风险的处置和控制难度。

（二）风险识别更加困难，复杂性加大

（1）与传统保险市场相比，保险科技应用可能引发的保险风险突破了传统的保险服务边

界,保险风险的爆发原因和风险扩散途径更多,保险风险交叉传染概率和外溢效应也更大,风险识别更加困难。

(2)保险科技在保险市场的应用,使市场主体更加多元化,部分新业务的保密性和隐蔽性提高,过度包装的新保险技术产品不容易被正确识别,增加了系统性保险风险的识别和监管难度。

(3)保险科技使跨境保险服务持续优化,服务模式的虚拟化、参与者的复杂性和业务内容的混合性不断加深,业务关联性持续增强,如何及时有效地识别跨境风险也是迫切需要关注的焦点。

(三)风险具有独特性和不平衡性

从独特性角度看,保险科技信息高度集中,其发展需要海量的数据支撑,对技术的依赖性更高,保险机构获取信息的渠道更多,对数据的保密性要求也更强。一旦数据系统受到外部攻击,如何保证整个数据系统中的数据不被滥用、泄露,是保险机构必须解决的技术难题。从不平衡性角度看,保险科技对科技创新和保险创新的平衡有一定要求,科技和保险创新的不一致会导致监管滞后,加大行业的两极分化,难以实现保险市场效率与公平的平衡和提高。

第三节　保险科技风险控制的基本方法

风险控制是金融的核心。保险科技风险需要控制,目的是降低保险科技风险的经济影响。保险科技风险控制包括保险科技企业与机构的风险控制与宏观风险控制或系统性风险控制两大类型。

一、保险科技企业与机构的风险控制

与保险科技风险类别相对应,保险科技企业与机构的风险控制大致可分为以下几类。

(一)技术风险控制方法

1. 加大投入,提高网络安全系数

这需要从硬件和网络运行两个方面来改进。加大对硬件安全措施的投入,提高计算机系统的防病毒能力和防攻击能力,保证保险科技的硬件环境安全。在网络运行方面,应用分级授权和身份认证登录来访对非法的用户登录进行限制;利用数字证书为交易主体提供安全保障;大力开发数字签名技术、密钥管理技术和互联网加密技术,降低技术选择风险。在人才培养方面,加强人才队伍建设。保险科技风险控制离不开复合型人才。保险科技作为新兴行业,专业风险控制人才缺失是普遍现象,当前我国这方面人才培养滞后,企业需要加大在职培训投入,建设自己的风险控制人才库。必须看到,风险控制是保险科技赖以生存与发展的根本所在。不管是传统金融机构还是保险科技企业,能否掌握风险控制都是能否形成良性保险科技业态的关键。风险控制是保险科技业界最值得投入财力、人力和物力的环节。

2. 创新风险管理技术

保险科技企业与金融机构应当在全球金融行业风险管理要求不断提高、金融服务业对信息系统依赖性持续增强的趋势下,提升专业化的 IT 风险管理能力,创新风险管理技术。内容涉及等级保护、IT 审计、电子银行安全、IT 风险企业内控等多个领域。企业应当基于内外部审计及监管要求建立网络控制评估框架;识别潜在网络风险;实施风险处置计划,持续监控网络风险状况;制订风险处置计划,设计各岗分离的业务流程;运用科技手段全流程控制业务风险,完善各业务条线的风险管理组织机构,通过设立风险管理委员会、风险总监、风险官和风险经理,实现对金融业务风险的多级监控;引入发达风控技术中的信息交叉检验方法,实现企业非财务信息内部、财务信息内部及非财务信息与财务信息间的多重逻辑验证。

（二）经济风险控制方法

1. 加强内控机制建设

保险科技企业经济风险控制的关键在于建立和完善内控机制,对保险科技风险进行事前预警、事中控制、事后弥补与纠正。大致可以从以下几个方面来考虑:

（1）设立专门的风险控制部门。各保险科技企业应该设立专门的风险控制部门,利用大数据挖掘技术或是借助第三方咨询服务等,建立信用评级系统,构建内部风险评估模型,建立保险科技风险预警机制,设置专人专岗进行实时监控和识别。

（2）规范新产品设计。金融产品都是风险和收益的综合体,网络交易的隐蔽性、匿名性增加了保险科技产品的风险。保险科技机构在设计新产品时,应当重点考虑资金的安全性和流动性,谨慎选择投资方向、方式,在产品的收益和风险中找到平衡点,从源头上防范出现集中赎回造成的流动挤兑风险。

（3）建立和完善风险准备金提取制度。根据保险科技机构的规模大小、产品性质、风险承受能力等情况,制定合适的风险准备金数额并足额提取,以充足的拨备和较高的资本金抵御流动性风险。

2. 加强合规性建设

在金融行业监管要求不断提升的大背景下,保险科技企业将要面对诸如内控、安全、外部审计、上级监管单位等多个机构的审计监督。网络合规性建设的目的是提升风险管理能力,降低合规运营成本,保证企业谨守行业适用的法律法规,不踩红线,合规经营。

企业应依据自身实际需要和可能,利用权威专业咨询公司服务,发现企业网络架构、内部制度和外部政策、法规等方面的各项差异,建立统一的符合各方面监管要求的网络运行风险管理体系。主要内容包括:① 网络监管要求识别。明确需参照的符合性标准及要求;整合相关网络标准及要求,形成网络控制要求矩阵;识别需进行沟通协调的内部各部门;制定符合性评审组织;制定网络符合性评估工具。② 差距分析。识别相关资产的控制目标;依据评估矩阵和有效样本对现有风险控制状况进行评审;基于影响度及可能性进行风险评估;识别可接受风险,确定需进行处置的风险级别。③ 在此基础上,针对识别的各项风险,设计一个完整的合规体系,以高效、低成本地满足各方监管要求。

（三）其他风险管理常用技术防范

1. 绘制风险坐标图

风险坐标图是指把风险发生可能性的高低、风险发生后对目标的影响程度,作为两个维度绘制在直角坐标平面上。运用坐标图方法首先需要对风险发生可能性的高低和风险对目标的影响程度进行定性或定量评估,之后再依据评估结果绘制风险坐标图。绘制风险标图的目的在于对多项风险进行直观的比较,从而确定各风险管理的优先顺序和策略。例如,某公司绘制了风险坐标图(见图9-1),并将该图划分为 A、B、C 三个区域。公司决定承担 A 区域中的各项风险,不再增加控制措施;严格控制 B 区域中的各项风险且专门补充制定各项控制措施;确保规避和转移 C 区域中的各项风险且优先安排实施各项防范措施。绘制风险坐标图的优点是简单直观、成本较低、便于比较。

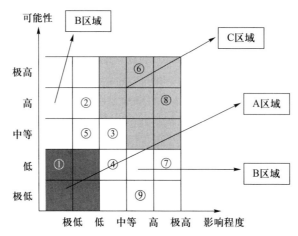

注:图形中带圈数字标注代表区域内企业将承担的风险点。

图 9-1　风险坐标图

2. 蒙特卡罗方法

蒙特卡罗方法是一种随机模拟数学方法。该方法用来分析评估风险发生的可能性、风险的成因、风险造成的损失或带来的机会等变量在未来变化中的概率分布。具体操作步骤如下:

(1) 量化风险。将需要分析评估的风险进行量化,明确其度量单位,得到风险变量,并收集历史相关数据。

(2) 根据对历史数据的分析,借鉴常用建模方法,建立能描述该风险变量在未来变化的概率模型。建立概率模型的方法很多,如差分和微分方程方法、插值和拟合方法等。这些方法大致分为两类:一类是对风险变量之间的关系及其未来的情况作出假设,直接描述该风险变量在未来的分布类型(如正态分布),并确定其分布参数;另一类是对风险变量的变化过程作出假设,描述该风险变量在未来的分布类型。

(3) 计算概率分布初步结果。利用随机数字发生器,将生成的随机数字代人上述概率模型,生成风险变量的概率分布初步结果。

(4) 修正、完善概率模型。通过对生成的概率分布初步结果进行分析,用实验数据验证模型的正确性,并在实践中不断修正和完善模型。

(5) 利用该模型分析、评估风险情况。蒙特卡罗方法的特点是用数学方法在计算机上模拟实际概率过程,然后加以统计处理。这类方法的特点是,可以在随机采样上计算得到近似结果,随着采样的增多,得到的结果是正确结果的概率逐渐加大,但在采样不全时,通常不能保证找到最优解。

3. 关键风险指标管理

一项风险事件发生可能有多种成因,但关键成因往往只有几种。关键风险指标管理是对引起风险事件发生的关键成因指标进行管理的方法。具体操作步骤如下：

（1）分析风险成因，从中找出关键成因。

（2）将关键成因量化，确定其度量，分析确定导致风险事件发生（或极有可能发生）时该成因的具体数值。

（3）以该具体数值为基础，以发出风险预警信息为目的，加上或减去一定数值后形成新的数值，该数值即为关键风险指标。

（4）建立风险预警系统，即当关键成因数值达到关键风险指标时，发出风险预警信息。

（5）制定出现风险预警信息时应采取的风险控制措施。

（6）跟踪监测关键成因数值的变化，一旦出现预警，即实施风险控制措施。

该方法既可以管理单项风险的多个关键成因指标，也可以管理影响企业主要目标的多个主要风险。使用该方法，要求风险关键成因分析准确，且易量化、易统计、易跟踪监测。

4. 压力测试

压力测试是指在极端情景下，分析评估风险管理模型或内控流程的有效性，发现问题，制定改进措施的方法，目的是防止出现重大损失事件。具体操作步骤如下：

（1）针对某一风险管理模型或内控流程，假设可能会发生哪些极端情景。极端情景是指在非正常情况下，发生概率很小，而一旦发生，后果十分严重的事情。假设极端情景时，不仅要考虑本企业或与本企业类似的其他企业出现过的历史教训，还要考虑历史上不曾出现，但将来可能会出现的事情。

（2）评估极端情景发生时，该风险管理模型或内控流程是否有效，并分析对目标可能造成的损失。

（3）制定相应措施，进一步修改和完善风险管理模型或内控流程。

以信用风险管理为例。假如一个企业已有一个信用很好的交易伙伴，该交易伙伴除发生极端情景，一般不会违约。因此，在日常交易中，该企业只需"常规的风险管理策略和内控流程"即可。采用压力测试方法时，是假设该交易伙伴将来发生极端情景（如企业发生重大生命财产事故等），被迫违约，对该企业造成重大损失。而该企业"常规的风险管理策略和内控流程"在极端情景下不能有效防止重大损失事件。为此，该企业采取了购买保险或相应衍生产品、开发多个交易伙伴等措施。

二、保险科技的系统性风险控制

保险科技的系统性风险控制是指国家宏观经济与技术管理部门对保险科技可能引发的系统性风险控制。同样包括技术风险控制与经济风险控制两大内容。

（一）技术风险控制

技术风险控制的目的是国家通过信息基础设施建设与监管来预防保险科技的整体技术风险，确保保险科技在宏观层面的网络安全。

保险科技的技术基础是网络，中国已是名副其实的网络大国，但离网络强国的目标仍有差距，在自主创新方面还相对落后，面临的网络安全方面的任务和挑战日益复杂。信息工程师专业网 2018 年 11 月 13 日披露，95% 与互联网相连的网络管理中心都遭受过境内外黑客的攻击或侵入，其中银行、金融和证券机构更是黑客攻击的重点。

因此,作为网络大国,我国应进一步加强对关键信息基础设施安全保护的高度重视,加快构建关键信息基础设施安全保障体系,提升网络安全态势感知能力。一是全面构建国家关键信息基础设施网络安全防护体系。建立协调联动、相互配合、资源共享的网络安全防护机制,制定国家网络安全防护策略,明确各方网络安全防护职责。推进国家关键信息基础设施网络安全风险评估、监测预警、应急处置、灾难恢复工作,加强技术手段建设,提升抵御攻击的防护能力。二是建立关键信息基础设施仿真环境和攻防测试、安全验证平台,加强关键信息基础设施漏洞、后门的防范和检测能力。三是大力提升网络安全技术水平。加大网络核心技术研发投入,积极有序地推进关键信息技术产品和设备技术水平,加强创新能力。只有建立起完全自主、安全可控、坚固可靠的国家网络安全体系,把信息安全掌握在自己手中,才能确保国家网络安全和信息安全,才能实现保险科技系统风险防范。

（二）经济风险控制

1. 防火墙建设

对于保险科技引起的金融混业经营应当建立必要的风险隔离与保险制度。对于投资者和消费者而言,资金安全是否能够得到保障,是其首要关心的问题。对于保险科技来说,安全是行业可持续发展的生命线。而要守护这条生命线,以科学合理的监管建立起牢固的"防火墙"至关重要。构筑这道保险科技的"防火墙"需要政府、行业深度探讨,针对保险科技的新业态,制定科学合理的监管方案,建立可靠的覆盖全行业的风险防控体系。

2. 保险消费权益保护

加强金融消费者权益保护是防范保险科技系统风险的关键环节。有关部门除了及时修订专门的消费金融权益保护法律法规,严格执法力度之外,还应当紧紧围绕提高消费者金融素养,持续开展金融消费者教育,不断拓宽投诉渠道和增强纠纷调解处理能力,加大重点领域金融消费监管力度,着力保障金融消费者的消费安全权利,对金融机构金融消费权益保护工作进行整体评估,引导金融机构改进和完善自身工作薄弱环节。

3. 信用体系建设

社会信用体系的建设可从建立电子商务身份认证体系、个人和企业信用评估体系着手,避免信息不对称造成的选择性风险。国务院发布的《社会信用体系建设规划纲要(2014—2020年)》,提出了政务信息公开、农村信用体系建设、小微企业信用体系建设三个专项工程,具有很强的针对性和现实意义。其中直接与保险科技相关的是后两条,主要是针对"三农"领域和小微企业的融资难问题。农户和小微企业的可抵押资产比较少,凭借自身信用进行融资是一条可行的办法。但要开展信用融资,就必须有信用记录,让金融机构充分掌握信用信息,识别信用风险并且进行合理定价。这些都需要有健全的信用体系作为基础。

4. 法制体系建设

加强保险科技风险法制体系建设包括加大立法力度、完善现行法规、制定网络公平交易规则。加紧关于计算机犯罪、电子商务安全性和电子交易等方面的立法建设。明确电子凭证和数字签名的有效性,对各交易主体的权利义务进行明确的解析;对现行的不适合保险科技的法律法规进行完善,适时调整量刑尺度;对交易主体的责任、保护消费者个人信息、保持电子交易凭证、识别数字签名等作出详细的规定,保证能够有序开展保险科技业务。

5. 完善保险科技监管体系

在此方面,应对市场准入管理进行加强并完善监管体制。确定准入条件并对保险科技创新加大扶持力度;保险科技对分业监管模式提出挑战,故应协调混业和分业监管模式,实行综合监管。利用新的技术手段,增加科技监管维度,并注意及时协调可能出现的国际司法管辖权问题。此外,国家宏观经济管理部门还应加强产业政策、财政政策、货币政策、投资政策、汇率政策等政策调整对保险科技活动的影响研判,对保险科技可能出现的风险提前预警,备好预案,以防调整过激产生系统风险。

本 章 小 结

1. 网络技术风险指的是因技术漏洞而导致的风险。技术风险的构成因素包括网络攻击、网络病毒感染、技术漏洞等。

2. 网络脆弱性指的是网络中任何构成安全隐患的薄弱环节的特性。网络脆弱性不单单是网络节点缺陷的反映,也是网络系统整体脆弱程度的度量。

3. 网络攻击可以各种形式出现,包括简单的侵入、破坏网站、拒绝服务攻击、间谍活动和毁灭数据。

4. 网络经济的经济风险指的是网络经济活动给宏、微观相关主体带来的预期收入遭受损失的可能性。

5. 保险科技除了具有传统金融风险的一般共性之外,还具有自身所特有的风险。

6. 保险科技风险控制包括保险科技企业或机构的风险控制与宏观风险控制或系统性风险控制两大类型。

7. 保险科技风险控制的方法主要包括技术风险控制、经济风险控制与其他风险控制方法几种类型。

关 键 概 念

网络脆弱性　网络攻击　网络控制　信用风险

即 测 即 评

简 答 题

1. 什么是网络经济的技术风险? 主要有哪些类型?

2. 什么是网络脆弱性? 体现在哪些方面?

3. 什么是网络攻击? 其危害何在?

4. 网络控制是如何产生的?

5. 网络经济的经济风险可分成哪几种类型? 请分别说明。

6. 简单介绍保险科技的技术风险。

7. 保险科技的特殊风险有哪几种？请分别说明。

8. 简述保险科技的风险特征。

9. 保险科技企业与机构的风险控制有哪些主要内容？试分别述之。

参 考 文 献

［1］王小群,丁丽,李佳,等.2017年我国互联网网络安全态势综述［J］.保密科学技术,2018(5):6-13.

［2］刘阳.美国科技公司预测2017年网络安全威胁态势［J］.保密科学技术,2017(3):51-52.

［3］胡芳,彭琛,陈小红.健康中国战略下保险科技赋能商业健康保险发展研究［J］.西南金融,2021(6):73-84.

［4］完颜瑞云,锁凌燕.保险科技对保险业的影响研究［J］.保险研究,2019(10):35-46.

［5］黄益平,黄卓.中国的数字金融发展:现在与未来［J］.经济学,2018,17(4):1489-1502.

［6］单鹏.保险科技的应用与监管［J］.中国金融,2018(2):66-67.

［7］李文红,蒋则沈.金融科技(FinTech)发展与监管:一个监管者的视角［J］.金融监管研究,2017(3):1-13.

［8］于斌,陈晓华.金融科技概论［M］.北京:人民邮电出版社,2017.

［9］管同伟.金融科技概论［M］.北京:中国金融出版社,2019.

［10］顾晓敏,梁力军,孙璐.金融科技概论［M］.上海:立信会计出版社,2019.

第十章
保险科技监管

主要内容

　　本章首先讨论保险科技监管的概念；其次，介绍保险科技监管的基本类型和支撑体系，讨论保险科技监管与创新的关系；最后介绍保险科技监管的国内外发展概况与未来发展趋势。

学习目标

　　明晰保险科技监管的基本概念，了解保险科技监管的国内外发展概况；理解保险科技监管的基本类型和其支撑体系；掌握保险科技监管的原则与方法，认识保险科技监管与创新之间的关系。

引导案例

"保险师"遭顶格处罚，保险监管全面收紧

　　"保险师"旗下的保险经纪公司——微易保险经纪，2018年迎来一张高额罚单。因其"编制或者提供虚假的报告、报表、文件、资料"，浙江保监局对其处以罚款50万元，并撤销负责人王玮华任职资格。根据《保险法》有关规定，这已经是针对此类违规行为的顶格处罚。

　　根据浙江保监局公布的行政处罚决定书，"保险师"是杭州某信息科技有限公司（以下简称"科技公司"）开发的互联网保险平台，也是微易经纪的第三方网络平台。科技公司持有杭州某投资管理有限公司全部股权，该投资管理有限公司持有微易经纪全部股权。

　　科技公司和微易经纪签订了推广合作协议：微易经纪通过"保险师"App推广保险产品，向科技公司支付技术服务费。"保险师"通过注册用户推广保险产品，保险推广流程完成后，科技公司通过人力资源服务外包公司，向相应的用户支付约定的"推广费"。

　　2016年6月—2017年12月，微易经纪按照"保险师"获取保费的27%的比例结算费用，并向科技公司支付费用，共涉及保费6.83亿元，费用结算金额为1.84亿元，实际付款金额为1.63亿元。科技公司向微易经纪开具发票1 748份，发票金额1.84亿元，发票内容均为"信息技术服务费"。上述费用，微易经纪通过"主营业务成本——技术服务费"科目列支1.84亿

元,抵扣"增值税——进项税"1 044万元。上述技术服务费中,科技公司仅有1.46亿元用于"保险师"App的研发及经营支出等技术服务内容,其余3 829万元用于支付"保险师"注册用户的推广费。

浙江保监局因此认定,微易保险经纪构成了编制或者提供虚假的报告、报表、文件、资料的违法行为。

其实,这并非监管首次针对保险机构与第三方科技公司合作而对保险机构开出罚单,只不过因为"保险师"的代表性,而让此次的处罚变得格外具有标志性意义。

因为目前诸如"保险师"这类具有保险产品推广、返利功能的第三方科技平台不在少数,其中也有相当部分为保险公司或者保险中介公司直接或间接设立。此前监管对于这类平台的态度并不明朗,而现在监管的态度显然已经非常明确:违法!

可以预见的是,随着监管不断升级,微易保险经纪因与保险师合作而受罚不会成为孤例。在互联网保险快速发展中,实际上出现了许多监管套利行为,成为其最受人诟病之处,但对于这些行为的定性也一直存在很大争议。

不能否认的是,监管套利空间的存在是近年来互联网保险保费收入快速增长的重要因素之一,而随着这一空间不断被挤压,互联网保险的发展或许也将进入一个新的调整阶段。

资料来源:根据网络资料整理。

第一节　保险科技监管的概念

一、保险监管的基本含义、原则及方式

保险产品、保险经营以及保险市场的特性,要求政府对保险市场进行适度干预,纠正保险市场的失灵。基于这一出发点,保险监管机构代表政府对保险市场进行监督管理,以保障保险消费者的合法权益,促进保险业持续、健康、协调发展。

（一）保险监管的基本含义

保险监管是国家保险管理部门依法对保险机构（企业）进行监督和规制的总称。按照监管主体划分,保险监管有广义和狭义之分。广义的保险监管是指政府监管机构、保险行业自律组织、保险机构内部监管部门及社会力量,对保险市场及保险主体的组织和经营活动的监督和管理。狭义的保险监管是指保险监管机构依法对保险市场及保险市场主体的监督管理,是政府授权监管机构干预保险市场的一系列制度安排。保险监管通常主要研究的是狭义的保险监管。

保险监管具有以下四个方面的特性。[1]

1. 监管内容具有全面性

保险监管的内容不仅涉及保险企业组织的设立、变更和终止,保险企业高级管理人员、专业技术人员、业务人员的资格和行为,还涉及保险条款、费率、财务运作、资金运用、偿付能力、市场行为及公司治理等内容,监管内容具有全面性。

---

[1]　郭宏彬.论保险监管的理论根源[J].政法论坛,2004(4):167-171.

2. 监管对象具有广泛性

保险行业自律组织只对其成员实行管理,而政府监管机构对所有的保险企业及其成员,以及保险代理人、保险经纪人、保险公估人等均有权监管。

3. 监管主体及其权限具有法定性

保险监管主体及其权限通常都是由保险法等相关法律法规明确规定的,而法定监管主体必须且只能依据法律规定的权限行使监管权,既不能怠于行使监管权,也不能超过权限范围行使监管权。

4. 监管结果具有强制性

相关法律规定,保险监管具有强制性规范的性质。保险监管机构的审批权、核定权、检查权、禁止权、撤销权、整顿权、行政处罚权和处分权等监管权的行使,均具有法律效力和强制性。

（二）保险监管的原则

保险监管的原则是指保险监管机构实施保险监管时应依据的法则和标准。一般而言,保险监管至少应遵循依法监管原则、动态监管原则和适度监管原则。

1. 依法监管原则

依法监管原则要求保险监管机构必须依照相关的法律和行政法规实施对保险公司治理的监管。在依法监管原则下,保险监管机构的"自由裁量权"受到了控制。随着保险监管相关法律法规体系不断完善,行政监管行为的任意性也将进一步降低。

2. 动态监管原则

动态监管原则要求保险监管机构应形成动态监管的理念,建立相应的预警机制,密切关注保险偿付能力、公司治理方面的变化,并针对性地采取事后的规制、补救措施。与传统静态监管相比,动态监管更具灵活性和有效性,监管机构可根据偿付能力指标和保险公司治理评价等结果,及时发现其存在的问题并适时调整监管方法,从而提高监管的精确度和效率。

3. 适度监管原则

保险监管的适度原则,包括促进适度竞争原则和适度管理原则两个方面。保险监管强调的是政府授权的保险监管机构对保险市场的干预,而这种干预必然会对保险市场的效率产生一定影响。因此,保险监管尤其应注重监管的适度性和监管边界,防止行政监管权的扩张和异化,达到保险体系安全和保险运行效率的平衡。

（三）保险监管的方式

1. 公告监管

公告监管是指政府对保险行业的经营不进行直接监督,而由保险机构将其资产负债、财务成果及相关事项呈报监管机构,并公布于众的宽松的监督管理方式。这种方式适用于保险业自律能力较强的国家。在这种监管模式之下,国家很少干预保险业,更多由保险机构和保险行业自律组织进行自我监督约束。公告监管的优点是最大限度地促进保险市场竞争,通过充分竞争提高保险市场的运行效率;缺陷在于一般公众由于信息劣势和非专业性,对保险机构的优劣评判标准不易掌握。

2. 规范监管

规范监管是指国家通过颁布一系列涉及保险行业运作的法律法规,要求所有保险市场参与主体共同遵守,并在形式上实行监督的管理方式。这种方式适用于保险法规比较严密和健全的国家。这种监管方式与公告监管相比,更注重保险经营形式上的合法性,并不涉及保险业经营管理的实质。德国早期私人疾病基金的监督管理即采用这一监管方式,但目前大多数国家已放弃该种监管方式。

3. 实体监管

实体监管是指监管部门根据相关法律法规所赋予的权力,对保险业实行全面有效的监督管理。这种方式是保险监管方式中最为严格的一种。实体监管的内容涉及保险机构的设立、经营、资金运用乃至倒闭清算等方面。

实体监管方式是从规范监管方式的基础上发展而来的。规范监管的基础是立法,实体监管的基础除了完备的法律体系外,还包括严格的执法和高素质的行政管理人员。与规范监管相比,实体监管回避了许多形式上的监管内容,追求更有效率的监管方式,目前为大多数国家所采纳。在金融监管有所放松的趋势下,许多国家已逐步放宽了保险费率管理和条款审定等,实体监管也在逐步放宽。

二、保险科技监管的概念

(一)保险科技监管的含义

保险科技监管是指对保险科技涉及的法律风险、操作风险、信用风险和市场风险等制定并完善法律规则,采取有针对性的监管措施,加强和改善监管,保护保险科技消费者、投资者的利益,维护市场秩序,促进保险稳定与保险科技的可持续发展。

(二)保险科技监管的基本原则与方式

面对日新月异的保险科技创新,监管机构需要在创新和风险两方面寻求平衡,既要支持创新,又要防范风险。保险监管的具体措施是以监管原则为指导制定的。具体的监管措施和要求可以经常调整,但监管的基本原则相对稳定。总体而言,对保险科技监管的基本原则,有以下三个方面。

1. 统一监管

统一监管就是对传统保险与创新型保险的统一监管,这是保险科技监管的首要原则。统一监管原则有三方面含义:一是创新型保险活动应当纳入监管范围。在传统保险环境下应当纳入监管的活动,运用互联网等技术采用创新形式的保险活动仍应纳入监管。比如,在传统保险环境下应当事先取得许可或禁止的,运用大数据、云计算、物联网、区块链等技术之后,仍应事先取得许可或禁止。要防止本来在传统保险经营环节中被禁止的行为,当运用了保险科技创新后就成为合法的情况。

二是法律法规对传统保险业务活动的要求,不能因运用科技手段而改变或降低。比如《保险法》对投保人如实告知义务、保险公司说明义务的要求,银保监会对保险销售行为可回溯管理的要求(简称为"双录",2017年11月1日开始执行),等等。运用大数据、云计算、区块链等新兴技术之后,保险公司相关行为达到法律法规的要求和标准应该效率更高,成本更低。

三是应对传统保险和创新型保险制定统一的规则体系。传统保险与创新型保险理论上很好区分,但在实践上很难将二者截然区别开。比如,保险公司委托互联网中介代理销售保单,在中介机构网站注册的营销员向客户推销,推销成功后,从网上把相关信息提交给保险公司。从保险公司看,属于网络销售,但实际上介入了传统的营销模式。如果对传统保险与创新型保险分别制定两套并行的规则,很可能出现监管套利行为。所以应当对传统保险与创新型保险制定一套统一的监管规则。

2. 依法监管

依法监管本来就是保险监管的基本原则,对于创新型保险也应贯彻依法监管原则。保险科技创新的动力来自保险机构和科技公司,而非来自监管机构,监管机构的职责主要是允许创新、支持创新。保险业务经营是一种民事活动,其基本原则是,"法无禁止即可为",只要法律没有禁止性规定,就是允许的。对于保险科技,监管机构应当时刻关注,如果把某项新技术运用于保险业务,销售渠道、产品、商业模式发生变化之后,只要仍然能够符合法律和监管的各项要求和标准,就不必禁止,不必采取监管措施,也就意味着允许,不会阻碍创新。比如UBI汽车保险和按天支付保费的汽车保险,虽然与传统的汽车保险差别很大,但并没有直接违反法律法规的明文规定,应当就是被允许的。当然,如果发现某种新技术的运用,其后果不符合法律和监管的各项要求和标准,会造成风险或损害保险消费者合法权益,监管机构就应当对此做出禁止性规定。

3. 功能性监管

监管规则制定要以充分揭示业务本质为前提,对本质的业务确定监管规则。比如要把保险科技发挥保险核心功能的部分纳入保险监管范畴,对发挥承保管理、风险管理、中介代理的科技创新按照既定的传统规则实施准入管理,适度要求"持牌"作业,设定技术、业务、资质门槛,避免形成技术套利和监管盲区。在传统保险市场环境下应当事先取得许可或予以禁止的,通过互联网和新技术可以便捷实现的,也要事先取得许可或予以禁止,避免形成线上的监管空白与各种套利空间。在信息安全、资管业务、互联网金融等跨界融合、风险传递的重点领域,要统一监管规则、统一资本要求,促进各监管板块合作联动,共同打击各种监管套利,维护公平竞争。监管规则也要有一定的弹性,对新的保险科技创新模式,要有针对性、及时地制定监管规则,并进行动态补充。[①]

坚持依托技术推进监管规则执行。要将监管规定和有关政策转译为保险机构的业务规则,再将这些业务规则数字化为系统交互的接口规范,最终对接保险机构核心业务、财务系统,进行合规应用落地。这种监管规则数字化、系统化的方法,有利于统一各地区监管规则和执行尺度,大为降低事后合规报告、合规检查等合规管理成本。为此,监管机构要进一步夯实行业数据元标准和数据交互标准,充分利用保险业基础设施与保险核心系统交互的网络基础与接口设计,将监管合规要求变为标准的应用接口嵌入保险公司核心业务、财务、准备金等系统中,建立实时数据集成系统和自动化监管报告系统,实施监控和监管规则,发现风险异动并快速做出监管响应。

在监管的方式上,保险科技监管应当针对不同的监管对象分别实行公告监管、规范监管、实体监管或者是三者并用,因事制宜。

(三)保险科技监管的主要内容与对象

保险科技监管仍从市场行为监管、偿付能力监管和公司治理监管三个方面展开,但同时

---

① 单鹏.金融科技时代下的保险监管科技构思[N].中国保险报,2019-03-25.

也要有目的性地针对保险科技运用给保险业带来的新风险进行监督和管理。监管对象应覆盖从事保险活动的企业、互联网平台和保险科技企业与机构。

三、保险科技监管与创新的关系

保险科技产品的开发以及保险科技的创新孵化,必须以吃透保险监管规则为前提。由于具有颠覆传统保险模式的潜力,保险科技现今已在全球广受追捧。但须谨记,风险防控是整个保险运行的重中之重,科技创新必须遵循监管规则以及规则背后的底层逻辑,保险作为担负社会保险保障职能的工具,风控是第一位的,要牢牢守住不发生系统性风险的底线。

保险科技将革新保险产品和服务,提升效率并有效降低运营成本。然而创新必然带来对传统保险模式、既有监管规则的挑战,也会产生新的风险。任何创新都不能挑战监管的本质,不能背离金融安全与稳定、消费者权益保护等初衷,而应与相应的监管规则和监管逻辑"对表"。

科技创新既要适应监管,同时也在推动着监管的发展。作为发展中的保险大国,我国保险监管既要包容创新,鼓励用保险科技促进生态重构升级,也应根据保险生态的发展变革,不断优化、完善并动态调整规则,逐步在监管与创新之间建立一种相互信任、可持续、可执行的合规评估机制。事实上,保险科技对于监管本身也是提升效率、增强能力的有力手段。例如,以电子账户为核心的保险统一信息平台的建设,将建立数据分析与监测预警系统,为各级监管部门提供数据服务,提升监管部门掌握数据的时效性、准确性和灵活性,支持保险监管现代化转型。

总体而言,保险科技的发展对促进保险创新、支持经济增长与社会发展都具有极其重要的积极意义。但也应当看到,在缺乏有效监管的形势下,我国保险科技所面临的各种风险不断积累和暴露,一定程度上为市场以及投资者带来了巨大损失,并影响到整个保险业的稳定。因此,在实际工作中,应当做好保险科技监管的创新,以保险科技发展与监管并重,处理好发展与规范的关系,做到鼓励保险创新和风险防范的有机平衡,既要保护保险科技创新的活力,又要加强对保险科技活动的有效监管,使之在法律规范的框架内健康发展。

第二节　保险科技监管的基本类型与支撑体系

一、保险科技监管的基本类型

(一)技术风险监管

技术风险监管是保险科技监管的重要组成部分。保险科技发展以数据为核心,数据是保险科技应用的核心资源,技术不完善可能导致数据信息泄露。同时,保险科技具有全球全天候服务的特性,实时监测和对突发事件处理得不到位,则会引发更大的技术风险。从监管角度看,作为保险业务与信息技术结合的产物,保险科技风险不但兼具两者的专业性特点,而且由于技术交叉,又衍生出了新的特点,技术上监管难度相当大,对监管机构构成了新挑战。因此,在监管理念上应高度重视,监管机制需要更加强化技术环节,提升信息化协同。

1. 监管目标

保险科技技术风险监管目标是要降低保险科技活动中涉及的信息技术风险,大致包括如下五方面内容：

(1) 完整性风险。即数据未经授权使用或不完整或不准确而造成的风险。

(2) 存取风险。即系统、数据或信息存取不当而导致的风险。

(3) 获得性风险。即影响数据或信息的可获得性的风险。主要与数据处理过程中的动态监控、数据恢复技术、备份和应急计划等有关。

(4) 体系结构风险。即信息技术体系结构规划不合理或未能与业务结构实现调配所带来的风险。主要与信息技术组织的健全、信息安全文化的培育、信息技术资源的配置、信息安全系统的设计与运行、计算机和网络操作环境、数据管理的内在统一性等有关。

(5) 其他相关风险。即其他影响保险科技企业、机构业务活动的技术性风险。

2. 技术风险监管的实施

(1) 信息科技风险监管组织建设。应建立专门的信息科技风险监管部门,制定信息科技风险监管政策、法规、指引和工作流程,协调开展信息科技非现场监管和现场检查;监管部门在开展非现场监管和现场检查时,必须把信息科技风险作为关注重点,把信息科技风险防控纳入保险科技企业、机构评级体系;实施针对信息科技及业务操作风险的现场检查与专题审查,评估被监管机构线上交易的安全管控,以及对信息科技问题及变更管理程序实行管控措施。

监管部门要定期对保险科技企业与保险机构科技治理情况进行审查,督促企业、机构建立职责明确、功能互补、相互监督、相互制约的信息科技风险防范整体架构;监管部门应督促保险科技企业、机构加大软硬件基础设施投入力度,完善灾备应急能力;加强对保险科技企业、机构外包服务的监督检查,指导保险科技企业、机构科学制定外包管理策略,合理规划外包服务规模,加强对外包服务风险的防控。

(2) 建立信息科技风险评估体系。监管部门应在积累历史数据、汇总分析的基础上,建立健全信息科技风险评估体系,识别机构在信息科技方面面临的固有风险,系统性地分析保险机构在 IT 治理、信息安全、业务连续性计划、内外部审计以及 IT 外包管理等领域采取的风险防控措施的有效性,客观地评价保险机构信息科技风险管理水平。在此基础上,认真研究制定保险机构信息科技风险评价方法与标准,逐步开展信息科技风险评级,根据评级结果确定监管的频度和范围,制定差别化的监管对策。

(3) 建立信息共享机制。各监管部门要相互协作、形成合力,充分发挥保险监管协调部门的作用,密切关注保险科技业务发展及相关风险,建立和完善信息共享机制和相互协调的保险科技数据统计监测体系,不断提升信息科技风险监管水平。

(二) 经济风险监管

1. 强化监管意识,加强风险防范

要坚持防患于未然的理念,把风险防控贯穿于产品实际;要建立健全风险跟踪监测和处置机制,提升风险研判能力;要防止单一品种、单一机构的风险外溢;紧跟市场发展步伐,填补监管空白,提高监管的有效性,促进各类市场主体归位尽责;引导机构主动加强风险控制,认识自身风险承受能力,克服盲目扩张倾向,完善现代企业治理制度,在稳健经营上下功夫,合理有序地开展业务活动。

2. 健全信息披露,加强市场约束

保险科技企业、机构对公众进行及时和经常的相关信息披露,可以加强市场约束,减轻保险科技的信息不对称,也有利于监管机构对保险科技进行有效监管。

增强保险科技行业透明度的重要环节是实现财务数据和风险信息的公开透明,信息披露应与保险机构经营的规模、风险状况和复杂性相适应。监管部门应当要求从业机构按相关法规对客户进行充分的信息披露,及时向投资者公布其经营活动和财务状况的相关信息,进行充分的风险提示,以便投资者充分了解从业机构运作状况,促使从业机构稳健经营和控制风险。

信息披露应以行业自律为依托,建立保险科技各细分行业的数据统计分析系统,并就信息披露的指标定义、内容、频率、范围等达成共识;应通过合格投资者制度强化消费者权益保护,保证投资者的知情权、参与权、监督权等各项权利;加强投资者风险警示,引导投资者理性参与交易;持续做好新闻发布工作,营造良好的市场环境,加强消费者教育、建立合同条款、纠纷解决机制,切实保护好保险科技投资者、消费者的合法权益。

3. 加强行业自律

监管部门应当引导保险科技建立行业自律组织,充分发挥行业自律机制在规范从业机构市场行为和保护行业合法权益等方面的积极作用。行业自律组织应当制定经营管理规则和行业标准,推动从业机构之间的业务交流和信息共享,明确自律惩戒机制,树立诚信规范、服务实体经济发展的正面形象。

4. 市场风险监管

市场风险方面,利率风险和权益波动风险隐现。我国经济增速有所放缓,随着利率市场化改革进一步深化,长期来看市场利率中枢大概率震荡下行。同时,"资产荒"现象仍在延续,保险资金中长期配置压力有所加大,再投资风险有所增加。低利率环境下保险公司利差损风险增大。部分公司对利差损风险认识不够充分,需关注这些公司万能险产品带来的"软性"利差损,防范调节机制失灵。

市场风险监管是识别、计量、监测和控制行业市场风险的全过程。它的目标是通过将市场风险控制在保险机构可以承受的合理范围内,实现经风险调整的收益率最大化。

监管部门依法对保险机构的市场风险水平和市场风险管理体系实施监督管理;督促保险机构有效识别、准确计量、持续监测和适当控制所有交易业务和非交易业务中的市场风险,确保在合理的市场风险水平下安全、稳健经营;鼓励业务复杂程度和市场风险水平较高的保险机构逐步开发和使用内部模型计量风险价值,对所承担的市场风险水平进行量化估计。

5. 信用风险监管

信用风险方面,信用违约风险继续扩大。在经济转型、去杠杆和打破刚性兑付的背景下,保险资金运用面临的信用环境十分严峻。在信用风险逐步释放的形势下,保险资金配置固定收益类资产面临的信用风险加大,叠加地方政府债务风险攀升,保险公司持仓债券及非标产品的信用风险可能进一步暴露。随着行业内投资非标资产的比例不断提升,部分非标产品也隐含了信用违约风险,信用风险敞口进一步扩大。近年来保证保险高速发展,其业务与经济形势密切相关。当前信用违约事件增多,保险公司面临的信用风险显著增长,赔付事件明显增加。其原因一是受到经济下行影响,个人还款能力下降,影响个人消费类信用保证保险;二是随着网贷监管政策收紧,加快了风险暴露,并将风险传导至保证保险。

保险机构信用风险管理可以借助信用风险对冲技术。不过,信用风险对冲技术是对宏观环境、保险机构资产管理素质、监管机构水平要求很高的风险管理手段。监管技术比较高的国家会针对这些问题做详细的规定,尽量将保值性和投机性信用风险对冲行为区分开来。但监管技术水平较低的国家,则没有能力去识别和细分这些问题,出于防范风险的考虑一般会采取较为粗略和保守的标准。同时,保险监管应加大保险人和投保人的失信成本,迫使其行为趋向守信,从监管政策法规和制度上防范和制止误导欺诈、弄虚作假等失信行为。

6. 操作风险监管

操作风险方面,规范经营有待加强。一是车险业务违规频发,车险市场乱象频频。二是人身险产品开发设计和管理存在不足,在产品设计、产品条款表述、产品费率厘定及精算假设、产品材料等方面存在问题。三是健康险投诉及纠纷高发,主要由于产品条款中的保险责任描述、除外责任描述和释义的界定不清,保险公司对健康告知提示不足、询问内容设计欠合理,销售过程中所传递的信息与消费者理解和实际情况有明显区别,互联网渠道购买流程过于简单等问题。监管部门应针对各类保险产品进行专项核查清理、做出产品备案等管理措施,最大限度地采取强有力的监管措施。同时,还应注意监管部门间的跨部门合作和信息交流,建立监管对象和外部审计报告制度。

(三)法律风险监管

大数据、云计算、人工智能、区块链等保险科技的应用对保险产业的价值链进行了重构,传统的保险立法对某些保险合约、行为难以有效界定并进行监管。层出不穷的新型保险业态和新型保险产品难以在现有的法律框架内进行有效规制,从而在一定程度上存在合规性风险。

1. 利用监管科技防范保险科技应用中带来的风险

保险科技所带来的新型保险业态和保险产品对我国现行的监管体制提出了挑战,传统的监管模式已不足以应对保险科技下的保险创新行为。《弗兰克多德法案》的起草者巴尼·弗兰克表示,金融危机以来,全球的金融监管变革让金融机构的运营成本大幅提升。如果科技能够将监管成本降下来,那会非常好。因此,在大数据、区块链、云计算等科技发展的基础上,应当建立起金融合规、场景依托和技术驱动三位一体的金融风险防范体系,加强监管科技的运用,在监管部门和从业机构等多个层面充分借鉴监管科技的理念和工具,建立产品测评、压力测试、应用试点等管理机制,构建有用的风险防控体系和安全保障体系,重构保险监管模式。

2. 充分利用软法自制

软法即由一定社会共同体制定或认可的,用于规范共同体组织和共同体成员行为的规则,比如行业自律章程。软法由各种不同的共同体根据其自身情况量身定做,涉及不同地区、不同行业、不同单位的具体情况,有利于实现个别和具体的正义。与硬法相比,软法治理的创制程序更加快速灵活、更加强调协商性和治理对象的互动性、更利于实现商业活动的自由。保险科技的兴起为保险企业带来了一系列重大变革,同时也为监管带来了巨大挑战,而法律的滞后性众所周知,现阶段出现的风险无法通过法律得到很好的治理。但行业发展过程中形成的一系列行业规则及业务规范只要运用得当并得到很好的实施便可以在很大程度上解决法律的滞后性所无法解决的风险。

3. 建立消费者保护和风险教育体系

保险公司要为保险消费者提供满足监管要求的、安全透明的产品和服务,向保险消费者披露充分的信息,避免欺诈行为。政府和监管部门要加强行业自律约束和保险消费者权益保护机制建设,进一步完善金融科技下的保险业消费者权益保护体系,尤其要重视数据的安全性和完整性,监督各保险机构坚守金融科技安全的底线,提升网络数据信息的安全性能,做好风险评估和专项排查,对保险消费者高度负责。

二、保险科技监管的支撑体系

在监管者与被监管者信息与技术不对称的形势下,唯有提高监管的科技能力,采取新的技术方法,才能更好地识别、防范和管理整个市场的系统性风险。为此,监管部门应该加强保险监管的科技支撑,尽快完善配套的监管科技措施,探索符合国情行情的保险监管科技发展路径。因此,保险科技监管至少应当包括基础设施体系、监管规则体系、保险科技生态系统三个组成部分,或者说三个支柱要素。

(一)安全高效的基础设施体系

新的监管方法和技术必须依托一套新的基础设施保障,包括监管科技相关政策法规、技术标准和基础算法模型等。全球新一轮金融监管改革的本质仍是数据驱动的,监管科技要顺应这一趋势,围绕保险大数据的聚合、处理、风险解释、模型构建与风险预警展开。为此,应当以大数据和云计算为底层技术,借助现有的保险基础设施条件,如保单登记平台(中国保信)、保险资产登记平台(上海保交所)与保险机构间的专线网络、系统对接接口、开发运维以及IT基础设施,顺势构建保险监管科技基础设施平台。

(1)搭建以云计算技术为基础的数据存储、处理、分析平台,为非现场监管和风险监测提供新的作业空间。统一完善保险机构、保险资产管理机构、保险中介机构数据实时报送接口,向监管的中央数据库实时传输全生命周期的保单数据、清单级的保险资产实时交易数据,并以这些原始数据为基础,融合保险监管统计报表、偿付能力监管报表、准备金报表等财务数据,行政处理、机构管理等行政管理数据,其他金融和经济领域数据,以及欺诈、洗钱、经济犯罪等信用风险数据,运用统计、精算以及大数据分析建模技术,实时发现新的风险线索、新的风险规则、新的风险规律;在微观审慎和宏观审慎分析中,可以探索运用人工智能、共识算法、可视化技术,建立动态的、智能化的风险预测模型,及时掌握金融体系的风险关联性和集中度变化,构建一个实时的、智能的、可视化的风险预警系统。

(2)顺应国家和央行推进金融综合统计和金融基础设施互联互通的政策要求,实现"泛金融"的穿透式监管。打通保单与保险资产交易全流程、全生命周期的数据采集和分析应用;促进银行、证券和保险之间的互动合作,以数据标准握手、信息交互共享、监管规则统一为目标,串并各部门、各条线数据的整合与共享,打通金融各板块之间的数据孤岛,清晰地甄别出每一笔交易触发者和交易对手信息,并能够持续对该笔交易进行跟踪、监测,这样才可以实现对资金的来源和最终去向进行实时监控、全链条监控,真正揭示各种金融产品特别是跨界金融创新的业务本质和风险水平,以便于采取适当、统一、有效的监管规则和风险处置措施。

(3)扩充监管科技力量,统筹监管科技资源。推进监管队伍和监管业务的结构化转型,从铺设监管机构、扩充监管人员、大面积实施现场检查,转向加大对科技型人才的引进、研发资金的投入、监管科技项目的合作、基础课题的研究。加强与金融基础设施互动合作,赋予部分金融基础设施提供监管科技支撑的必要职能,还可以向第三方技术公司外包部分技术监管工作和服务,弥补监管部门在技术方面的短板,集中力量开展核心监管政策研究与系统性风险管理。

（二）回归本源的监管规则体系

无论保险与科技怎样融合创新，销售方式、组织架构、运营模式如何因科技而变，保险服务实体经济的本源不能变，保险风险管理的本质不能变，所有的监管规则调整、完善和不断迭代都应坚持保险回归本源，守住不发生系统性风险的底线。所有的监管方法归根到底还是建立和执行好一套科学的监管规则体系。具体来说，一是坚持功能性监管、统一性监管，二是坚持依托技术推进监管规则执行。

（三）充满活力的保险科技生态体系

构建一个什么样的保险科技生态，不仅关系保险市场创新发展，也关系风险防范与监管。监管部门应当借鉴国际国内经验和模式，开展保险科技与监管的规划研究，明确监管的核心目标、主要原则以及风险防范指引。深入推进政府、监管部门、传统保险企业以及科技企业等相关主体间的沟通合作，完善人才、资本、政策、标准等保险科技产业要素，培育合规高效的科技创新市场和企业，使其在风险精准识别、系统性风险分析、合规报告、偿付能力管理等方面发挥重要的科技支撑作用。

引导保险公司积极稳妥地引入监管科技应用服务，实现企业内部数据自动收集、整理和精确分析，快速形成风险分析报告，快速追踪被处罚机构业务情况，减少人工干预并降低错误率，促进反洗钱、征信、偿付能力、准备金监管、全球国与国之间金融账户涉税信息统一申报标准（common reporting standard，CRS）和自动信息交换（automatic exchange of information，AEOI）等合规报表报送和风险筛查，降低保险公司的合规管理成本。鼓励一些大型金融集团、金融基础设施、大型互联网企业投资建立保险科技创新孵化器，调动资本的力量支持保险科技创新孵化。

借鉴英国"监管沙盒"理念，在互联网保险产品审批、跨地域监管、第三方网络平台管理、数据安全和信息披露等方面，尝试运用沙盒监管方式，建立测试机制，促进保险科技创新成果转化。探索以地方自贸区和金融创新试验区为切入点，建立保险科技创新的"自贸区"，允许保险科技创新在接近真实环境、在风险可控的前提下开展创新实践，设计创新风险的"熔断机制"，形成一个在培育中监测、在规范中发展的保险科技生态体系。

第三节　保险科技监管的发展概况及未来趋势

在金融市场化、全球化、综合化，特别是金融科技迅猛发展的当下，保险机构更大范围、更大程度地与科技融合、与网络融合、与产业融合、与其他金融板块融合，不断掀起创新突破与传统商业模式、市场行为变异与监管规则束缚、科技应用"无界"与保险特许经营"边界"之间的"冲突"。融合与冲突是这个时代的特征，也是保险监管需要面对的"新常态"。从未来发展看，监管科技将成为保险科技监管发展的重点领域。

一、保险科技国际监管现状

（一）监管理念

世界各国在保险科技监管理念上达成了一些初步的共识，认为保险业大数据、人工智能和区块链等技术的迅猛发展给全球保险业监管带来了全新的挑战,未来保险科技监管规则体系的完善、监管合作协调的强化、信息共享机制的健全、风险监测预警和处置水平的提升以及监管科技的发展等将成为重要趋势。全球保险监管将进一步与时俱进,适应保险科技的发展,加强保险科技穿透式监管,从信息共享着手完善监管协调机制,健全针对保险科技整体风险和个别高风险领域的预警、监测和风险处置体系,运用自动化合规、报告和监控等监管科技,提升监管技术水平,以更加灵活高效的监管制度和监管技术应对保险科技创新带来的新型风险和挑战。

保险科技监管最基本的理念可以归纳为以下五个方面:一是坚守"适应性"监管理念。监管部门需要与市场主体一样,时刻关注市场的变化,拥抱保险科技,用技术武装监管基础设施,监管思维须从"命令—控制型监管"转向"调适性监管",应将监管的重点置于调适性监管,同时,应根据保险机构的风险水平实施多方法、分层式监管。二是奉行"功能性"监管理念。注重保险产品的功能特征和功能变化,从机构监管转向功能监管。三是秉持"包容性"监管理念。鼓励保险科技创新,给予保险科技创新容错的空间,同时建立严格的责任制度。四是倡导"实验性"监管理念。通过"监管沙盒"实验方式,使监管者及时了解保险科技创新的收益与风险,为制定科学的监管制度提供借鉴。五是强化"协调性"监管理念。实现监管机构之间信息共享、信息沟通,构建监管机构与被监管机构及其相关利益方之间的平等对话、沟通交流机制。

(二) 监管实践

保险科技正在以势不可挡的趋势向全球发展。一方面由于科技即将给保险行业带来巨大机会与变革,另一方面由于保险业是金融行业的重要支柱,在一国经济社会发展中扮演着重要的角色,因此保险科技本身也得到了不同国家和地区政府的高度重视。本书以美国、英国、德国、新加坡为例,分析不同国家对保险科技的态度以及所采取的相应政策。不同国家和地区对保险科技的重视与政策扶持,无疑大大促进了保险科技的创新发展,也为各国(地区)在下一轮经济竞争与发展中积累实力和培养驱动力。

1. 美国

美国金融监管属于限制性监管。由于美国的人才与资本优势,因此当前美国金融科技行业以技术作为主要驱动力。美国的功能性监管,能够抓住金融科技/保险科技的金融本质,按照其业务的功能进行分类,然后再进行监管。这种监管只有在成熟的监管体系下才会更好地发挥作用。美国国家经济委员会 2017 年发布了《金融科技框架白皮书》,概述了政府对于金融科技/保险科技创新的原则与框架政策。从这份白皮书看来,美国监管政策对于金融科技/保险科技相对比较友好,各管理部门以及监管机构通过一系列手段刺激金融科技/保险科技的创新。美国政府对于新兴金融科技/保险科技生态提供了以下十项原则:

一是多角度思考金融生态系统。经济健康与国家竞争力需要一个安全、强大并且足够完善的金融服务体系。为了加强及维持这种体系,拥有相关利益的人必须更加全面地思考金融生态系统,以及他们在其中的位置。金融科技/保险科技影响了我们接触、交付与消费的方式,对金融科技/保险科技的讨论已不再是颠覆现有机构,而是如何使得两者共生。因此,传统机构和新的市场参与者都应该更加全面地思考自己提供的产品与服务能为消费者、投资人和市场带来多少附加值,并且安全、透明、可持续发展。同时,政府所扮演的角色应该是创造繁荣、可持续的并且创新的金融服务行业,并进一步帮助其他领域。

二是以消费者为主。随着金融科技/保险科技领域继续增长和发展,金融科技/保险科技公司必须以消费者为主,包括个人客户及机构客户。金融科技/保险科技公司需要为他们提供安全、透明并且便于用户使用的产品及服务。这些产品及服务必须将重心放在提高客户对金融机构的选择能力,并拓宽金融服务的渠道上。

三是促进安全的普惠金融和金融健康的发展。金融科技/保险科技的产品和服务应该持续促进消费者的金融包容性和财务状况。金融系统入口不足以作为一个独立的目标,尤其是当该接入口意味着消费者面临更大的资产风险的时候。但是若能安全地接入金融系统,那么会使得总体财务变得更加健康。

四是认识并且克服潜在的技术偏见。大数据、人工智能、先进分析方法以及相关的技术可能创造巨大的机遇。但是由于算法系统仍然依靠设计人员进行基本信息输入和设置信息处理流程,因此输入的基本信息可能受到人为理解的干扰。所以算法与决策中可能包含系统性的以及历史文化方面的偏见,或许会给消费者带来一些不公平的状况。企业应当联合政府探索,缓解金融产品与服务在提供渠道或方式中的偏见问题。

五是最大限度地提高透明度。2008年国际金融危机带来的一个重要教训就是提供透明的金融产品和服务极其重要。当金融产品变得复杂、服务变得令人困惑,以至于无论消费者、金融机构还是监管机构都很难理解其结构及所涉问题的时候,可能会带来灾难性的结果。决策者和监管机构应在近期工作的基础上,继续通过诸如白皮书、峰会、行政手段与监管引导以及其他创新的手段等方式去教育相关利益者,并以此提高金融科技/保险科技行业的透明度。

六是为实现互操作性以及协调技术标准而努力。随着金融服务持续的"去中介化"以及消费者不断寻求更加灵活、更加个人定制化的金融解决方案,金融科技/保险科技公司和金融机构对于它们的产品与服务应该嵌入一个具有互操作性和协调的技术标准。这个标准可以减少消费者在使用不同服务或产品时的不适感,使得那些无法享受到银行服务的客户通过其他方式能够享受到。

七是一切都必须建立在网络安全、数据安全和隐私保护的基础上。金融科技/保险科技公司无论公司规模大小,首要任务都是保护消费者和金融机构的数据,这也保证了整个金融服务行业基础设施的诚信度和完整性。对于数据,金融服务行业已经为其他行业做了一个榜样:行业与政府机构共同主动实施网络安全、数据安全以及隐私保护。金融科技/保险科技公司应该继续进行这项重要的工作,并在此基础上尝试寻找进一步优化。

八是提高金融基础设施的效率与效用。尽管当前普遍讨论的都是金融科技/保险科技公司对普通消费者提供服务,但是对金融服务变革而言商务解决方案和基础创新也同样重要。企业与机构需要保证在提高效率的基础上进行创新,并且注意结构的完整性、安全性、透明度、访问渠道与合规等方面。

九是保护金融稳定性。金融科技/保险科技公司必须注意并提前思考金融科技/保险科技中潜在的风险。一方面,那些刚出现的未经实践的创新可能在提高效率的同时给目前金融体系带来一些潜在风险。而当人们无法理解并且有效管理这种风险的时候,这种风险可能对金融稳定带来负面影响。因此,金融科技/保险科技公司与现存机构、政策制定者以及监管机构需要通过合作,去识别和缓解不利于金融稳定的潜在风险因素。

十是继续加强跨部门的合作。金融科技／保险科技公司、金融机构以及政府之间应建立长期的关系。不论是初创企业还是成熟机构,都必须与政策制定者及监管者保持不间断的联系。同样,政府应在问题发生前就直接通过企业去了解金融科技／保险科技公司的产品与产业发展情况。各方间的这种关系,有助于在未来发展的方向上达成一致,并且能缓解金融监管的不确定性。

2. 英国

英国政府对于金融科技／保险科技的态度是在保证监管合理的前提下,推动对金融科技的扶持。比如,目前英国政府所实施的"项目革新"计划与"监管沙盒"(Regulatory Sandbox)制度,保证了英国的金融科技处于相对领先的地位。2011 年英国通过《金融监管新方法:改革蓝图》白皮书,着手对英国金融监管体系进行全面改革。这一改革终结了三方监管体制,"准双峰"模式出现。具体来说,英格兰银行下新设金融政策委员会(Financial Policy Committee,FPC)作为宏观监管机构监控、应对系统风险;新设审慎监管局(Prudential Regulation Authority,PRA)监管各类金融机构;新设金融行为监管局(Financial Conduct Authority,FCA),通过监管金融机构的业务行为,有效促进金融市场的竞争,对消费者进行保护。英国政府采用以下几种方式来鼓励金融科技／保险科技的发展:

一是支持。专设相关机构支持金融科技／保险科技发展,并在税收和投资方面给予初创企业优惠。提出英国金融监管环境要有助于促进金融科技／保险科技行业创新,支持初创企业的发展。

二是监管沙盒制度。2015 年英国实行了"监管沙盒"制度。通过"监管沙盒",为金融科技／保险科技提供"监管实验区",支持初创企业的发展。具体而言,"监管沙盒"就是创造一个"安全地带"(safe place),监管部门会放宽对安全区域内的产品和服务的监管。这个安全地带可以视作金融的实验区,优秀的产品或者服务将会被推广,而不尽如人意的产品与服务则会被改进或者否定。这有助于激发英国保险行业的创新活力。

三是项目革新计划。该计划主要通过建立两个机制,在保证消费者利益的前提下支持金融科技／保险科技的发展。第一个机制是通过孵化器帮助初创企业获得金融行为监管局的许可。第二个机制是由创新中心从监管角度为企业提供建议,一方面使得企业了解自身责任所在,另一方面可以通过实践为监管条例提出修改建议。

3. 德国

德国在金融领域实行统一监管,即由德国联邦金融监管局(BaFin)对证券业、银行业和保险业实施统一监管。德国联邦金融监管局认为,目前对于金融科技／保险科技企业的监管面临着一些挑战,因为一方面政府不能采取过分严厉的监管,否则可能会扼杀创新;而另一方面也要避免监管原则失效导致的金融科技／保险科技在真空中运行,因此金融科技／保险科技的业务模式也需要符合监管要求和消费者保护的原则。德国财政部与德国联邦金融监管局共同对推动德国金融科技／保险科技发展采取了一系列的措施。德国财政部推出 FinCamp系列活动,旨在通过促进财政部、传统金融业以及德国联邦金融监管局与金融科技企业的对话,探讨金融科技未来的发展。这项活动有利于鼓励德国金融科技的发展,聚焦金融科技的发展前沿。2016 年 4 月 14 日,FinCamp 推出第一个活动,活动主题为"数字银行的未来"。

德国政府、欧盟复兴计划(European Recovery Programme,ERP)专项基金以及欧盟都为金融科技/保险科技初创企业提供了创业支持计划。这些支持计划将会提供给初创企业优惠率更高的长期贷款,并且有更长的宽限期。

不过,德国联邦金融监管局认为,保险科技/金融科技无合法定义,因此对于这一类公司或者产品的监管,多参照传统金融机构或者产品,比例原则同样适用,因此显得相对比较严格。

4. 新加坡

新加坡金融科技/保险科技的发展有着强大的政府和监管支持。新加坡正在打造智能国家的框架下积极推动金融保险科技的发展,新加坡金融管理局(Monetary Authority of Singapore,MAS)也借此契机打造国际智能金融中心。新加坡政府希望金融行业的科技可以随时使用以便提高效率、创造机遇,更好地进行风险管理,并且提高生活质量。金融科技/保险科技包括使用科技去设计新的金融服务和产品,是建造一个智能金融中心的重要因素。监管部门对于金融科技/保险科技非常肯定,并且同样采取多种方式进行鼓励支持。

(1)提供资金。新加坡政府为金融科技/保险科技相关的创新提供各种资金支持。新加坡金融管理局特别批准了2.25亿新元用于投资金融领域科技和创新计划(Financial Sector Technology and Innovation Scheme,FSTI),该计划旨在接下来5年内通过提供资金建立起创新实验室、制度层次的项目以及全行业的措施去推动新加坡金融科技/保险科技生态系统的发展。从目前金融领域科技和创新计划支持的项目看,大量项目集中在保险科技的相关领域,如采用区块链技术防止金融贸易出现复制发票、实施测验降低网络风险以及分析自然灾害数据。

(2)支持。新加坡金融管理局和国立研究基金会(National Research Foundation,NRF)于2016年5月正式成立金融科技办公室作为所有金融科技/保险科技事务的一站式支持机构,以推动新加坡成为金融科技/保险科技中心。新的金融科技办公室将协助审核、调整和加强政府的这些资金计划,在行业基础建设、人才开发、人力需求与商业竞争方面提出策略与计划,并且通过这些金融科技/保险科技的活动与举措促使新加坡成为金融科技/保险科技中心。

(3)政策观点。新加坡金融管理局认识到创新可能受到现行法规的约束,因此他们提出了金融机构不必为所有新型数字产品和服务来寻求新加坡金融管理局的批准。相反,保险科技创新企业如果对其尽职调查感到满意,他们可以不必获得新加坡金融管理局的批准,继续推出创新产品。2016年6月,为了进一步推进企业在新加坡进行金融创新,新加坡金融管理局发布了一项关于金融科技监管指引的咨询文件,旨在鼓励更多的金融科技实验,以便更多有价值的创新能够在市场上进行测试,并且有机会在新加坡和国外广泛采用。

(4)更新专业知识。新加坡金融管理局还在内部设立了金融科技与创新小组,包括三个部门(其中两个将重点关注监管政策,而第三个将侧重于创新,通过与行业合作的机会来测试创新解决方案)。这将使得新加坡金融管理局能确保法规不会落后于创新的脚步,新加坡金融管理局为了更好地监督与规范,也将继续参与创新活动。

二、国内对保险科技的监管发展

保险企业需要使用人工智能提升客户体验、使用区块链加强数据安全、利用大数据挖掘客户需求、加强全面风险管理、设立专属科技团队、降低合规成本。长期来看,中国银行保险监督管理委员会应和科技公司、保险机构相互合作,使技术创新与监管创新相结合,实现监管技术化、市场化、全面化。

国内保险科技从互联网起步,近些年来,政府管理部门推出了一系列政策法规并采取了相应措施加强对互联网保险的监管。但是,目前尚未形成对保险科技的综合监管框架,保险科技公司的法律地位与监管定位也尚未明确。

对于新兴的金融保险业务,我国一直以来采取的是先发展后监管的方式,在初期给予行业较高的发展自由度,提供足够的发展时间和空间。近年来,伴随着中国保险市场的高速发展,原中国保险监督管理委员会(以下简称原保监会)制定了一系列监管制度,不断完善我国的保险监管体系。早在2009年,原保监会便出台了保险公司加强信息化、应用信息技术手段开展业务的相关政策。但是,在互联网保险快速发展的同时,风险隐患日益加剧,各种潜在的问题不断显现。因此,自2015年下半年起,保监会加强了互联网保险的监管。

2017年7月至9月,保监会分别针对互联网车险、信用保证保险、航空延误险进行了规范和风险提示,2017年9月进一步印发了《关于在互联网平台购买保险的风险提示》,明确指出目前互联网保险险种,提示消费者警惕产品宣传不实与不法行为。2018年1月,保监会印发关于《打赢保险业防范化解重大风险攻坚战的总体方案》的通知。该方案提出关注利用互联网技术推广的、影响客户信息安全的、互联网借贷相关的各类新型保险业务风险和财险公司、人身险公司、保险中介机构与第三方网络平台合作开展保险业务的风险隐患,要求采取有效措施汇总并评估各类互联网保险业务风险,以及非法开展互联网保险业务的风险;提出改进互联网保险监管制度,研究制定互联网创新型保险业务的监管制度。2020年9月,银保监会发布《关于〈互联网保险业务监管办法(征求意见稿)〉公开征求意见的通知》,早在2019年这一消息就引起了整个互联网保险行业的广泛关注。《公开征求意见稿》秉持"机构持牌、人员持证"的监管思路,对现有的互联网保险监管体系进行了整体性、大幅度的修改,若其正式落地生效,将给我国的互联网保险行业带来翻天覆地的变化。

总体上,受互联网保险发展的影响,我国保险科技监管主要是以互联网保险监管为核心。经过一系列政策法规与近两年的监管整治,我国互联网保险存量风险业务得以有序化解,风险案件高发、频发势头得以有效遏制,整个保险行业规范发展态势逐步形成。在对互联网保险治理整顿的同时,中国银保监会等监管机构也在积极推进健全保险与科技融合下的互联网保险和保险科技的长效监管机制建设,但截至目前,对整个保险科技公司仍未进行严格法律监管,一些对保险业稳定具有重要影响的系统性科技企业也未纳入现有的监管体系,监管和风险防范长效机制建设还任重道远。

李克强总理在第十二届全国人民代表大会第三次会议上做的政府工作报告指出,要制定"互联网+"的行动计划,推动移动互联网、云计算、大数据、物联网等与现代制造业结合,促进互联网金融、互联网医疗、互联网教育等新生态发展。这从政府层面、监管层面推动了互联网服务应用加快实现,为云计算与保险的结合提供了有力的保证。

中国政府已经充分认识到金融科技/保险科技的重要性。政府在促进金融科技平台、产品与服务的创新,鼓励金融机构与互联网公司的合作,通过促进风险投资、中小型企业公开上市来丰富金融科技企业的融资渠道,统一金融科技企业的行政审批,为金融科技、保险科技初创企业和金融科技创新企业提供赋税优惠,推动信贷信息建设,为金融科技、保险科技提供支持服务系统等领域做出了积极的尝试。然而,随着逐渐增多的 P2P 借贷平台的欺诈事件,金融监管部门已经着手准备相关监管规则的讨论与制定,加强对互联网借贷、互联网支付和互联网保险等金融科技、保险科技的监督与管理;同时加强对问题企业的查处,进一步保障保险消费者的合法权益。

尽管金融科技、保险科技得到了金融监管部门的强烈支持,然而许多创新目前并不在传统金融监管的范围内,因此保险科技企业创新仍然具有一定的不确定性。监管部门、创新主体对保险科技创新所涉及的潜在风险都比较谨慎。未来这一领域的具体监管还存在巨大的提升空间。

专栏 10-1

我国香港特区对保险科技的监管实践

我国香港特区政府非常重视保险科技的发展。香港保险业的保险监管部门——香港保险业监理处专门成立了金融科技联络小组,以加强监管部门与香港从事金融科技发展和应用的人士间的沟通,帮助金融科技业界了解相关的保险监管制度,并发挥平台作用,让保险科技相关生态主体进行信息和项目的充分交流。香港特区政府采用以下几种方式来鼓励金融科技 / 保险科技创新:

(1) 提供资金。香港特区政府在一个创新科技基金支持下开展企业支持计划,来鼓励个人领域在研究和发展活动上的投资。每个审核通过的项目将能得到多达 1 000 万港元的资金,资金的提供以项目间比较为基础确定创新科技项目的资助力度。如果加上政府开展的其他类似资金提供计划,特区政府大概提供了 50 亿港元,以支持包括金融科技与保险科技在内的多个领域的风险投资和研究。

(2) 支持。保险业监理处(Office of the Commissioner of Insurance,OCI)、香港金融管理局(Hong Kong Monetary Authority,HKMA)、香港证监会(Securities and Futures Commission,SFC)已经建立了专用的金融科技 / 保险科技平台,用来拓宽监管者和金融科技 / 保险科技组织之间的交流。这种平台可以处理行业研究问题,并且能够提供符合相关研究要求的信息给从事金融创新的公司。平台也能通过行业间的互换与最新的市场发展保持同步。

(3) 政策观点。香港特区政府明确表示支持发展中的金融科技 / 保险科技,同时强调在支持科技中立准则的同时重视投资者保护。政府将确保在市场创新和投资者保护间保持一个相对合适的平衡。政府也表明已经存在的准则足够处理目前香港蓬勃发展的金融科技 / 保险科技领域的挑战。

(4) 更新专业知识。香港保险业联会(Hong Kong Federaion of Insurers,HKFI)最近在金融科技中心建立了特别工作组。这个工作组当前正在探索如何与政府一同促进保险行业创新,并吸引资本和人才。

三、保险科技监管的未来趋势

保险科技已经深入影响保险服务范式、风险定价机制和风险管控模式。未来,一方面加大对保险科技的研究投入力度,关注保险科技的前沿发展动向、创新型保险产品模型算法以及监管方式方法等。另一方面厘定保险科技的监管制度,借鉴英国金融行为监管局提出的"监管沙盒"的概念以及国外对保险科技的监管方式方法,做好保险科技监管的顶层设计工作。

一是拓宽保险科技相关领域的监管范围。根据保险科技发展方向和趋势,可以考虑将与保险相关的科技公司、数据提供公司纳入监管范畴;如有必要,可考虑将与保险产业链条相关的汽修厂、医院、健康机构等都纳入监管之列,确保保险消费者能够得到约定的保险延伸服务。

二是完善消费者权益保护机制。借鉴国际监管经验,要求科技保险公司或互联网销售渠道加强信息披露,确保条款显著位置可视性和理解的一致性;对互联网销售的保险产品进行前期测试,对可能引起歧义或误解的条款充分告知;制定针对保险业发展的数据安全法律,确保相关数据能够合理应用。

三是强化保险监管技术支撑。在国外,随着科技金融的发展,除了传统的信息系统建设外,监管科技也成为新兴的研究和应用领用,包括利用机器学习、人工智能、分布式账本、生物识别技术、数字加密以及云计算等提升监管效能。

同样,对于保险行业而言,中国银行保险监督管理委员会的合并也有利于补齐监管空白,对于防范系统性金融风险,治理脱离实体经济的保险"伪创新"、险资乱用、误导销售等乱象形成强有力的诊治力度,提高整体监管效果,维护行业有序进行"守正创新",促进行业可持续性健康发展。

作为新型监管方式,监管科技在我国服务业对外开放和保险科技的不断发展背景下,有了更大的发挥空间和发挥余地。加强科技与监管的深度融合,能够进一步构建全面、动态、高效、智能、低成本的监管体系,响应新经济、新保险、新金融发展的监管需要,促进全球范围内的金融保险监管合作,维护保险业的健康可持续发展。在未来几年的发展过程中,监管科技将会伴随着人工智能、大数据等新技术的高速发展迅速迭代。保险科技"强监管"迈入常态化,监管科技等新型监管模式将会成为主流。

本 章 小 结

1. 保险科技监管是指对保险科技进行法律规范,以防范保险科技潜在风险,促进其可持续发展。

2. 保险科技监管应当坚持开放性、公平性、诚实性、审慎性、前瞻性等适应保险科技发展特点的监管规则。

3. 保险科技监管的基本类型可以分为技术风险监管、经济风险监管与法律风险监管。

4. 处理好保险科技发展与规范的关系,做到鼓励保险创新和风险防范的有机平衡,既要保护保险科技创新的活力,又要加强对保险科技活动的有效监管,使之在法律规范的框架内健康发展。

5. 监管科技与监管沙盒是针对保险科技创新特点而提倡的创新监管方式。

6. 在未来几年的发展过程中,监管科技将会伴随着人工智能、大数据、区块链等新技术的高速发展迅速迭代。保险科技"强监管"迈入常态化,监管科技等新型监管模式将会成为主流。

关 键 概 念

保险监管　依法监管原则　动态监管原则　适度监管原则　公告监管　规范监管　实体监管　保险科技监管　风险评价　适应性监管理念　功能性监管理念　包容性监管理念　协调性监管理念　实验性监管理念　监管科技　监管沙盒

即 测 即 评

简 答 题

1. 保险科技监管是什么? 保险科技监管应遵循哪些基本原则?
2. 请简述保险科技监管与创新之间的关系。
3. 技术风险监管的程序包括哪几个步骤?
4. 经济风险监管包含哪些内容?
5. 请简述保险科技监管的支撑体系。
6. 请简要梳理国际保险科技监管发展状况。
7. 请简述保险科技监管的未来发展趋势。

参 考 文 献

[1] 单鹏.金融科技时代下的保险监管科技构思[N].中国保险报,2019-03-25.

[2] 许闲.全球保险科技监管概览[J].上海保险,2017(11):11-14.

[3] 董芳妮.保险科技法律风险及监管法律问题探析[J].魅力中国,2018(31):124.

[4] 万鹏,贾立文.中国保险业的监管科技应用研究[J].保险理论与实践,2018(7):59-75.

[5] 魏迎宁.保险科技监管:支持创新与防范风险之间的平衡术[J].清华金融评论,2017(12):19-20.

[6] 中关村互联网金融研究院.中国保险科技发展白皮书[R],2019.

[7] 姚庆海,许闲.中国保险科技发展报告[M].北京:科学出版社,2018.

[8] 杜宁,沈筱彦,王一鹤.监管科技概念及作用[J].中国金融,2017(16):53-55.

[9] 众安保险,艾瑞咨询.2020保险科技行业研究[R],2020.

[10] 清华五道口金融学院中国保险与养老金研究中心.金融科技发展视角:构建保险科技创新新生态2020[R],2020.

教学支持说明

建设立体化精品教材,向高校师生提供整体教学解决方案和教学资源,是高等教育出版社"服务教育"的重要方式。为支持相应课程教学,我们专门为本书研发了配套教学课件及相关教学资源,并向采用本书作为教材的教师免费提供。

为保证该课件及相关教学资源仅为教师获得,烦请授课教师清晰填写如下开课证明并拍照后,发送至邮箱 songzhw@hep.com.cn,也可通过 QQ 525472494 进行索取。

咨询电话:010-58581020   编辑电话:010-58556386

证　明

兹证明_____大学_____学院／系第_____学年开设的_____课程,采用高等教育出版社出版的《_____》(主编_____)作为本课程教材,授课教师为_____,学生_____个班,共_____人。授课教师需要与本书配套的课件及相关资源用于教学使用。

授课教师联系电话:_____　E-mail:_____

学院／系主任:_____(签字)
(学院／系办公室盖章)
20____年____月____日